次世代ものづくり教育研究

―日本人は責任の問題をどう解決するのか―

佐藤 昌彦

学術研究出版

本書は、筆者が表題の博士論文（二〇一六年）を兵庫教育大学大学院連合学校教育学研究科へ提出した後に、あらためて著書としてまとめたものである。また、本書の出版は、文部科学省の令和元年度（二〇一九年度）科学研究費助成事業科学研究費補助金（研究成果公開促進費・課題番号19HP5214）によるものであり、研究の内容は、三部構成（第一部・第二部・第三部）の論文において、第一部「指針」はJSPS科研費課題番号26590227，第二部「規範」はJSPS科研費課題番号23243078，第三部「創造モデル」はJSPS科研費課題番号23653280の助成を受けたものである。この場を借りて厚く御礼を申し上げたい。

佐藤　昌彦

次世代ものづくり教育研究／目次
―日本人は責任の問題をどう解決するのか―

第二部　次世代ものづくり教育の「規範」

第三部　次世代ものづくり教育の「創造モデル」

題目／次世代ものづくり教育研究

―日本人は責任の問題をどう解決するのか―

佐藤　昌彦

序章

本研究は、二〇一一（平成二三）年三月の東京電力福島第一原子力発電所事故を踏まえ、次世代ものづくり教育の「指針」、「規範」、「創造モデル」を提起したものである。

それらを考察する際のキーワードは「特殊こそ普遍である」とした。東京電力福島第一原子力発電所事故という特殊な問題がものづくり教育における普遍的な問題を提示したからである。普遍的な問題とは、ものづくりに関する「責任」の問題を指す。平時には気づきにくいことでも非常時にはその重要性が鮮明になる。二〇一五（平成二七）年九月二十日、横浜国立大学で開催された第五十四回大学美術教育学会横浜大会では、宮脇 理氏（Independent Scholar, 元・筑波大学大学院教授）と筆者が「あらゆる『モノ』がインターネットにつながる『ＩｏＴ（Internet of Things）』のイマ、再度、ものづくり教育を考える」という題目での発表を行った。その中でこの「特殊こそ普遍である」というテーマを掲げた。いかなる進歩があろうとも、今後のものづくり教育において欠かすことができない普遍的な条件を提起したいと考えたからである。本論文は、この「特殊こそ普遍である」という考え方に基づいて、様々な事例に学びながら「責任」の問題を探った。

先行研究としては、宮脇 理『工藝による教育の研究――感性的教育媒体の可能性――』（建帛社、一九九三）を取り上げた。独自性は二つある。第一は、創造面・技術面とともに「責任」という倫理面を重視したこと。第二は、「指針」、「規範」、「創造モデル」を提起したこと。考察は主に以下の方法で行った。①文献や資料による検討、②「オーラルヒストリー」（oral history）による検討、③教育視察に基づく検討、④社会の動向に基づく検討、⑤アイヌの人々の伝統的なものづくりの検討、⑥理論と実践の往還に基づく検討。以下に結論を示した。

第一部　次世代ものづくり教育の「指針」

次世代ものづくり教育の「指針」として、ものづくりの根底に「責任」を位置付け、ものづくりに「責任」をもつ人間の育成という方向を示した。この「責任」は「未来に対する責任」と「過去に対する責任」を踏まえたものである。創造面や技術面とともに「責任」という倫理面をも一層重視したい。「責任」とは責めを引き受けることである。これから起こる事柄や決定に対する責任を「未来に対する責任」とすれば、すでに起きた事柄及びすでになされた決定や行為に対する責任、またはそれを説明する責任を「過去に対する責任」ということができる。「未来に対する責任」は、これから起きることに対してリスクを考えた上で対応策を準備しておくことであり、起きてしまったことに対して解決策を提示することでもある。現状から前へ進むためには、こうした対応策を備えておくことが最も基本的な視点となる。挫折後の再挑戦にかかわって「失敗は成功のもと」という言葉がある。もちろんそうした状況もあるが、いくら謝罪したとしてもあるいは職を辞したとしても取り返しのつかない事態があるということを忘れてはならない。言い換えれば、「過去に対する責任」としてもとに戻そうとしてももとに戻すことができない状況が存在するということである。生命にかかわることはその最たる事例といえる。とすれば、取り返しのつかないことが起きないようにするために、リスクを考えて対策を事前に練るための「未来に対する責任」の重要性を一人一人があらためて認識することが必要であろう。

第二部　次世代ものづくり教育の「規範」

生命を支える基体としての「自然」に着目した。放射性物質による自然環境の汚染によって人々の生きる場が失われたからである。そうした自然に対する認識を深めるための規範としてアイヌの人々の伝統的なものづくりを取り上げた。人間は自然の一部であり、自然の恵みによって生きることができるという考え方がアイヌの人々の伝統的なものづくりに受け継がれてきたからである。たとえば、ヤㇻスという樹皮の鍋をつくる際には、材料を採取する際に「ヤㇻスをつくるために材料を少しいただきます」と感謝の言葉を述べ、木が枯れてしまうことのないように、全体の三分の一以下だけの樹皮を採取する。「規範」とするための根拠としては、こうしたヤㇻス（樹皮の鍋）とともに、ドムㇱコッパスイ（木鈴付きの箸）やムックㇼ（口琴）を取り上げた。

第三部　次世代ものづくり教育の「創造モデル」

第一部と第二部での考察に基づく「創造モデル」として四つのポイントを提示した（ここでの「創造モデル」は「各地域の伝統工芸手法をもとに学ぶ『自然の理との整合&制作手順の構造図式化』」を指す）。第一は「基本形から発展形へ」。多様な発想を生み出すためのおおもとになる形を基本形とした。発展形は基本形から生み出された様々な形を意味する。第二は「発想から形へ、そして形から発想へ」（双方向共存）。つくろうとするものが思い浮かんだときには、「発想から形へ」という方向でつくる。思い浮かばないときには「形から発想へ」という逆の方向で考える。頭の中で考えても思い浮かばないときには、とりあえず、一つの形を目の前につくって置いてみて、その形から次に必要な部品を考えるのである。第三は「価値観の形成」。表現と鑑賞の中心軸は価値観の形成という教科の構造を「創造モデル」でも踏まえた。複数の発想が思い浮かんだ際の最終的な判断は自らの価値観が拠り所になるからである。第四は「責任」。創造モデルの根底に位置付けた。材料は自然の生命ととらえ、自然に負担をかけないように、有り余るほどの材料ではなく、少ない材料で（必要とする分だけの材料で）多様な発想が生まれる体験を重視した。さらに「生活」という言葉をキーワードとした。ものづくりに「責任」をもつ人間として成熟していくためには、子どものときから「生活」の中で活用できる汎用性の高い「創造モデル」を提示する必要があると考えたからである。

終章

本論文は、これまでものづくり教育を担当してきた者の一人として、そして二〇一一（平成二三）年三月、福島での原発事故を体験した一人として、さらにはものにかかわる悲惨な事故を二度と繰り返すことのないように今後のものづくり教育に「責任」をもつ一人として、端的に言えば、自らの「責任」として、次世代ものづくり教育の「指針」、「規範」、「創造モデル」について考察したものである。残された課題は二つある。第一は、「成熟」の問題である。「責任」は成熟しなければ感じ取ることができない。人間として成熟するためには自立と協調が重要になる。自分だけの自立では独善的になりやすい。他者を無視せず協調して自立できるかどうかが鍵である。では、学校教育において成熟を志向するためにはどうすればいいのか。それを第一の課題とする。第二は、本論文で提起した次世代ものづくり教育に関する検証である。理論と実践の往還を通して継続的に検討していきたい。

序章

第一節　目的と背景

本研究の目的は、二〇一一（平成二三）年三月一一日の東日本大震災に伴う東京電力福島第一原子力発電所事故を踏まえ、次世代ものづくり教育の「指針」、「規範」、「創造モデル」を提起することにある。

それらを考察する際のキーワードは「特殊こそ普遍である」とした（図1）。東京電力福島第一原子力発電所事故という特殊な問題がものづくり教育における普遍的な問題を提示したからである。普遍的な問題とは「責任」の問題を指す。平時には気づきにくいことでも非常時にはその重要性が鮮明になる。二〇一五（平成二七）年九月二〇日、横浜国立大学で開催された第五四回大学美術教育学会横浜大会では、宮脇 理氏（Independent Scholar, 元・筑波大学大学院教授）と筆者が「あらゆる『モノ』がインターネットにつながる『ＩｏＴ（Internet of Things）』のイマ、再度、ものづくり教育を考える」[1]という題目での発表を行った。その中でこの「特殊こそ普遍である」というテーマを掲げた。いかなる進歩があろうとも、今後のものづくり教育において欠かすことができない普遍的な条件を提起したいと考えたからである。筆者は、その事例として、二〇一五年六月、東京ビックサイト（東京国際展示場）で開かれた「日本ものづくりワールド二〇一五」と戦後（一九四五年以降）ものづくり教育におけるオーラルヒストリー（oral history）の内容[2]を示した。共同発表者の宮脇氏は「特殊こそ普遍である」という事例として、非円形ロクロ[3]による作品制作を取り上げた。非円形ロクロは円形ロクロと違って、五角形、六角形、七角形、八角形となるように刃物をあてて制作する。円形ロクロでは制作が円滑に進むように見えるが、非円形ロクロでは回転数が不規則となり制作が難渋になる。しかし、そうした制作の中で木材の性質が如実に現れ、自然物の普遍的な性質を発見することができたという内容[4]であった。

本論文は、この「特殊こそ普遍である」という考え方に基づいて、いろいろな事例に学びながら「責任」の問題を探っていく。

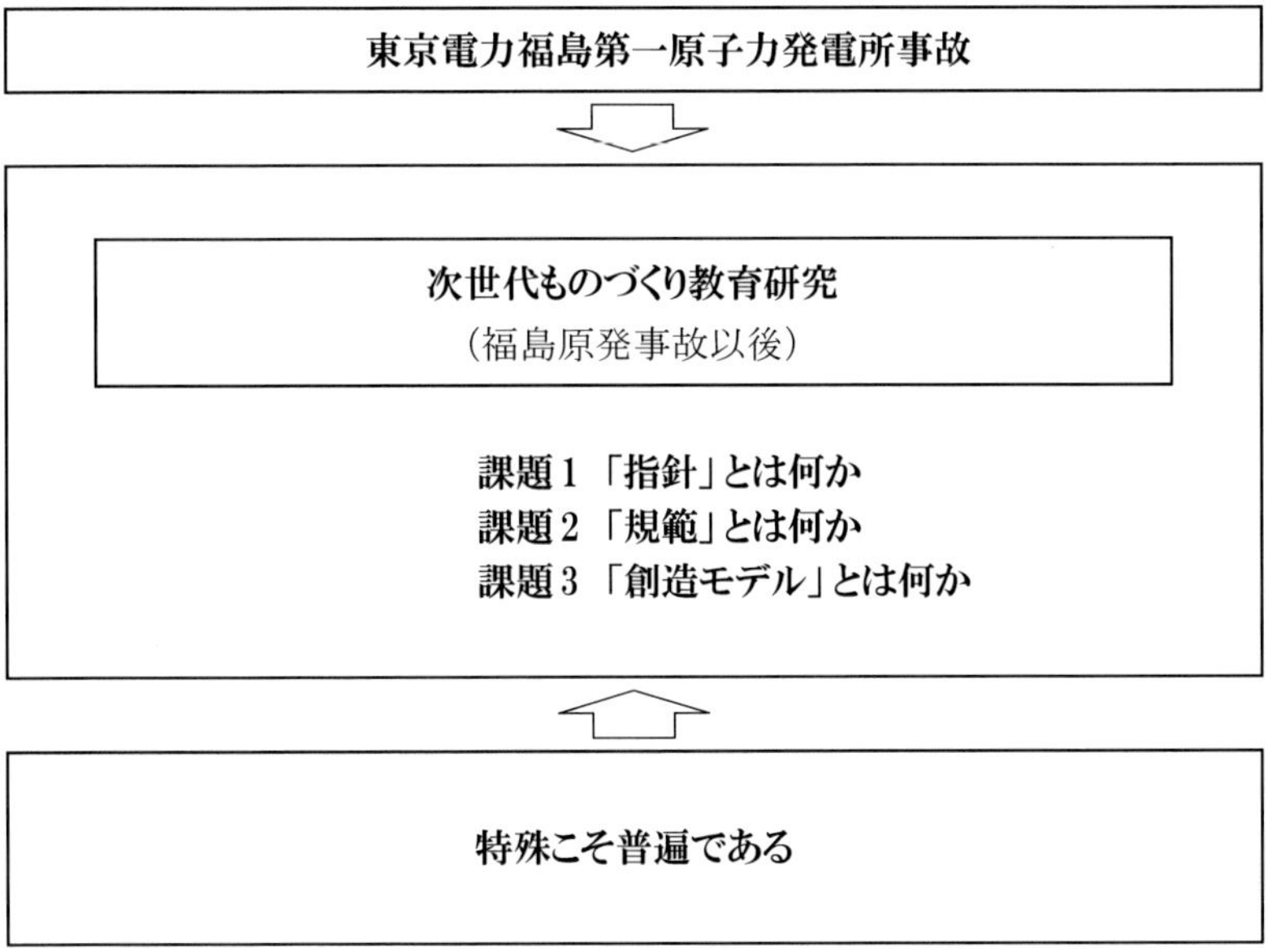

図１　本研究における三つの課題と考察する際のキーワード

東京電力福島第一原子力発電所事故は「国際原子力・放射線事象評価尺度（ＩＮＥＳ：International Nuclear Event Scale)」で「チェルノブイリ原子力発電所事故」（一九八六年四月）と同じ「レベル７」[5]と判断された。また、事故後の福島第一原発周辺は、放射線量の違いによって、帰還困難区域・居住制限区域・避難指示解除準備区域[6]という三つの区域に再編された。二〇一二年九月一四日の北海道新聞（朝刊）には、「福島、遠い『帰還』」「一六万人なお避難生活」「中間貯蔵、賠償…課題多く」[7]との記事が掲載されていた。

　なぜこのような過酷な状況になってしまったのか。前述したように、東京電力福島原子力発電所事故調査委員会『国会事故調報告書』（徳間書店、二〇一二）[8]には福島原発事故の原因が示された。直接的原因としては「地震・津波」。根本的原因としては「生命を守るという責任感の欠如」。以下は『国会事故調報告書』の「はじめに」に記載された原因に関する記述である。本研究の起点に強くかかわるため、以下に示す。

福島原子力発電所事故は終わっていない。これは世界の原子力の歴史に残る大事故であり、科学技術先進国の一つである日本で起きたことに世界中の人々は驚愕した。世界が注目する中、日本政府と東京電力の事故対応の模様は、日本が抱えている根本的な問題を露呈することになった。

福島第一原子力発電所は、日本で商業運転を始めた三番目の原子力発電所である。日本の原子力の民間利用は、一九五〇年代から検討が始まり、一九七〇年代のオイルショックを契機に、政界、官界、財界が一体となった国策として推進された。原子力は、人類が獲得したもっとも強力で圧倒的なエネルギーであるだけではなく、巨大で複雑なシステムであり、その扱いは極めて高い専門性、運転と管理の能力が求められる。先進各国は、スリーマイル島原発事故やチェルノブイリ原発事故などといった多くの事故と経験から学んできた。世界の原子力にかかわる規制当局は、あらゆる事故や災害から国民と環境を守るという基本姿勢を持ち、事業者は設備と運転の安全性の向上を実現すべく持続的な進化を続けてきた。日本でも、大小さまざまな原子力発電所の事故があった。多くの場合、対応は不透明であり組織的な隠ぺいも行われた。日本政府は、電力会社一〇社の頂点にある東京電力とともに、原子力は安全であり、日本では事故など起らないとして原子力を推進してきた。そして、日本の原発は、いわば無防備のまま、三・一一の日を迎えることとなった。

想定できたはずの事故がなぜ起こったのか。その根本的な原因は、日本が高度経済成長を遂げたころにまで遡る。政界、官界、財界が一体となり、国策として共通の目標に向かって進む中、複雑に絡まった『規制の虜（Regulatory Capture）』が生まれた。そこには、ほぼ五〇年にわたる一党支配と、新卒一括採用、年功序列、終身雇用といった官と財の際立った組織構造と、それを当然と考える日本人の「思い込み（マインドセット）」があった。経済成長に伴い、「自信」は次第に「おごり、慢心」に変わり始めた。入社や入省年次で上り詰める「単線路線のエリート」たちにとって、前例を踏襲すること、組織の利益を守ることは、重要な使命となった。この使命は、国民の命を守ることよりも優先され、世界の安全に対する動向を知りながらも、それらに目を向けず安全対策は先送りされた。

三・一一の日、広範囲に及ぶ巨大地震、津波という自然災害と、それによって引き起こされた原子力災害への対応は、極めて困難なものだったことは疑いもない。しかも、この五〇年で初めてとなる歴史的な政権交代からわずか一八か月の新政権下でこの事故を迎えた。当時の政府、規制当局、そして事業者は、原子力のシビアアクシデント（過酷事故）における心の準備や、各自の地位に伴う責任の重さへの理解、そして、それを果たす覚悟はあったのか。「想定外」「確認していない」などというばかりで危機管理能力を問われ、日本のみならず、世界に大きな影響を与えるような被害の拡大を招いた。この事故が「人災」であることは明らかで、歴代及び当時の政府、規制当局、そして事業者である東京電力による、人々の命と社会を守るという責任感の欠如にあった[9)]。

「東京電力福島原子力発電所事故調査委員会」は、政府からも事業者からも独立した有識者による調査委員会として国会に設けられたものである。前述した文章に続けて、「今回の大事故に日本は今後どう対応し、どう変わっていくのか。これを、世界は厳しく注視している。（中略）この報告書が、日本のこれからの在り方について私たち自身を検証し、変わり始める第一歩となることを期待している」（「はじめに」）[10)]ともある。

今後の我が国における教育の方向性を明確にするためには、福島原発事故を踏まえた指針を提示することが必要になる。ものは人間に恩恵をもたらすとともに、一転すれば、大惨事を引き起こすからである。そしてその指針は福島原発事故以外の事態にも適用できるような本質的なものでなければならない。福島原発事故は東北の中の福島という一地域の「特殊な問題」ではなく、人間がつくり出す様々なものにかかわる事故のひとつであり、生命を守るという視点から考えれば、人類の「普遍的な問題」といえるからである。

「はじめに」に記された「今回の大事故に日本は今後どう対応し、どう変わっていくのか。これを、世界は厳しく注視している」、「この国の信頼を立て直す機会は今しかない」、「この報告書が、日本のこれからの在り方について私たち自身を検証し、変わり始める第一歩となることを期待している」という文言の趣旨は、「次世代ものづくり教育」にかかわる本論文での研究と軌を一にするものである。「次世代ものづくり教育」とは「福島原発事故以後から未来へ向けてのものづくり教育」を意味する。

第二節　先行研究と課題

一．先行研究

先行研究としての文献等には、生命にかかわるエレン・リチャーズ『ユーセニクス――制御可能な環境の科学――』(スペクトラム出版社、二〇〇五)[11]や芸術にかかわるハーバート・リード著『芸術による教育』(フィルムアート社、二〇〇一)[12]などがあるが、ここでは特に「ものづくりには責任が伴う」という「責任」の問題を重視した次世代ものづくり教育にかかわる次の二つを取り上げた。

(一) 宮脇 理『工藝による教育の研究―感性的教育媒体の可能性』建帛社、一九九三.

本書は、宮脇 理氏が標題の博士論文を筑波大学へ提出したのちに、著書としてまとめたものであり、多様な工芸から教育の規範となり得る「工芸」を選び出し、工芸概念の検討を通して教育媒体としての可能性を探ったものである[13]。

ものをつくることに関する「責任」にかかわっては、「序章 教育のパラダイム変動」の「第五節 教育媒体の責任と可能性」、「終章『工芸』媒体によるカリキュラム作成の可能性」の「第一節 責任の持てる教育媒体への接近」としてものづくりにおける人間の責任を明示するとともに、望ましい人間像を確立するための規範となり得る媒体としてフォーク・アートを提示した。

本研究『次世代ものづくり教育研究――日本人は責任の問題をどう解決するのか――』にかかわって、宮脇 理著『工藝による教育の研究―感性的教育媒体の可能性―』（建帛社、一九九三年）は、ものづくり教育の重要性に対する認識をあらためて深めるとともに、ものづくりに責任を持つ人間を育成する上で何が大切な教育の媒体になり得るのかという指針を提示するものである。

（二）監修：奥田真丈、編集委員：生江義男、伊藤信隆、佐藤照雄、瀬戸 仁、宮脇 理『教科教育百年史』及び『教科教育百年史資料編』建帛社、一九九五．

本書では、日本におけるものづくり教育の起点について学ぶことができる。たとえば、北欧におけるスロイドシステムの発想を工作・工芸教育への起点とする理由については次の三つをあげている。第一は、民芸を工芸の規範とし、これが人間形成の多くに関与していたことに注目したこと。第二は、教科の成立までの過程で工芸が教育という営みの分担を確かに持ち続けてきたこと。第三は、民芸すなわち工芸の性格に内在する総合性を、日的・内容・方法という一般的なシステムに高めたこと[14]。

二．課題

課題は三つある。第一は、次世代ものづくり教育の「指針」を提起すること。創造面や技術面とともに、「責任」という倫理面をも重視するという方向を示す。第二は、次世代ものづくり教育の「規範」を提起すること。ものづくりの責任を考える上でのモデルを示す。第三は、次世代ものづくり教育の「創造モデル」を提起すること。「指針」や「規範」に基づいて、子どものときから「生活」（小学校図画工作科の授業も含めて）の中で実践できる基本的な考え方を明らかにする。以上の三つが本研究での課題である。

第三節　独自性と方法

一．独自性

本研究は、以上の先行研究を踏まえながら、ものにかかわる人間の「責任」を厳しく問うこととなった福島原発事故以後のものづくり教育の在り方を提起するものであり、創造面・技術面とともに、「責任」という倫理面をも重視した次世代ものづくり教育を、「指針」、「規範」、「創造モデル」という三つの視点から具体的に提起するところに本研究の独自性がある。

次世代ものづくり教育の「指針」では、ものづくりの根底に「責任」を位置付けた。福島原発事故での放射性物質による自然環境の汚染やその後の原発周辺の惨憺たる状況を直視すれば、工作、工芸、デザイン、技術、理科などにおけるものづくりの根底には「責任」という倫理の教育がなければならないと考えたからである。ものづくりの「責任」を考える際のキーワードとしては「自然」に着目した。大量の放射性物質によって自然環境が汚染され、前述したように、福島原発周辺の地域は、帰還困難区域・居住制限区域・避難指示解除準備区域という三つの区域に再編され、多くの人々が生きる場を失ったからである。

次世代ものづくり教育の「規範」としては、自然とのかかわり方を学ぶことができるアイヌの人々の伝統的なものづくりを取り上げた。「自然の理にかなったものづくり」やその背景にある「人間は自然の一部であり、自然に支えられてこそ生きることができる」というアイヌの人々の思想を学ぶことができるからである。たとえば、ヤㇻス（樹皮の鍋。「ヤㇻ」は「樹皮」、「ス」は「鍋」を意味する）をつくる際には、有り余るほどの材料を採取するのではなく、必要とする量だけを自然から分けてもらう。「材料を少しいただきます」と感謝の言葉を述べ、木が枯れてしまわないように樹皮の一部だけを採取する。その後の製作段階でも、丈夫で長持ちするように自然の特性を重視しながらつくっていく（小文字の「ㇻ」を含む「ヤㇻス」の表記は、萱野 茂『萱野 茂のアイヌ語辞典』[15]に基づいた)。

ここでの「創造モデル」とは、そうした「規範」を踏まえた考え方を指す。自然に無理をかけないように、アイヌの人々の「有り余るほどの材料ではなく」、「必要とする分だけの材料で」という視点を規範とするならば、「少ない材料で多様な発想を生み出すことができる創造モデルの提案」は重要な取り組みになる。端的に言えば、「各地域の伝統工芸手法をもとに学ぶ『自然の理との整合&制作手順の構造図式化』」である。

では、少ない材料でどうすれば多様な発想を生み出すことができるのか。本研究では、「発想から形へ、そして形から発想へ」という双方向共存の考え方に基づいて検討する。つくろうとするものが思い浮かんだときにはそれをつくり、思い浮かばないときには、とりあえず(思いきって)、目の前に一つの形をつくって置いてみて、その形から次はどうするかを考える。こうした「創造モデル」は、自然の恵みとしての材料から様々な可能性を引き出すであろう。単なる知識としてではなく、現実に生かすことができるように、子ども自身(小学生)が日常の「生活」(図画工作の時間も含めて)の中で実践できる基本的な考え方としての「創造モデル」を提起したい。

二.方法

(一)次世代ものづくり教育の「指針」を検討するための方法

①文献や資料による検討

戦後(一九四五年以降)日本ものづくり教育に関する文献や資料に基づいて考察した。先行研究で示した『教科教育百年史』(建帛社、一九五五)とともに、工作・工芸教育百周年の会(会長:長谷喜久一)『工作・工芸教育百周年記念誌』(彩信社、一九八六)[16]、全国工芸教育協議会(一九七三年設立)[17]及びハンド101―ものづくり教育協議会(一九八六年設立)[18]に関する資料など、「北海道教育大学宮脇理記念文庫」(文献や資料の寄贈により二〇一〇年四月に開設した)に収蔵されている文献や資料を中心に行った。

②「オーラルヒストリー」(oral history)による検討

戦後(一九四五年以降)日本ものづくり教育に関して、文献や資料に基づく考察とともに、関係者へのインタビューを行った。全国工芸教育協議会(一九七三年設立)については、二〇一一(平成二三)年一月二九日、木下洋次氏へのインタビューを行った。一九五八(昭和三三)年の学習指導要領改訂については、二〇一四(平成二六)年一一月八日、高山正喜久氏へのインタビューを行った。一九六九(昭和四四)年の学習指導要領改訂やハンド101—ものづくり教育協議会、ものづくりの「責任」については、二〇一一(平成二三)年三月から現在にかけて宮脇 理氏へのインタビューを行った。

③世界最大級の日用品市場：中国・義烏(イーウー、浙江省)への教育視察に基づく検討

中国・義烏(イーウー、浙江省)には世界最大級の日用品市場がある。そうした中国・義烏の学校(塘李小学校)[19]では多量生産に対してものづくりの「責任」をどのようにして子どもに体得させているのか。その調査を教育視察の目的とした。

④社会におけるものづくりの動向に関する検討

二〇一三(平成二五)年八月二六日、横浜市で開催された「世界ファブラボ会議」(主催：慶應義塾大学SFC研究所ソーシャルファブリケーションラボ)[20]に出席した。「ファブラボ」はファブリケーション(ものづくり)とラボラトリー(研究室)を組み合わせた造語である。「デジタル・ファブリケーション」(データをものに変え、ものをデータ化するものづくり)に関する関係者が出席し、「だれでもどこでもほぼ何でもつくることができる」という近未来の姿が提示された。

(二)次世代ものづくり教育の「規範」を検討するための方法

①文献や資料による検討

次世代ものづくり教育の「規範」として、アイヌの人々の伝統的なものづくりに関する教育的意義を考察

した。本研究に関する主な文献は以下のとおりである。

○鈴木紀美代『父からの伝言』藤田印刷、二〇〇七.
○萱野茂『アイヌの民具』すずさわ書店、一九七八.
○文：萱野茂、絵：石倉欣二『アイヌとキツネ』小峰書店、二〇〇一.
○文：萱野茂、絵：飯島俊一『アイヌ　ネノアン　アイヌ』福音館書店、一九八九.

②製作者へのインタビューと製作体験

アイヌの人々の伝統的なものづくりの事例としては、ムックㇼ（口琴）・ヤㇻス（樹皮の鍋）・ドムㇱコッパスイ（木鈴つきの箸）を取り上げた（「ドムㇱコッパスイ」の表記も「ヤㇻス」にかかわって先に示した萱野茂『萱野茂のアイヌ語辞典』に基づいた。「ド」については「英語のトゥデー today のトゥと同じ発音で、他のアイヌ語の文献ではトゥと表記される場合があります」と記されている）。実際に製作者を訪ね、アイヌの人々の伝統的なものづくりに関する製作の指導を受けることによってその教育的な意味を考察した。

③教育的意義の検証に基づく考察

アイヌの人々の伝統的なものづくりに関する小学校での授業や親子アイヌ民具工作教室における製作状況から教育的意義を検証した。

三．次世代ものづくり教育の「創造モデル」を検討するための方法

①文献や資料による検討

主たる先行研究としては次の三つを取り上げた。

○エルンスト・レットガー（Ernst Rottger, 1899–1968）著、宮脇理・武藤重典訳『木による造形——造形的手段による遊び二——』造形社、一九七三.

○大橋皓也『創作おりがみ――おりがみ創作の原理とその過程を詳解――』美術出版社、一九七七．
○Ronald A. Finke ,Thomas B. Ward and Steven M .Smith 著、小橋泰章訳『創造的認知――実験で探るクリエイティブな発想のメカニズム――』森北出版、一九九九．
②五つの教育実践を踏まえた検討
○授業過程の構造図と基本的作成プロセスの開発
○授業過程の構造図と基本的作成プロセスの検証
○教材開発に関する基本的作成プロセスの開発
○教材開発に関する基本的作成プロセスの検証
○「創造モデル」に基づく教材開発
――少ない材料で多様な発想を生み出すために――

第四節　用語と構成

次世代ものづくり教育での「ものづくり」という言葉には、現在、非連濁形の「ものつくり」と連濁形の「ものづくり」が共存する。ものつくり大学では非連濁形「ものつくり」を大学名に使用しており、大学案内には「ものつくりは縄文の時代から、わが国の誇りと言える優れた伝統です。古来の大和言葉《やまと》は濁点をふらないことから、現代日本語の慣用表記とは異なる『ものつくり』を用いた大学名が付けられています」[21]との説明がある。文部省『中学校美術指導資料 第二集 工芸の指導』における「人間の生活は、自然とのかかわりの中で生命の保持、それに伴うものづくりを背景に始まった」[22]という一文は連濁形使用の事例である。

本論文では現代日本語の慣用表記としての連濁形「ものづくり」を使用した。美術科教育学会、大学美術教育学会など、これまで学会等での筆者の次世代ものづくり教育に関する発表や論文でも同様に連濁形としての「ものづくり」を使用している。

論文構成は以下のとおりである。

序章

第一節　目的と背景

第二節　先行研究と課題

第三節　独自性と方法

第四節　用語と構成

第一部　次世代ものづくり教育の「指針」

第一章「責任」を重視した次世代ものづくり教育

第二章「責任」を重視した次世代ものづくり教育の意義

第三章　昭和四四年中学校学習指導要領(一九六九年告示)と全国工芸教育協議会(一九七三年設立)

第四章「手工科」創設(一八八六)とハンド101—ものづくり教育協議会(一九八七年設立)

第五章　工作・工芸教育発祥地：フィンランドにおけるものづくり教育の現在

第六章　世界最大級の日用品市場：中国・義烏(イーウー)の小学校におけるものづくり教育

第二部　次世代ものづくり教育の「規範」

第一章　アイヌの人々の伝統的なものづくりとしてのヤラス(樹皮の鍋)

〔序章　註〕

1　宮脇理氏と佐藤昌彦による共同発表「あらゆる『モノ』がインターネットにつながる『IoT（Internet of Things）』のイマ、再度、ものづくり教育を考える」の概要は、平成二七年度 日本教育大学協会全国美術部門協議会、第五四回大学美術教育学会 横浜大会『大会案内・研究発表概要集』に記載されている。学会の会期は平成二七年九月二〇日（日）、二一日（月・祝）であり、横浜国立大学が会場となった。

2　平成二七年度 日本教育大学協会全国美術部門協議会、第五四回大学美術教育学会 横浜大会『大会案内・研究発表概要集』中西印刷株式会社、二〇一五、p.53.

3　同、p.53.

4　同、p.53.

5　「レベル7」は「深刻な事故」、「レベル6」は「大事故」、「レベル5」は「広範囲な影響を伴う事故」、「レベル4」は「局所的な影響を伴う事故」、「レベル3」は「重大な異常事象」、「レベル2」は「異常事象」、「レベル1」は「逸脱」、「レベル0」は「尺度未満」。アメリカ・スリーマイルアイランド発電所事故（一九七九）は「レベル5」と評価された。
http://www.meti.go.jp/press/2012/07/20120719002/20120719002-1.pdf

6　『帰還困難区域について』（平成二五年一〇月一日、内閣府原子力被災者生活支援チーム）には、避難指示区域（帰還困難区域、居住制限区域、避難指示解除準備区域）の概要が示されている。
http://www.mext.go.jp/b_menu/shingi/chousa/kaihatu/016/shiryo/__icsFiles/afieldfile/2013/10/02/1340046_4_2.pdf

7　北海道新聞（朝刊）「一六万人なお避難生活」、二〇一二（平成二四）年九月一四日。福島民友新聞（朝刊）「一五万人超避難先で越年」、二〇一一（平成二三）年一二月三一日。

8　東京電力福島原子力発電所事故調査委員会『国会事故調報告書』徳間書店、二〇一二、pp.5-6.

9　前掲註5、東京電力福島原子力発電所事故調査委員会、p.5.

10　同、p.6.

11　エレン・リチャーズ（Ellen Henrietta Swallow Richards, 1842-1911）著、住田和子・住田良仁訳、『ユーセニクス――制御可能な環境の科学――』（EUTHENICS-THE SCIENCE OF CONTROLLABLE ENVIRONMENT, スペクトラム出版社、二〇〇五）。

12　ハーバート・リード（Herbert Edward Read,1893-1968）著、宮脇 理・岩崎 清・直江俊雄訳、『芸術による教育』（『Education Thorough Art, フィルムアート社、二〇〇一）。

13　宮脇 理『工藝による教育の研究――感性的教育媒体の可能性――』建帛社、一九九三．フォーク・アートについては以下のように記されている。「フォーク・アートは世界に普遍的に存在する生活雑器であると同時に地域独自の材料を用いるところに特性がある。さらに生活のために繰りかえし工夫し、修正し、創意を加えていくことは（生活）共同体を背景としてこそはじめて可能である。その情景は長い冬に象徴されるスカンジナビアの諸国において、とりわけ農閑期の冬に炉端を囲んで生活用具や農具を修理し、新しくものを生産する姿を想像することは容易である。やがて生産物の特性が著名になり、宣伝され、バーターによって交易されるという流通の初歩からさらに貨幣を媒体として売買が行われ、つづいて大量生産の方法によって広範囲にまで商圏が及ぶという図式に入る前の、おだやかな一時期こそは共同体の具体的な場を現出させていたのである。そこでは物的には決して豊かではない農漁業に従事する家族が生活補給のために行う家内作業、具体的には父親は息子とともに生活用具の修理や家具等を作り、母親は娘とともに糸を紡いだり、布を織ったりする活動を行うが、これらはすべてにわたって〈handed down〉つまり手渡すことによって成り立つ『贅沢な教育』システムとして実行されていたのであり、そこで育てられるものづくりから生まれる直観・綜覚つまり全体をつかむ力、分析力などはまさに最小の単位の中で育てられる共同体の機能の上に成り立っていたといえる」（pp.90-91）。

14　監修：奥田真丈、編集委員：生江義男、伊藤信隆、佐藤照雄、瀬戸 仁、宮脇 理『教科教育百年史』及び『教科教育百年史資料編』、建帛社、一九五五．

15　萱野 茂『萱野 茂のアイヌ語辞典』三省堂、一九九六．

16　工作・工芸教育百周年の会（会長：長谷喜久一）『工作・工芸教育百周年記念誌』彩信社、一九八六．

17　全国工芸教育協議会は一九七三（昭和四八）年七月一日に設立された工芸に関する民間教育運動の全国組織である。活動の方針として「ものを創りだす喜びと責任を考える」というスローガンを掲げた。代表は木下洋次氏（東京）。一九七三（昭和四八）年五月の発起人は五〇名。七月会員申込数は一六八名。三年後の一九七六（昭和五一）一一月には会員数約二五〇名。その後、一九八七（昭和六二)年一二月発足のハンド101—ものづくり教育協議会へ合流した。

18 ハンド101—ものづくり教育評議会…英文名：HAND101-COUNCIL OF EDUCATION THROUGH HANDWORK. ハンド101設立総会次第は以下の通り（資料は美育文化協会：穴澤秀隆氏より）。昭和六二年一二月六日 於 芝弥生会館。一、設立総会開会、一、設立準備委員長挨拶、一、経過報告、一、議長選出、・第一号議案「会則について」、・第二号議案「昭和六二年度事業計画案について」、第三号議案「昭和六二年度収支予算案について」、第四号議案「役員構成案について」、一理事長挨拶、一来賓祝辞、一閉会宣言。

※第一号議案：ハンド101—ものづくり教育協議会会則案…第一章総則 名称 第一条 本会は正式名をハンド101—ものづくり教育協議会（略称ハンド101）と称する。英文名—HAND101-COUNCIL OF EDUCATION THROUGH HANDWORK. 所在 第二条 本会に事務局を置く。目的 第三条 本会は、ものづくりを通して、豊かな人間性を基調として、生き甲斐を実感できる社会を創りだす、意欲的人間の育成をはかることを目的とする。事業 第四条 本会は前条の目的の実現のため以下の活動を行なう。一会員が提案する調査研究および諸計画の実施。二公共団体、企業等が求める諸計画への協力。三会員に必要な情報の提供。四その他本会の目的を達成するために必要な事項。

19 中国・義烏塘李小学校（浙江省）への訪問に関連する日程は次のとおり。二〇一三年九・九（月）成田空港→上海浦東空港。上海・華東師範大学との研究交流。九・一〇（火）上海→塩城（江蘇省）。九・一一（水）塩城中学校（江蘇省）・表敬訪問。塩城→上海。九・一二（木）上海→義烏。義烏・福田市場の視察。義烏工商大学・中国義烏工業デザインセンター訪問。九・一三（金）義烏の稠州中学校と塘李小学校訪問。九・一四（土）義烏→日本・成田空港。義烏訪問のメンバーは三人（宮脇 理／Independent Scholar ／元・筑波大学教授、佐藤昌彦／北海道教育大学教授、徐 英杰／筑波大学博士後期課程）。

20 佐藤昌彦「第九回世界ファブラボ会議国際シンポジウムと次世代ものづくり教育」『美術科教育学会通信』No.85, 二〇一四・二・一八でその概要を報告した

21 ものつくり大学の大学案内（大学名の由来）には「ものづくりは縄文の時代から、わが国の誇りと言える優れた伝統です。古来の大和（やまと）言葉は濁点をふらないことから、現代日本語の慣用表記とは異なる『ものつくり』を用いた大学名が付けられています」と記載されている。

http://www.iot.ac.jp/guide/

※慣用表記の事例／①文部科学省『高等学校学習指導要領解説』教育出版、二〇〇九、工芸Ⅰ「ものづくりへの夢やあこがれ」p.89.

②ハンド101の名称「ハンド101―ものづくり教育協議会」（手工・工作・工芸・デザインを通してのものづくり教育に関する全国的な民間教育研究団体）。

22　文部省『中学校美術指導資料 第二集 工芸の指導』、日本文教出版、一九七四、p.251.

本論文において氏名の敬称は省略した（インタビュー等にかかわる関係者の氏名を除く）。

第1部

次世代ものづくり教育の「指針」

第一章
「責任」を重視した次世代ものづくり教育

第一節　責任　――「未来に対する責任」と「過去に対する責任」――

次世代ものづくり教育の「指針」として、ものづくりの根底に「責任」を位置付け、ものづくりに「責任」をもつ人間の育成という方向を示す。この「責任」は「未来に対する責任」と「過去に対する責任」を踏まえたものである。創造面や技術面とともに「責任」という倫理面をも一層重視したい。

「責任」とは、責めを引き受けることである。これから起こる事柄や決定に対する責任を「未来に対する責任」とすれば、すでに起きた事柄及びすでになされた決定や行為に対する責任、またはそれを説明する責任を「過去に対する責任」ということができる。「未来に対する責任」は、これから起きることに対してリスクを考えた上で対応策を準備しておくことであり、起きてしまったことに対して解決策を提示することでもある。現状から一歩でも前へ進むためには、こうした対応策を備えておくことが最も基本となる視点であろう。挫折後の再挑戦にかかわって、「失敗は成功のもと」、あるいは「失敗なくして成功なし」という言葉がある。しかし、いくら謝罪したとしてもあるいは職を辞したとしても取り返しのつかないことが存在するということを忘れてはならない。言い換えれば、「過去に対する責任」として元に戻そうとしても元に戻すことができない状況が存在するということである。生命にかかわることはその最たる事例といえる。とすれば、取り返しのつかないことが起きないようにするために、リスクを考えて対策を事前に練るための「未来に対する責任」の重要性を一人一人があらためて認識することが必要になる。

筆者の実家は福島にある。二〇一一（平成二三）年三月一一日の東日本大震災で母が避難所に移ったとの連絡を受け、急きょ、一二日には新千歳空港から福島へ向かった。到着して間もなく、東京電力福島第一原子力発電所が爆発。以後、大地震による飲料水や食料の欠乏に加えて、大量の放射性物質の放出による屋内退避、避難準備、ガソリンの供給不足による避難断念など、様々な緊迫した状況のなかで過ごすことになった。生活必需品の買い出しでは、外部被ばくをさけるために、マスク、雨合羽、手袋などで全身を覆い、目だけを出した姿で店の前に並ばなければならない。異様な光景であった。ものは人間に恩恵をもたらすとともに、一転すれば、大惨事を引き起こす。福島の事故はチェルノブイリと同じレベル七と発表された。何を大切にこれからの教育を組み立てていけばいいのか。そうした切実な課題に対して、本論文では「責任」というキーワードを設定して、次世代ものづくり教育に関する検討を行った。

二〇一六（平成二八）年一月二三日と一月二九日（再放送）に放映された「ＮＨＫスペシャル 東日本大震災 原発事故五年 ゼロからの〝町再建〟～福島 楢葉町の苦闘～」[1)]は、「未来に対する責任」の重要性をあらためて考えさせる番組であった。全町避難で無人となった町が再生するためには、原発事故による避難指示が解除されたとしても、様々な関係性を一つ一つ回復していかなければならないという厳しい現実があったからである。そうした現実にかかわって番組の中で語られた言葉を以下に記した。

（鎌田靖キャスター）

いざ帰れるようになっても、閉鎖されたままのこのあたりの店舗のように生活環境が整わないため町に戻れない住民たち。一方、住民が町に戻らないので元々あった企業や商店も帰ってくることができない。楢葉町はこうした悪循環に陥っているのです。長引く避難生活により、生活基盤がそこにでき上がってしまったという五年の歳月の重みも、町の再生を阻む壁となっています。

町は様々な人々と多様な活動が関係し合って成り立ちます。つまりそれが社会なのです。楢葉町の苦悩からみえてきたのは、原発事故によって断ち切られた様々な関係性をあらためて同時並行で紡ぎ直さなければ町の再生はないという厳しい現実でした。

番組の中で語られた「町は様々な人々と多様な活動が関係し合って成り立ちます。つまりそれが社会なのです。楢葉町の苦悩からみえてきたのは、原発事故によって断ち切られた様々な関係性をあらためて同時並行で紡ぎ直さなければ町の再生はないという厳しい現実でした」という言葉は、あらためて日常生活における様々な関係性の大切さを認識させるものである。そして、東京電力福島第一原子力発電所事故から再起するためには、政治、経済、医療、福祉、教育など、いろいろな分野からのアプローチが必要になるということも示している。本論文は、教育の立場から、ものづくりに焦点を絞り、「未来に対する責任」と「過去に対する責任」を踏まえて、今後へ向けた指針を示したものである。その指針として「責任」を重視した次世代ものづくり教育の構造を次に提示した（図１）。

では、「責任」を考える際のキーワードは何か。本論文では三つのキーワードを取り上げた。

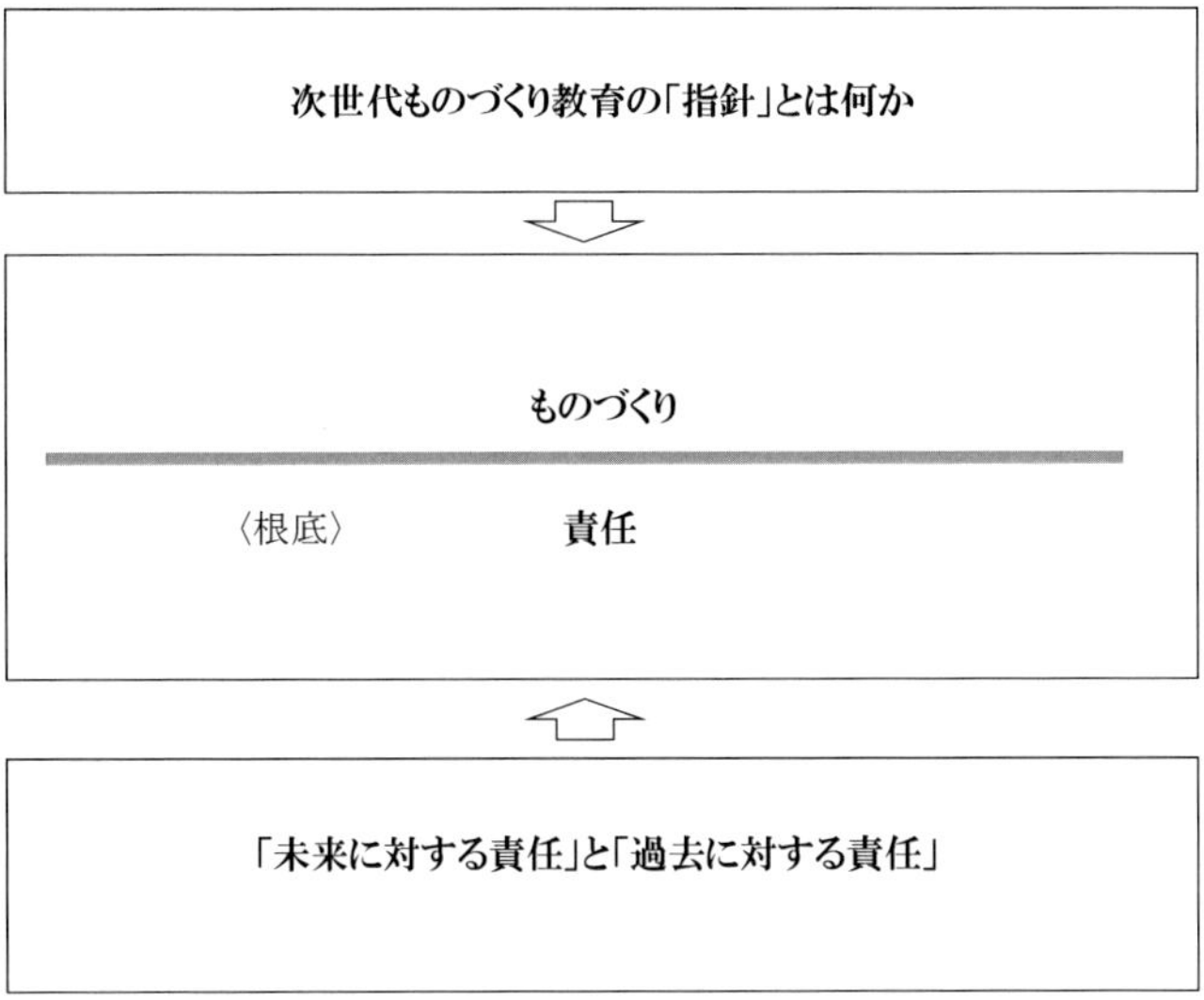

図１　「責任」を重視した次世代ものづくり教育の構造

まず「生命」。福島原発事故による甚大な被害や『国会事故調報告書』[2]における原発事故の直接的な原因は「地震・津波」、根本的な原因は「生命を守るという責任感の欠如」という報告に基づけば、第一のキーワードは「生命」といえる。そして、「環境」（自然環境と人為的環境）、「健康」、「安全」はその生命を守るための大切なポイントになる。自分がつくろうとするものや使おうとするものは「自然や社会という環境にどのような影響を与えるのか」（環境）、「子どもから大人まで、健康にはどのような影響を与えるのか」（健康）、「身体を傷つけるような、または死を招くような安全面にかかわる問題はないのか」（安全）などという点から考察することをより重視しなければならない。

生命への影響や環境・健康・安全に着目した先行研究としての文献には、エレン・リチャーズ（Ellen Henrietta Swallow Richards, 1842–1911）の『ユーセニクス――制御可能な環境の科学――』（Euthenics 優境学、訳：住田和子・住田良仁、スペクトラム出版社、二〇〇五）[3]がある。日本におけるエレン・リチャーズの訳書としては初めてのものであり、翻訳者の住田和子氏（元・北海道教育大学札幌校教授）は、その「まえがき」の中で、「その思想は広くヒューマンエコロジーと呼ばれています。（中略）リチャーズは、ヒューマンエコロジーを、人間が『生命に与える影響に配慮』して、人間の環境、とりわけ身近な生活環境を研究する学問、と規定しています（*Sanitation in Daily Life*:1907）」[4]と述べている。

福島原発事故を踏まえて提起した「生命を守ること」という視点と「生命に与える影響に配慮」というリチャーズの思想とは、専門分野・教科・国・時代の違いにかかわらず、今後の教育における重要な要となるであろう。また、二〇一四（平成二六）年に出版された『レイク・プラシッドに輝く星アメリカ最初の女性化学者エレン・リチャーズ』（E. M. ダウティー著、住田和子・鈴木哲也共訳、ドメス出版）[5]の「訳者まえがき」には福島原発事故とリチャーズについて次のように記されている。

二〇一一年三月、「フクシマ」は永遠に大きな課題を世界中に突きつけた。『国会事故調報告書』（二〇一二年七月五日国会提出）は、事故の直接原因は地震・津波としたものの、その根本原因は「生命を守るという責任感の欠如」、つまり人災とみなした。科学の成果を操るのは人間である。人間が生きるということ、また道具を扱うということは、自覚と責任を伴う社会的行為である。とりわけ「責任」は、自然環境のみならず、「共同体」という環境の中で生きる市民一人一人に不可欠な価値である。この生命を守るという普遍的価値に着目した女性、その人こそ、アメリカ最初の女性化学者エレン・スワロウであった」[6]。

エレン・スワロウの生涯と思想にかかわる本書は、教育において、「ものづくりの『責任』の問題をどう解決するのか」という問いに答えるための「責任」や「生命」にかかわる基本的な方向を示すものである。

次は「自然」。「生命」にかかわっては、先述したように、「環境（自然環境と人為的環境）」「健康」「安全」という主に三つの視点から検討することができるが、ここでは「健康」「安全」なども含みながら、特に「自然」に焦点を当てた。福島原発周辺の自然環境は、大量の放射性物質によって汚染され、帰還困難区域・居住制限区域・避難指示解除準備区域に再編され、多くの人々が生きる場を失ったからである。

東京電力福島原子力発電所事故調査委員会『国会事故調報告書』(徳間書店、二〇一二)には人体に対する環境汚染の影響について以下のように記されている。

環境中の放射性物質は、環境放射線への直接の曝露や汚染食品の経口摂取を通じて、住民の健康に長期的な影響を与えることが問題となる。例えば、周囲を山林で囲まれている二本松市では、除染を行っていない山林による放射線の影響が大きく、山林に近い住宅は特に除染だけでは空間線量が低減しにくいことが問題となっている。また、ウクライナにおいては、チェルノブイリ原子力発電所近隣の森林汚染によって、キノコやベリー類が土壌や樹木からの放射性物質の移行により汚染される例が観察されている。

こういった直接的な人体に対する影響とは別に、環境中の放射性物質が物理的な動きや生態的なプロセスにより二次的に汚染範囲を拡散する可能性があることも留意しなければならない。具体的な例としては山火事などによる放射性物質の再拡散があげられる。ウクライナの立入禁止区域内にあるチェルノブイリ放射線生態学センターは、山火事による放射性物質の拡散の可能性があることから、二四時間体制で森林を監視している。文科省、環境省及び林野庁並びに福島県は、環境の放射性物質による汚染のモニタリングを実施しているが、引き続きその充実を検討する必要がある[7)]。

以上のような「人体に対する環境汚染の影響」という『国会事故調報告書』の内容を踏まえれば、「人間はいかに自然に支えられてこそ生きることができる存在であるのか」ということが強く伝わってくる。

自然に対する人間のふるまい方を身につけること、その重要性は、エルンスト・レットガー（Ernst Rottger 1899－1968, カッセル国立工芸大学教授）の著書『木による造形――造形的手段による遊び二――』（宮脇 理・武藤重典訳、造形社、一九七三）[8)]にも示されている。自然に対する人間の責任の問題を基軸としており、「自然に逆らっていないか」、「自然に無理をかけていないか」、「自然の理にかなっているか」というものづくりの視点と直結するからである。材料となる木に関する認識を深めることは、自然に対する畏怖と同時に自然に対する愛着につながるということをも示している。

それでは、ものづくりの「責任」に関する第三のキーワードは何か。その問いに対しては「身体」と答えたい。自然に逆らっていないか、自然に無理をかけていないか、自然の理にかなっているか。これらを自らの身体で学ぶことを重視したいからである。逆目《さかめ》に鉋《かんな》をかけると引っかかるような木からの強い抵抗がある。こうした体験があれば、自然の理にかなったものづくりとはどのようなことなのか、それを実感として把握しやすい。身体で覚える重要性を示す一例であろう。

二〇一二年一一月一五日、東京の「amu」[9)]で開催された講演「『手で考える』という教育――シグネウスとレットガー」（講師：宮脇 理）に関する「EVENT REPORT」には「自然に対する正しい態度を学ぶこと。宮脇さんは、ものづくりを通じて自然に対するふるまい方を身につけることは、子どもにとって何よりも道徳的な教育になると語られました」、そして『頭』だけではなく、『手』を通じて自然を感じとり、自然から学ぶ」という文言が記載されている。これらのことは自らの身体で覚えるという視点を重視した次世代ものづくり教育の方向と重なる。「EVENT REPORT」に記載された内容については、ものづくりの全体像にかかわって、再度、第一章の第二節で取り上げたい。

この「身体」に関しては、筆者が福島県現職教員大学院派遣（一九八九・四～一九九一・三）の一環として、上越教育大学大学院で学んだ際に、人間の身体と美術教育との関係に着目し、研究の基軸とした観点でもある。その際には、市川浩『精神としての身体』(勁草書房、一九七五)、中村雄二郎『共通感覚論』(岩波書店、一九七九)、大橋皓也『実践造形教育体系――四／子どもの発達と造形表現』(開隆堂、一九八二)という三冊を基本文献とした。

大橋皓也『子どもの発達と造形表現』(開隆堂、一九八二)[10]は、生態系(エコシステム)の一員として生きる人間の身体の重要性に基づき、体性感覚を基体とした教育を提起したものである。体性感覚とは、触感覚・圧感覚・温感覚・痛感覚・運動感覚を指す[11]。また、つぼの描写にかかわっては「量や質や温度は、本来視覚ではとらえられないものである。それは皮膚感覚や筋肉感覚によって感じ取ったものを、つまり視覚が追認しているのにすぎないのである」[12]とあり、さらに「本当にそうであるかは、触れたり持ったりしてみなければ分からないことである。体性感覚を基体とするということは、そのことを軸に据えた教育の在り方を言ったのである」[13]と記されている。

また、大橋皓也「見えることと実感すること」『教育美術』(四月号、教育美術振興会、一九八四)では身体の働きについて以下の記述がある。

開眼手術者の描く絵をみると植木鉢の上縁は楕円に表されており、テーブルも台形に透視遠近法的に表されていて、一見我々と同じような空間の知覚像をもっているようにもみえる。しかし、開眼手術者は植木鉢の縁が楕円に見えてしまうために、鉢の円みが感じられないといい、テーブルが台形に見えてしまうために長方形の台面の奥行きが感じられないという。つまり、対象は見えていてもそれらが平板に見えてしまい、そこにあるという存在感が伴わないのである。このことは離人症患者の体験する視覚世界によく似ている。彼らは共通感覚に障害をもつ人たちだといわれているが、生理的にはまったく我々と同じように外界を見ているにもかかわらず、そこには重さも、距離も、季節も、そして、表情も失われた世界がただ平板に並ぶだけだという。それは視覚からの情報を共通感覚から遮断し、そのまま中枢に伝えてしまうことに原因があるらしい。開眼手術者の場合といい、これらは我々に見えるということと実感するということに質的違いのあることをはっきりと示している。そして実感するという最も人間的心の動きに体性感覚（体験）を軸とした共通感覚が深くかかわっていることを示唆している[14)]。

見えるということと実感するということの違いを考えさせられる。さらに、次の離人症患者の言葉からは、美しさの感情までもが失われていることがわかる。

以前は音楽を聞いたり絵をみたりするのが大好きだったのに、いまはそういうものが美しいということがまるでわからない。音楽を聞いても、いろいろの音が耳に入り込んでくるだけだし、絵を見ていても、単にいろいろの色や形が目の中に入りこんでくるだけ。何の内容もないし、何も意味も感じない[15)]。

空間の見え方も、とてもおかしい。奥行きとか、遠さ、近さとかがなくなって、何もかも一つの平面に並んでいるみたい。高い木を見ても、ちっとも高いと思わない。鉄のものをみても重そうな感じがしないし、紙きれをみても軽そうだと思わない[16)]。

このように遠い近いの感じを失い、軽い重いの感じを失い、美しさの感情までも失った姿が、共通感覚の病といわれる離人症の症状なのである。実感することや美しさの感情には身体の働きが深くかかわっていたのである。

こうした人間の「身体」をものづくりの「責任」を考える際にも重視し、第三のキーワードとして取り上げた。

第二節　ものづくり　――全体を視野に入れて――

ものづくりにかかわって、なぜ、その全体に着目したのか。次世代ものづくり教育の「指針」の検討は、東京電力福島第一原子力発電所の事故を契機としているが、原子力発電所はもちろんのこと、一部のものづくりに限定されるのではなく、ものづくりの全体（原点と最先端の併存、新旧の併存、科学・技術・芸術の連携など）の根底に「責任」を位置付けたいと考えたからである。

また、いかに社会におけるものづくりが進展しようとも、文部省『中学校美術指導資料 第二集 工芸の指導』[17]で示された「人間の生活は、自然とのかかわりの中で生命の保持、それに伴うものづくりを背景に始まった」、「人は手で石や棒切れを握り、材料に働きかけてきた。その意味で手は人のものづくりの原点を語る場合、欠かすことができない重要な位置にある」[18]というものづくりの原点としての「手」の重要性を今後も教育の場に明確に提示しておきたいと考えたからでもある。

文部省『中学校美術指導資料第二集 工芸の指導』は、その中で「昭和三三年の改訂により、それまでの工作的な学習は、技術・家庭科においては生産性・合理性・技術性を中心とした学習が主となり、一方美術科においても工的な条件の少ない視覚的なデザインが中心となり、しかも平面的なものが主として扱われる傾向が強く、美術科、技術・家庭科を通じて、創造的、造形的な工芸・工作的学習は一〇年余、多くの具体的な試みが望まれながらも不振の状況にあった」[19]と記述されているように、工芸・工作的学習の不振を打開するために、一九六九（昭和四四）年の中学校学習指導要領改訂（中学校美術科に「工芸」の領域が導入され、第二学年の週一時間増が実現した）に伴って発行されたものづくり教育の指針である。

こうした「手」に関しては先述した中村雄二郎『共通感覚論』（岩波現代選書、一九七九）にも「（サルと人間との）もっとも重要な両者のちがいは、人間において手が移動から解放され、ものをつくる器官になったことである」[20]と述べられている。

さらに言えば、第一章の第一節で言及した東京「amu」での講演「『手で考える』という教育――シグネウスとレットガー」（講師：宮脇 理）の内容も踏まえた。シグネウス（Uno.Cygnaeus 1810－1888, フィンランドの小学校校長）については、スロイド（Sloyd, フォークアート、民具・民芸）を通して「心を手渡す」、「全ての子どものために（職業教育ではなく普通教育として）」という視点が示された。レットガーについては、「感覚の覚醒（手の復権、手はみずみずしい感覚を育てる）」、「自然への責任」というキーワードが示された。講演終了後の「amu」の「EVENT REPORT」には次のように記載されている。

手で考えるということ

日本の美術教育研究の第一人者・宮脇 理先生にお話をうかがいました。

現在、日本の教育の力が国際的に落ちているなかで、フィンランドやドイツは高い水準を保っています。それはなぜでしょうか。

一九世紀フィンランドのウノ・シグネウスとドイツのエルンスト・レットガーの教育思想をヒントにお話が展開されました。

まず「手で考える」ことを提唱したシグネウスの精神を、今日のフィンランドの授業風景から探っていきました。

フィンランドの手工科（スロイド）の授業では、木や繊維といった自然の素材でものをつくります。

民芸的な「手の働き」を重視して、材料の形や感触を確かめながらものづくりをする姿勢を育みます。

小さな子どもでも、温もりのある大きな木工台や、ずっしりと重い工具を使います。

そしてものを曲げたり、折ったり、切ったりする手の作業の中から、創造性が生まれるのです。

近年の日本の子ども用工具が安全性を追求して軽く小さくなり、本来の手ざわりを失っているのとは対照的です。

シグネウスが産業革命の余波のなかで提唱した「手で考える」教育は、のちに「スロイド教育」としてシステム化され、今日も受け継がれています。

素材への感受性

次にレットガーの「手の復権」の思想をご紹介いただきました。

レットガーは、自然に対して鈍感になった近代社会で、いち早く人間の自然に対する責任に気がついた人物です。

「素材への感受性」という重要な言葉を残しています。自然（素材）に逆らう造形ではなく、木なら木の個々の特徴にそった造形がふさわしいと説いています。

自然に対する正しい態度を学ぶこと。宮脇さんは、ものづくりを通じて自然に対するふるまい方を身につけることは、子どもにとって何よりも道徳的な教育になると語られました。

「頭」だけではなく、「手」を通じて自然を感じとり、自然から学ぶ。デジタル教育と並行しながら、感性的な教育を、現代の学びの現場でいかに実現できるか、深く考える契機となりました[21]。

こうしたものづくりの全体にかかわっては、3Dプリンターなどのデジタル・ファブリケーションや様々なものがインターネットにつながる「IoT（Internet of Things）」も踏まえた。

3Dプリンターなどのデジタル・ファブリケーションを取り上げた主な理由は、世界のものづくりの動きを把握するために出席した「第九回世界ファブラボ会議」（期日：二〇一三年八月二六日、会場：横浜市、ヨコハマ創造都市センターやKAAT神奈川芸術劇場ホール）での「ファブラボ」と「デジタル・ファブリケーション」の内容にある。「だれでもどこでもほぼ何でもつくることができる」[22]という近未来の姿が提示されたからである。だれでもどこでもほぼ何でもつくることができるのであれば、よりいっそう「ものづくりには責任が伴う」という倫理面の教育が必要になる。

「ファブラボ」とはファブリケーション（ものづくり）とラボラトリー（研究室）を組み合わせた造語である。「ファブラボ憲章（日本語版）」には「ファブラボは、地域のラボの世界的なネットワークである。人々にデジタル工作機器を利用する機会を提供することで、個人による発明を可能にする」[23]と記載されている。シンポジウムではこうした世界のファブラボ代表者によって様々な視点からの発表[24]が行われた。たとえば、ファブラボの提唱者であるニール・ガーシェンフェルド氏（Neil Gershenfeld, 米国、マサチューセッツ工科大学教授）の「ファブラボとは何か？　過去、現在、未来」[25]では、コンピュータの登場と進化及びデジタル工作機械の登場と進化についての歴史やファブラボの起源、そしてほぼ何でもつくることができるようになる未来の姿が示された。

セルジオ・アラヤ氏（Sergio Araya, チリ、ファブラボ・サンティアゴ）の「ファブラボとバイオテクノロジー」[26]では、ファブラボは「図工室」に、そしてバイオラボを「化学実験室」に対応させながら、自然と親和する建築や新素材の研究開発など、二つのラボが協働する研究が紹介された。

イェンス・ディヴィック氏（Jens Dyvik, ノルウェー、ファブラボ・ノマド、ファブラボ・オスロ）の「ファブシネマ　つくること・いきること・わかちあうこと」（Fab Cinema "Making, Living, Sharing" 四九分）[27]では、３Ｄプリンターなどの工作機械でミニヘリコプターをつくる様子など、約二年間にわたって世界各地のファブラボを撮影した映画が紹介された。

「デジタル・ファブリケーション」とは３Ｄプリンターや３Ｄスキャナーなどを活用して「データをものに変え、ものをデータ化するものづくり」を意味する言葉である。会場ではニール・ガーシェンフェルド氏の論文「第三の産業革命――モノをデータ化し、データをモノにする」[28]がデジタル・ファブリケーションに関する資料として配布された（『フォーリン・アフェアーズ・リポート』二〇一二年一一月号掲載論文）。「新たなデジタル革命が迫りつつある。今度はファブリケーション（モノ作り）領域でのデジタル革命だ。（中略）バーチャルな何かではなく、フィジカルなモノそのものだ」[29]という言葉で始まり、だれでもどこでもほぼ何でもつくることができる社会の姿を提起した。切実な脅威として、「３Ｄプリンターによる武器製造（セミオートマティッククライフル」の事例も示し、今後へ向けては、「だれもがどこでも何でも作れる世界で、われわれはどのように暮らし、学び、仕事をすることになるのか。現在進行中の革命が突きつける中核的な疑問にこたえることが、われわれの大きな課題であろう」[30]という言葉で近未来に向き合う人間の在り方を提起している。

様々なものがインターネットにつながる「ＩｏＴ（Internet of Things）」を取り上げた主な理由は、二〇一五年六月、東京ビックサイト(東京国際展示場)で開かれた「日本ものづくりワールド二〇一五」におけるIoT時代のものづくりに関する展示内容にある。「世界のあらゆる人の手に同じ性能・同じ品質の製品がいきわたる大量生産(コモディティ)の時代からIoTによる一人ひとりの思いに応えるものづくりの時代へ(パーソナライズの時代へ)」(東芝のブースで)というテーマで近未来の姿が示された[31)]。以下はその内容の一部である。「①今、地球の片隅でユーザーが電子カタログを前に夢を膨らませている。このカタログに製品は載っていない。どんな目的をかなえたいか、どんなシーンで使いたいかを入力するとクラウド空間で世界にただ一つしかない製品が組み立てられる」、「②標準部品は世界から調達。独自にデザインされたパーツは3Dプリンターでプリントアウト」、「③完成品はユーザーへ。製品は常にネットワークにつながる。自己学習機能により行動パターンを洗練させ、必要があれば、ネットワークを通じてパーツを要求。個々の使われ方に最適化されていく」、「④製品に関するあらゆるデータを蓄積。それらを分析・可視化することでさらなる生産の最適化や品質向上へつなげることができる」。

これらの内容は前述した世界ファブラボ会議(二〇一三年、横浜)におけるニール・ガーシェンフェルドの「だれもがどこでも何でも作れる世界で、われわれはどのように暮らし、学び、仕事をすることになるのか。現在進行中の革命が突きつける中核的な疑問にこたえることが、われわれの大きな課題であろう」[32)]という言葉を想起させる。その課題に応えるためには、ものをつくる教育の重要性を再認識するとともに、「ものづくりには責任が伴う」という倫理面を創造面や技術面と合わせて大切にしていくことが今後一層必要であろう。

第一部「次世代ものづくり教育の『指針』」における第一章「『責任』を重視した次世代ものづくり教育」では、「責任——「未来に対する責任」と「過去に対する責任」——」(第一節)及び「ものづくり——全体を視野に入れて——」(第二節)について述べた。では、こうした「責任」重視の次世代ものづくり教育には、ものづくりに「責任」をもつ人間の育成を基軸として、どのような意義があるのか。第一部の第二章「『責任』を重視した次世代ものづくり教育の意義」では、制度への眼差し、他国への眼差し、材料への眼差しという三つの視点から意義を検討した。

〔第一部・第一章　註〕

1　NHKスペシャル公式サイト：http://www6.nhk.or.jp/special/
オンデマンドでの視聴サイト：http://www.nhk-ondemand.jp/goods/G2015066749SC000/
2　東京電力福島原子力発電所事故調査委員会『国会事故調報告書』徳間書店、二〇一二．
3　エレン・H・リチャーズ著、住田和子・住田良仁訳『ユーセニクス――制御可能な環境の科学――』スペクトラム出版社、二〇〇五．
4　同、p.5.
5　E.M.ダウティー著、住田和子・鈴木哲也訳『レイク・プラシッドに輝く星　アメリカ最初の女性化学者　エレン・リチャーズ』ドメス出版、二〇一四．
6　同、pp.1-2.
7　前掲註2、p.442.
8　エルンスト・レットガー著、宮脇理・武藤重典訳『木による造形――造形的手段による遊び二――』造形社、一九七三．
9　「amu」《AZホールディングス》ではトークイベントやワークショップを開催している。東京都渋谷区恵比寿西一―一七―二．
http://www.a-m-u.jp/about/
10　大橋晧也『実践造形教育大系四　子どもの発達と造形表現』開隆堂、一九八二．
11　同、p.60.
12　同、pp.118-119.
13　同、p.119.

14 大橋皓也「見えることと実感すること」『教育美術』四月号、財団法人教育美術振興会、一九八四、p.32.
15 木村敏『自覚の精神病理』紀伊國屋書店、一九七八、pp.17-18.
16 同、p.18.
17 文部省『中学校美術指導資料 第二集 工芸の指導』日本文教出版、一九七四、pp.251-253. 編集は、初等中等教育局中学校教育課教科調査官の宮脇 理氏が担当した。
18 同、p.251.
19 同、p.285.
20 中村雄二郎『共通感覚論』岩波書店、一九七九、p.94.
21 講演に関する情報は、「http://www.artedu.jp/?action=common_download_main&upload_id=181」に掲載されている。
22 「第九回世界ファブラボ会議での配布資料」より。配布資料は、ニール・ガーシェンフェルド（マサチューセッツ工科大学教授）「第三の産業革命――モノをデータ化し、データをモノにする」『フォーリン・アフェアーズ・リポート』、二〇一二年一一月号。『フォーリン・アフェアーズ・リポート』は、一九二二年九月、アメリカで創刊された政治・経済・外交等の専門誌であり、世界的な影響力をもつ論文発表の場となっている。
23 http://www.a-m-u.jp/report/thinkbyhands.html/
24 「第九回世界ファブラボ会議 国際シンポジウム進化するメイカームーブメント――グローカルものづくりの未来」（主催：慶應義塾大学ＳＦＣ研究所ソーシャルファブリケーションラボ）のプログラムには、一三の発表が掲載されている。
25 同、p.2.
26 同、p.3.
27 同、p.4.
28 前掲註22、p.1.
29 前掲註22、p.1.
30 前掲註22、p.15.
31 ３Ｄ革命（３Ｄプリンターなど）・Industrie4.0（ドイツ語ではIndustryをIndustrieと表記。ドイツ政府の戦略的施策）と関連する。東芝ブース。

※「第一部・第一章」は、佐藤昌彦「第九回世界ファブラボ会議国際シンポジウムと次世代ものづくり教育」『美術科教育学会通信』(No.85, 美術科教育学会、二〇一四・二・一八、pp.11-13) の内容に基づいた。掲載にあたっては加筆・修正を行っている。

第二章　「責任」を重視した次世代ものづくり教育の意義
―制度への眼差し、世界への眼差し、材料への眼差し―

第一章で提起した『責任』重視の次世代ものづくり教育」の意義は何か。ものづくりに「責任」をもつ人間育成という基軸を踏まえながら、本章では三つの視点からその意義を検討した。

第一節　制度への眼差し

第一は、「我が国の制度に対する認識を深め得る」ということである。「我が国の制度」とは、「昭和三三年中学校学習指導要領」や「昭和四四年中学校学習指導要領」などを指す。昭和三三年中学校学習指導要領の改訂では、工作の学習が、新設された技術・家庭科の中で指導することとなった。昭和四四年中学校学習指導要領の改訂では、美術科に「工芸」の領域が導入された。一九七四（昭和四九）年七月二〇日に発行された文部省『中学校美術指導資料　第二集　工芸の指導』（日本文教出版株式会社）[1]には「昭和三三年中学校学習指導要領」と「昭和四四年中学校学習指導要領」について次のように記されている。

■昭和三三年中学校学習指導要領

従来、試案の形で出されていたものが三三年の改訂から告示として公示されている。また、「図画工作」および「職業・家庭」の教科も「美術」および「技術・家庭」の新しい教科として編成がえがなされた。これまでの図画工作科の実施から見てややもすれば図画工作科の内容のうち、工作や製図の学習は、時間もかかり、またいろいろな施設や設備、用具材料が必要なため、大切な学習でありながらも図画工作科として一つの教科の内容であると困難の多い工作の学習が行われない傾向があるとも考えられ、改訂に当たっては主として製図や工作の学習は新しく「技術・家庭」という教科を設けて、その中で指導することとなる。

（一）改訂の要点

① 図画工作科の内容（○表現教材――描画、図案、配置配合、工作、製図○鑑賞教材○理解教材）のうち、芸術性、創造性を主体としたものは、美術科で扱い、科学的、合理的、技術的なものを主体とした図法、製図、工作は技術・家庭科で取り扱うようにした。

② デザイン教育を重視し、美術的デザインの基礎的な能力の育成に特に意を用いた。なお、生産技術的デザインは、技術・家庭科で取り扱うようにした[2)]。

■昭和四四年中学校学習指導要領

昭和三三年の改訂により、それまでの工作的な学習は、技術・家庭科においては生産性・合理性・技術性を中心とした学習が主となり、一方美術科においても工的な条件の少ない視覚的なデザインが中心となり、しかも平面的なものが主として扱われる傾向が強く、美術科、技術・家庭科を通じて、創造的、造形的な工芸・工作的学習は一〇年余、多くの具体的な試みが望まれながらも不振の状況にあった。

（一）改訂の要点

①美術科の内容をわかりやすくし、小学校・中学校・高等学校の関連をもたせ、領域を絵画・彫塑・デザイン・工芸・鑑賞の五領域で示した。

（中略）

③これまで規定のなかった「工芸」の領域を導入し、生徒につくる喜びや使う喜びを得させるようにした。

（中略）

（三）美術科におけるデザインと工芸に関する目標

自由な心情を、そのまま外に表現する絵画、彫塑の場合とは異なり、デザイン、工芸の指導のねらいには、用途をもつ美しい「もの」を創造することである。

（中略）

（七）技術・家庭科との関連[3)]

工芸と技術・家庭科における関係領域との相違点		作品
美術（工芸）	創造的、芸術的、感性的、試行錯誤的材料経験から発展的計画変更もありうる。	一品製作としての個性的な作品
技術・家庭	技術的、科学的、合理的、計画的、分業的、設計通りに正確に製作する。	多量生産としての性格をもつ

なお、本論文で取り上げた「責任」の問題にかかわって、文部省『中学校美術指導資料　第二集　工芸の指導』の「I　中学校における工芸学習の意義」には、以下の記載もある。

手を通してものをつくり出す喜びと責任について考えさせ、それらの体験を通して、現在の社会生活や将来にわたって、よいものは何かを理性的、感性的にとらえることができるようにすることが大切である[4)]。

工作の学習が、新設された技術・家庭科の中で指導することになった昭和三三年中学校学習指導要領の改訂について、当時を知る高山正喜久氏にインタビューを行った（二〇一四・一一・八）。高山氏からは、「昭和三三年の改訂を現場ではどう受け止めたのか」についてお聞きすることができた。その内容は以下のとおりである。

現場としては、やっぱり「工作」が弱いから、「図工」だけど、「図」でね。「工」はほとんどやらない。「図画」は「図画」という教科があり、（「工作」は）「工作」という教科があり、つまり工作を目立たせるために、「図工」を分けて、こっちを（工作を）ほったらかしにしてはだめだと。（そのような受け止め方だった）。「図工」の場合はどちらか一方をやっていれば、なんとかごまかされるんだけれど、「図工」を分けられると、「『工作』は何やっているんですか」と言われる。ほっておくわけにはいかない、という意味があったろうと思う。

ぼくらも不満を言わなかったのは、当然、分かれれば、こっちを（工作を）ほったらかしにしておくわけにはいかないから。やっぱり「図工」といったら「図」のほうで、一応やったことになってしまうからね。分けたらほったらかしにできない。そういう点では、「図工」が分かれたことには反対しなかった。「工」が弱いから、分けたほうが、逆に「やってないじゃないか」と言える。「図画」と「工作」がついているとね、「やってます」とごまかされる。

しかし、そうした現場での工作重視の思いがありながらも、現実は、昭和四四年中学校学習指導要領に「美術科、技術・家庭科を通じて、創造的、造形的な工芸・工作的学習は一〇年余、多くの具体的な試みが望まれながらも不振の状況にあった」と記載されるような状況となった。このことは制度が教育の現場に及ぼす影響力の大きさを示すものである。

では、なぜこうした制度に着目することになったのか。それは「責任」の問題と深くかかわる「全国工芸教育協議会」（一九七三年設立）や「ハンド101―ものづくり教育協議会」（一九八七年設立）についてのこれまでの研究が切り込み口になった。全国工芸教育協議会は、一九七三（昭和四八）年七月一日に設立された工芸に関する民間教育運動の全国組織である。「ものを創りだす喜びと責任を考える」という設立の際のスローガンに「責任」という言葉を位置付けている。このことにかかわる「『責任』の問題と全国工芸教育協議会との関係」については第三章で述べることとする。ハンド101―ものづくり教育協議会は、一九八七（昭和六二）年一二月六日に設立された手工・工作・工芸・デザインを通してのものづくり教育に関する全国的な民間教育研究団体である。「ハンド」という言葉には、「手で思考する。手で試行する。手で志向する」という考え方をアナログから、そしてデジタルへ向けて展開するという思いが込められている。「101」は「一〇〇年の歴史を受け継ぎ、一〇一年以降へ向けて」という意味の象徴である。「『責任』の問題とハンド101―ものづくり教育協議会との関係」については第四章で示したい。

第二節　世界への眼差し

第二は、「世界の国々の現状に対する認識を深め得る」ということである。ものづくりの「責任」の問題にかかわって、二〇一四（平成二六）年九月八日から九月一二日まで、フィンランドを訪問した[5]。工作・工芸教育発祥地：フィンランドは、今、ものづくりの「責任」についてどう取り組んでいるのか。その問いを解明するための訪問であった。教育視察先（学校・学校以外の教育施設・企業）は左のとおりである。

■学校

①エスポー市立サールラニークソ中学校（美術・手工芸授業視察）
②エスポー市立カイター中・高等学校（美術・手工芸授業視察）
③ヴィヒティ町立オタランピ総合学校（小・中学校）&保育園・託児所（幼児教育、美術・手工芸授業視察）
④ヴィヒティ町立オタランピ総合学校（中学校、美術・手工芸授業）
⑤ヘルシンキ大学人間行動学部（教育学部、手工芸授業視察）
⑥アールト大学（ヘルシンキ市内。旧デザイン工芸大学、二〇一六年版全国学習指導要領の方向性について）

■学校以外の教育施設

○エスポー市内の課外美術学校（美術授業視察）

■企業

○コネ社製造開発研究拠点視察（ヒュヴィンカー市。エレベーター開発）

先述した問いの答えとして、結論から述べれば、フィンランドのものづくり教育における訪問時の状況は、今回、本論文で提起した「次世代ものづくり教育の『指針』（ものづくりの全体の根底に「責任」を位置付ける）を現実の姿として示している」ということである。その根拠を以下に三つ記した。

一つ目は、訪問時に使用されていた二〇〇四年度版全国学習指導要領にものづくりに関する「責任」という言葉が明記されていたということである。一例を次に記載した（文章の右側の線は筆者が追加した）。

■フィンランドの全国学習指導要領（二〇〇四年版）

【手工科目】

手工教育の使命は、手工技能における自意識を高め、自分が行った作業から喜びと満足感を得るように児童・生徒の手工技能を発達させることである。さらに自分の作業に対する、そして材料を使うことに対する責任感が増し、作業と材料の品質を正しく認識することを学習し、自分の選択肢に対して、さらに入手可能な外的刺激、製品、サービスに対して評価しつつも、同時に批判的な態度をとるように学習する。

＊フィンランド訪問時に使用されていた二〇〇四年版全国学習指導要領の翻訳は、フィンランド在住の宮澤豊宏氏が行った。宮澤氏には今回のフィンランド教育視察ガイドも依頼した。

二つ目は、二〇一六年版全国学習指導要領の方向として、「ecological and ethical assessment」（生態的・倫理的評価）がキーワードになっていたということである。このことについては、二〇一六年版全国学習指導要領の担当者であるアールト大学のミラ・カッリオ―タヴィン教授から説明を受けた（通訳は宮澤豊宏氏）。ものづくりにおける「責任」という倫理面の重視を反映するものである。

三つ目は、教育視察先において、ものづくりの全体（原点と最先端の併存、新旧の併存、科学・技術・芸術の連携など）にかかわる状況を確認することができたということである。その状況に関する写真を次に二枚示した。一枚は木工台（サールラニークソ中学校、エスポー市）に関するものであり、もう一枚は３Ｄプリンターを活用した授業（カイター中・高等学校、エスポー市）に関するものである。

こうしたフィンランドの教育視察に関する詳細は第五章で示すこととする。

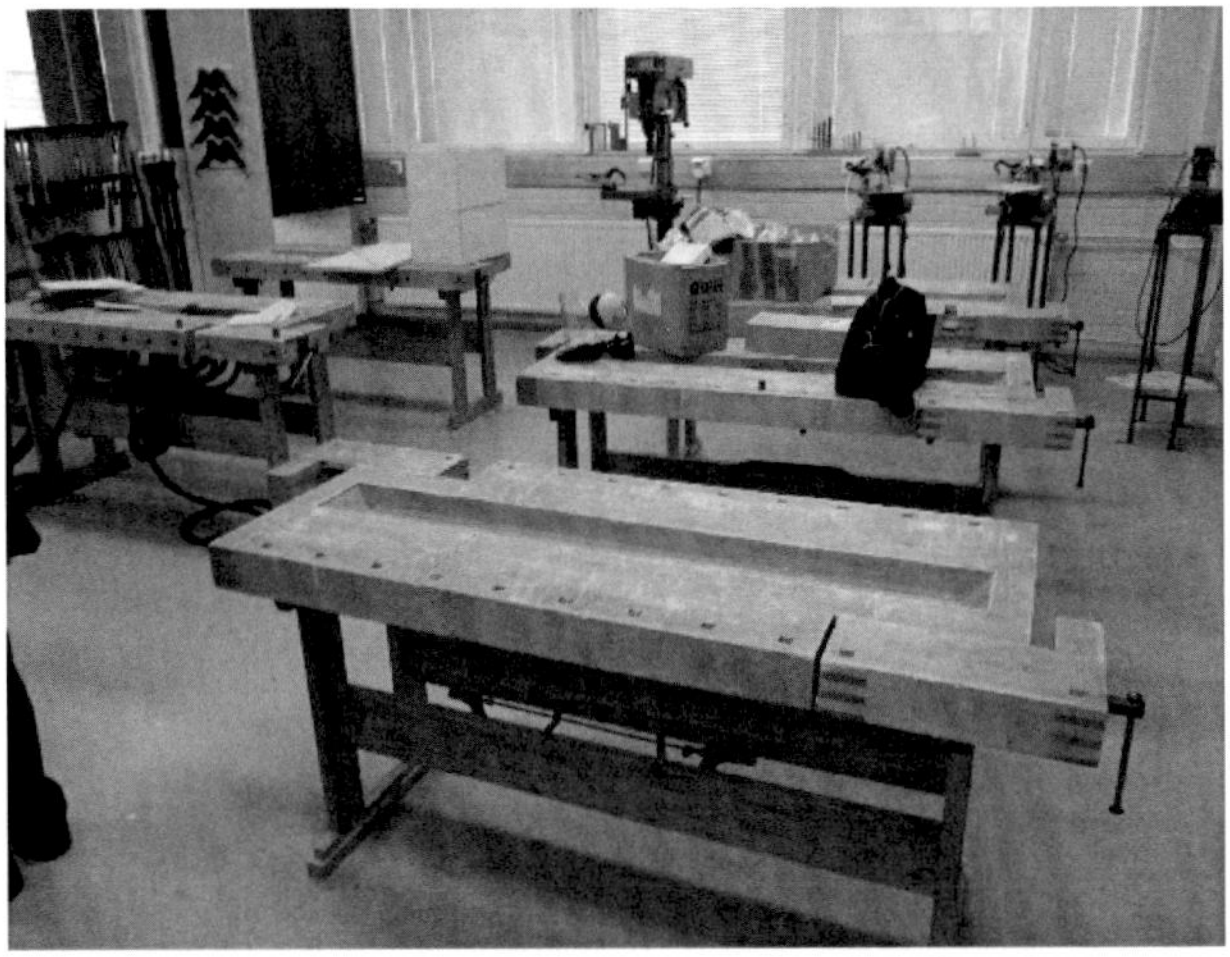

木工台（サールラニークソ中学校、エスポー市）

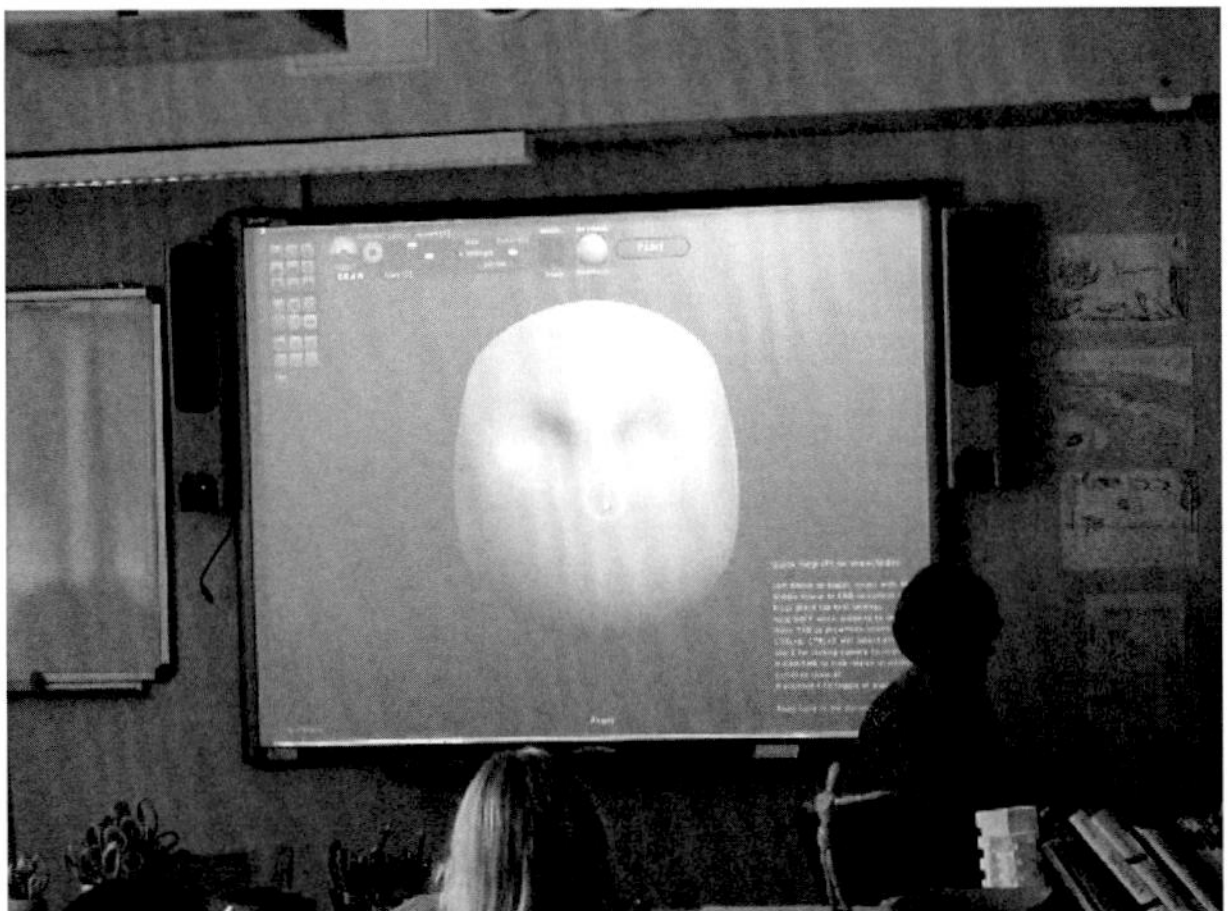

３Ｄプリンターを活用した授業（カイター中・高等学校、エスポー市）
※３Ｄモデリングソフトは「Sculptris」（スカルプトリス、無料ソフト）を使用していた。

二〇一三（平成二五）年九月には中国・義烏（イーウー）を訪問した。なぜ、世界最大級の日用品市場：中国・義烏を選んだのか。それは中国・義烏での急激な多量生産の状況と、ウノ・シグネウス（Uno Cygnaeus 1810-1888）がフィンランドの人々の伝統的なものづくりであるスロイド（民芸、民衆工芸、民間工芸、フォーク・アート）を学校教育に位置付けた当時のフィンランドの社会状況とが重なるからである。中国・義烏の学校では多量生産に対してどう対応しているのか、次世代ものづくり教育を構想するために、それを把握したいと考えた。

ウノ・シグネウスが学校教育にスロイドを位置付けた状況については、「リレー対談：歴史的視点から考える」『教育美術』（一九七六年一月号、第三七巻第一号、教育美術振興会）[6]に次のように記されている。スロイドのよさ、ウノ・シグネウスの取組、オットー・ソロモンの取組に関するものである。

【宮脇 理】（スロイドのよさ）ある人がつくる、それを使っていく。使っているうちにおかしいところがあったら、その問題を指摘していく。そうすると、どこのだれがつくったということがはっきりわかるので、問題を指摘して新しくつくり直していく。そういう関係が原初的な工芸にあるわけです。

今の量産にはそれがないわけです。原初的な工芸の関係の中で、ものと人間の関係が実に的確に作用している。そういうサイクルをもっているということです。

ところがそういう原初的な工芸というものは、その中で人間形成――教育というのが自然になされていると、見られるわけです。いわゆるものをつくってそれを使うという関係の中で、ものをつくる喜びも出るし、責任も出るし、それを新しくつくり変えていくという中で人間形成がなされているということです。

（ウノ・シグネウスの取組／産業革命に伴うスロイドの崩壊を背景として）単純に、古民芸だけが壊れて生活補給ができなくなったという現象だけでなく、同時に人間形成から家庭環境から子どもの心身の状態が崩壊してきたというのが大きな状況だったわけです。

そこで、北ヨーロッパのうちの特にフィンランドのウノ・シグネウスという人が、一八六三年に古民芸の良さを学校教育の中にもち込んで、その中でこれを行うことによって人間形成に役立つんじゃないだろうかというようなかたちを取り上げてきたわけです。ですから、ある日突然教科を成立させたというんじゃなくて、自分達の地域の周辺にある教育活動といいますか、人間形成の活動がスロイドにある。それが崩壊してしまったために、今度は人工的なシステムである学校の中に置き換える。つまり社会の中で自然に行われていた教育を、学校の中にもう一回置き換えてみるということです。（中略）話が前後しましたが、ウノ・シグネウスはフィンランドのルーテル派の教誡師で、小学校の校長です。

（オットー・ソロモンの取組）それから一八六八年に、スウェーデンのオットー・ソロモン――この人もやはり師範学校の校長先生です――が、さらに教育的スロイドの具体化を進めます。フィンランドとスウェーデンは国が離れていますけれども、二つの国で全く別々に起こりました。また先の二人はずいぶん年齢が離れているんですが、後にオットー・ソロモンがフィンランドに行き、そこで意気投合して、教育的スロイドの体系化というのをオットー・ソロモンが成したという歴史があるのです[7)]。

筆者は、二〇一三（平成二五）年九月一二日に、中国・義烏市場（通称：福田市場／中国義烏国際商貿城）の視察を行い、翌日の九月一三日には、義烏塘李小学校を訪問した[8)]。塘李小学校での剪紙（せんし／切紙）に関する授業を踏まえれば、前述した「中国・義烏の学校では多量生産に対してどう対応しているのか」という問いに対して、「中国の伝統的なものづくりを教育の規範として対応している」と答えることができる。別の言葉で言えば、多量生産という新たな状況になったときでも、それだけに限定するのではなく、生活の中でのものづくりの全体（新旧の併存など）を踏まえ、普通教育の中に普遍的なかたちで中国の伝統的なものづくりを位置付け人間形成を図っていくようにしているということである。詳細は第六章で述べたい。

第三節　材料への眼差し

第三は、「材料を通して自然に対する認識を深め得る」ということである。アイヌの人々の伝統的なものづくりはこのことに直結する。それを象徴する言葉が萱野 茂『アイヌの民具』（すずさわ書店、一九九八）[8]に次のように記されている。

昔のアイヌ達が材料のことをよく知っていたことに驚きます。何をつくるにはどの木が良いと、まるで樹木と語り合うようにして材料をえらび、道具を作っていたのです。材料の性質だけではなく、自然そのものを本当によく知っていたのです。ですから、アットウシを織るために木の皮をはぐ場合も、木を丸裸にして立ち木を殺すようなことはしません。だからこそ、ごく簡単な身じたくで雪の山をかけまわっていても自然は人にむやみに害を加えるようなことをせず、人の必要に応えてくれていたのです。人と自然は共存していたのです。自然に対しての思いやり、その優しい心が自然を神と敬う形で現れています[9]。

筆者は、一九九七（平成九）年五月と一九九八年（平成一〇）年一〇月の二度にわたって杉村 満氏（北海道旭川市、旭川アイヌ協議会伝承部長、平成九年度アイヌ文化奨励賞受賞）とともに山に入り白樺樹皮の採取段階からヤㇻス（樹皮の鍋）製作の指導を受けた。そのときの体験と右側に記した言葉は自然と人間との密接なつながりに関するものとして一致する。

材料となる白樺の樹皮を選ぶ段階では、同じ白樺でも一本一本の樹皮の特性を見極めることがまず必要であった。樹皮によってははがした後に亀裂が入るものが出てくるからである。特に黒い斑点の多い白樺樹皮や切れ目を入れたときに裏側が茶褐色になっているものは亀裂が入りやすい。また、樹皮の根元も繊維が粗いので加工がしにくくやはりヤラスづくりには不向きな部分であるという。最もヤラスづくりに向いているものは黒い斑点が少なくしかも裏側が真っ青になっている樹皮である。そのような樹皮は繊維が柔らかく亀裂が入らないように折り曲げることができた。

ヤラスを教材化したときに樹皮の採取段階から体験できれば、自然素材の特性を見極めて材料を採取することに対する子どもの関心を高めることになる。材料の質を見極める目をもつことはものづくりの基本である。この能力は本を読んだり話を聞いたりして身につけるというよりも、やはり自分で実際に樹木が育つ環境に入り樹皮を触ったりはがしたりすることなどによって体得していくものである。また、目的に合った材料を選んで採取するということは、むやみに採取して樹皮を無駄にしないということであり、自然の生命を大切にすることにつながる。

採取した樹皮を使って製作する段階では樹皮の特性を踏まえたつくり方が工夫されていた。ヤラスをつくるためにはボール紙程度の厚さの樹皮を正方形に切り、その四隅を折り曲げてひもでしばり水が漏らないような容器の形にしていく。材料がボール紙であればどの方向から折っても裂けるということはほとんどないが、白樺樹皮には皮目があるために折る方向によっては裂けてしまう。裂けないようにするためには皮目が鍋の縁と平行になるような折り曲げ方をする必要がある。このようにすると容器の縁にある程度の圧力が加わっても破けず丈夫な鍋になるからである。これを皮目が鍋の縁に対して直角に折るとそこから裂けやすくなってしまうのである。まず樹皮の皮目を確かめ、次に裂けないように皮目が鍋の縁と平行になるように折り曲げていくことが必要になる。このような製作過程を体験することによって、自然素材の特性を生かしたやり方でものをつくる大切さを実感として学ぶことができる。

一九九九（平成一一）年八月三日、北海道旭川市立旭川市民生活館で開催された「親子アイヌ民具工作教室―ヤㇻス（樹皮の鍋）をつくろう―」（講師：杉村 満・杉村フサ）は、材料を通して自然に対する認識を深める場となっていた（杉村フサ：旭川アイヌ語教室講師、平成一三年度アイヌ文化奨励賞受賞）。以下は参加した子どもたちの感想である。「アイヌの人々が木の皮をとるときに、自然にかんしゃして材料をいただくということがはじめてわかりました。ヤラスづくりにさんかしなければいつまでも知らないままだったと思います」（「ヤラス」の「ラ」は感想に記載された文字の大きさで記した）、「木がかれないように一部分だけの皮しかとらないということをはじめて知りました」、「『木をからしてしまわないように三分の一以下しかとらない』ということを聞きとてもおどろきました。はじめは一本の木からたくさんの皮をとるのだとばかり思っていたからです」。さらに「しらかばの木の皮がむだにならないようにていねいにつくりました」、「何十年もかけて育ったしらかばの木の皮をむだにしないように大切に使おうと思いました」、「せっかくのじゅひがやぶけてしまわないように皮目をよく見てつくりました」[10] という言葉も子どもたちの感想のなかにみられた。これらの感想は「製作」段階にかかわるものであるが、やはりアイヌの人々の自然観を踏まえて製作したために書かれた言葉であろう。「むだにならないように」「せっかくの」という表現は、単につくり方の手順を知っただけでは記述されないからである。どちらの言葉も、ヤㇻスをつくるために白樺の木から剥がした樹皮をできるだけ大切に扱いたい、白樺樹皮という白然の生命を粗末にすることなくその特性を生かしてつくりたい、という子どもの思いの表れとなっている。

アイヌの人々の伝統的なものづくりに関しては、「第二部　次世代ものづくり教育の『規範』」において、さらに詳しく論述する。

〔第一部・第二章　註〕

1　文部省『中学校美術指導資料 第二集 工芸の指導』日本文教出版、一九七四．
2　同、p.284.
3　同、p.288.
4　同、p.4.
5　二〇一四（平成二六）年九月八日から九月一二日まで。フィンランド教育視察は宮脇 理氏（Independent Scholar ／元・筑波大学大学院教授）とともに行った。教育視察のガイドは、フィンランド在住の宮澤豊宏氏。宮澤氏への依頼は、秋田公立美術大学の尾澤 勇氏にお世話になった。
6　宮脇 理、竹内 博「リレー対談」『教育美術』第三七巻第一号、教育美術振興会、一九七六．
7　同、pp.13-14.
8　萱野 茂『アイヌの民具』すずさわ書店、一九九八．
9　同、p.4.
10　佐藤昌彦「ヤㇻス（樹皮の鍋）の教材化考（二）――親子アイヌ民具工作教室におけるヤㇻス製作とその考察――」『美術教育学』（美術科教育学会誌）第二四号、美術科教育学会、二〇〇三．

第三章 昭和四四年中学校学習指導要領（一九六九年告示）と全国工芸教育協議会（一九七三年設立）

第二章『『責任』を重視した次世代ものづくり教育の意義』において、全国工芸教育協議会（一九七三年設立）は、我が国の制度（昭和四四年中学校学習指導要領など）に着目する上での切り込み口になったと述べた。では、全国工芸教育協議会は「責任」の問題とどうかかわっていたのか。それを明らかにするために、全国工芸教育協議会の「年表」とものづくりの「責任」に関する「構造図」に基づいて次の三つの問いに答えたい。第一は、全国工芸教育協議会はものづくりの「責任」をどう考えていたのか。第二は、ものづくりの「責任」を考える上で何を重視したのか。第三は、人間として「責任」をもつことができるものづくりのモデルに何を位置づけたのか。

第一節　全国工芸教育協議会に関する「年表」

全国工芸教育協議会は、一九七三（昭和四八）年七月一日に設立された工芸に関する民間教育運動の全国組織である。設立主旨や機関誌などの資料を踏まえて作成した「年表」を以下に示した（表１）。

表1　全国工芸教育協議会に関する「年表」

年	項目
一九五八 昭三三	■昭和三三年中学校学習指導要領告示 「図画工作」→「美術」、「職業・家庭」→「技術・家庭」。 【改訂の理由】 これまでの図画工作科の実施から見てややもすれば図画工作科の内容のうち、工作や製図の学習は、時間もかかり、またいろいろな施設や設備、用具材料が必要なため、大切な学習でありながらも図画工作科として一つの教科の内容であると困難の多い工作の学習が行われない傾向があるとも考えられ、改訂にあたっては主として製図や工作の学習は新しく『技術・家庭』という教科を設けて、その中で指導することとなる。 （＊文部省『中学校美術指導資料第二集・工芸の指導』日本文教出版株式会社、一九七四、pp.283-284） 【改訂の要点】 ①図画工作の内容（○表現教材――描画、図案、配置配合、工作、製図　○鑑賞教材　○理解教材）のうち、芸術性、創造性を主体としたものは、美術科で扱い、科学的、合理的、技術的なものを主体とした図法、製図、工作は技術・家庭科でとり扱うようにした。 ②デザイン教育を重視し、美術的デザインの基礎的な能力の育成に特に意を用いた。なお、生産技術的デザインは、技術・家庭科で取り扱うようにした。 （＊文部省『中学校美術指導資料第二集・工芸の指導』日本文教出版株式会社、一九七四、p.284）
一九六九 昭四四	■昭和四四年中学校学習指導要領告示 【昭和三三年の改訂による影響】 昭和三三年の改訂により、それまでの工作的な学習は、技術・家庭科においては生産性・合理性・技術性を中心とした学習が主となり、一方美術科においても工的な条件の少ない視覚的なデザインが中心となり、しかも平面的なものが主として扱われる傾向が強く、美術科、技術・家庭科を通じて、創造的、造形的な工芸・工作的学習は一〇年余、多くの具体的な試みが望まれながらも不振の状況にあった。

【改訂の要点】

①美術科の内容をわかりやすくし、小学校・中学校・高等学校の関連をもたせ、領域を絵画・彫塑・デザイン・工芸・鑑賞の五領域で示した。

②これまで規定のなかった「工芸」の領域を導入し、生徒につくる喜びや使う喜びを得させるようにした。

【工芸に関する目標】

自由な心情を、そのまま外に表現する絵画、彫刻の場合とは異なり、デザイン、工芸の指導のねらいは、用途をもつ美しい「もの」を創造することである。

【工芸の取り扱い】

第一学年の重点「材料をもとに用途を考えて製作できるようにする」。第二学年の重点「用途をもとに材料を選んで製作できるようにする」。第三学年／第一学年および第二学年との関連を図る。いずれかに重点をおいて取り扱う。

【技術・家庭科との関連】

▼美術（工芸）…創造的、芸術的、感性的、試行錯誤的、材料経験から発展的計画変更もありえる。一品製作としての個性的な作品。

▼技術・家庭…技術的、科学的、合理的、計画的、分業的、設計通りに正確に製作する。多量生産としての性格をもつ。

（＊文部省『中学校美術指導資料第二集・工芸の指導』日本文教出版株式会社、一九七四、pp.285-288）

理性・技術性を中心とした学習が主となり、一方美術科においても工的な条件の少ない視覚的なデザインが中心となり、しかも平面的なものが主として扱われる傾向が強く、美術科、技術・家庭科を通じて、創造的、造形的な工芸・工作的学習は一〇年余、多くの具体的な試みが望まれながらも不振の状況にあった。

【改訂の要点】

①美術科の内容をわかりやすくし、小学校・中学校・高等学校の関連をもたせ、領域を絵画・彫塑・デザイン・工芸・鑑賞の五領域で示した。

②これまで規定のなかった「工芸」の領域を導入し、生徒につくる喜びや使う喜びを得させるようにした。

【工芸に関する目標】

自由な心情を、そのまま外に表現する絵画、彫刻の場合とは異なり、デザイン、工芸の指導のねらいは、用途をもつ美しい「もの」を創造することである。

【工芸の取り扱い】

第一学年の重点「材料をもとに用途を考えて製作できるようにする」。第二学年の重点「用途をもとに材料を選んで製作できるようにする」。第三学年／第一学年および第二学年との関連を図る。いずれかに重点をおいて取り扱う。

【技術・家庭科との関連】

▼美術（工芸）…創造的、芸術的、感性的、試行錯誤的、材料経験から発展的計画変更もありえる。一品製作としての個性的な作品。

▼技術・家庭…技術的、科学的、合理的、計画的、分業的、設計通りに正確に製作する。多量生産としての性格をもつ。

（＊文部省『中学校美術指導資料第二集・工芸の指導』日本文教出版株式会社、一九七四、pp.285-288）

一九七二
昭四七

■文部省主催中学校工芸実技講習会開催（七・二四から六日間、東田中学校）

※全国工芸教育協議会ニュース「つ・く・る」No.1、一九七三・七・一発行の巻頭言「協議会設立にあたって」（代表：木下洋次）には、工芸実技講習会開催と全国工芸教育協議会設立との関係が次のように記されている。

「昨年（一九七二年）の七月二四日から六日間、私どもの学校、東田中で文部省主催の中学校美術（工芸）の実技講座がもたれ、北は北海道から、南は沖縄に至るまで各県二名ずつ、約一〇〇名の美術科の先生がお集まりになりました。（中略）（工芸内容の教育）を進めていく具体的な活動の場がすくないために、効果があがらないのが現状であります。そこで、何らかの発表活動を含めたシステムが欲しいとのご希望がありました。（中略）宮脇さんにご相談申し上げたところ『結構、ただし自主的団体を』とのご返事をいただきました。準備を進めていくうえに、各領域にわたり、本部委員となられた八名の先生方にご相談いたしました。どの方も心から、主旨に賛

一九七二
昭四七

同されて、お互いに準備基金を出し合い、準備委員の結成を見たわけです。」

また、宮脇 理『工藝による教育の研究―感性的教育媒体の可能性―』(建帛社、一九九三、pp.514-515)にもこのことに関する内容が以下のように述べられている。

『制度』の主催によって行われた(昭和四七年度から四九年度の三年間にわたって全国規模によって行われた工芸実技講習会)は、関係者の熱意に支えられ学校という『制度』の中で熱気をはらんで開催、展開されたことは記憶に新しい。そこでの受講者の工芸への認識と工芸による教育の認識には多くの一致がみられた。それはフォーク・アート:民芸という固有の文化、信頼できる文化と教育との連結にあった。これらの契機はそれ以前、一九五八(昭和三三)年の教育課程の変革によって鎮静化させられていた人々を再起させ、全国工芸教育協議会の発足から(中略)工作・工芸教育百周年記念につながる運動をみせている。」

設立の経緯が明確に示されている。

一九七三
昭四八

■全国工芸教育協議会設立

【全国工芸教育協議会設立主旨―ものを創りだす喜びと責任を考える―】

日本の工芸教育は近代教育一〇〇年の中で、さまざまな寄与をもたらしたが、戦前、戦中の工作教育は、実利的内容や、技巧に走り、あるいは時代に迎合したきらいもあった。戦後、科学と産業のいちじるしい発展は、環境破壊、人間性喪失をきたす誤りをおかすにいたり、これらの反省と対策のなかで、造形教育の必要が叫ばれた。なかでも、工芸は人間とものとのかかわり合いをたいせつにし、心と手でものを創りだす喜びを味わい、責任を考えるものとして、教育の中に取り入れられ、人間形成上多くの期待がかけられている。このことは技術革新による分業化が時代の動向いかんにかかわらず展開する将来において、ますます必要となるであろう。かつての工芸教育は〝工芸を専門〟とする人によって主として構成されていたが、人間とものの発展。

一九七三
昭四八

のため、本会の主旨に賛同される多くの方々の参加をもとめ、全国工芸教育協議会の結成をみた次第である。

【活動内容（案）】
○研究機関誌「工芸教育」の発刊および広報活動（ニュース紙）
○工芸教育に関する研究図書の出版
○研究発表会の開催
○実技講習会の開催
○諸外国の工芸教育推進団体との交流
○工芸教育に関連して、美術・造形教育の教科構造を考える
○其の他

【会則】
会員は本会の主旨に賛同する個人であり、すべて平等である。運営は次の七ブロックから選出された委員が運営する。北海道、東北、関東、中部、近畿、中国・四国、九州・沖縄。本部には事務局と研究局を置く。会費は年額一〇〇〇円とする。

【関係文書】
○工芸教育協議会創設準備日程
○創設準備者…内田義夫、小山栄一郎、西浦坦、福田達夫、松岡忠雄、和田晶、木下洋次
○全国工芸教育協議会設立についてのご案内
（代表：木下洋次）
○工芸教育協議会（仮称）発起人推せん書
○「全国工芸教育協議会設立について――ものを創りだす喜びと責任を考える――」
（工芸教育協会発起人一同）追記／五月二〇日現在全国各地から主旨に賛同されて推せんされた方が、すでに二八一名に達しています。
○発起人五〇名
西浦坦、田代幸俊、小山栄一郎、小池岩太郎、栗田熊雄、木下洋次、河原崎秀文、［東京］御園正男、［千葉］横

一九七三 昭四八	川孝好、酒井 進、小松富士男、円田義夫、［埼玉］高橋晴人、東宮比左志、［群馬］前田幸夫、谷田部康幸、［栃木］鯨岡 健、菊池和男、［茨城］藤田利雄、［福島］高橋 勗、［山形］八島 栄、［秋田］千葉節夫、［宮城］及川節郎、［岩手］平川則昭、対馬久世喜、［青森］塚本真男、高橋 洋、［北海道］裏添 健、［沖縄］犬童次夫、田村利秋、竹野健二郎、［宮崎］今里祐二、［長崎］末藤吉郎、［福岡］浜田定雄、［愛媛］熊谷昭典、岡村貞人、［山口］日野原克麿、［島根］福島俊明、加納 保、［鳥取］大久保正義、［大阪］入江祥三郎、［滋賀］坪井 茂、［静岡］奥山 登、［福井］佐藤 明、［神奈川］和田 晶、松岡忠雄、福田達夫、宮脇 理、三井安蘇夫、芳賀文治 ○全国工芸教育協議会・ニュースNo.1発行（一九七三・七・一） 「協議会設立にあたって」代表：木下洋次 「全国工芸教育協議会設立宣言」和田 晶 「総会報告」全国兼関東代表：木下洋次 事務局長：松岡忠雄 事務局員：河原崎秀文、小山栄一郎、西浦 坦 研究局長：内田義夫 研究局員：和田 晶、福田達夫、田代幸俊 「青空教室で楽しく――金属による工芸学習――」平川則昭 「タイの工芸」竹内 博 ○全国工芸教育協議会・ニュースNo.2発行、一九七三・一〇・一五 「昭和四八年度中学校美術教育（工芸）実技講座について」松岡忠雄 「熱気のあった青森の美術（工芸）の実技講座」代表：木下洋次 「全国工芸教育協議会会員名簿」
一九七四 昭四九	○全国工芸教育協議会・ニュースNo.3発行、一九七四・一〇・二三 ・経過報告と第二回総会のご案内 ・「全工協主催実技講習会について」松岡忠雄

一九七四 昭四九	・「ヨーロッパ研修報告」池辺国彦 ・「ヨーロッパに旅して（オランダ美術教育センターを尋ねて）」和田 晶。
一九七五 昭五〇	○全国工芸教育協議会・ニュースNo.4発行、一九七五・一〇・二五 ・第三回総会の開催にあたって ・「雪の中から育つ工芸を」北海道：高橋 洋 ・「BOTTLE CUTTING」池辺国彦 ・書評「中学校美術指導資料第二集・工芸の指導」仲瀬律久 ○全国工芸教育協議会会員名簿作成（一九七五年二月現在） ○全工協通信「つ・く・る」（はがき、一・三一）：私のアイデア／ヤットコ／永井勝彦、全工協通信「つ・く・る」（はがき、一二・二二）：私のアイデア／金槌／永井勝彦、全工協通信「つ・く・る」（はがき、七・二〇）：私のアイデア／ヤスリのリフォーム／永井勝彦
一九七六 昭五一	○全国工芸協議会機関誌「つくる」創刊号発行 ・「機関誌創刊にあたっての所感」木下洋次 ・「自己制御と創造」小池岩太郎 ・「二つの工芸教育──ものの在り方と人間形成──」宮脇 理 ・「赤城・親と子の工芸村／自然と交感する子供たち──工芸村は出発点でしかありません──」永井勝彦 ・「生徒の誰もが同じ力をだせる作陶の一方法」小山栄一郎 ・「和紙の特性を生かした工芸の指導」市川哲男 ・「工芸伝説・羽黒山五重塔」福田達夫 ・「材料紹介・金属工芸材料『アルミニウム』」木下洋次 ○全国工芸教育協議会・ニュースNo.5発行、一九七六・七・一五 ・「なぜ工芸教育は必要なのか」（昭和五〇年一一月一六日に代々木の文化女子大学を会場に開かれた第三回総会時における問題提起と協議会のテーマより）

一九七六 昭五一	・「アイデアあれこれ」木下洋次。 ○全国工芸教育協議会・ニュースNo.6発行、一九七六・一〇・一五 「赤城・親と子の工芸村報告」小林省三 ・「工芸村作品評」仲瀬律久 ・「親と子の工芸村に参加して」池田麗子 ・「全工協実技研修会――リフォーム――」永井勝彦 ○「第一回赤城・親と子の工芸村参加のご案内」発行 テーマ「自然に語りかけ忘れていた手の働きを見つけてみましょう」 【プログラム】 ▼七／二七（火）東京発、赤城キャンプ場（群馬県）着。キャンプファイヤー ▼七／二八（水）自然の中から良い材料をみつけて部屋に自然の優しさと潤いを与えるものを作ろう！「自然の中での工芸遊び・小さな芸術体験」 ▼七／二九（木）豊かな暮らしのための生活用品を作ろう！「遊具の工夫・遊びの中で工芸体験の楽しさを味わう」「自然の中での生活の知恵」 ▼七／三〇（金）赤城キャンプ場発、東京着。「自然と心のふれあいをそしてものを創る喜びを」 ○第四回全国工芸教育協議会総会（一一・一四）ご案内 ・三周年記念講演「工芸教育を考える」宮脇理 ・研究発表「リフォームについて」三好義章、猪狩貴美子、永井勝彦、仲瀬律久 ○全工協通信「つ・く・る」（はがき、一・二）：やきもの／大量の作品の釉除きの一処理法／小山栄一郎 ○全工協通信「つ・く・る」（はがき、六・一五）：やきもの／その二／小もの釉がけ／小山栄一郎
一九七七 昭五二	○全国工芸教育協議会・ニュースNo.7発行、一九七七・三・二五 ・「第四回総会を終えて」河原崎秀文 ・「今後へ向けて」木下洋次

一九七七
昭五二

・「『リフォーム』の実践と考察」永井勝彦
・「動物のイメージを板材で表現した造形指導―廃材を工芸製作のために利用して―」長谷川芳郎。
○全国工芸教育協議会・ニュースNo.8発行、一九七七・一一・二〇
・「第五回総会を迎えるにあたって」事務局
・写真「第二回赤城・親と子の工芸村スナップ」
・「新教育課程とこれからの工作工芸教育」竹内博
・「工芸の指導に思うこと」塚本貞男
・「ぶらぶら散歩、手漉紙の里」佐々木道子。
○「第二回赤城・親と子の工芸村参加のご案内」発行
テーマ「自然に語りかけ忘れていた手の働きを見つけてみましょう」
【プログラム】
▼七／三一（日）東京発、赤城キャンプ場（群馬県）着。キャンプファイヤー
▼八／一（月）自然の中から良い材料をみつけて部屋に自然の優しさと潤いを与えるものを作ろう！「一本の木から」「自然の中での工芸遊び・小さな芸術体験」
▼八／二（火）豊かな暮らしのための生活用品を作ろう！「遊具の工夫・遊びの中で工芸体験の楽しさを味わう」「自然の中での生活の知恵」
▼八／三（水）赤城キャンプ場発、東京着。「自然と心のふれあいをそしてものを創る喜びを」
○第四回夏季実技講座「木材や金属を通して／工作・工芸を進めるかんどころ／あなたの悩みを解決しませんか？」東京教育大学附属小学校／
【シンポジウム】
○「工作・工芸の実技指導について」原稲生、長谷喜久一、長男光男、池辺国彦、松岡忠雄
○「木材による工作・工芸」原稲生、河原崎秀文、内田義夫
○「金属による工作・工芸」伊藤広利、木下洋次、永井勝彦

一九八六 昭六一	**■ハンド101―のづくり教育協議会に合流** ※ハンド101―ものづくり教育協議会の設立（一九八六年）にともなって、残務整理で生じる一〇万円がハンド101設立準備委員会に引き継がれることになった。

※全国工芸教育協議会の「年表」の内容は「北海道教育大学宮脇理記念文庫」の資料および『教育美術』（特集：工芸・デザイン教育の新世紀、一〇月号、財団法人教育美術振興会、一九八七）を基に作成した。

「年表」の作成は設立当時の日本の制度にかかわる教育の状況を浮上させるとともに設立経緯を明らかにするものでもあった。また、「ものづくりの『責任』をどう考えていたのか」という問いに答えるための手掛かりをも内包していた。それをより明確にするために、主要な出来事とのつながりを中心にものづくりの責任に関する構造を検討した。

第二節　全国工芸教育協議会に関する「構造図」

「構造図」の構成要素は五つある（**図1**）。第一は、昭和三三年中学校学習指導要領告示。年表に記載したように、それまでの図画工作科は美術科となり、工作は新設された技術・家庭科で行われることとなった。その状況に関しては、松原郁二著『造形美術教育』（誠文堂新光社、一九七七）[1]に、「担当委員の努力は無になった」(p.218) として、昭和三三年中学校学習指導要領発表前夜の出来事が次のように記されている。「ここで将来のために追記したいことは、三三年の中学校教育課程の改正では、当時の教育課程審議会の答申によると『図画工作科を改めて美術科とし、その内容を芸術性創造性を主体とする表現や鑑賞活動に関するものとし、生産技

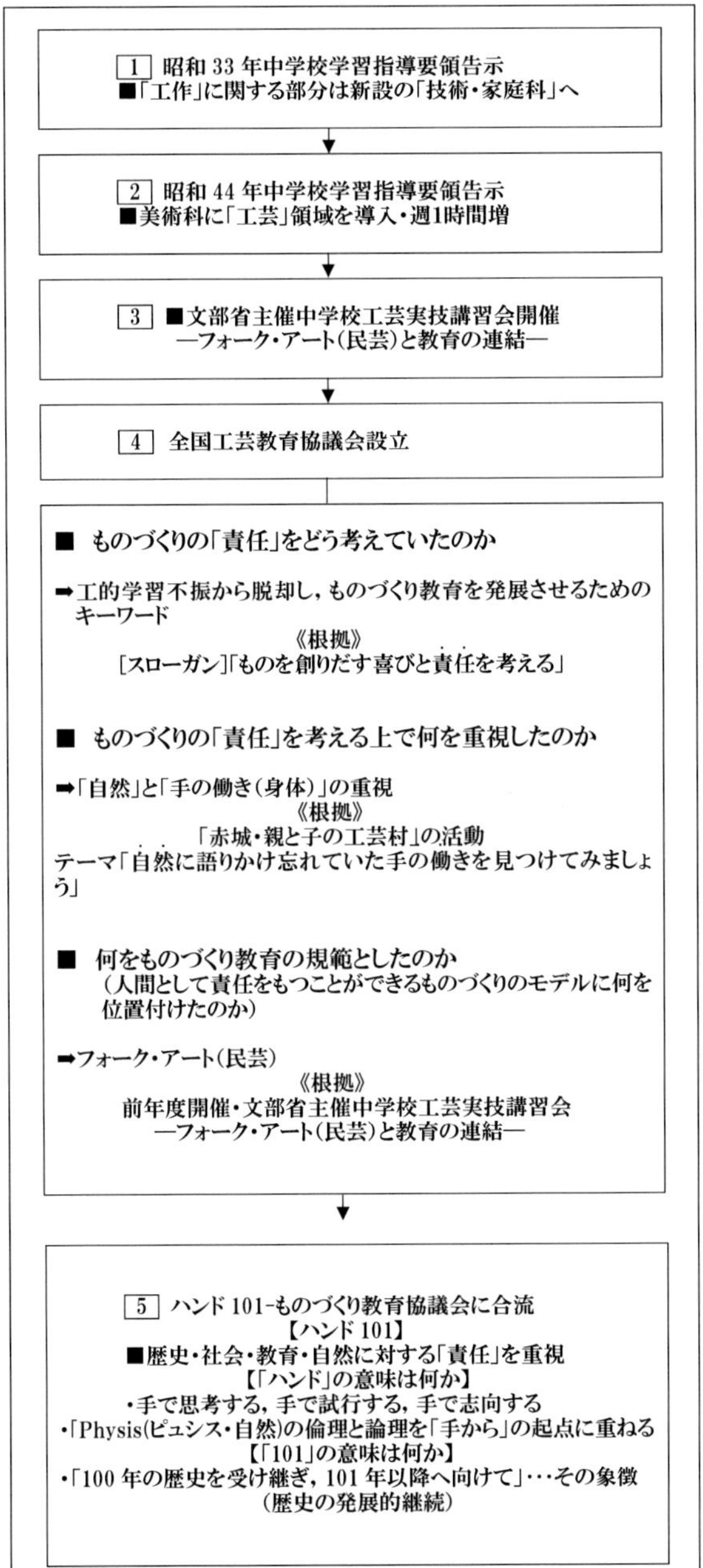

図１　ものづくりの「責任」に関する構造図

術に関する部分は技術科を新設してここで取り扱うことにする。』ということであった」(p.218)。男子向きには工的内容を主とし、女子向きには家庭的内容を主とするということである。さらに以下の文章が続く。「その予定で指導要領担当委員を設けて審議し、文案も決定して、明日公表するという前夜、文部省は、その教科名を技術ではなく技術・家庭科とすることを決定して、委員に電話で一方的に了承の形をとり、翌日その発表をした」。家庭の名称が必須教科から消えることを思慮したものとしながらも、昔の「職業・家庭」の性格から抜けきらないまま電気・機械および創作性のない技術を加えた状態になってしまったと松原は追記している。先に記した「担当委員の努力は無になった」との言葉はそのような状況を示したものである。

昭和三三年中学校学習指導要領による美術科での工的学習の希薄化はその後の全国工芸教育協議会設立に大きくかかわるので、このことに関連する資料をもう一つ取り上げておきたい。それは『工作・工芸教育百周年記念誌』（発行者：工作・工芸教育百周年の会、会長・長谷喜久一、彩信社、一九八六・一一・八発行）[2)]を指す。一八八六（明治一九）年に文部省令で高等小学校に手工科が加設されてから一〇〇年目になる一九八六（昭和六一）年に記念式典が開催され、その際に発行されたものである。記念誌には昭和三三年中学校学習指導要領の影響について「中学校の美術科から工的な部分が希薄となった昭和三三年の学習指導要領の影響は、造形活動そのものを崩壊させたといっても過言ではあるまい」（宮脇 理、筑波大学、p.39）と記載されている。図画工作科時代の教員のあるものは技術科へ移籍し、またあるものは美術科に残りながら、クラブ活動において地域の材料を中心とした「工芸」活動を進めたとも記されている。全国工芸教育協議会ニュース『つ・く・る』（No.1）での巻頭言「協議会設立にあたって」（代表：木下洋次）の「昭和三三年に改訂された文部省指導要領では、美術科の中での工芸の分野がその姿を消し教育現場に大きな変容を与えました」（p.1）という文章はそうした工的学習不振の状況を表すものである。

第二は、昭和四四年中学校学習指導要領告示。創作性のある工芸が美術科に導入されることになった。週一時間増ともなっている。[3)]その意図は先ほどの『工作・工芸教育百周年記念誌』に「技術科において図画工作科時代の工的な内容が望めないのなら、美術科内部に絵画、彫塑、デザインに並ぶ工芸の柱を立てる」（宮脇 理、p.39）とある。教育現場の喜びは「教育現場におります私ども美術科教師にとって大変喜ばしい限りであります」（全国工芸教育協議会ニュース『つ・く・る』No.1，代表：木下洋次「協議会設立にあたって」、p.1）との言葉となって示されている。木下氏にインタビューした際の「少ない会費の中で自腹を切って活動した」、「まわりが変わった」、「人生意気に感じて取り組んだ」、「清貧に甘んじて」、「純粋にやった」、「お金を儲けてはいけないと考えた」、「一人ではできない、人が集まった」という言葉からも工芸導入による喜びや新たな時代への希望そして自らの使命に対する強い意志を知ることができる。

第三は、文部省主催中学校工芸実技講習会開催。この項目は年表作成の重要性を示す事例でもある。なぜなら、年表作成のための資料を整理しているなかで、工芸実技講習会開催に関する記述を見出し、それが本稿での「ものづくりの『責任』をどう考えていたのか」という問いの答えに直接つながったからである。その記述とは「フォーク・アート（民芸）と教育の連結」に関する文章を指す。多くの講習会参加者にフォーク・アートと教育とを連結する認識が一致してあったと宮脇 理著『工藝による教育の研究』（建帛社、一九九三、pp.514-515）に記されている。

第四は、全国工芸教育協議会設立。本稿での三つの問いに関する部分である。ここでは要点のみを記し次の章で詳しく述べたい。一つ目の問いに対しては、「工的学習不振から脱却し、ものづくり教育を発展させるためのキーワード」を答えとした。根拠は「ものを創りだす喜びと責任を考える」というスローガン。協議会のスローガンに「責任」を位置付けた意味は大きい。二つ目の問いについては「自然」「手の働き（身体）」を答えとした。「自然に語りかけ忘れていた手の働きを見つけてみましょう」をテーマとする「赤城・親と子の工芸村」の活動が根拠となる。三つ目の問いに関しては「フォーク・アートの重視」を答えとした。根拠は「前年度開催・文部省中学校工芸実技講習会における多くの参加者の一致した認識（フォーク・アートと教育の連結）」を取り上げた。

第五は、ハンド101―ものづくり教育協議会への合流。ハンド101―ものづくり教育協議会（略称：ハンド101、初代理事長：宮脇 理）は、一九八七（昭和六二）年一二月六日に設立された手工・工作・工芸・デザインを通してのものづくり教育に関する全国的な民間教育研究団体である。前述したように、日本の手工・工作・工芸・デザインを通してのものづくり教育は、一八八六（明治一九）年、文部省令によって高等小学校に「手工科」が加設されたことに始まり、ハンド101が設立された一九八六（昭和六一）年はその一〇〇年目にあたる。日本の過去一〇〇年の歴史を受け継ぐとともに一〇一年以降へ向けたものづくり教育の発展をめざして設立された。全国工芸教育協議会はハンド101が発足する際に合流している。

第三節　全国工芸教育協議会とものづくりの「責任」とのかかわり

一．全国工芸教育協議会はものづくりの「責任」をどう考えていたのか。

全国工芸教育協議会はものづくりの「責任」をどう考えていたのか。端的に言えば、「工的学習不振から脱却し、ものづくり教育を発展させるためのキーワード」といえる。

まず「工的学習不振からの脱却」に関する根拠には、全国工芸教育協議会ニュース「つ・く・る」（No.1）での「協議会設立にあたって」（代表：木下洋次）に記載されている次の文章をあげることができる。「昭和三三年に改訂された文部省指導要領では、美術科の中での工芸の分野がその姿を消し教育現場に大きな変容を与えました。しかし、近年工芸教育の価値が再認され工芸の領域が、今回の改訂で導入されたことは教育現場におります私ども美術科教師にとって大変喜ばしい限りであります」。ここに記載されている「大きな変容」とは「造形活動そのものを崩壊させた」（宮脇 理「昭和四四年〈中学校〉」『工作・工芸教育百周年記念誌』）という状況を意味する。

次に「ものづくり教育を発展させるためのキーワード」の根拠については、全国工芸教育協議会の「ものを創りだす喜びと責任を考える」というスローガンをあげたい。このスローガンは「全国工芸教育協議会設立主旨」「全国工芸教育協議会ニュース」「全国工芸教育協議会機関誌」など、様々な印刷物に示されている。全国工芸教育協議会立ち上げの基本的な考え方を記した設立主旨には「戦後、科学と産業のいちじるしい発展は、環境破壊、人間性喪失をきたす誤りをおかすにいたり……」との文言がある。高度経済成長期《一九五五（昭和三〇）〜一九七三（昭和四八）年》[4]の水俣病、第二水俣病（新潟水俣病）、四日市喘息、イタイイタイ病と呼ばれる公害病を考えれば、スローガンの「責任」という文言はものづくりの重要な指針を示したといえる。

二. ものづくりの「責任」を考える上で何を重視したのか。

では、ものづくりの「責任」を考える上で何を重視したのか。結論から言えば、「自然」および「手の働き（身体）」ということができる。なぜなら、全国工芸教育協議会の活動である「赤城・親と子の工芸村」において「自然に語りかけ忘れていた手の働きを見つけてみましょう」というテーマが提示されたからである。「自然に語りかけ」とは「自然の生命の声を聞き、それに応える能力を高める行為」であり、「手の働き」はものづくりの原点である手づくりや人間の身体の働きの重要性を再認識させる。赤城・親と子の工芸村での「自然の中から良い材料をみつけて部屋に自然の優しさと潤いを与えるものを作ろう」、「自然の中での工芸遊び」などという活動はテーマを具体化したものである。全国工芸教育協議会ニュースに掲載されている参加者の作品や「生命ある材料を、大切に扱う気持ちを起こさせる」（全国工芸協議会機関誌創刊号、一九七六、p.8）という文章は「自然」や「手の働き（身体）」を重視した証である。

また、協議会ニュースで紹介されている『中学校美術指導資料第二集・工芸の指導』（文部省、一九七四）[5]には「自然」と「手の働き（身体）」の重要性や関係性について以下のように記されている。「ものをつくる人の行為は、常に自然の摂理や恩恵に浴しながら、また自然とのたゆみない葛藤のなかでより使いやすいもの、より美しいものへと志向していった。手でものをとらえ、手で確かめながら造形する行為こそ、自然と人を結び付ける限りないきずなと念じたからである。よりよく生きるために、自然の材質に語りかけ、造形手段との調和を求めながら製作してきたこの創造的な行為こそ、工芸の本来の姿であるということができよう」（p.2）。こうした内容は「赤城・親と子の工芸村」のテーマと一致するものであり、ものづくりの「責任」を構成する要であるとも考える。

三．人間として「責任」をもつことができるものづくりのモデルに何を位置づけたのか。

人間として責任をもつことができるものづくりのモデルに何を位置づけたのか。言い換えれば、何をものづくり教育の規範としたのか。この問いによってこれまでに検討してきた「ものづくりの『責任』をどう考えていたのか」そして「ものづくりの『責任』を考える上で何を重視したのか」という二つの問いの答えに関する背景（教育思想）を明らかにしたい。

年表や構造図の作成を通して検討した結果、ものづくり教育の規範には「フォーク・アート」（民芸、民衆工芸、民間芸術、スロイド）を位置づけたと考える。フォーク・アートとは、地域の自然や生活と結びつきながら、親から子へ、子から孫へと、直接的な手渡しの教育によって受け継がれてきた伝統的なものづくりを指す。宮脇理著『美術教育論ノート』（開隆堂、一九八二）には、フォーク・アートについて、「日本流に言えば民芸ないしは古民芸の意であって、その発生や推移は、いずれの国や場所においてもほぼ同様の性格や内容を持っている。要約すれば、その土地の材料を用い、特定の職人と異なる無名の人々が、生活補給としての物作りに従事することから始まっている」（p.21）と記載されている。

では、なぜフォーク・アートに着目したのか。それは全国工芸教育協議会設立の前年度に開催された文部省主催中学校工芸実技講習会に関する次のような記述があったからである。『制度』の主催によって行われた（昭和四七年度から四九年度の三年間にわたって全国規模によって行われた工芸実技講習会）は、関係者の熱意に支えられ学校という『制度』の中で熱気をはらんで開催、展開されたことは記憶に新しい。そこでの受講者の工芸への認識と工芸による教育の認識には多くの一致がみられた。それはフォーク・アート：民芸という固有の文化、信頼できる文化と教育との連結にあった。これらの契機はそれ以前、一九五八（昭和三三）年の教育課程の変革によって鎮静化させられていた人々を再起させ、全国工芸教育協議会の発足から（中略）工作・工芸教育百周年記念につながる運動をみせている」。これは宮脇 理『工藝による教育の研究――感性的教育媒体の可能性』（建帛社、一九九三、pp.514-515。本書は博士論文を著書として出版したものである）[6]における記述であるが、工芸実技講習会での「ファーク・アート（民芸）と教育との連結」という教育思想と全国工芸教育協議会の設立との結びつきを示す貴重な内容である。

また、全国工芸教育ニュースや機関誌における以下の記述もフォーク・アートを重視した考え方を示すものであろう。「人類と共に工芸はうつろい新しい工芸が生まれる。（中略）我々はその出発点に戻ろう」（No.1／全国工芸教育協議会設立宣言：和田 晶）、「心と手の教育の原点に立ち戻りながら」（No.1／全国工芸教育協議会設立宣言：和田 晶）、「No.2／原稿募集『郷土の民芸・民具』」、「No.4／書評：文部省『中学校美術指導資料第二集・工芸の指導』掲載／人間の生活は、自然とのかかわりの中で生命の保持、それに伴うものづくりを背景に始まった」、「機関誌創刊号／Sloyd: フォーク・アート：古民芸に関する記事（「二つの工芸教育――ものの在り方と人間形成――」宮脇 理）」。さらに言えば、自然や手の働き（身体）を重視した赤城・親と子の工芸村の実践もこうした「フォーク・アートと教育との連結」が基体になっているものと推測する（【例】生命ある材料を、大切に扱う気持ちを起こさせる／「赤城・親と子の工芸村：自然と交感する子供たち」永井勝彦）。

以上、全国工芸教育協議会と「責任」の問題とのかかわりについて述べてきた。それらに基づいて、次世代ものづくり教育における全国工芸教育協議会の意義についても言及しておきたい。視点は三つある。

第一は、ものづくり教育のキーワードとして「責任」に着目したこと。次世代ものづくり教育を構想する上でその意味は極めて大きい。福島原発事故の根本的原因は「生命を守るという責任感の欠如」という「責任」の問題に直結するからである。これまでも重視してきた創造面や技術面とともに「責任」という倫理面をも重視した次世代ものづくり教育を構想する際の指針となる。

第二は、「責任」の内容として、「自然」や「手の働き（身体）」の重要性を示したこと。原発事故では、大量の放射性物質によって大気・土・水などの自然環境が汚染され、放射線量の高い地域は、「帰還困難区域」、「居住制限区域」、「避難指示解除準備区域」に再編された。人間は生態系（自然）の一員であり、自然に支えられてこそ生きることができる。自然に逆らっていないか、自然に無理をかけていないか、自然の理にかなっているか。これらは今後の日本のものづくりとともにものづくり教育においても重要な評価の観点になるであろう。また、手は人間の頭脳の成長に深くかかわることや自然と人間とを結びつける働きがあることを考え合わせれば、その働きに着目した意義は大きい。

第三は、教育の規範に「フォーク・アート（民芸）」を位置づけたこと。地域の伝統的なものづくりであるフォーク・アートを北海道の立場から考えれば、これまでも繰り返し述べてきたように、アイヌの人々の伝統的なものづくりを事例として取り上げることができる。たとえば、先述したヤラス（樹皮の鍋）をつくる際には、有り余るほどの材料を採取するのではなく、必要とする量だけを自然から分けてもらう。「材料を少しいただきます」と感謝の言葉を述べ、木が枯れてしまわないように樹皮の一部だけを採取する。製作する際にも樹皮の特性（皮目の方向など）を生かしながら丈夫で長持ちするように仕上げる。ヤラスづくりの背景にはこうした「自然」尊重の倫理が大切に受け継がれているのである。ＩｏＴ（Internet of Things）という新たな動きが登場する時代においては、そのような動きを踏まえながらも、手づくりやフォーク・アートをものづくりの原点として一層大事にしていきたい。

なお、全国工芸教育協議会に関する「年表」と「構造図」は、蒐集した資料およびインタビュー等に基づいて作成した。主なものを以下に示した。

【設立主旨】

○ものを創りだす喜びと責任を考える／全国工芸教育協議会設立主旨（活動内容・会則を含む、B４版、図２）

○全国工芸教育協議会設立についてのご案内（毛筆、B４版）

○工芸教育協議会創設準備日程（創設準備者、手書き、一九七三年三月）

○工芸教育協議会（仮称）発起人推せん書（一九七三年四月末まで、B４版）

○工芸教育協議会（仮称）設立について（一九七三年四月、B４版）

○全国工芸教育協議会設立について（一九七三年五月、発起人氏名、B４版）

○木下洋次氏から宮脇 理氏への通信（一九七三年六月）

○研究誌『工芸教育』創刊号内容素案（手書き、西暦記載なし、六・二）

【総会】

○第四回全国工芸教育協議会総会ご案内（一九七六年一一月一四日、文化女子大学、三周年記念講演「工芸教育を考える」講師：岡山大学助教授・宮脇 理）

【会員名簿】

○全国工芸教育協議会会員名簿（一九七五年二月現在）

【機関誌】

○全国工芸教育協議会機関誌『つくる』創刊号'76

【ニュース】
○全国工芸教育協議会・ニュース『つ・く・る』No.1～No.8
【通信】
○全工協通信『つくる』一九七五年、一九七六年
【工芸村】
○自然に語りかけ忘れていた手の働きを見つけてみましょう『第一回赤城・親と子の工芸村参加のご案内（一九七六年七月）』
○自然に語りかけ忘れていた手の働きを見つけてみましょう『第二回赤城・親と子の工芸村参加のご案内（一九七七年七月）』
【実技講座】
○木材や金属を通して／工作・工芸を進めるかんどころ／あなたの悩みを解決しませんか？（一九八三年八月、東京教育大学附属小学校）
【ビデオ】
○読売映画「工芸のよろこび」（授業：全国工芸教育協議会：代表・木下洋次、材料：アルミニウム）

二〇一一年一月二九日に実施した「全国工芸教育協議会」代表：木下洋次氏へのインタビューは、宮脇理氏（「全国工芸教育協議会」設立当時の文部省初等中等教育局中学校教育課教科調査官）とともに木下氏の自宅を訪問して行った。その際の木下氏の主な言葉は前述したように以下のとおりである。「少ない会費の中で自腹を切って活動した」、「まわりが変わった」、「人生意気に感じて取り組んだ」、「清貧に甘んじて」、「純粋にやった」、「お金を儲けてはいけないと考えた」、「一人ではできない、人が集まった」、「会計の河原崎さんがしっかりし

―― ものを創《つく》りだす喜びと責任を考える ――

全国工芸教育協議会設立主旨

日本の工芸教育は近代教育１００年の中で，さまざまな寄与をもたらしたが，戦前，戦中の工作教育は，実利的内容や，技巧に走り，あるいは時代に迎合したきらいもあった。戦後，科学と産業のいちじるしい発展は，環境破壊，人間性喪失をきたす誤りをおかすにいたり，これらの反省と対策のなかで，造形教育の必要が叫ばれた。

なかでも，工芸は人間とものとのかかわり合いをたいせつにし，心と手でものを創りだす喜びを味わい，責任を考えるものとして，教育の中に取り入れられ，人間形成上多くの期待がかけられている。このことは技術革新による分業化が時代の動向いかんにかかわらず展開する将来において，ますます必要となるであろう。

かつての工芸教育は〝工芸を専門〟とする人によって主として構成されていたが，人間とものとのかかわりを考える工芸はすべての人にとって必須の課題である。

ここに，工芸教育の諸問題を探り，造形教育の発展のため，本会の主旨に賛同される多くの方々の参加をもとめ，全国工芸教育協議会の結成をみた次第である。

図２　全国工芸教育協議会設立主旨―ものを創りだす喜びと責任を考える―

た人でハンド101へは持参金をもって合体した」。この持参金については『教育美術』一〇月号（教育美術振興会、一九八七、p.24）にも「全国工芸教育協議会が、今後の発展を期待して（ハンド101―ものづくり教育協議会）設立準備委員会に包含されることになった。その結果、全国工芸教育協議会の残務整理で生じる一〇万円が設立準備委員会に引き継がれることになった」[7]と記載されている。

〔第一部・第三章　註〕

1　松原郁二『造形美術教育』誠文堂新光社、一九七七.

2　工作・工芸教育百周年の会『工作・工芸教育百周年記念誌』一九八六、「責任」の問題（生命・自然・身体）にかかわって次のような提言が掲載されている。「これからの工作・工芸の教育では単なる表現力の啓発だけではなく、『物と人間』という精神面の教育が必要かと思っている。今地球的規模で資源の問題が浮かび上がっているが物を単に人間の欲望を満たす消費財としてではなく人間同様、物にも命があり八百万神（ヤオヨロズノカミ）として祀った先祖の心を今一度ふり返ってみる必要はないだろうか。このような考えのもとに創造性や造形感覚や技能という表現力の基を育てゝいかないと人間本位の自然破壊は加速度的に進み人類の危機が急速にやってくるのではないかと思うのは考え過ぎだろうか」（桑沢デザイン研究所長：高山正喜久、p.50）

3　松原郁二（東京教育大学名誉教授）「工芸が指導要領にはいった趣旨」『造形ニュース』一〇六号、開隆堂出版株式会社、一九七〇。「人間は、だれでも、美しいものを愛し、美しいものにあこがれる。そして機会あるごとに美しいものを創り出そうとするものである。すなわち、美的直観や想像を具体的に表すことは、人間のもつ根源的な生命力が、一つの機縁をつかんで、人間表現として具体的な実を結ぶことであり、そのことによって、ひとりひとりの個性的なパーソナリテイを強くたくましく伸ばすことになる。芸術活動の貴重さは、そのことを感覚と技術の経験を通して行うところにある。しかし一般に、芸術を特殊才能のように考えたり、特別な作品の鑑賞やリクレーションのように考えられている場合がある。少なくとも芸術を普通教育の中で考える意味は、自由と責任を自覚するすべての人間が、平素の生活の中で、直観し実践する創造活動の場でたいせつな役目をもつからである。その場合の内容を、純粋的な心象表現に限ることは、人間表現の場を制限して考えることになるから、義務教育においては適切ではない。これまで、デザインの柱で補っていたが、欠けていた工芸を加えることによって充実させたものである。」

4 賀川昭夫『改訂版現代経済学』（放送大学教材）放送大学教育振興会、二〇〇九、p.234. 日本経済の歩みを次のように区分している。「戦後復興期一九四五〜一九五四年」「高度経済成長期一九五五〜一九七三年」「安定成長期一九七四〜一九八五年」「バブル期一九八五〜一九九一年」「平成不況期一九九二年〜」

5 文部省『中学校美術指導資料第二集・工芸の指導』日本文教出版株式会社、一九七四.

6 関連講演（「amu」レクチャーシリーズより／東京都渋谷区恵比寿西1-17-2／2012.11.15／19：30〜21：00／http://www.a-m-u.jp/report/thinkbyhands.html に掲載）：「手で考える」という教育――シグネウスとレットガー／講師：宮脇 理（美術教育研究者、元筑波大学教授）／講演の状況が次のように紹介されている。「（イベントレポート）手で考えるということ／日本の美術教育研究の第一人者・宮脇 理先生にお話をうかがいました。現在、日本の教育の力が国際的に落ちているなかで、フィンランドやドイツは高い水準を保っています。それはなぜでしょうか。一九世紀フィンランドのウノ・シグネウスとドイツのエルンスト・レットガーの教育思想をヒントにお話を展開されました。まず『手で考える』ことを提唱したシグネウスの精神を、今日のフィンランドの授業風景から探っていきました。フィンランドの手工科（スロイド）の授業では、木や繊維といった自然の素材でものをつくります。民芸的な『手の働き』を重視して、材料の形や感触を確かめながらものづくりをする姿勢を育みます。小さな子どもでも、温もりある大きな木工台や、ずっしりと重い工具を使います。そしてものを曲げたり、折ったり、切ったりする手の作業の中から、創造性が生まれるのです。近年の日本の子ども用工具が安全性を追求して軽く小さくなり、本来の手ざわりを失っているのとは対照的です。シグネウスが産業革命の余波のなかで提唱した『手で考える』教育は、のちに『スロイド教育』としてシステム化され、今日に受け継がれています。／素材への感受性／次にレットガーの『手の復権』の思想をご紹介いただきました。レットガーは、自然に対して鈍感になった近代社会で、いち早く人間の自然に対する責任に気がついた人物です。『素材への感受性』という重要な言葉を残しています。自然（素材）に逆らう造形ではなく、木なら木の個々の特徴にそった造形がふさわしいと説いています。自然に対する正しい態度を学ぶこと。宮脇さんは、ものづくりを通じて自然に対するふるまい方を身につけることは、子どもにとって何よりも道徳的な教育になると語られました。『頭』だけではなく、『手』を通じて自然を感じとり、自然から学ぶ。デジタル教育と並行しながら、感性的な教育を、現代の学びの現場でいかに実現できるか、深く考える契機となりました。」

7 『教育美術』一〇月号、財団法人教育美術振興会、一九八七、p.24.

※「第二章」は、佐藤昌彦「次世代ものづくり教育カリキュラム構想における全国工芸教育協議会（一九七三年設立）の意義」『基礎造形〇二三』（日本基礎造形学会論文集二〇一五、日本基礎造形学会、二〇一五、pp.25-32）の内容に基づいた。掲載にあたっては加筆・修正を行っている。

第四章　「手工科」創設（一八八六年）とハンド101―ものづくり教育協議会（一九八六年設立）

ハンド101―ものづくり教育協議会（一九八六年設立）は、全国工芸教育協議会（一九七三年設立）と同じように、第二章「『責任』を重視した次世代ものづくり教育の意義」において、我が国の制度に着目する上での切り込み口になったと述べた（ハンド101―ものづくり教育協議会については、特に一八八六年の「手工科」創設からその後の一〇〇年、そしてさらに一〇一年以降にかかわる）。では、ハンド101―ものづくり教育協議会は「責任」の問題とどうかかわっていたのか。次の三つの視点から検討した。第一は、ハンド101―ものづくり教育協議会とは何か。第二は、なぜ、ハンド101―ものづくり教育協議会は設立されたのか。第三は、ものづくり教育における「責任」をどう考えていたのか。

第一節　ハンド101―ものづくり教育協議会とは何か

ハンド101―ものづくり教育協議会（略称・ハンド101、初代理事長：宮脇 理）は一九八七（昭和六二）年一二月六日に設立された手工・工作・工芸・デザインを通してのものづくり教育に関する全国的な民間教育研究団体である。英文名称はHAND101―COUNCIL OF EDUCATION THROUGH HANDIWORK[1]。

日本の手工・工作・工芸・デザインを通してのものづくり教育は、一八八六(明治一九)年、文部省令で高等小学校の教科目に「手工科」が加設されたことに始まり、二〇一六(平成二八)年は一三〇年目にあたる。大きな節目となる手工教育五〇周年と工作・工芸教育一〇〇周年にかかわっては二つの記念誌が発刊された。第一は、五〇周年記念の『手工教育五十周年記念大會誌』(一九三五、昭和一〇)。「手工科」創設の経緯が次のように記されている。「明治十九年時の文部大臣森有禮の教育制度改革の際手工教育創設せらる。五月二十五日文部省令第八號高等小学校教科目中『土地の情況ニ因テハ英語、農業、手工、商業の一科若クハ二科ヲ加フルコトヲ得』[2]。第二は、一〇〇周年記念の『工作・工芸教育百周年記念誌』(一九八六、昭和六一)。前述した『手工教育五十周年記念大會誌』が復刻版として掲載されるとともに、その後の工作・工芸教育に関する系譜の大要が示されている。主な項目は次のとおりである。①「教育指導者講習(IFEL:アイフェル)と工作教育」、②「工作・工芸教育の制度・学習指導要領について(▼戦時下の工作教育、▼一九四五年以降の工作・工芸教育)」、③「工作・工芸教育推進者」、④「提言」、⑤「工作・工芸・デザイン教育一〇一年に向けて」(IFEL:アイフェル――教育指導者講習――とは、The Institute For Educational Leadershipの頭文字をとった)[3]。

ハンド101―ものづくり教育協議会はそうした日本の過去一〇〇年の歴史を受け継ぐとともに一〇一年以降へ向けた手工・工作・工芸・デザインを通してのものづくり教育の発展を目指してその設立の提案が工作・工芸教育百周年記念祝賀会[一九八六(昭和六一)年一一月八日、東京:茗渓会館]でなされた。そのときの状況が財団法人美育文化協会「熊本文庫」(東京:日本橋)における資料のなかに次の記述として残されている[4]。「本日、意義ある手工・工作教育の一〇〇年記念事業を迎えるに当り、これまで長期にわたって会合を重ね、実現の努力を続けてこられた方々に厚く御礼申し上げます。私ども有志は本日この会を実現した人の和、別の言い方では有機的連携をこのままでは終わらせることはまことに惜しいと考え表記の提案を致します(表記とは「手工・

工作・工芸・デザイン教育一〇一年記念事業『ハンド101』〈仮称〉設立案」を指す）」。

設立へ至るまでのステップは次のとおりである。①一〇〇年記念事業に際して、仮称「ハンド101」（以後仮称省略）設立委員会を結成する。設立委員会は一九八七年内の設立を目指して具体的な行動を開始する。②「ハンド101」は「筑波大学造形芸術研究会」の研究発表会にタイミングを合わせ手工・工作・工芸・デザイン教育の過去・現在・未来という視点での会の性格を設定する。具体的には研究発表会の後に開催される「手工教育一〇〇年記念式典」に参加した造形教育の関係者を軸に「ハンド101」設立委員会として新たな発足をする。名称は後日正式に決定する。③「ハンド101」設立に関しては、ものづくりの教育の将来をより発展的に考える有識者或は企業等にも幅を拡げて参加を求めるが、会の実際の運営に関しては労をかけないようにする。有識者或は企業とは会の設立委員会が選考し働きかけるものとする。それに関しての具体的な方策は今後の会議で検討する（『ハンド101』（仮称）設立案」より）[5]。

以上のステップに基づいてハンド101の会則、人事、事業計画などの検討が継続的に重ねられた。定期的に会合を持って進行していったことは次に示した「ハンド101―設立までの経過」（**表1**）[6]からも読み取ることができる。ハンド101設立総会資料（一九八七年）と『教育美術』第四八巻一〇号（一九八七年）に基づいて作成したものである。

なお、一九八七（昭和六二）年一二月六日の設立総会で提案された役員構成を以下に示した。

【特別会員】

《顧問》明石一男、五十嵐治也、岡田精一、小池岩太郎、長谷喜久一

《参与》浅岡貞三郎、阿部広司、阿部恒男、小関利雄、川村浩章、草葉章、救仁郷和一、佐藤光二、大道武男、奈良坂昴、林健造、宮崎集、山田敏雄、山田雅三、大和屋巌

表1　ハンド101―設立までの経緯―

年	月日	ハンド101―設立までの経緯―
1986 昭61	11/8 土	■工作・工芸教育百年記念式典の開催。記念祝賀会で「ハンド101（仮称）」設立の提起。設立合意の成立。
	12/6 土	■工作・工芸教育百年の会世話人会合、「ハンド101」設立についてのフリートーキング、コンセプトの検討
	5/2 土	■「ハンド101」設立の世話人会を埼玉大学教育学部美術科に置く。メンバーは次の 15 人。池辺国彦、伊藤弥四夫、榎原弘二郎、遠藤敏明、木下洋次、長男光男、都筑邦春、出口良生、橋本光明、林　倫子、藤澤英昭、藤川喜也、松本久志、宮脇　理、森　市松（『教育美術』第48巻10号、1987年、pp23-24。以下同じ）。 ■工作・工芸教育百年の会から60万円を世話人会へ寄託された。 ■全国工芸教育協議会（1973年設立、代表：木下洋次）はハンド101に包含されることになった。その結果、全国工芸教育協議会の残務整理で生じる10万円が設立準備委員会に引き継がれることになった。
	6/6 土	■第1回世話人会／101年事業「ハンド101」のアウトライン運営の組織の検討、メンバーアップと分担の決定
	6/20 土	■第2回世話人会／101年事業「ハンド101」の運営スケジュールの確定
	7/4 土	■第3回世話人会／アピール文の検討、各種コピーの検討と決定、アピール対象のリストアップ
	7/18 土	■第4回世話人会／委員会の設置と担当の人選、設立までのスケジュールの設定。世話人会を拡充、設立準備委員会として新たな発足をすることに決定
	8/21 土	■第1回設立準備委員会／世話人会の経過報告、名称、会則、日程等の検討
	9/19 土	■第2回設立準備委員会／名称、会則、委員会の活動等に関しての検討
	10/17 土	■第3回設立準備委員会／名称、会則、各文書類の決定
	11/21 土	■第4回設立準備委員会／設立総会議案の決定
1987 昭62	12/6 日	■「ハンド101」設立総会／名称、会則の承認、運営人事・事業計画等の発表

※ハンド101設立総会資料（1987年12月6日）及び『教育美術』第48巻10号（1987年）に基づいて作成した。

《相談役》相田盛二、石原英雄、大橋晧也、小山栄一郎、西光寺亨、斎藤清、高山正喜久、長南光男、中村亨、畠山三代喜、樋口敏生、広井力、藤島清雄、真鍋一男、村内哲二、森市松

【理事】

《理事長》宮脇理

《副理事長》四宮義四郎、水上喜行。

《理事》伊藤弥四夫、榎原弘二郎、竹内博、林倫子、藤沢英昭、古市憲一、松本久志、蓑輪英淳、吉井宏、和田晶

《事務局長》池辺国彦

【監事】

木下洋次、日野永一

第二節　なぜ、ハンド101―ものづくり教育協議会は設立されたのか

ハンド101―ものづくり教育協議会設立の理由は何か。直接的には先述したように、日本の過去一〇〇年の歴史を受け継ぐとともに一〇一年以降へ向けた手工・工作・工芸・デザインを通してのものづくり教育の発展を目指すためということもできるが、ここではさらに踏み込んで、なぜそう考えて設立したのかという根本的な理由について述べたい。結論を先に述べれば、ものをつくりだす教育にかかわる人間としての責任を自覚しそれを原動力としたからではないかと推測する。その根拠は三つある。

第一は、「歴史に対する責任」。先達の努力や業績に敬意と感謝の念をもち日本のものづくり教育を継承し一層発展させていこうとする自覚を指す。

一九八七（昭和六二）年一二月六日の設立総会で示された設立趣意書「ハンド101―ものづくり教育協議会設立

にあたって」（手工・工作・工芸・デザイン教育一〇一年記念事業ハンド101―ものづくり教育協議会設立総会資料：設立準備委員会、図1）にある次の記述は過去・現在・未来を視野に入れながら民間教育研究団体としての自らの方向性に言及したものである。「過去一〇〇年を関係者の営々たる努力によって積み重ねてきた歴史として捉えるとともに、未来へ向けた手工・工作・工芸・デザインを通したものづくり教育の発展のために、努力を続けることをここに表明いたします」。冒頭の「過去一〇〇年」とは、先述したように一八八六（明治一九）年に文部省令で高等小学校の教科目の中に手工科が加設されてから一〇〇年目にあたる一九八六（昭和六一）年までを意味する。それを「関係者の営々たる努力によって積み重ねてきた歴史」[7]としてとらえたのである。ハンド101―ものづくり教育協議会へつながる工作・工芸教育百周年記念事業での『工作・工芸教育百周年記念誌』（発行者：工作・工芸教育百年の会、会長：長谷喜久一）にはそうした過去一〇〇年の関係者の事績が示されている。たとえば、手工教育創業者として記載されている「後藤牧太先生略傳」、「上原六四郎先生略傳」、「岡山秀吉先生略傳」がそれにあたる。そして工作・工芸教育推進者として紹介されている「阿部七五三吉先生」、「山形寛先生」、「三苫正雄先生」、「松原郁二先生」、「吾妻知幸先生」という各項目も「関係者の営々たる努力」[8]にかかわるものである。

第二は、「社会に対する責任」。学校教育を軸としながらも社会における様々な立場の人々との連携を図る存在としての自覚を指す。

設立趣意書「ハンド101―ものづくり教育協議会設立にあたって」には「社会を形成する様々な立場の人々とものづくり教育のあり方について検討し提案する場が必要であると考え」、「多くの人や団体が自由に参加することができるオープンな会を」、「いずれは海外の人々と手を結ぶことも視野に入れ」[9]という文言で社会との連携へ向けた取り組みが示されている。さらに「総ての会員が有機的にかかわることのできる活力に満ちた組織を目指しています」と述べ、実現のために次のような組織を構想している。部門は三つ示された。一つ目は運営部門。運営審議会が各委員会の有機的運営に関与する。二つ目は事業部門。企画委員会、財務委員会、地域委員会で構成されている。三つ目は情報部門。教育情報委員会、調査研究委員会、産業情報委員会、国際交流委員会、機関誌委員会。委員会名にある「産業」、「国際」という文字は学校だけではなく社会と連携しようとする設立趣意書の内容を反映させている。また、ハンド101最初の名簿である「昭和六二（一九八七）年度ハンド101会員名簿」には「特別会員」三六名（委嘱し協力を期待するもの）、「会員」一二六名（個人で会費の負担・納入するもの）、「会友」二名（会誌を定期購読するもの）、計一六四名の氏名が記載されるとともに団体・法人会員として三社が記載されている（法人等で会費の負担・納入をするもの。㈱大鹿振興、㈱キトウ、㈱和信ペイント）。こうした状況も広く社会との連携を図り多くの人や団体が自由に参加することができるオープンな会をつくろうとするハンド101の特性をあらわすものであろう[10]。

第三は、「教育に対する責任」。手工・工作・工芸・デザインを通してのものづくり教育の意義の明示と具現化という自らの役割に対する自覚を指す。

設立趣意書にある次の文章はその証である。

わが国はものをつくることにおいて遂に世界を制覇したかの観があります。が、そのことだけがそのまま人間らしい生活を意味するのでありましょうか。一方、溢れたものの間にあってあえいでいる人間がいまの私たちであるならば、現代の教育にはものづくりの根幹について教えるべき何かが必要なのではないかと思われます。人はものをつくることもあずかって人間社会を形成してきましたが、生活・社会環境をものが形成していることを考えれば、ものはそれらにかかわってトータル的に位置付けられねばならないのです。教育が見落としている点は、まさにそこにあります。つくる人も使う人も、ものと人間のより良いあり方についての考えを、確実に身に付けねばならない時代に入ったのです[11]。

ここに示された「現代の教育にはものづくりの根幹について教えるべき何かが必要なのではないかと思われます」さらに「つくる人も使う人も、ものと人間のより良いあり方についての考えを、確実に身に付けねばならない時代に入ったのです」という文言はものづくり教育が何を目指していくのかという方向性や意義をあらためて問うものである。

そしてこの問いかけは設立後の活動にも一貫して継承されていくことになる。たとえば「ハンド101会報 No.2」に理事会のメンバーが「ハンド101が目指すもの」というテーマで次のような原稿を執筆していることもその表れの一つである。

ハンド101が目指すものは、「ものづくり教育」の現代的な意義を、理論的にも実践的にも明らかにしていくことであると思います。とりわけ、実践的な側面は、家庭、学校、社会のあらゆる場において具体的に検討が可能です。その中で、いわゆる学校が、ものづくり教育に系統的に取り組み、その中心的な役割を担うのだと思います（榎原弘二郎）[12]。

また編集後記にも次のような記述がある。

「ハンド101が目指すもの」という内容で原稿を書いていただきました。ものづくりの活動とその教育が人間社会にとって基礎的に重要であることは誰も否定できないことです。しかしながら、実際には学校でも社会でも、また家庭でも、それは無視され、軽視されています。ハンド101は、そのような状態を憂い、何とかものづくりの活動の教育的意義を、学校や社会に、そして家庭に取り戻していきたいという願いで出発したと思います。そんな願いを改めて見つめ直してハンド101を発展させていきたいと思います（事務局、一九九一年一〇月一日発行）[13]。

さらに言えば、第一回メールシンポジウム（一九八八年）でも「ものづくり教育の意義」に関して次のように意見が述べられている。

戦前の手工の辿った道、戦後の技術科誕生などの経緯を考えてみれば分かるように、もの作りの教育が子供の人間形成としてのそれよりも時の社会の側からの要請によって揺れ動いてきたことは否めない事実である。それは、もの作り教育によってどんな人間を形成していくのか、その確たる教育理論が日本になかったからである。もの作りが子供の成長にとっていかに重要なものであるかを人々に確信させる理論こそ、今、築かねばならない時である（大橋皓也／「ハンド101ジャーナル第一号」一九八八年）[14]。

これらの記述は理論と実践という両面を踏まえながら「ものづくり教育の意義」を明確にしようとする姿勢を伝えている。

第三節　ものづくり教育における「責任」をどう考えていたのか

ものづくり教育における「責任」をどう考えていたのか。その問いに答えるために、二つの点を事前に整理しておきたい。第一は、なぜ「ハンド101―ものづくり教育協議会」と命名したのか。第二は、歴史・社会・教育に対する責任を基軸としてどのように活動したのか。

一．なぜ「ハンド101―ものづくり教育協議会」と命名したのか

「ハンド101―ものづくり教育協議会」という名称に込めた意味を以下に記した。宮脇 理氏（初代理事長）に直

接インタビューした内容である（二〇一〇年九月四日、①②③④）。

①「ハンド」…「手で思考する。手で試行する。手で志向する」をアナログから、そしてデジタルへ向けて展開する。

②「一〇一」…「一〇〇年の歴史を受け継ぎ、一〇一年以降へ向けて」という意味の象徴。一〇〇年の終わり、そして次の始まり、「終わりは次の始まり！」という歴史の発展的継続。

③私たちは「Physis（ピュシス・自然）の正当性」の倫理と論理を「手から」の起点に重ねる。

④フランスの人類学者・クロード・レヴィ＝ストロースによって発表された『野生の思考』にオマージュする。

二．歴史・社会・教育に対する責任を基軸としてどのように活動したのか

それでは、歴史に対する責任、社会に対する責任、教育に対する責任（ものづくり教育の意義の明確化――ものづくり教育によってどんな人間を形成していくのか。なぜものづくりが子どもの人間形成に重要なのか。それらを明らかにする）を重視しながらどのような活動を行ったのか。ハンド101設立総会資料・ジャーナル・会報など、宮脇 理氏、榎原弘二郎氏、穴澤秀隆氏から寄贈された資料に基づいて主なものを前述した名称に関する事項とともに次の表に整理した（**表2**）。二〇一四年三月現在のものであり、新たな資料があれば、今後も書き加えていこうと考えているものである。

表2　ハンド101——設立後の活動——

年	月	ハンド101——設立後の活動——
一九八七 昭六二	一二月	■「ハンド101」設立総会（東京芝弥生会館、一二・六）：名称、会則の承認、運営人事・事業計画等の発表。 ▼名称の意味・・・（なぜ「ハンド」か？） ①『手で思考する。手で試行する。手で志向する』をアナログから、そしてデジタルへ向けて展開する。 ②名称「101」の意味・・・『一〇〇年の歴史を受け継ぎ、一〇一年以降へ向けて』という意味の象徴と考えました」「一〇〇年の終わり、そして次の始まり、『終わりは次の始まり！』という歴史の発展的継続」。 ③私たちは『Physis の正当性』の倫理と論理を『手から』の起点に重ねる。④フランスの人類学者・クロード・レヴィ＝ストロースによって発表された『野生の思考』にオマージュする」（宮脇 理） ▼名称「ものづくり」・・・「具体的な材料を対象にした活動であり、そこにおける思考は、ものによる思考である」「目的意識的活動である。自ら必要とするものの像を頭に描き、具体的な材料に働きかけ、変形し実現するのである」（『アートエデュケーション』VOL.3, NO.2, 1991, pp.15-24, 榎原弘二郎）。 ▼名称「ものづくり教育」・・・手工教育、工作教育、工芸教育、デザイン教育を概括している言葉（『アートエデュケーション』VOL.2, NO.3, 一九九〇、pp.27-28, 榎原弘二郎）。 ▼名称「ものづくり教育協議会」の意味・・・内容の明確化。「『ハンド101』は、工作・工芸百年の会できていたが、その内容の明確化から、『ものづくり教育協議会』を付加し、決定した」（設立総会会議記録）。 ▼『工作・工芸教育百周年記念誌／昭和六一年二月八日』コピーの配布「ハンド101の発足前史沿革及び理念を記す資料として、左記の記念誌から一部（目次の○印）コピーいたしました。ハンド101の精神をご理解いただくための参考になればと存じます」（事務局、※配布年月日・配布場所の記載なし）。

一九八八 昭六三	二月	■前年度理事会、二・二〇。
	三月	■ハンド101ジャーナル第1号発行、三・三一「ハンド101船出、雪も祝った設立総会」、メールシンポジウム「会員意見相互交換」。
	五月	■第一回理事会（埼玉大学会館、五・二一）。 ■第一回総会（浦和武蔵野会館、五・二二）。 ▼トーク・セッションシンポジウム「ものは人を幸せにするか」（第一回）。
	七月	■ハンド101ジャーナル第二号発行「地域委員会を活動の基礎に」「トークセッション」の特集、七・一一。 ▼「トークセッション設定の理由」掲載…活動指針の検討、会員間の意思疎通、新しい交流の創造（遠藤敏明）。 ▼「ものは人を幸せにするか?」テーマ設定のいきさつに関する原稿の掲載。「『便利さ』ということを追求して生産活動を行ってきた。現代の日本はものの豊かな時代であるとさえいわれるが、それが人間の精神的な豊かさにつながってこないのではないかという疑問が生まれる」（遠藤敏明）。
	八月	■夏期合宿研修会：埼玉大学秩父山寮：フリートーキング「これからのハンド101を考える」、映画鑑賞「デザインの楽しさ」、和紙漉き体験（細川紙・小川町）。
	一二月	■第二回理事会（埼玉大学常盤荘、一二・二八）。
一九八九 平一	一月	■ハンド101ジャーナル第三号発行「ものづくり論の発展を願う」「ものづくりマップの提案」「初等教育と肥後守」等、一・三〇。 ■平成元年度ハンド101会員名簿：特別会員三五名、会員一五八名、準会員三名、会友三名、計一九九名。団体・法人会員計五社。

	三月	■一周年記念講演会・シンポジウム「続・ものは人を幸せにするか」（東京・芝弥生会館、第二回、三・二三）。
	九月	■第四回理事会、九・二。
	一一月	■第二回総会（東京・跡見学園短期大学、一一・一一）。トークセッション「ものは人を幸せにするか」（第三回）。 ■ハンド101—第二地域懇談会（一〇月二一・二二日）跡見学園北軽井沢研修所（群馬県）。 ■第二回理事会：平成二年度に向けての体制づくり①事務局体制の補強、②活動の展望（ものづくり教育の社会的認識を得るために／活動は学校教育だけでなく社会教育まで広げる。理論的・実践的両側面から活動を展開する）。
一九九〇 平二	四月	■第二回理事会（埼玉大学大学会館、四・七）。
	七月	▼『アートエデュケーション』第七号（建帛社、VOL.2, NO.3, 1990）への寄稿／特集：民間美術教育運動／「ハンド101—ものづくり教育協議会—ものづくり教育の意義を広く社会化し、その発展を願う—」…「ものづくりの活動を、単なる技術的活動ではなく、社会的な価値の実現と自己実現との調和のとれた人間活動として捉え発展させようとするならば、その教育的な意義をもっと社会的な要求へと発展させていくことが必要である」（榎原弘二郎）。
	一二月	■関東地区会懇話会（埼玉伝統工芸館—紙漉き体験など—：小川町）。
一九九一 平三	三月	■第三回総会（東京・跡見学園短期大学、三・二六）設立三周年記念シンポジウム「ものづくりの基礎教育を考える」／基調講演「擬似体験と創造性」平不二夫（筑波大学教授）、パネルディスカッション（パネラー：岩崎清、川崎晃義、葛谷祐美、平不二夫。コーディネイト：遠藤敏明）。

一九九一 平三	一〇月	■ハンド101会報第一号発行（活動報告は「会報」に。理論的なものは「ジャーナルに」）。 ▼ハンド101会報第二号発行、一〇・二／【巻頭言】伊藤弥四夫「ものづくり教育協議会は設立の意図にありますように、学校教育だけではなく社会を形成している様々な立場の人々とも提携して、現在の教育が見落としているものと人間のよりよいあり方について提案していく運動団体であります」。
	一二月	■ハンド101研究会（東京都立工芸高等学校、一二・二一）、参加者二五名。 ▼『アートエデュケーション』第一〇号、建帛社、VOL.3, NO.2, 1991）への寄稿／特集：今、ものづくりを問う／「今日におけるものづくり教育の意義」・・・「ものづくりの活動は（中略）創造活動としてつくる喜びや、ものをつくりあげたことの達成感や充実感など、自己実現的な要求を満たす面に比重が置かれてきているのである。ものづくり教育の今日的意義はそこに見出されるであろう」【ものづくり教育の意義】第一は、ものづくりが、具体的なものを対象にした活動であり、したがって、その教育は、五感の発達にとって基礎を培うものであるということである。手の活動の問題は、身体的には技能の問題であるが、精神的には主体性の確立という問題であり、両者はものづくりの活動において統一的に捉えられなければならない。（中略）第二は、ものづくりの活動を通してものの見方を転換することである。つまり、これまでの消費主義的なものの捉え方から、自らの生活実感を通してものを捉えることへの転換である。（中略）ものづくりは、人間をして共通の目標に向けさせ、互の力をあわせてより大きな力を発揮することが必要とされる。ここにものづくり教育の第三の意義がある」（榎原弘二郎）。
一九九二 平四	三月	■ハンド101会報第三号発行、三・一〇。
	六月	■ハンド101会報第四号発行、六・五。

一九九二 平四	七月	■第五回通常総会（東京都立工芸高等学校：東京都、七・四）。講演とシンポジウム「ものづくりの基礎教育について――二――」講演「基礎の構造について」池辺国彦。
	八月	■夏の研究集会（大阪教育大学、八・二九）。
	一〇月	■ハンド101会報第五号発行、一〇・一。 ▼「"もの"づくり教育の本質について」（宮脇理）…「物質」に積極的に働きかける「手仕事」の必要性。
一九九四 平六		■総会・シンポジウム「イギリスの造形教育」「ポーランドの美術教育」「アフリカのものづくり」など。
一九九五 平七	一〇月	■ハンド101会報第七号発行。理事会（平成七年七月一五日開催）報告。議題「全日本造形・美術教育者会議」について。 ▼秋田での平成七年度総会・研究会の開催、一〇・六。研究会題目は「秋田県のものづくり」。会場は秋田公立美術工芸短期大学（学長：石原英雄／ハンド101特別会員。※現在の秋田公立美術大学）。講師は石山正孝氏（秋田公立美術工芸短期大学・教授、秋田県の伝統・木工芸品の技と素材の特色…曲げわっぱ、樺細工、イタヤ細工等）。内容は総会講演・施設見学・研究会等。
一九九六 平八	七月	■平成八年度第一回理事会（埼玉会館：浦和市、七・二七）。出席者は次の六名。池辺理事長、君島理事、渋谷理事、佐多理事、和田理事、榎原事務局長（理事会ニュース）。 ▼三つの活動分野の提案。①学校教育分野（学校におけるものづくりの活動をいかに発展させるか）、②ものづくり開発分野（ものづくりを実際に押し進めながら、ものづくり教育を問う）、③ものづくり学分野（ものづくりの哲学的・心理学的研究）。

	八月	■会報第八号発行「平成七年度ハンド101事業報告」、八・一〇。 ▼ものづくり教育の最大の眼目に関する原稿の掲載…「『ものづくり教育』の最大の眼目は何でしょうか？　単なる『自己表現・表現主義』に連なる志向が生んだ自己愛や、それらが集団となる囲い込みとそれがこうじた排他主義を超えた、『教育媒体』の案出を支える『ものづくり論』こそが必要なのでしょう」（宮脇 理）。
	一〇月	■平成八年度総会・シンポジウム（埼玉会館：浦和市、一〇・一二）。 ▼ハンド101の今後の運営に関するシンポジウムの開催（会の活性化を図るために）：①学校におけるものづくり教育の現状と課題、藤沢英昭：千葉大学）、②ものづくり開発の課題（渋谷寿、名古屋女子大学）、③教育におけるモノのあり方について（池辺国彦、埼玉大学）。
一九九七 平九	二月	■会報第九号発行（事務局：埼玉大学、二・二八）。 ▼シンポジウムの報告：三つの活動分野にかかわる提案を掲載＝①学校教育分野（学校におけるものづくりの活動をいかに発展させるか）、②ものづくり開発分野（ものづくりを実際に押し進めながら、ものづくり教育を問う）、③ものづくり学分野（ものづくりの哲学的・心理学的研究）。それぞれの分野について、藤澤英昭理事（千葉大学）、渋谷寿理事（名古屋女子大学）、池辺国彦理事長（埼玉大学）の三氏から提案を受けた。 ※　以降は活動を休止。

※「表2　ハンド101―設立後の活動―」の内容は、設立総会資料・会報など、宮脇 理氏、榎原弘二郎氏、穴澤秀隆氏の資料をもとに記載した。▼印は特に「ものづくり教育の意義」の明確化にかかわる事項。

三　ものづくり教育における「責任」をどう考えていたのか

これまでに整理してきたハンド101―ものづくり教育協議会の設立理由・名称の意味・活動内容等を踏まえれば、ものづくり教育における「責任」をどのように考えていたと推測できるだろうか。

端的に言えば、次の四つと考えている。第一は「歴史に対する責任」、第二は「社会に対する責任」、第三は「教育に対する責任」。これら三つについては、「設立趣旨書」や「活動内容」が根拠となる。具体的事項についてはこれまでにも記載してきたのであらためてここでは触れないが、次の第四の視点については、具体的な根拠を示したい。その視点とは「自然に対する責任」を指す。根拠を二つ示した。

一つ目は名称に込めた意味。「二．ハンド101―ものづくり教育協議会の展開」で「手で思考する」という名称の意味に関する言葉を示した。第一部・第一章でも触れたが、そのことに直結する講演が、二〇一二年一一月一五日、東京都渋谷区の「amu」において開催された（「amu」／建築家・原 広司の設計による地上二階建ての多目的クリエイティブ・スペース。「amu」＝編む。「人々の〈知〉をつくる編集デザイン」を意味する。筆者も出席した）。演題は『手で考える』という教育――シグネウスとレットガー――」（講師：宮脇 理）[15]。フィンランドのウノ・シグネウス（Uno.Cygnaeus 1810−1888）とドイツのエルンスト・レットガー（Erunst Rottger 1899−1968）の思想を紹介することによって「手で考える」という教育と人間の「自然に対する責任」との重要なつながりが提起された。ウノ・シグネウスは、英国から発した産業革命の余波が多量生産の波となってフィンランドに押し寄せた一九世紀後半、その波に飲み込まれないように、忍耐、誠実、責任などの価値が内在する「ものづくり」（スロイドSloyd／民衆工芸・民間工芸・フォーク・アート）を普通教育として学校に位置づけた人物である。講演では、「手の働き」を重視し、木材を中心とした自然素材の形や感触を手で確かめながらつくるという価値に着目したシグネウスの精神が示された。エルンスト・レットガーはドイツ・ワイマール期（1919−1933）のバウハウス運動：BAUHAUS COSMOLURY（建築・工芸・デザイン）の創世記に活躍した基礎理論推進者：ヨハネス・イッテン（J/ITTEN 1888–1967）の流れを汲む「Physis」（ピュシス・自然）派の教育者である。「手の復権」の思想として、「手によって素材への感受性を高め、自然（素材）に逆らうものづくりではなく、自然（素材）の特徴にそった（自然の理にかなった、自然に無理をかけないような）ものづくりが重要である」というレットガーの考え方が示された。シグネウスとレットガー。どちらの思想も手で考える意義と「自然に対する責任」をものづくり教育の大前提に位置づけている。

二つ目は自然にかかわる活動内容。代表的な事例は、秋田公立美術短期大学（現・秋田公立美術大学）で地域の自然や生活と密接にかかわってきた「秋田のものづくり」を取り上げて研究会を開催したことであろう。曲げわっぱ（大館の曲げわっぱ：秋田杉の特徴である吸湿性・芳香・殺菌効果などを活かして）、樺細工（角館の樺細工：山桜の樹皮を材料として）、イタヤ細工（角館のイタヤ細工：しなやかなイタヤカエデを削って編み上げる）などの「秋田のものづくり」は前述したフィンランドのウノ・シグネウスが重視したスロイドに対応する。また、エルンスト・レットガーの思想とも重なる。自然（素材）に逆らうものづくりではなく、自然（素材）の特徴にそった、自然の理にかなった、自然に無理をかけないようなものづくりを大切にしたいという証である。

以上、ハンド101―ものづくり教育協議会と「責任」の問題とのかかわりについて検討してきた。そうした検討に基づいて、次世代ものづくり教育におけるハンド101―ものづくり教育協議会の意義についても考察しておきたい。

まず、意義を検討する上での立場を明確にしておく。日本教育史の究明に取り組んだ唐沢富太郎（文学博士、東京教育大学／現・筑波大学）は、いかなる教育史観に立脚すべきかについて、著書『日本教育史』（誠文堂、一九五三）のなかで次のように述べている[16)]。「本書においては教育史をあくまでも人間像の展開から考察して行って見よう。このことはいわば歴史の人間学的解釈ともいうべき行き方ともいうべきものであって、各時代においていかなる理想的人間像が描かれたのか。そしてまたかかる理想的人間像の実現を目指して、各時代においていかなる教育的努力がなされたか。このことに焦点づけて教育史の発展を叙述して行って見ようと考えるのである」。つまり教育史の究明に取り組む際には、単なる事実の列挙だけではなく（このようなことがあったというだけではなく）、人間形成を教育と考え、人間像の展開（どのような理想的人間像の実現を目指して努力したのか）から考察することが重要になるということである。本研究での考察もその姿勢（構え）を基本として継承したい。そして『日本教育史』で提起された「過去の日本人の形成がいかなる歴史的必然性のもとに、現在に至るまでの運命を辿らなければならなかったのか。そしてまた、これからの日本が新しい世界史の形成に対して、いかなる課題と抱負と決意とをもって、理想的人間像形成を目指して進んで行くべきであるか」という過去・現在・未来を俯瞰する省察の一つとして次世代ものづくり教育にかかわる本研究を位置づけたいとも考える。

こうした立場からハンド101―ものづくり教育協議会の意義を検討すれば、その意義は『責任』を重視した人間像の展開」にあるといえる。ものづくりやものづくり教育にかかわる関係者自身が人間形成のあるべき姿をモデルとして示したからである。責任とは、「歴史に対する責任」、「社会に対する責任」、「教育に対する責任」、「自然に対する責任」を指す。特に「自然に対する責任」は次世代ものづくり教育を構想する上で欠かすことができない視点である。なぜなら、二〇一一年三月の東京電力福島第一原子力発電所事故はその重要性を明確に示したからである。三年目になる二〇一四年一月現在においても約一四万人が避難生活を続けている（福島民友新聞、二〇一四・一・一）。国会事故調（東京電力福島原子力発電所事故調査委員会／委員長：黒川 清）は報告書の中で直接的な原因は地震・津波にあるが、おおもとの事故原因は「生命を守るという責任感の欠如」にあると指摘した（『国会事故調査報告書』徳間書店、二〇一二・九・三〇）[17]。この「生命を支える基盤は何か」と問われれば、「自然にある」と答えることができる。空気・水・土などの自然環境が放射能で汚染され多くの人々が生きる場を失うことになったからである。

平成二六年度レインボーフェスティバル（札幌市小中学校特別支援学級作品展。会場：札幌市・ラルズ札幌店。二〇一四・二・二六）へ向けて制作された北海道教育大学附属札幌中学校特別支援学級の木工・陶芸・縫工に関する作品は「責任・生命・自然」に直結する子どもの姿を示すものだった。材料はすべて木や土などの自然素材。有り余るほどの材料ではなく必要とする分だけの材料で（自然に負担をかけずに）、自然の恵みである素材の特性を生かすようにつくっていたからである。たとえば、木工作品は木目の美しさや手触りのよさが大切にされていた。陶芸作品は陶土の色と釉薬の色との組み合わせが工夫されている。縫工作品は色合い・全体の形・縫い目などが美しい。自然に逆らっていないか。自然に無理をかけていないか。自然の理にかなっているか。これらの問いに基づく表現や鑑賞はものづくりの基本である。特別支援学級での実践はそうしたものづくりの基本を身につける活動になっていたものと考える。言い換えれば、このような活動は創造面や技術面とともに自然に対する人間の責任という倫理面をも体得する機会になり得るということである。ものづくりに内在する「自然に対する責任」という価値の重要性に着目した特別支援学級での教育実践はハンド101―ものづくり教育協議会の現代的意義に密接に関連する事例のひとつであろう。

なお、ハンド101に関する考察の過程において貴重な資料の寄贈があった。それらは「北海道教育大学教科教育アーカイブセンター《美術科教育》」に収蔵した。その一部を以下に記した。

【寄贈者：宮脇 理（元・筑波大学教授）】

○『工作・工芸教育百周年記念誌』……発行は、一九八六（昭和六一）年一一月八日、彩信社。非売品『手工教育五十周年記念大會誌』も含む。

○平成元年度ハンド101会員名簿
○ハンド101―ものづくり教育協議会ファイルなど。

【寄贈者：榎原弘二郎（元・埼玉大学教授）】

○ハンド101会報NO.1, ハンド101会報NO.2, ハンド101会報NO.3
○「ハンド101―ものづくり教育協議会とシンポジウム・研究活動」に関する資料など。

【寄贈者：穴澤秀隆（財団法人美育文化協会、編集委員）】

○ハンド101―ものづくり教育協議会設立総会資料
○ハンド101ジャーナル（ハンド101―ものづくり教育協議会HAND101–COUNCIL OF EDUCATION THROUGH HANDIWORK）など。

〔第一部・第四章　註〕

1　ハンド101設立総会次第は以下のとおりである（資料は美育文化協会：穴澤秀隆氏より）。昭和六二年一二月六日 於 芝弥生会館。一、設立総会開会、一、設立準備委員長挨拶、一、経過報告、一、議長選出、・第一号議案「会則について」、・第二号議案「昭和六二年度事業計画案について」、第三号議案「昭和六二年度収支予算案について」、第四号議案「役員構成案について」、一理事長挨拶、一来賓祝辞、一閉会宣言。※第一号議案：ハンド101―ものづくり教育協議会会則案・・・第一章総則 名称 第一条 本会は正式名をハンド101―ものづくり教育協議会（略称ハンド101）と称する。英文名――HAND101–COUNCIL OF EDUCATION THROUGH HANDIWORK. 所在 第二条 本会に事務局を置く。目的 第三条 本会は、ものづくりを通して、豊かな人間性を基調として、生き甲斐を実感できる社会を創りだす、意欲的人間の育成をはかることを目的とする。事業 第四条 本会は前条の目的の実現のため以下の活動を行なう。一会員が提案する調査研究および諸計画の実施。二公共団体、企業等が求める諸計画への協力。三会員に必要な情報の提供。四その他本会

ハンド101-ものづくり教育協議会設立にあたって

わが国はものをつくることにおいて遂に世界を制覇したかの観があります。が、そのことだけがそのまま人間らしい生活を意味するのでありましょうか。一方、溢れたものの間にあってあえいでいる人間がいまの私たちであるならば、現代の教育にはものづくりの根幹について教えるべき何かが必要なのではないかと思われます。人はものをつくることもあずかって人間社会を形成してきましたが、生活・社会環境をものが形成していることを考えれば、ものはそれらに関わってトータル的に位置付けられねばならないのです。教育が見落としている点は、まさにそこにあります。つくる人も使う人も、ものと人間のより良いあり方についての考えを、確実に身に付けねばならない時代に入ったのです。

これから始まろうとしている多様な教育の様態のなかで、私達は学校教育を軸としながらも新しい時代のものづくり教育を創出するためには、社会を形成している様々な立場の人々と、ものづくり教育のあり方について検討し提案する場が必要であると考え、多くの人や団体が自由に参加することができるオープンな会をつくることにしました。わが国のみならず、いずれは海外の人々と手を結ぶことも視野に入れ、総ての会員が有機的に関わることのできる活力に満ちた組織を目指しています。

まもなく２１世紀を迎えようとしている今日、ものづくり教育に携わる私たちは、過去100年を関係者の営々たる努力によって積み重ねてきた歴史として捉えるとともに、未来に向けた手工・工作・工芸・デザインを通したものづくり教育の発展のために、努力を続けることをここに表明いたします。

各位のご理解とご協力をお願いする次第です。

昭和62年12月 6日

ハンド101-ものづくり教育協議会

図１　ハンド 101- ものづくり教育協議会設立にあたって

の目的を達成するために必要な事項。

2 『手工教育五十周年記念大會誌』は『工作・工芸教育百周年記念誌』に復刻版が掲載されている。また『手工研究』(日本手工研究會、代表：阿部七五三吉、印刷所：正文舎)第一八六号(昭和一一年一月一日発行)は手工教育五十周年記念大會の特集号である。

3 昭和六一年一一月八日発行。発行者：工作・工芸教育百年の会(会長：長谷喜久一)。事務局：筑波大学学校教育部内 筑波大学造形芸術教育研究内。印刷所：彩信社。「工作・工芸教育百年の会」発足の趣意書には「わが国の学校教育において施行されている教育課程の中の『図画工作』『美術科』『芸術科工芸』における工作・工芸教育の淵源を辿りますと、明治十九年に普通教育に「手工科」が加設されたことに始まります。爾来百年の経過を経て今日の『ものづくり』にかかわる教育があるわけですが、この間幾多の変遷と先人の貢献を忘れることはできません。ここに手工科創設百周年を迎えるに当たり、これを記念するとともに、工作・工芸教育の一層の振興を期するために、創設五十周年式典が、(社)日本手工研究会(東京高等師範学校内)主催でおこなわれたのを受けまして、筑波大学造形芸術教育研究会に『工作・工芸教育百年の会』を設け、左記の記念事業を企図しました」とある。

4 資料「熊本ファイル」におけるB5版四枚の印刷物にある文章(熊本文庫：財団法人美育文化協会)。手工・工作・工芸・デザイン教育一〇一年記念事業「ハンド101」(仮称)設立案 構想の概括：一．事業の運営スケジュール、二．準備人会の人的構成と組織。pp.1-4.

5 同、p.2.

6 「ハンド101—ものづくり教育協議会設立総会資料」設立準備委員会、一九八九(昭和六二)年一二月六日、p.2.

7 同、pp.1-13. 設立趣意書「ハンド101—ものづくり教育協議会設立にあたって」の全文は次に示した。「わが国はものをつくることにおいて遂に世界を制覇したかの観があります。が、そのことだけがそのまま人間らしい生活を意味するのでありましょうか。一方、溢れたものの間にあってあえいでいる人間がいまの私たちであるならば、現代の教育にはものづくりの根幹について教えるべき何かが必要なのではないかと思われます。人はものをつくることもあずかって人間社会を形成してきましたが、生活・社会環境をものが形成していることを考えれば、ものはそれらにかかわってトータル的に位置付けられねばならないのです。教育が見落としている点は、まさにそこにあります。つくる人も使う人も、ものと人間のより良いあり方についての考えを、確実に身に付けねばならない時代に入ったのです。これから始まろうとしている多様な教育の様態のなかで、私達は学校教育を軸としながらも新しい時代のものづくり教育を創出するためには、社会を形成している様々な立場の人々と、ものづくり教育のあり方について検討し提案する場が必要であると考え、多くの人や団体が自由に参加することができるオープンな会をつくることにしました。わが国のみならず、いずれは海外の人々と手を結ぶことも視野に入れ、総ての会員が有機的にかかわることのできる活力に満ちた組織を目指しています。まもなく二一世紀を迎えようとしている今日、ものづくり教育に携わる私たちは、過去百年を関係者の営々たる努力によって積み重ねてきた歴史として捉えるとともに、未来に向けた手工・工作・工芸・デザインを通したものづくり教育の発展のために、努力を続けることをここに表明いたします。各位のご理解とご協力をお願いする次第です」。

8　前掲註3、pp.3-48.

9　前掲註6、p.1.

10　昭和六二年度ハンド101会員名簿は財団法人美育文化穴澤秀隆氏よりの資料（会員一六四名、団体・法人会員三社）。平成元年度ハンド101会員名簿は宮脇 理氏よりの資料（会員一八四名、団体・法人会員五社）。

11　前掲註6、p.1.

12　「ハンド101会報No.2」、p.6. 榎原弘二郎氏よりの資料。

13　同、p.8.

14　「ハンド101ジャーナル」第一号、一九八八、p.5.

15　http://www.a-m-u.jp　未来を編む「amu」。

16　唐沢富太郎『日本教育史』誠文堂、一九五三、pp.28-29.

17　東京電力福島原子力発電所事故調査委員会『国会事故調報告書』徳間書店、二〇一二、p.5.

※　「第三章」は、佐藤昌彦「戦後（一九四五年以降）ものづくり教育の系譜――ハンド101―ものづくり教育協議会（一九八七年設立）の成立と展開――」『北海道教育大学研究紀要（教育科学）』（第六五巻・第一号、北海道教育大学、二〇一四、pp.101－113）の内容に基づいた。掲載にあたっては加筆・修正を行っている。

第五章
工作・工芸教育発祥地：フィンランドにおけるものづくり教育の現在

第二章『責任』を重視した次世代ものづくり教育の意義」において、二〇一四（平成二六）年九月、フィンランドを訪問した際の状況は、本論文で提起した「次世代ものづくり教育の『指針』（ものづくりの根底に『責任』を位置付ける）を現実の姿として示している」とした[1]。その根拠には次の三つを提示した。第一は、訪問時に使用されていた二〇〇四年版全国学習指導要領にものづくりに関する「責任」という言葉が使用されていたということである。第二は、二〇一六年版全国学習指導要領の方向として「ecological and ethical assessment」（生態的・倫理的評価）がキーワードになっていたということである。第三は、教育視察先において、ものづくりの全体的な姿（原点と先端の併存、新旧の併存、科学・技術・芸術の連携など）にかかわる状況を確認できたということである[2]。本章では、それらの証しとして、第二章で示した事例以外のものを記載した。

第一節　フィンランドの二〇〇四年版全国学習指導要領における「責任」

ものづくりの「責任」に関する記述として以下に二つ取り上げた。それらの翻訳は第二章と同様にフィンランド在住の宮澤豊宏氏（フィンランド教育視察ガイド）が行ったものである。

第一は、「材料の選択」にかかわるものを示した（線は筆者が追加した。以下同じ）。

【手工科目】

■一―四学年

一―四学年を対象とする手工教育の究極の使命は、手工の知識や手工技能に児童を精通させるとともに、作業において も材料の選択においても批判力、責任感、品質を見極める力を喚起させることである。計画する能力を養うように児童を支援し、児童は自分で計画したことを実践することの基礎的能力を学習する。手工で必要な基本的な道具や様々な機械類を安全で目的にかなって使えるように児童を指導する。児童の長期的な根気強さや問題解決能力をグループ作業や自立的な作業で開発していく。広範囲にわたる作業、技能を磨くこと、そして達成感により作業の喜びを感じ、作業をすることや学習に対する児童の好意的な態度を生み出す。手工教育は技術とテキスタイルとを含む内容で全児童対象に同じような内容で実現される。

第二は、「物質的環境」にかかわるものを記載した。

【目標】

児童は、

・手工芸に関する概念を認識し、様々な材料、道具類、手法を使いこなせるように学習する。
・作業安全・衛生に対して好意的な態度をとり、道具類、機械・設備類を安全に使えるように学び、自分の学習環境の快適性に注意を払うように学ぶ。

・手工の基礎技術と製品デザインを学び、これらが前提とする能力において訓練することにより、児童の思考能力や創造性が発達する。
・計画段階や作業中に三次元の空間を意識することを学習する。
・製品の美的特徴、色彩、デザインに対して注意力を働かせるように学習する。
・日常的な実用製品を製作したり、整備したり、修繕したりすることを学ぶ。
・自分の物質的環境に責任を持つことを学び、製品にはライフサイクルがあることを理解する。
・手工プロセスの様々な段階において、そして様々な学習環境において情報通信手段を使うことに慣れ親しむ。
・次第に包括的な手工プロセスを管理することを学ぶ。
・日常生活に関連する科学技術に慣れ親しむ。
・自分の作品や他人の作品を評価したり、判断したりすることを学ぶ。

第二節　フィンランドにおける二〇一六年版全国学習指導要領のキーワード「ecological and ethical assessment」(生態的・倫理的評価)

アールト大学のミラ・カッリオ‐タヴィン教授(次期全国学習指導要領の担当)から二〇一六年版全国学習指導要領についての説明があった。通訳は宮澤豊宏氏。そのキーワードは「ecological and ethical assessment」(生態的・倫理的評価。材料の選択、環境への影響、後世へ何を残すのか。それらに関する内容をすべて含む)。

こうしたキーワードは「ものづくりには責任が伴う」という考え方を反映するものである。ミラ教授が説明する際に使用したパワーポイントの映像をその証しとして次の頁に示した(**図1**)。

第三節　教育視察におけるものづくりの全体にかかわる状況

ものづくりの全体にかかわる状況はどうであったのか。第二章・第二節で示した各学校を訪問してみると、原点と先端の併存、新旧の併存、科学・技術・芸術の連携など、ものづくりを全体的な視野から学ぶことができるように授業の内容や設備などが考慮されていた。以下の写真はその証の一部として取り上げた(図2・3・4)。

学校だけではなく、生活の中でのものづくりの「責任」に関する事例として、フィンランドの「デポジットシステム」に関する写真も掲載した(図5)。空の容器を回収する機械がヘルシンキ近郊のスーパーマーケット内に設置されている様子を写したものである(＊デポジットは「預り金」のこと／デポジットシステム…空の容器を機械の中に入れると預り金が返却される制度)。

各学校における木工台と木工用具が整備された教

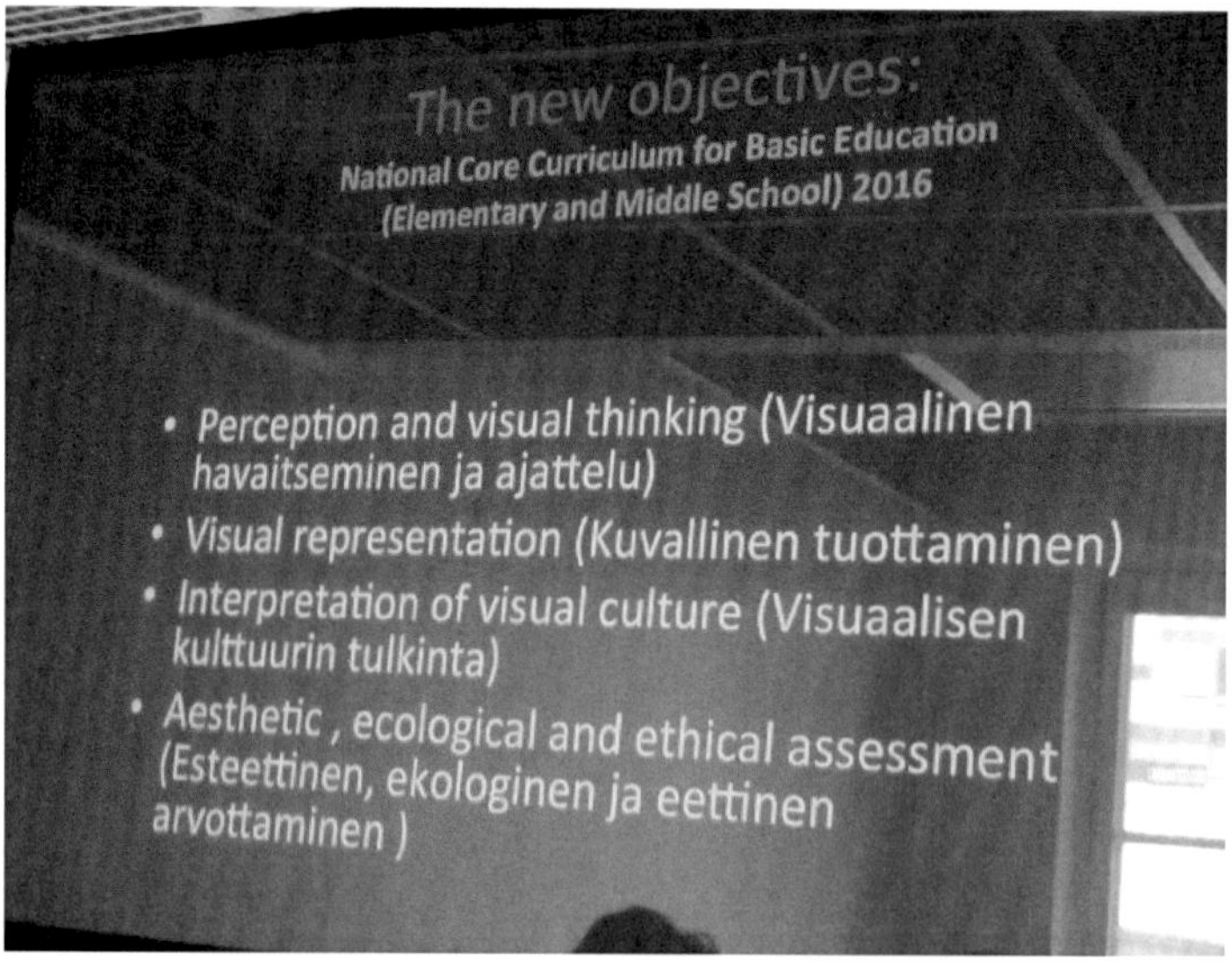

図1　次期（2016年版）全国学習指導要領の方向／ミラ教授からの説明。アールト大学（旧デザイン工芸大学・ヘルシンキ市）で

図２　木工用具（サールラニークソ中学校、エスポー市）

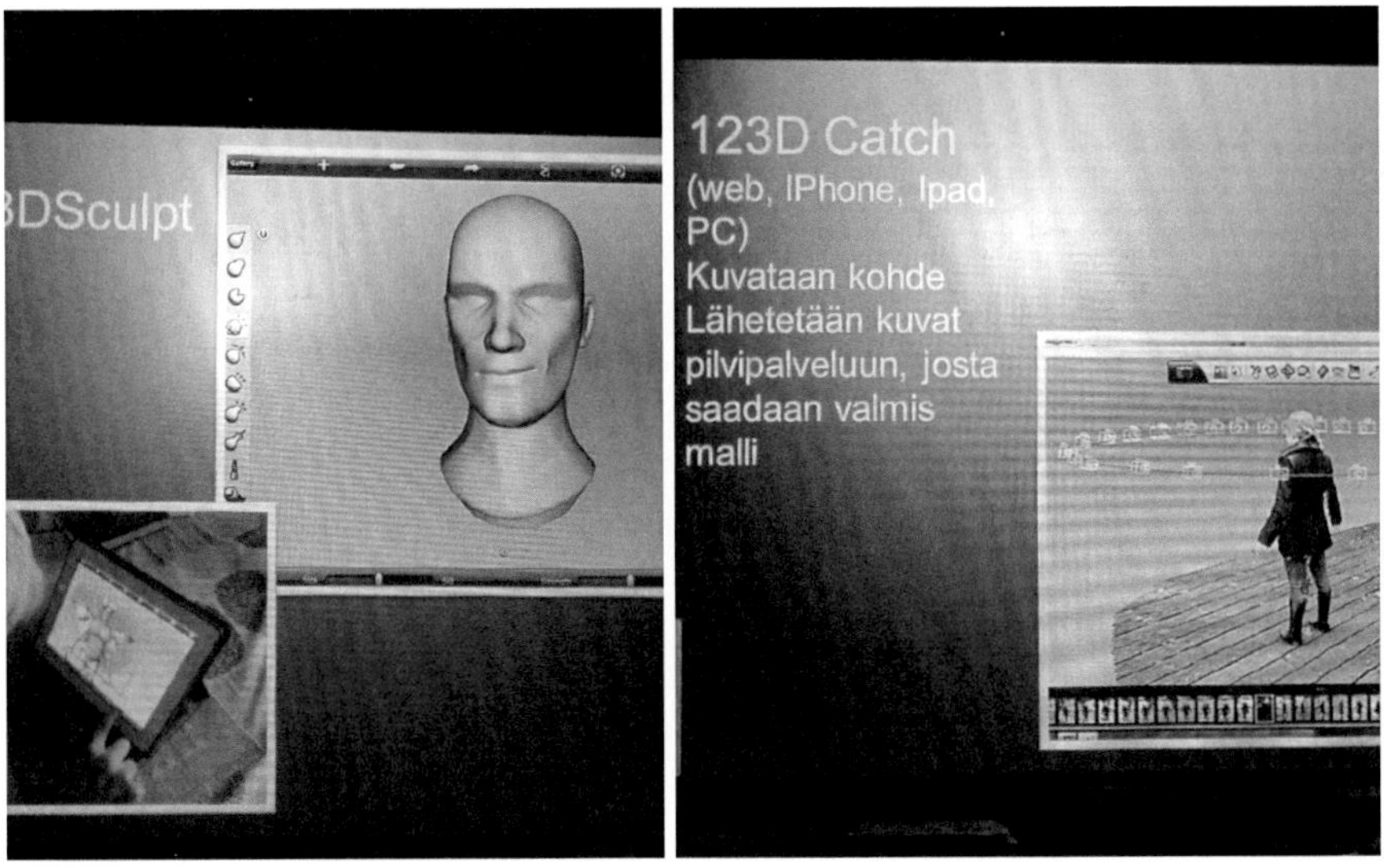

図３　３Ｄプリンターを活用した授業（カイター中・高等学校、エスポー市）
※３Ｄモデリングソフトは、前述した「Suculptris」の他にも、「123 D Sculpt」（2017 年３月現在は 123 D SCULPT ＋となっている）や「123 D Catch」（無料ソフト）などが授業で取り上げられていた。

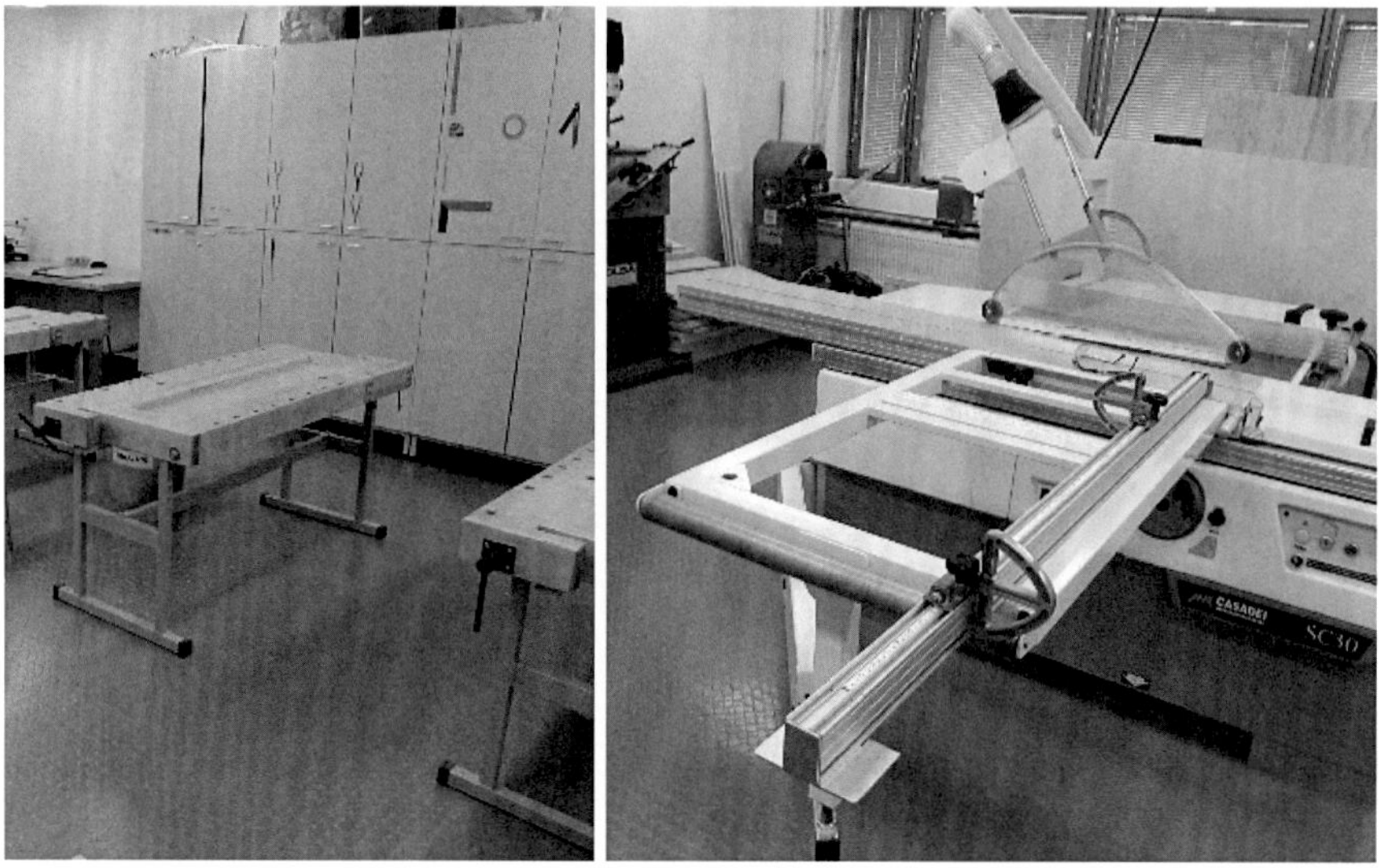

図４　木工台と木工機械（オタランピ総合学校。ヴィヒティ町。＊フィンランドの「総合学校」は、日本の小・中学校に該当する。）

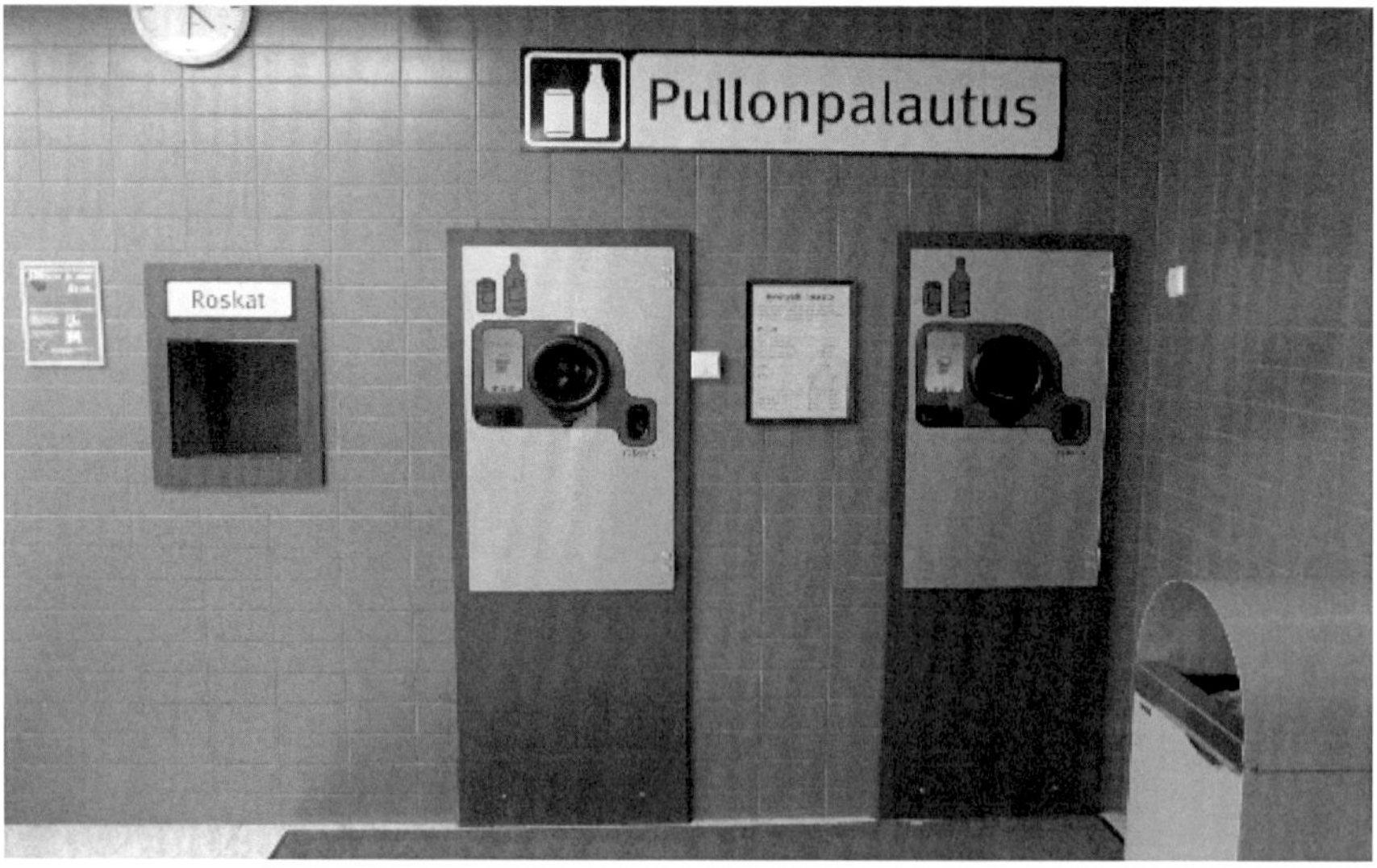

図５　フィンランドのデポジットシステム（空の容器を回収する機械がヘルシンキ近郊のスーパーマーケット内に設置されていた。／デポジットは「預り金」のこと。／デポジットシステム……空の容器を機械の中に入れると預り金が返却される制度）

室環境および3Dプリンターを活用したデジタル・ファブリケーションに関する授業は、フィンランドの教育視察を通して特に印象に残った。いかに時代が進展しようとも、ものづくりの原点としての手づくりを大切にする姿勢が強く伝わってきたからである。

〔第一部・第五章　註〕

1　フィンランド教育視察は、二〇一四（平成二六）年九月八日から九月一二日まで、宮脇 理氏（元・筑波大学教授）とともに実施した。第一部・第二章で述べたように、教育視察ガイド・通訳：宮澤豊宏氏（フィンランド在住）への依頼は、秋田公立美術大学の尾澤 勇氏（秋田公立美術大学）を通じて行った。

2　二〇一五年三月二八日（土）、二九日（日）、第三七回美術科教育学会が上越教育大学で開催された。筆者は、「次世代ものづくり教育構想におけるフィンランドのものづくり教育の意義――ものづくりの『責任』の問題を中心として――」という題目で発表した。発表者：宮脇 理、尾澤 勇、佐藤昌彦による共同発表の題目と『研究発表概要集』に掲載された内容は以下のとおりである。

「アーキビスト」考 ――フィンランドのアーツ・アンド・クラフツ教育を視て――

From Art to Archivist

――Based on a brief observation of Finland's arts and crafts education――

宮脇　理　　尾澤　勇　　佐藤昌彦
MIYAWAKI Osamu　　OZAWA Isamu　　SATO Masahiko
Independent Scholar ／元・筑波大学　　秋田公立美術大学　　北海道教育大学
Professor at former Tsukuba University　　Akita University of Art　　Hokkaido University of Education Sapporo

●はじめに

デジタルに代表される新しいうねりを「第三次産業革命」であると呼ぶ人も多いが、この3Dプリンターの登場はCrafts Education, Industrial Arts Educationのみではなく造形芸術やその教育の全てについて、大きな変動を与え始めたと云って良いと思う。つまり一八世紀後半の動力発明の「第一次産業革命」、一九世紀後半以降へとつづく「第二次産業革命（製造業の変革）」を経て、いまや「デジタルツール」との接触段階に入っていると措定できるからである。斯界教育の諸分野はこれからどのような未来像を描けばよいのであろうか（註1）。

一．アーキビスト：Archivistに注視したことと、それへの想い

アーキビスト：Archivistなる鍵語は、アーカイブス／archivesから派生し、連鎖した用語として理解され、いまやこの国においても既に派生しているが（註2）、近時、再度のフィンランド紀行（註3）において、とりわけ感じたのは、彼の地では敢えてその言葉を組上に載せずとも、諸学校や諸施設の中に「アナログツール」と「デジタルツール」との併存が視られたが、それはアーキビストとしての意識が自然な形で存在していると感じられたのである。

二．イマ想い出したこと：図工・美術の〝学力〟について

かつて筆者（＊宮脇 理）は（形：第二八〇号）連載：第一〇回「美術教育考古学・未来学――それぞれの岐路」：「もしも：if」の中で（註4）、ネット上を賑わす学力とは何か？ に相関させた一文を書いたことを思い出す。そこにて特記したのは、二〇〇四年末から日本において〝学力とは何か〟が再燃し、フィンランドがOECDの「生徒の学習到達度調査」（PISA 2003）、国際到達度評価学会（IEA）の国際数学・理科教育調査（TIMSS 2003）の勝れた公表結果がフォーカスされ、競合に遅れをとった日本の子どもたちの〝学力〟を高めるには、どうしたらよいのか？ を問われたのが発端であった。

三．ウノ・シグネウスに言及したこと

前項について筆者（＊宮脇 理）は、奥行きのある学力の総体は「手で考える」ことが起点ではないか？ との立場を措定し、フィンランド教育の父：ウノ・シグネウス（Uno.Cygnaeus 1810－1888）による（手渡す）教育に触れ、〝手渡す教育〟こそがフィンランド教育界の学力を世界の頂点に押し上げた素因であると、あえて個人的推論として述べた。この紙面にて一端を挙げれば、「気概：テューモス）」と「使命：ミッション」の根底に「すべての子どものための教育」と「手渡す教育の原則と方法」を敷いたことであろうか（詳細は発表の場にて）（註５）。

四．＊映像にて事例をフォーカス：「アナログツール」への眼差し

五．未来とイマ、現在とミライとの往還

一〇年前の PISA 調査報告書の趣意は「明日の社会の学習」であり、二一世紀を切り拓いていく前向きなものであった筈。しかし日本の過剰な反応がフィンランドの識者を驚かせたのは、総務省が先導する"e-Japan"から"u-Japan"を指向する〝ユビキタスネットワーク〟を願望計画に入れての過剰なまでの自意識。それ故、（筆者が）眼差しを向けたのは、少なくとも教育は〝成果と苗床〟〝苗床と成果〟の往還関係を射程に容れるのが妥当であり、せっかく身に付きかけた「造形あそび」や、芸術の側からの「総合学習」への諸策にこそ焦点を絞って欲しいと思ったのである（註６）。

（註１）筆者（＊宮脇 理）講演「手で考える」（amu）にて：二〇一二・一一・一五、並びに「ホワイトテーブル in 札幌」（二〇一五・二・一一）巻頭メッセージ．

（註２）日本における Archivist の養成は未だ日が浅く、特定非営利法人：「デジタル・アーキビスト資格認定機構なる組織も散見される．

（註3）系統樹的大系（翻訳・通訳）を具備したフィンランド国在住の宮澤豊広氏の支援による．

（註4）日本文教出版広報誌連載（二〇〇六）、清家彦弥太&相澤朋夫編集．

（註5）参考としては、本多雄伸『教育学雑誌』「ウノ・シュグネウスと手工教育」第四〇号（二〇〇五）に広範なフィンランド教育事情の記述がある．

（註6）（具体的には）二〇〇五年九月七日「学力とは何か：PISA，フィンランドの教訓を日本の教育に」、以下九月九日：「日本の教育で改善すべきこと」、九月一六日：「平等と助け合いの総合制教育」、九月三〇日：「教科書は学習の入り口」等の連鎖が続く：（インタビュアー：平野秋一朗）と（フィンランド科学アカデミー外国会員）中嶋 博との往還等がある．

※「第五章」は、二〇一五年三月二八日(土)、二九日(日)、上越教育大学で開催された第三七回美術科教育学会上越大会での発表題目「次世代ものづくり教育構想におけるフィンランドのものづくり教育の意義――ものづくりの『責任』の問題を中心として――」（佐藤昌彦）の内容に基づいた。

第六章
世界最大級の日用品市場：中国・義烏（イーウー）の小学校におけるものづくり教育

世界最大級の日用品市場：中国・義烏（イーウー）[1]を選んだ理由については、第二章『責任』を重視した次世代ものづくり教育の意義」において、「中国・義烏での急激な多量生産の状況と、ウノ・シグネウス（Uno Cygnaeus 1810-1888）がフィンランドの人々の伝統的なものづくりであるスロイド（民芸、民衆工芸、民間工芸、フォーク・アート）を学校教育に位置付けた当時のフィンランドの社会状況とが重なるからである」とした。そして、中国・義烏への着目は「世界の国々の現状に対する認識を深め得る」という「次世代ものづくり教育の意義」に関する根拠のひとつにも位置付けた[2]。

また、第二章では、「中国・義烏の学校では多量生産に対してどう対応しているのか」との問いに対して、「中国の伝統的なものづくりを教育の規範として対応している」とも答えた。では、具体的にはどのように対応しているのか。本章では、まず「世界最大級の日用雑貨市場：中国・義烏市場（通称：福田市場）」について述べ、次に、具体的な対応としての「中国・義烏塘李小学校（浙江省）での教育実践」について記した。

第一節　中国・義烏市場（通称：福田市場）
――常設ブースによる商品の展示――

二〇一三年九月一二日、中国・義烏市場（通称：福田市場／中国義烏国際商貿城）の視察を行った。日本の一〇〇円ショップ等の商品の多くがこの福田市場を通過している。視察メンバーは、宮脇 理氏（Independent Scholar, 元・筑波大学大学院教授。先行研究としての『工藝による教育の研究』〈建帛社、一九九三〉及び『美術教育論ノート』〈開隆堂、一九八二〉等の著者）、徐英杰氏（筑波大学博士後期課程〈当時〉、現在は華東師範大学専任講師〈中国・上海〉）、佐藤昌彦（北海道教育大学教授）の三名である。

下に掲載した写真（**図1**）は福田市場にあるブースのひとつを示したものである。扱われている商品は腕時計。各ブースには腕時計の他にも、文具、玩具、小物入れ、照明器具、望遠鏡、化粧品、眼鏡、画材、スポーツ用品など、様々な商品が展示されていた。

急激な経済発展の背景に関しては、伊藤亜聖「『闇市』から『雑貨の殿堂』へ――義烏システムの形成とインパクト――」『季刊ビジネス・インサイト』（No.80, 現

図1　中国・義烏・福田市場の内部（腕時計のブース）

代経営学研究所）[3]に三つの視点が示されている。第一は、「ものづくりの浙江省」にある義烏市。浙江省にはいろいろなものづくりの産地があり義烏はそれらの窓口になったと位置づけている。第二は、「鶏毛換糖」と呼ばれる伝統的な行商。義烏は伝統的に行商が盛んで数万人あるいは一〇万人と言われるような行商人によって市場がつくられてきたとしている。「鶏毛換糖」とは義烏市で取れるサトウキビで飴をつくって周辺の農村を歩いて回り他のものと交換し付加価値を付けて売るという行商を指す（たとえば鳥の毛。工芸品や肥料などに加工する）。第三は、闇市を認めた県書記：謝 高華氏の存在。「鶏毛換糖」と呼ばれる行商を見て「これは国のため。民のためだ」と考え義烏市の政府としてサポートしたという。

行商の背景にある義烏商人の伝統的精神「四千精神」については、同じ『季刊ビジネス・インサイト』（No.80）での講演（松村 勉）の記録に以下のように記されている。

> 義烏の人々がよく言う言葉に『四千精神』という言葉があります。これは、『至る所を歩き回り、口を酸っぱくして商品を勧め、あらゆる方法を講じる、百万手を尽くす、ありとあらゆる苦労をしてやっていく』ということです。

義烏はこれまで商品の製造と貿易を中心に成長してきたが、近年、商品開発をも重視しデザイン教育を大学に取り入れ始めた。福田市場とともに視察した義烏工商大学（デザイン専攻）はそうした市場と連携した商品開発の場となっている。また、義烏工業デザインセンター（代表：劉 岩松）への訪問では義烏市政府と民間企業が連携して義烏市におけるデザインの発展をサポートする活動について知ることができた。

第二節　中国・義烏塘李小学校（浙江省）
――剪紙（せんし／切紙）授業――

義烏・福田市場視察の翌日（二〇一三・九・一三）、義烏塘李小学校を訪問した。訪問者は市場視察と同じ（三人）。校内に入ると壁に剪紙作品が多数展示されていた。剪紙の代表的な図案は、動物、植物、人物、風景、文字。それらには長寿・子孫繁栄・夫婦円満など、人々の幸せを願う心が込められているという。

授業は「創作剪紙」に関するものであった。材料は一枚の紙。用具ははさみ。テーマは「蝶」。授業では教室前面のスクリーンに「蝴蝶剪紙」と表示されていた。塘李小学校の剪紙テキスト（低段・中段）に掲載されている対称剪紙（折畳剪紙）のひとつである。対称剪紙の種類は主に三つある。左右対称、上下対称、三角形対称。テキストには蝶（左右対称）の他にも水鳥（左右対称）、金魚（上下対称）、狐（左右対称）、花（左右対称）などの事例が示されていた。

創作・蝴蝶剪紙に関する授業過程の構造図は次の頁に示した（**図2**）。写真・ビデオ・文字による授業記録に基づいて作成したものである（作成者は筆者。平成二一―二四年度科学研究費学術研究助成金〈基盤研究B〉課題番号22300278「授業記録の読解方略に基づく授業記録改訂〈授業過程可視化〉」の研究成果に基づく）[4)]。授業構成の観点は以下のとおりである。①題材を提示する。②教師が実演する。③基本形を提示する。④蝶に見えるための条件を確認する。⑤参考作品を提示する。⑥基本的な模様を提示する。⑦ねらいを確認する。⑧原形（色画用紙・赤）を準備する。⑨原形（色画用紙・赤）を半分に折る。⑩おおよその形を描く。⑪折目からはさみを入れて輪郭を切り取る。⑫開く。⑬模様を切り取る。⑭開く。⑮生活とものづくりとの関係を学ぶ。

では、創作・蝴蝶剪紙に関する授業過程の構造図はどのような授業の姿を示していると言えるのか。端的に言えば、「少ない材料で自分の発想を形にする能力を高める授業」または「少ない材料で多様な発想を引き出す

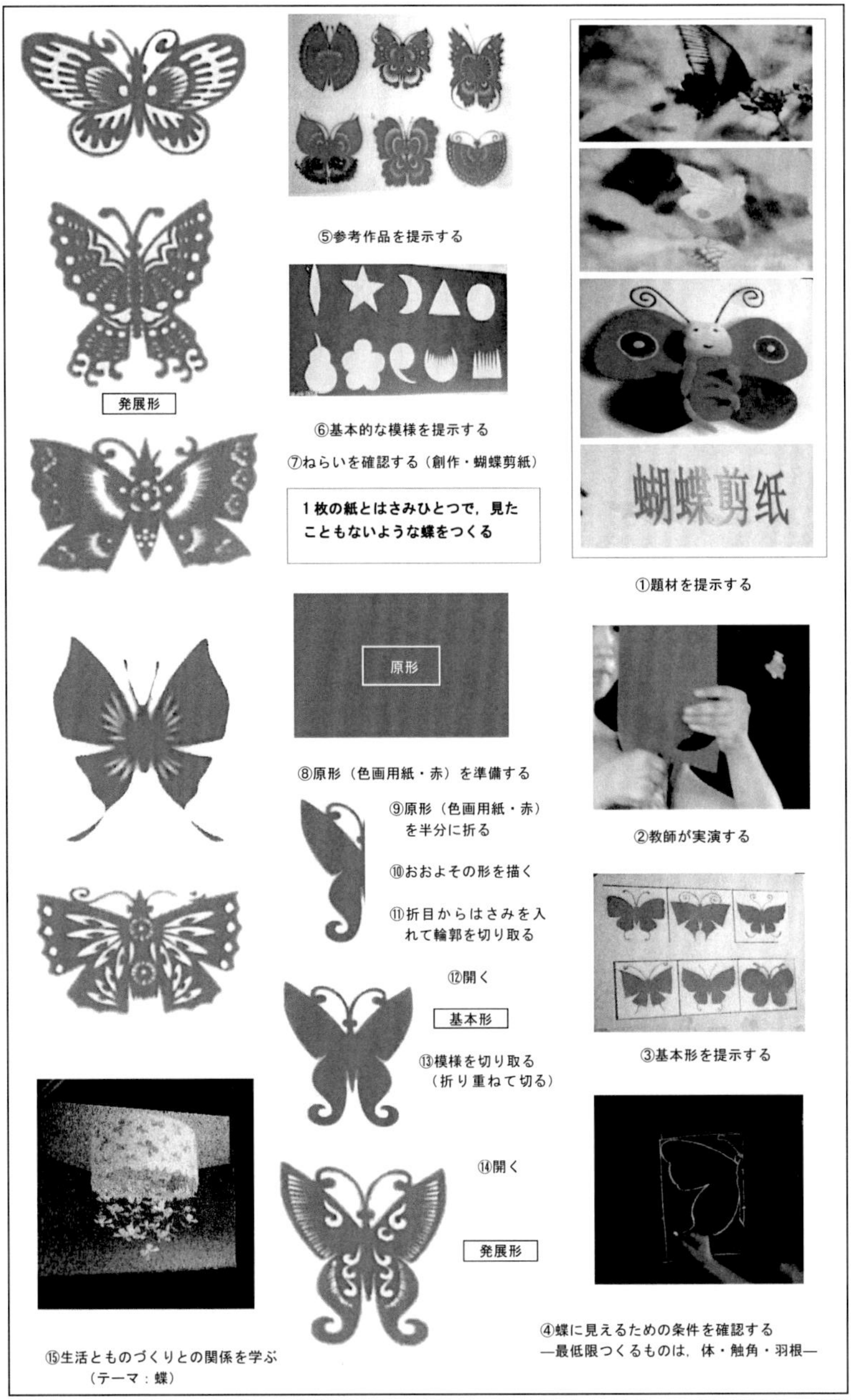
①題材を提示する
蝴蝶剪纸
②教師が実演する
③基本形を提示する
④蝶に見えるための条件を確認する
—最低限つくるものは，体・触角・羽根—
⑤参考作品を提示する
⑥基本的な模様を提示する
⑦ねらいを確認する（創作・蝴蝶剪紙）
1枚の紙とはさみひとつで，見たこともないような蝶をつくる
原形
⑧原形（色画用紙・赤）を準備する
⑨原形（色画用紙・赤）を半分に折る
⑩おおよその形を描く
⑪折目からはさみを入れて輪郭を切り取る
⑫開く
基本形
⑬模様を切り取る（折り重ねて切る）
⑭開く
発展形
発展形
⑮生活とものづくりとの関係を学ぶ（テーマ：蝶）

図２　授業過程の構造図「創作・蝴蝶剪紙」／中国・義烏塘李小学校　※授業過程の構造図は授業記録に基づいて作成した（作成者は筆者）

ことができる授業」という姿を示していると言える。その根拠は二つある。第一は、少ない材料としての「一枚の紙」。授業過程の構造図には「原形」として示した。第二は、自分の発想を形にした「多様な作品」。授業過程の構造図には「発展形」として示した。

それでは「一枚の紙」と「多様な作品」との間には創作に関するどのような考え方があったのか。それを明らかにするために授業過程の構造図に基づいて筆者自身も蝴蝶剪紙の制作プロセスを追体験した。剪紙授業における創作のポイントを自分自身の実感に基づいて解明したいと考えたからである。授業過程の背景にある基本的な考え方を明確にすることは「中国の伝統的なものづくりである『剪紙』に内在する『責任』とは何か」という根本的な問いを検討するための手がかりになるとも考えたからである。追体験に基づく考察は次の順序で行った。第一段階は創作のためのポイントの検討。第二段階としてはその背景にある基本的な考え方の検討。

以下に「蝴蝶剪紙」における創作のための三つのポイントをあげた。

第一は、条件の確認。一枚の紙とはさみひとつで見たこともないような蝶をつくることが授業のねらいであるが、「体、触角、羽根は最低限（共通に）つくる部品とする」という条件を事前に確認しておけば、つくった後になって「何をつくったのかわからない」という状況にはなりにくい。また、スタートの段階で「どのようにつくっていけばいいのかわからない」という場合でも、最低限つくるものを事前に確認しておけば、それを糸口としてつくり始めることができる。

第二は、基本形の制作。多様な蝶を構想するためのおおもとになる形である。半分に折り重ねた紙の折目からはさみで切り始める。紙には蝶に見えるための条件（体・触角・羽根）に基づいたおおよその形を描いた。プロセス全体で使用するはさみの使い方をこの段階で確認することもできる。はさみ使用の基本は次の三つ。一つ目は支点の近くで切ること。刃先で切ると切った跡がギザギザになりやすい。ギザギザになれば、せっかくつくっても自信を失う原因にもなる。二つ目は（曲線を切る場合）紙を回しながら切ること。三つ目はゆっくり切ること。形の変化を出しやすくなる。特に細かい部分を切る際にはこのことが重要になった。

第三は、部品の制作。ここでの部品とは蝶の模様を指す。参考作品や模様の基本的な事例などを見て模様の形が思い浮かんだ場合にはその形をつくる。義烏の剪紙授業では、模様の基本的な事例として、月、星、丸など一〇種類が提示された。模様をつくる際にはつくろうとする部分をまず折る。次に折目からはさみを入れて切り取る。つくろうとする模様の形が思い浮かばない時には、とりあえず、ひとつの形を切り取ってみる。そして折り重ねた紙を開いてどのような形になっているのかを確かめる。その形を見て次にどうするのかを考える。模様の形が思い浮かんだ時にはその形を切り取り、思い浮かばない時には思いきってひとつの形を切り取りその形を見て「足りないものはないか」「次にどんな形を切り取ればいいのか」などと考えた。

そうした「蝴蝶剪紙」における三つのポイントを踏まえれば、授業過程の背景には「双方向共存の考え方――発想から形へ、そして形から発想へ――」があると考える。双方向共存の考え方とは、つくろうとするものが思い浮かんだときにはそれをつくり、思い浮かばないときには、とりあえず、ひとつの形をつくってみてその形から次どうするかを考えるというものである。「この形でいいか」「次はどこに模様をつくればいいのか」など、目の前にある形から次の形を考える（連想する）。その構造を下の図で示した（**図3**）。つくろうとするものが思い浮かんだときには「発想から

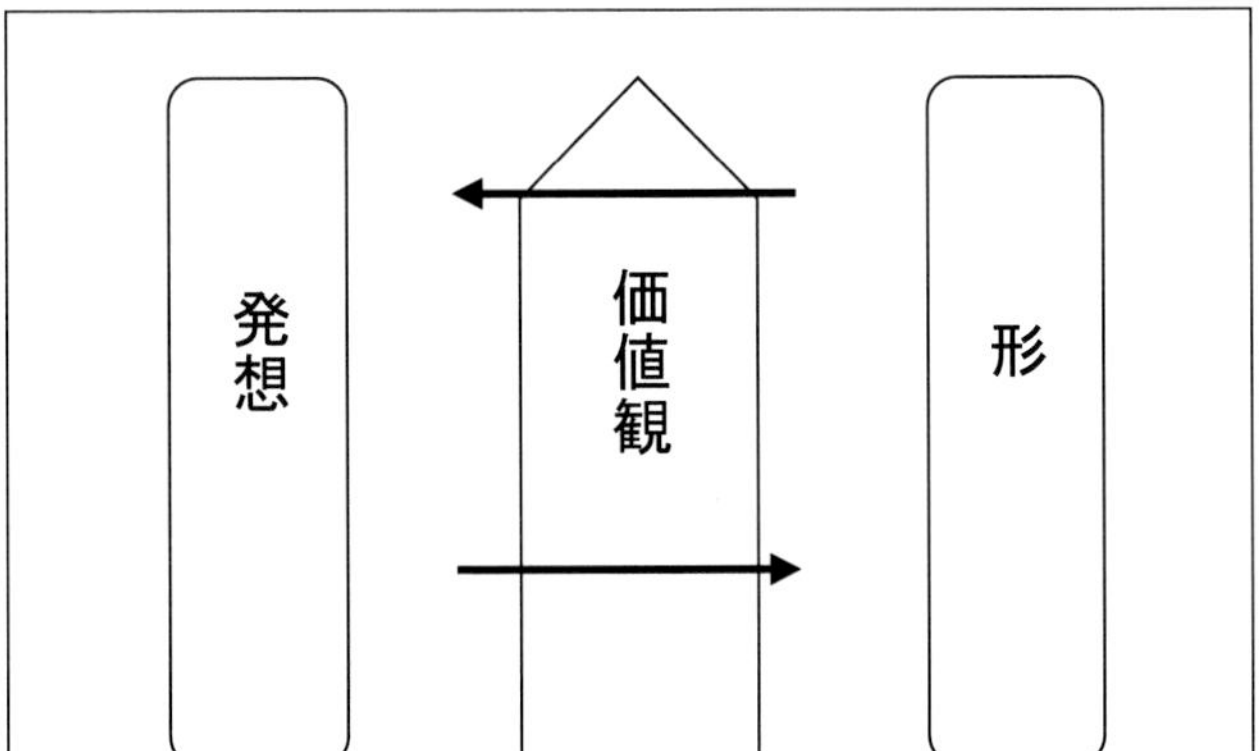

図３　「剪紙」授業の背景にある双方向共存の考え方
―発想から形へ＆形から発想へ―

形へ」という方向になり、思い浮かばないときには「形から発想へ」という方向になる。発想が複数生まれた場合には選択にかかわる最終判断を自らの価値観に基づいて行う。このような考え方は「一枚の紙」（原形）から「多様な作品」（発展形）までのプロセスのどの段階においても関連していた。「創作剪紙」の授業の後には「伝承剪紙」に関する制作の様子も公開された。用具は小刀。方法は追体験。公開後には剪紙陳列室の創作剪紙と伝承剪紙に関する作品を鑑賞することもできた。

なお、塘李小学校と同じ義烏市内にある稠州中学校を訪問した際にも剪紙の授業を参観することができた。また、北海道教育大学附属札幌中学校の姉妹校である江蘇省塩城中学校を表敬訪問した際の塩城市人民政府からの寄贈図書は『中国剪紙・京劇臉譜《きょうげきれんぷ》』であった（**図4**）[5]。中国の人々が伝統的なものづくりである「剪紙」を学校教育とともに社会においても中国の伝統文化として大切に伝承している証であろう。

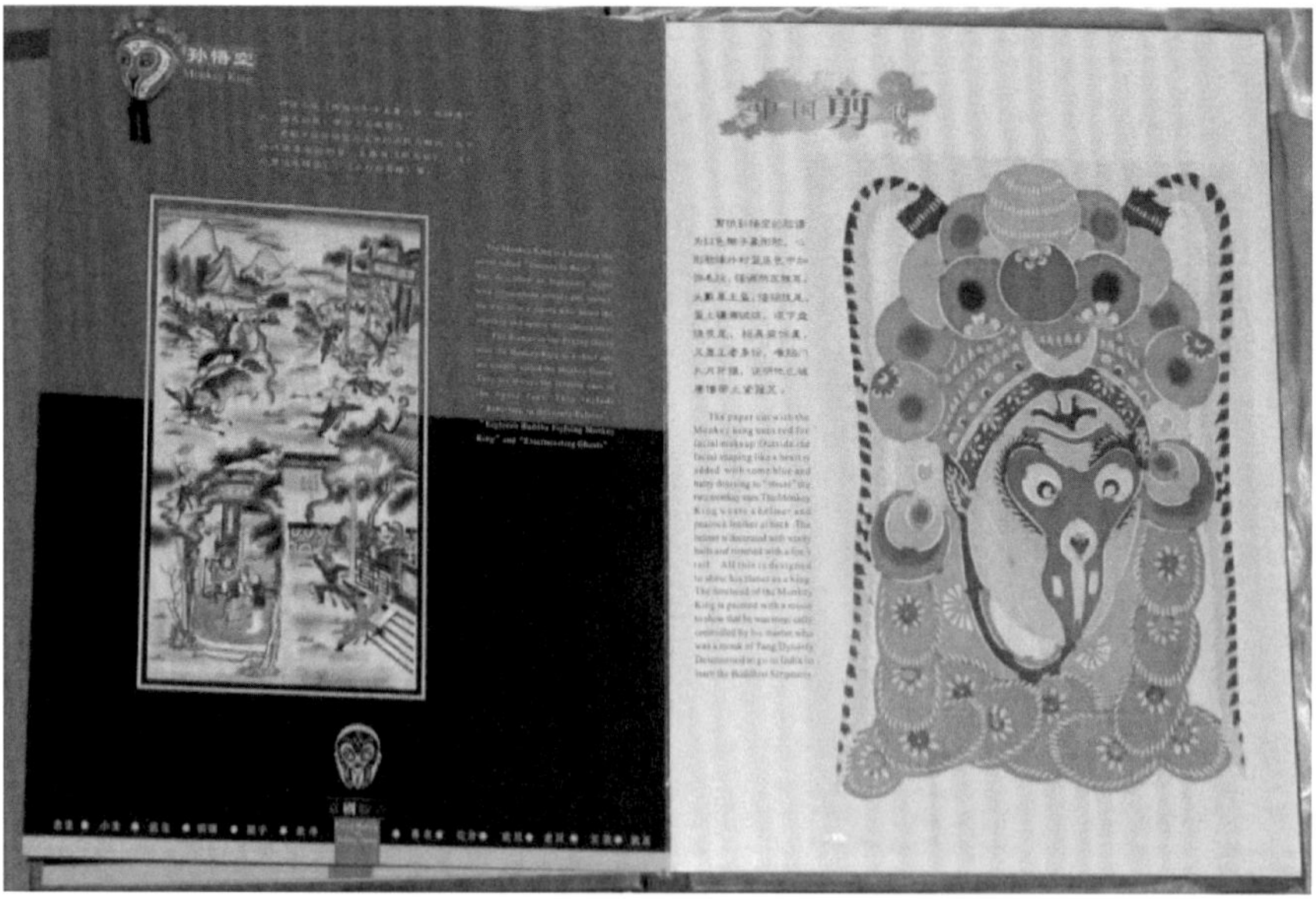

図４　江蘇省塩城中学校訪問の際に塩城市人民政府から寄贈された図書
「中国剪紙・京劇臉譜（きょうげきれんぷ）」

第三節　「剪紙」授業と「責任」

今回の「剪紙」の授業を踏まえれば、次世代ものづくり教育の基盤には何を据えればいいのか。それはやはりウノ・シグネウスが重視した伝統的なものづくり（フォーク・アート）に内在するものづくりの「責任」を据えることが重要と考える。なぜなら「剪紙」授業の基底には「責任」と直結する自然尊重の倫理があるといえるからである。

では、なぜものづくりの「責任」と自然尊重の倫理とが結びつくのか。これまでも本論文で述べてきたように、「責任」を考える際の基本は「生命」を守ることであり、その要は自然にあるといえるからである。人間は自然の一部。自然に支えられてこそ生きることができる。「自然に逆らっていないか」、「自然に無理をかけていないか」、「自然の理にかなっているか」という問いの意味は大きい。国会事故調が発表した原発事故の根本原因である「生命を守るという責任感の欠如」を直視すれば、「生命」、「自然」は「責任」を考える上でのキーワードである。

第二節では「中国の伝統的なものづくりに内在する『責任』とは何か」という問いを設定して授業過程の背景にある基本的な考え方を検討した。その結果は「一枚の紙」から多様な発想を引き出す創作のプロセスを浮上させるものであった。言い換えれば、有り余るほどの材料からではなく少ない材料で（一枚の紙で。必要とする分だけで）様々な発想を引き出すことができるものづくりの姿を提示したということである。材料は自然の恵み。必要とする分だけでその可能性を最大限に引き出そうとする考え方は自然尊重の倫理に結びつく。

図6では「『創作・蝴蝶剪紙』授業の背景にある両者共存の考え方――発想から形へ、そして形から発想へ――」を示したが、それに一枚の紙で多様な発想を引き出すという視点、つまり自然を尊重する倫理を基本としたものづくりの「責任」を加えれば、次の図のように表すことができる（**図5**）。

さらに言えば、剪紙にかかわる小刀の使用は生命を守るという「責任」の問題に深く結びついている。使用する際の緊張感によって「人に向けてはいけない」という倫理観を養うからである。「肥後守小一から／緊張生み倫理観養う」と題した読売新聞（朝刊、二〇一一年一二月五日）の次の記事は小刀使用の意義を具体的に示している。

（一九六〇年、右翼少年が浅沼稲次郎社会党委員長（当時）を刺殺する事件をきっかけに「刃物を持たせない運動」が広がり学校から肥後守〈折りたたみ式ナイフ〉が次第に消えていった歴史にも触れながら）長野県池田町の町立会染小《あいそめしょう》では毎年、新入生に肥後守を贈る。八三年、当時の校長が「集中力を高める」などと効果を訴え、保護者を説得して学校に復活させた。使い方は六年生が教え、全児童が月一回、使い方を復習し、毎晩、自宅で鉛筆を削る。（中略）「刃物を使いこなすだけではない。この肥後守一本から、道具を使う緊張感や作りあげた達成感など様々な感情が生まれる。人に向けてはいけないという倫理観も育つ。心が成長するのです」中島洋子校長（五九）は伝え継ぐ理由を語った。

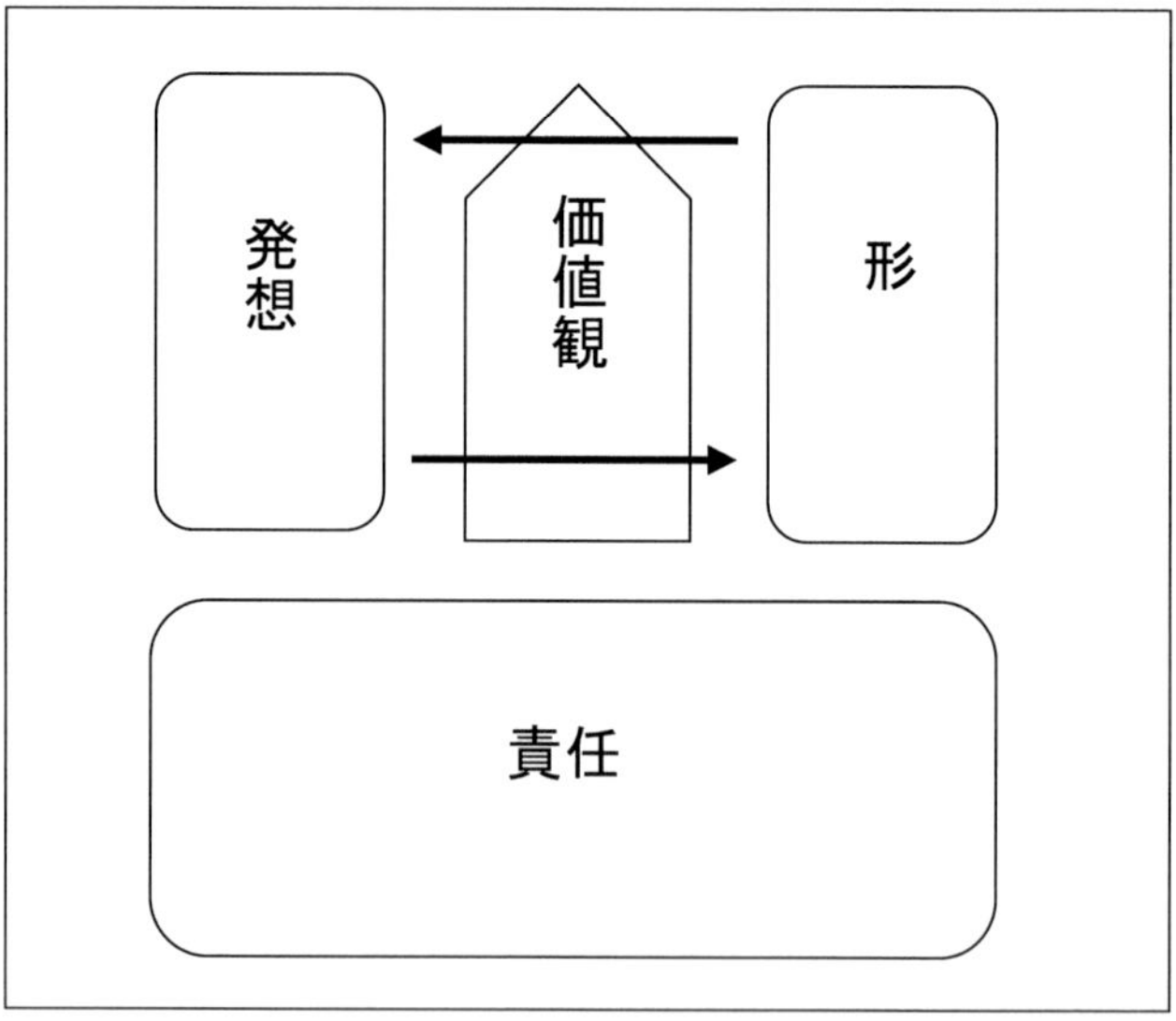

図５　ものづくりの「責任」を基盤に据えた「創作・蝴蝶剪紙」の授業

中国・義烏塘李小学校での伝承剪紙を取り上げた授業（小刀使用）はこうした意味からも価値のある実践と考える。

第四節　「剪紙」授業と「ものづくり」

中国・義烏塘李小学校の「剪紙」授業とともに、二〇一三年八月二六日、横浜市で開催された第九回世界ファブラボ会議国際シンポジウムの内容に基づけば、次世代ものづくり教育の「指針」を**図6**のように示すことができる。

第一章でも触れたように、原点と先端の併存、新旧の併存、科学・技術・芸術の連携など、ものづくりの全体を視野に入れてその根底に「責任」を位置付けたものである。シンポジウムでは3Dプリンターや3Dスキャナーなどを活用して、ものをデータ化し、データをものにするものづくりの方向性についての検討がなされた。ファブラボの提唱者であるニール・ガーシェンフェルド氏（米国・マサチューセッツ工科大学教授）はだれでもどこでもほぼ何でもつくることができる社会の姿を提起した。そのなかで3Dプリンターによる武器製造（例：セミオー

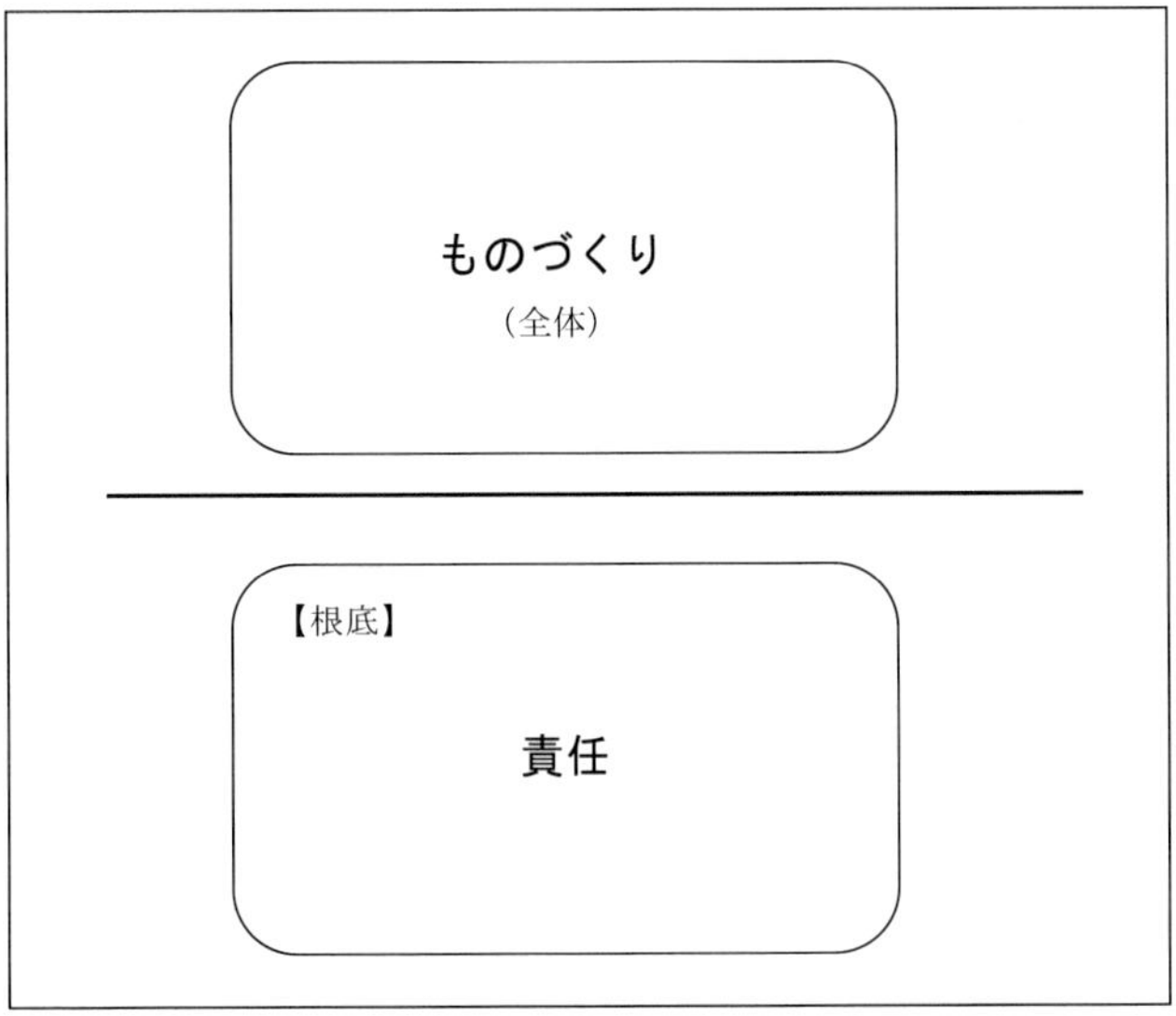

図６　次世代ものづくりの「指針」

トマチックライフル）の脅威も取り上げた。とすれば、社会における未来をも視野に入れて次世代ものづくり教育カリキュラムを構想する必要がある。その際には創造面や技術面とともに「ものづくりには『責任』が伴う」という倫理面も重視することが一層大切になるだろう。

シンポジウムの「企画趣旨」には、ファブラボがデジタル・ファブリケーション機器を備えた実験的市民工房であること、世界五〇か国二〇〇か所以上に広がるネットワークであること、そして異なる国のメイカーどうしが国境を越えて連携し合い単独のラボだけでは成し得ることのできない新しいかたちのコラボレーションに取り組んでいることについて記されていた[6]。また「3Dプリンターやレーザーカッターが、インターネット端末になったとき、一体何が起こるのか？（中略）顔の見えるグローバル・コラボレーション、そしてローカル・アクションとの両立はいかに可能か？」「世界各地から集まったファブラボの代表者たちが、各々の実践を紹介します」との記述もあった。

「責任」を重視した次世代ものづくり教育の構想は3DプリンターやIoT（Internet of Things）などにかかわる近未来の問題解決に対しても寄与できるものと考える。

なお、中国・義烏に関しては以下の四つを主な文献・資料とした。

第一は、『季刊ビジネス・インサイト Business Insight――グローバルリーダー育成への挑戦――』No.80（発行／現代経営学研究所、二〇一三）[7]。掲載内容は次のとおりである。

①伊藤宗彦（神戸大学経済経営研究所教授）「サービス・イノベーションの視点からの義烏市場：研究プロジェクトと映像教材の趣旨」

②伊藤亜聖（東京大学社会科学研究所特任助教）「『闇市』から『雑貨の殿堂』へ――義烏システムの形成とインパクト――」

③松村 勉（社団法人日本義烏友好協会理事長）「義烏システムの仕組み――公民連携で新シルクロード計画へ」[8]

第二は、松村 勉「二七年間で三六〇〇倍の経済成長を遂げた中国義烏／いま注目されるＢＯＰビジネスのハブはここにある」（神戸大学経営学研究科等主催ワークショップ講演資料二〇一二・九・三〇）[9]。

第三は、神戸大学制作ＤＶＤ「Vol.7 世界の雑貨卸市場――中国義烏市の隆盛（日本語・中国語）」（神戸大学経済経営研究所）[10]。

第四は、中国・義烏塘李小学校からの寄贈された剪紙テキスト三冊（低段・中段・高段）と剪紙の作品。剪紙テキストは義烏塘李小学校が独自に作成したものである[11]。

また、中国・義烏の学校への訪問依頼は、北海道教育大学国際交流・協力センターを通して行った。センターの担当者は国際課副課長（仮谷宣昭）。学校訪問の依頼先は義烏市の国際交流等を管轄する浙江省国家外国専家局。担当者は副局長（Mr.XI Linpings）。学校訪問の意図（事前に送信）に基づいて、義烏市の塘李小学校への訪問が決まった（＊学校訪問の意図は、次の二つの問いの検討にあることを伝えた…①世界最大級の日用雑貨市場：中国・義烏での急激な多量生産に対して学校のものづくり教育はどう対応しているのか。②それを踏まえれば次世代ものづくり教育の基盤に何を位置付ければいいのか）。現地での学校への案内は義烏市国際部と義烏市教育局によって行われた。また、義烏市場（通称：福田市場）の視察は、日本義烏友好協会理事長（松村 勉）の紹介で、株式会社グローバルトゥエンティワン義烏事務所・所長（傅 晶亮）と日本義烏友好協会義烏事務局・局長（孫 勝昔）の案内によって行われた。

〔第一部・第六章　註〕

1　中国・義烏塘李小学校（浙江省）への訪問に関連する日程は次のとおり。二〇一三年九／九（月）成田空港→上海浦東空港。上海・華東師範大学との研究交流。九／一〇（火）上海→塩城（江蘇省）。九／一一（水）塩城中学校（江蘇省）・表敬訪問。塩城→上海。九／一二（木）上海→義烏。義烏・福田市場の視察。義烏工商大学・中国義烏工業デザインセンター訪問。九／一三（金）義烏の稠州中学校と塘李小学校訪問。九／一四（土）義烏→日本・成田空港。義烏訪問のメンバーは三人（宮脇 理／Independent Scholar ／元・筑波大学教授、佐藤昌彦／北海道教育大学教授、徐 英杰／筑波大学博士後期課程）。

2　二〇一四（平成二六）年三月の美術科教育学会・奈良大会で口頭発表。題目は「次世代『ものづくり教育のCurriculum構想』への助走――中国・義烏塘李小学校における『剪紙（せんし／切紙）』授業に関する考察から――」。発表者は義烏訪問の三名（宮脇 理／Independent Scholar ／元・筑波大学教授、佐藤昌彦／北海道教育大学教授、徐 英杰／筑波大学博士後期課程）。本稿は奈良大会での口頭発表に加筆したものである。

3　伊藤亜聖（東京大学社会科学研究所特任助教）「『闇市』から『雑貨の殿堂』へ――義烏システムの形成とインパクト――」。【義烏システム形成の背景】①「ものづくりの浙江省」に位置する義烏市…「様々な産地が浙江省の中にあるのです。義烏というのは流通のハブになっているのですが、それぞれの製品に特化した地場産業が各地にあります。（中略）その最後のわれわれの目に見える窓口が義烏というふうに位置付けられます」（p.11.）。②「鶏毛換糖」と呼ばれる伝統的な行商…「義烏は伝統的に行商が盛んで、およそ数万人あるいは一〇万人と言われるような行商人がいて、彼らが雑貨の商人となり、そこから市場が自然発生的に生まれたと言われています。義烏市ではサトウキビが取れますから、サトウキビからあめを作ります。（中略）あめを持って周辺の農村を歩いて回って、何か物と替えてもらいます。たとえば鳥の毛です。鳥の毛を集めて工芸品に加工したり、肥料にしたり、いろいろ付加価値を付けて売ります。これが清代から続いていたと言われる『鶏毛換糖』と呼ばれる行商です」（p.11）。③闇市を認めた県書記：謝高華氏の存在。「義烏の場合、謝高華さんという改革開放の直後の県書記が一九八二年に闇市の存在を認めたのが非常に大きかったと言われています。当時は一九七八年の鄧小平の改革の後の一九八〇年代前半ですから、社会主義計画経済の色濃い、つまり勝手に物を作って売ったりしたら『それは資本主義のしっぽだ』と言って批判された時代です。その当時、この方は義烏市の県書記に着任されて義烏の現地調査をして、この〝鶏毛換糖〟と呼ばれる行商などを見て、『これは国のため。民のためだ』と考え、実際に県レベルの会議で『義烏の小商品経営は悩みの種ではない。一大優位性だ』と言ったところ、非常に反響が大きかった。ここから、他の地域に先駆けた地域経済発展が胎動していきます（その後も義烏市の政府はサポートを続け、市場の隣で輸出の手続きができるようになった）」(p.12.)

4 「授業過程の構造図」の活用は、平成二二—二四年度科学研究費学術研究助成金（基盤研究B、課題番号：22300278／代表：三橋功一・北海道教育大学）「授業記録の読解方略に基づく授業記録改訂（授業過程可視化）の方法の開発」の研究成果に基づく。主な関連論文は次のとおり。佐藤昌彦「造形教材を対象とした授業過程の構造図と基本的作成プロセスの開発」北海道教育大学紀要（教育科学編）第五七巻第二号、二〇〇七。佐藤昌彦「授業過程の構造図における基本的作成プロセスの有効性」北海道教育大学教育実践総合センター紀要第八号、二〇〇七。佐藤昌彦「授業過程の構造図を活用した教材開発に関する研究」北海道教育大学紀要（教育科学編）第五九巻第二号、二〇〇九。

5 中国・塩城市人民政府（江蘇省）からの寄贈図書。『【中国剪紙】京劇臉譜（きょうげきれんぷ）』に関する詳細は『美育文化』(Vol.64) で述べた。『美育文化』(Vol.64) ／佐藤昌彦・徐 英杰「中国江蘇省塩城市人民政府からの寄贈図書『【中国剪紙】京劇臉譜』とものづくり教育における『責任』の問題——中国江蘇省塩城中学校と北海道教育大学附属中学校との交流を通して——」『美育文化』(二〇一四年一月一日発行。一月号。Vol.64, No.1, 美育文化協会、pp.62-63.

6 http://peatix.com/event/15981

7 『THE JOURNAL FOR DEEPER INSIGHTS INTO BUSINESS 季刊ビジネス・インサイト Business Insight グローバルリーダー育成への挑戦』NO.80, 発行／現代経営学研究所・神戸大学大学院経営学研究科内、共同編集／神戸大学大学院経営学研究科、二〇一三。

8 松村 勉（社団法人日本義烏友好協会理事長）「義烏システムの仕組み——公民連携で新シルクロード計画へ——」【四千精神——義烏成功の秘訣「行商」の背景にある義烏商人の精神——】(pp.14-15.)。

※四千精神…走遍千山万水（至る所を歩き回り）、道尽千言万語（口を酸っぱくして商品を勧め）、想尽千方百計（あらゆる方法を講ずる、百方手を尽くす）、吃尽千辛万苦（ありとあらゆる労苦・辛苦）。

9　松村勉「二七年間で三六〇〇倍の経済成長を遂げた中国義烏／今注目されるＢＯＰビジネスのハブはここにある」。http://www.next-japan.net/press/index.html　二〇一二年九月、神戸大学経営学研究科等主催ワークショップ講演資料。

10　国立大学法人神戸大学制作著作ＤＶＤ「サービス・イノベーション人材育成プログラムビデオ教材／Vol.7 世界の雑貨卸市場――中国義烏市の隆盛（日本語・中国語）」映像約三五分。神戸大学経済経営研究所：研究支援担当・奥田真弓氏より寄贈された。

11　中国・義烏塘李小学校（浙江省）からの寄贈図書・剪枝テキストは次の三冊。①義烏市塘李小学校編『義烏市塘李小学／剪紙校本教材（低段）』『義烏市塘李小学／剪紙校本教材（中段）』『義烏市塘李小学／剪紙校本教材（高段）』。

※「第六章」は、佐藤昌彦「次世代『ものづくり教育のカリキュラム構想』への助走――中国・義烏塘李小学校における「剪紙（せんし／切紙）」授業に関する考察から――」『美術科教育学』（美術科教育学会誌、第三六号、二〇一五、pp.193-205）の内容に基づいた。掲載にあたっては加筆・修正を行っている。

第2部

次世代ものづくり教育の「規範」

アイヌの人々の伝統的なものづくりは、第一部・第二章『責任』を重視した次世代ものづくり教育の意義」において、「材料を通して自然に対する認識を深め得る」という次世代ものづくり教育の意義に直結すると記した。本論文では、そうしたアイヌの人々の伝統的なものづくりを次世代ものづくり教育の「規範」としたい（図1）。なぜなら、「人間は自然とどうかかわればよいのか」という自然と人間との関係について学び得るからである。その根拠となる事例を以下に六つ示した。これらの事例は、アイヌの人々の伝統的なものづくりに関する文献、アイヌの人々から直接に指導を受けた内容、筆者自身の製作体験などを踏まえて、ヤㇻス（樹皮の鍋）、ドムㇱコッパスイ（木鈴付き箸）、ムックㇼ（口琴）に関する教育的な意味を検討したものである。

一．アイヌの人々の伝統的なものづくりとしてのヤㇻス（樹皮の鍋）
二．親子アイヌ民具工作教室における教材としてのヤㇻス（樹皮の鍋）
三．木地の美しさを生かしたものづくりとしてのドムㇱコッパスイ（木鈴付き箸）
四．アイヌの人々の伝統的な楽器としてのムックㇼ（口琴）
五．小学校（高学年）の授業における教材としてのムックㇼ（口琴）
六．アイヌの人々の伝統的なものづくりに関する文献としての『父からの伝言』（アイヌ文化振興・研究推進機構出版助成図書）

第一章から第六章にそれらの詳細を記した。

なお、「ト゚」（「トゥ」と同じ発音）やヤㇻスの「ㇻ」のような小文字を含むアイヌ語の表記は、第一部の第二章と同様に、萱野 茂『萱野 茂のアイヌ語辞典』（三省堂、一九九六）に基づいた。

ヤㇻスは白樺の樹皮でつくった鍋（yar-su＝樹皮・鍋）を意味し、アイヌの人々が山の中へ狩りに出かけたときなどに食事をするための道具としてつくるものである（図2）。豊富な木材資源に恵まれた環境にありながらも材料となる白樺の樹皮を採取するときには、「ヤㇻスをつくるために材料を少しいただきます」と自然の恵みに感謝し、木が枯れてしまわないように樹皮の一部分だけを採取する。このようなアイヌの人々の自然観に基づく生活用具の製作は、材料（自然素材）の特性を生かしてものをつくる能力を伸ばすとともに、自然と人間とがどうかかわっていけばよいのかを学ぶ貴重な教材になり得るものである。

本論文では、第一部の第二章で述べたように、アイヌ民族の伝統的な家屋や生活用具を長年つくり続けている旭川市在住の杉村 満氏からヤㇻス製作の指導を受け、ヤㇻス（樹皮の鍋）の三つの意味について以下に記した。第一は、「材料（自然素材）の特性を生かしたものづくり」に関する意味。第二は、「材料の特性を生かしたものづくりを通して学ぶ自然と人間との関係」に関する意味。第三は、発展的な内容として、「ヤㇻス製作に関するアイヌ語の名称と多様な文化の尊重」に関する意味について言及した。

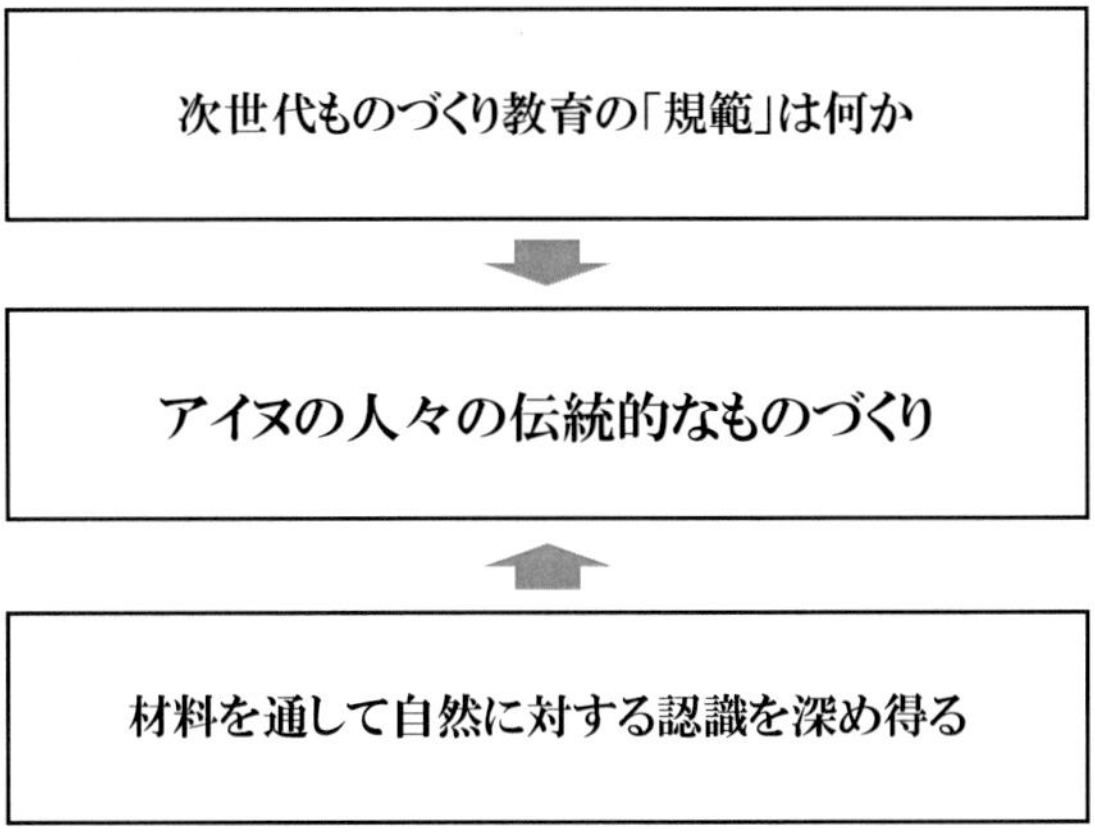
次世代ものづくり教育の「規範」は何か
アイヌの人々の伝統的なものづくり
材料を通して自然に対する認識を深め得る

図1　次世代ものづくり教育の「規範」―アイヌの人々の伝統的なものづくり―

第一章　アイヌの人々の伝統的なものづくりとしてのヤラス（樹皮の鍋）

第一節　材料（自然素材）の特性を生かしたものづくり

アイヌの人々がヤラスの材料となる白樺樹皮の特性をよく知りそれに合った使い方や材料の選び方、つくり方をしてきたという事実を学ぶことによって、材料（自然素材）の特性を生かしたものづくりについての認識を深め得るということができる。

カバノキのカバはもともと「皮」を意味し薄くはがれやすい樹皮を指したといわれるように[1]、その樹皮は他の樹木の樹皮に比べてはがしやすいのが大きな特徴である。知里真志保著『知里真志保著作集別巻Ⅰ』[2]によると、樺皮はアイヌ語で、シタッ（si-tat＝本当の・樺皮）、メタッ（me-tat＝寒気・樺皮）、キタッ（ki-tat＝光る・樺皮）などと呼ばれその種類ごとに区別されている。シタッはウダイカンバ（マカバ）の樹皮のことで、手桶や水汲桶、手籠、柄杓、屋根、松明などに使われたことが記されている。これはシタッが軽くて丈夫であり水を漏らさず、その上油を多く含んでいるという理由からである。メタッはダケカンバの樹皮のことで、樹皮の層をほぐしていくと紙のように薄くなるので、それを傷口に貼ったとされている。キタッはシラカンバ（白樺）の樹皮のことで、ウダイカンバと同様に生活に必要な様々な容器をつくる材料として用いられたことが記されている。

杉村 満氏はヤラスの材料となるキタッ（白樺樹皮）の特性と使い方について、『上川アイヌの研究――伝承者と生徒たちの交流記録――』[3]の中で次のように述べている。

春先の堅雪のころのクマや初雪が降ってから特に一二月～一月のシカ、ウサギ、エゾリスの狩りのとき、夫婦で山へ入りクチャ（仮小屋）を建てる。そばにあるキタッ（光る樺皮＝白樺）の皮をはいで火であぶりながらsu（鍋）を作った。キタッは弾力があって折り曲げるのに都合がいい。たき火の上にスワッ（木鈎）を下げyarsuを吊るし、おき火で煮炊きする。[4] suのなかへヘキト（ギョウジャニンニク）やペカンペ（菱の実）、ウサギの肉などを入れ塩味のオハウ（汁）にして食べた。yarsuは火にかけると初めのうちはこ焦げてすす煤がつくが、何回も使っているうちに鍋底がタール状になって丈夫になるから一〇回～二〇回ぐらいは使えた。つぶれたり使えなくなったりしたものは燃やす。使えるだけ使う。長持ちする点からいうとシタッ（本当の樺皮）は木の皮が厚く丈夫なので su に使いたいが、よほど山奥へ入らなければ手に入らな

図2　アイヌの人々の伝統的なものづくりとしてのヤラス（樹皮の鍋）／製作者：杉村 満

い。それに比べてキタッ（光る樺皮）はそのへんにいくらでもあるし、その場所ですぐsuを作ったり、pisakku（柄杓）にすることができた。

さらに杉村氏は「鉄鍋は明治になってから使うようになったものです。それまでは樹皮でつくった容器を鍋として使っていました。鍋のほかにも樹皮を使っておわんや桶、柄杓、小物入れなどの容器をつくりました。樹皮鍋は強い火にかけると燃えてしまいますが、とろ火でやると樹皮は燃えずに一〇分ほどで煮炊きができました。鉄鍋は一家に一つある程度の貴重品でしたから、鉄鍋を使うようになってからも、ご飯やお汁などいくつかのものを同時に煮炊きする場合には、家の近くにある樺皮を取ってきて樹皮鍋をつくりそれを使用しました」とも筆者に語っている。このような杉村氏の話からは、アイヌの人々がどんな目的で樹皮の鍋をつくり、生活の中でどのように使ってきたのか、また、なぜ白樺樹皮の容器が鍋としても使われたのかを知ることができるものである。

一九九七（平成九）年五月と一九九八年（平成一〇）年一〇月の二度にわたって、筆者は杉村氏とともに山に入り白樺樹皮の採取段階からヤㇻス製作の指導を受けた。杉村氏は、子どものころから父親に連れられて山歩きをしていたために、今では白樺の木肌を見ただけで、その樹皮の柔らかさがわかるということであった。そして、それぞれの樹皮の性質に合うように用途を決めたり、用途に合わせて採取する木を選んだりするとのことでもあった。ものづくりの伝統を受け継ぐということは、単につくり方がわかるということだけではない。材料の採取にかかわることも大切になる。採取する時期や場所、材料の状態などを通して、自然とのかかわり方を学ぶことができるからである。人間は自然に支えられてこそ生きることができる。伝統文化に受け継がれてきたものづくりに対する基本的な考え方を学ぶことによって、自然とのかかわり方を子どもたちに伝えていきたいものである。

ヤラスの製作過程はおよそ一〇の工程に分かれており、これらはすべて手づくりである。その概要は、①はさみを使って樹皮を正方形に切る、②樹皮の表面をきれいにする、③樹皮の四隅から内側に折り目を入れる、④容器の形になるように四隅を折り曲げる、⑤折り目が開かないようにするための押さえ（耳）を二枚つくる、⑥容器の両側に押さえ（耳）を取りつける、⑦押さえと容器を重ねて穴をあける、⑧穴に糸を通して押さえがはずれないようにしばる、⑨取っ手（蔦など）を取りつけるための穴をあける、⑩取っ手（蔦など）をしばって固定する――というものである。

ヤラスの製作は、樹皮を手で触ったり、持ち上げたり、折り曲げたり、切ったり、穴をあけたり、匂いをかいだりしながら、平面の状態にある白樺樹皮を釣り合いのとれた立体としての容器につくり変えていくものである。こうした一連のものをつくる活動は人間の視覚のみならず触覚や嗅覚などの諸感覚を活性化させるとともに、白樺の樹皮という素材の特性を多様な側面から感じ取らせることができる。遊ぶときにはボタンを押すだけという人間の体の限られた機能だけしか使わない生活が日常となりがちな子どもたちにとって、このような諸感覚を十分に働かせてものをつくる体験は子どもの成長を支える基盤として極めて重要なことである。さらに使いやすくしかも形のよいものをつくろうとする美意識や素材の特性を生かしてものをつくる基本的な技術を高めていくことにもなるのである。

杉村氏からは鍋のつくり方とともに、その応用としての柄杓や一輪ざし、小物入れのつくり方についても指導を受けた。柄杓は鍋の基本形に棒状のものをさしこんでつくるものである。使いやすいように鍋の両側にある耳の片側を高くし棒を斜めに差し込む。一輪ざしはやはり鍋の基本形にツルウメモドキを取りつける。白い樹皮と赤い実をつけるツルウメモドキとの組み合わせである。小物入れは鍋の基本形の縁に蔓を巻いてつくる。これらのことはヤラスの基本形を使って、鍋だけでなく多様な容器へ発展させることができる教材になり得ることを意味している。

現代は説明の多い時代である。文字や映像はふんだんにあり求めれば多くのことを知ることができる。しかし実体がなければ、そのよさを本当に知ることは難しい。材料（自然素材）の特性を生かすものづくりそのものに出合い、そして自らの行動を通してその心や技を身体で覚えていく――このことが今の子どもたちに最も必要なことではないだろうか。

第二節　材料の特性を生かしたものづくりを通して学ぶ自然と人間との関係

「ヤラスをつくるために材料を少しいただきます」と自然の恵みに感謝する姿に触れるとともに、木が枯れてしまわないように全体の三分の一以下しか樹皮を採らないというような採取方法を学ぶことによって、自然と人間とのかかわり方に対する認識を深め得るということができる。

「ヤラスをつくるために材料を少しいただきます」――これは樹皮を採取する前に杉村氏が自然の恵みに感謝して述べた言葉である。このような行為はアイヌ語でカムイノミ（kamuy-nomi ＝神・祈る）と呼ばれる。アイヌの人々は厳しい北国の風土の中で人間は自然の恵みによって生かされていると考え自然を敬いその恵みに感謝して暮らしてきた。このカムイノミについては、一九九四（平成六）年一月に発行されたアイヌ無形文化伝承保存会の『アイヌ文化を学ぶ』[5)]に「アイヌ民族は、人間であるアイヌの力が及ばないもの、自然の恵みを授けてくれるもの、生きていくうえで欠かせないものをカムイ、神として敬い、日常生活の行動規範は常に神の存在を意識したものでした。（中略）神に祈ること（アイヌ語でカムイノミ）は過去のことへのお礼や、将来に対する依頼などさまざまな目的で行われ、人間が神を敬い、神は人間を守るという関係が円滑に続くことで、日常生活を平穏無事に送ることができると考えられていました」とあり、人間とカムイとの密接な関係やカムイノミが行われる理由などについて述べられている。さらに「生活様式が変わり、自然との直接的な結びつきの度合いが変化した現在でも、人間が自然の恵みによって生かされているという認識は、アイヌ民族の精神文化の基本として、文化の継承・発展に取り組む人々の支えであり、誇りともなっています」とあり、人間が自然の恵みによって生かされているという認識がアイヌ民族の精神文化の基本となっていることが記されている。ヤㇻスの教材化を通して、アイヌ民族の精神文化の基本を学ぶことができるということは極めて重要なことである。このような認識はアイヌの人々の誇りであり、「アイヌ民族の誇りが尊重される社会の実現」に直結する学習がものをつくる教育においても可能になるからである。

また、一九九二(平成四)年、道徳の副読本として出版された『みんなのどうとく』(二年)[6]には、この「いただきます」に関して、次のように記されている。

むかし、アイヌの人たちは、くまやしかや、川をのぼってくるさけも、みんなかみさまがすがたをかえたものだとしんじていました。このいきものをとらえてたべ、人はいきていけるのです。けものやさかなのたましいは、人にたべられかんしゃされて、はじめてかみさまのくにへかえれるというのです。アイヌの人たちがくままつりをしておいのりをするのもそのためでした。わたしたちが、しょくじのまえとあとで、『いただきます。』『ごちそうさま。』のあいさつをするのも、じつはそのなごりなのです。

この記述はアイヌ民族の自然に対する感謝の心について述べるとともに、我が国で食事をする際の習慣になっている「いただきます」、「ごちそうさま」との関係についても述べているものである。つまりアイヌ文化と現代の我が国の生活習慣とのつながりを示しているのである。このような内容とものづくり教育におけるヤㇻス製作とを結びつければ、我が国の精神文化の基盤を再認識する学習へ発展させることができるであろう。

アイヌ民族の自然の恵みに感謝する精神は、材料(自然素材)の特性を生かしてものをつくるという行為とともに、樹皮を採取するときに木が枯れないように全体の三分の一以下しか採取しないという行為になっても表れる。樹皮を採取するために杉村氏と一緒に入った山には以前に樹皮をはいだ白樺が数本あった。それらはみな樹皮の一部分だけがはがされており樹皮をはいでからすでに一〇年近く経過しているという。その白樺は樹皮をはいだ部分が黒く変色しているものの樹皮がはがされていない白樺と同じように緑の葉を繁らせていた。

自然を大切にするアイヌの人々の考え方は白樺の樹皮に限らず他の材料を採取するときにも同じである。萱野茂著『アイヌの民具』[7)]には、アットウシ (at-rus ＝オヒョウの木の皮・織物) と呼ばれる布の材料であるオヒョウの木の皮を採取する状況について次のように記されており、材料の採取の仕方や自然の恵みへ感謝する様子を知ることができる。

> 立ち木が裸になるほどすっかりはぎ取るようなことはしません。皮をすっかりはいでしまえば木は枯れます。木の周囲の四分の一くらいずつはぎ、残りの皮が風に吹きとばされないように、はぎ取った皮の一部で帯をしめておきました。それは、木の皮というのは立ち木の神の衣であり、その神の衣の一部をいただいて自分たちの着物を作るものと考えるからです。そして、衣の一部をいただいた後は、『立ち木の神様、あなたの着物の一部をいただきました。あなたは神であるから、自分の力で再生してください。衣をいただいたお礼にこれを差しあげます』といって立ち木の神にお礼を述べ、ひえやたばこなどを木の根本に供えるものです。

さらに樹皮を採取する時期からも、自然をよく知り自然と協調して生きてきたアイヌの人々の暮らしぶりを知ることができる。杉村氏の話によると、白樺の樹皮を採取する時期で最もいいのは樹木の成長期にあたる四月から九月までであるという。これは樹木に水分が多く含まれており樹皮をはぎやすいという理由からである。特に六月は樹木の水分が多くナタの先で切れ目を少し入れただけでもすぐにはげるという。同じ理由で、日なたより日陰の樹皮のほうがはぎやすい。一九九七（平成九）年五月に採取したときには、ちょうどはぎやすい時期にあたっていたためにきれいにはぐことができた。しかし、一九九八（平成一〇）年一一月に採取したときには切れ目を入れてもなかなかはがれず、ようやくはがれそうになっても途中で破けてしまうことがあった。このような樹皮を採取する時期について理解することは、アイヌの人々と自然との密接な関係を学ぶことであると同時に、地域の風土と造形との関係を学ぶことでもあり、地域の特性を生かしたものづくり教育や季節感のあるものづくり教育を考える上からも意味のあることである。

「自然を大切に」ということは至る所で言われるようになった。しかし、どうすれば自然を大切にする態度を育てることができるのかという具体的な方法の段階になると明確さを欠く傾向が強い。筆者はこれまで述べてきたように自然を大切にしなさいというだけではなく、ものづくりの教育においては自然を大切にしてきたものづくりの事実そのものに出合わせ、そのようなものづくりを子ども自身に体験させることが大事であると考えている。現在まで筆者は東北や北海道の伝統的なものづくりを掘り起こしその教育的な意味を探求してきたが、それらの考察から言えることは、伝統的なものづくりの過程には自然を極めて大切にする考え方が受け継がれてきたということである。自然破壊が地球規模で深刻な問題となる中で、アイヌ民族の伝統的なものづくりとともに自然を大切にしてきた各地の伝統的なものづくりを掘り起こしその教材化を図ることは一層必要なことと考える。

第三節　アイヌ語の名称と多様な文化の尊重

樹皮や器、地名などヤㇻス製作にかかわるアイヌ語名称の意味を学ぶとともに、アイヌ語名称と日本語名称を併用することによって、アイヌ文化に対する理解を深め多様な文化を尊重する態度を育成し得るということができる。

アイヌ語は、一八九九（明治三二）年に制定された「北海道旧土人保護法」の同化政策によって使用が制限され、アイヌ民族の伝統的造形とともに学校教育に取り上げられることはほとんどなくなった。しかし、学校教育が民主的な人間の育成を最も中心的な課題として取り組むならば、人間の心を表現してきた民族のことばや造形を尊重する態度を養うことは欠くことのできない重要な内容である。このことは音楽や舞踊などについても同様である。ごく最近まで一〇〇年近く続いた「北海道旧土人保護法」は一九九七（平成九）年七月一日から施行された「アイヌ文化の振興並びにアイヌの伝統等に関する知識の普及及び啓発に関する法律」によって廃止されたが、学校教育におけるアイヌ文化に関する具体的な取り組みはまだ始まったばかりである。樹皮や器、地名など、ヤㇻス製作にかかわるアイヌ語名称を多様な文化の尊重という視点から意図的に取り上げ指導することは、次代を担う子どもの人間形成に大きく影響を与えるものと考える。

樹皮の名称と意味については、前述したとおりであるが、『知里真志保著作集別巻I』[8]によると、同じ樹皮でもいくつかの樹皮名が示され、地域によって名称が異なることを示している。しかし、地域によって名称は異なるものの、それぞれの樹皮名が樹皮の特徴をよく表したものになっていることに変わりはない。たとえば、ウダイカンバの樹皮はシタッ（si-tat＝本当の・樺皮）のほかにも、イロンネタッ（ironne-tat＝色黒き・樺皮）の呼び名があり、色の黒い樺皮をさしている。ダケカンバの樹皮はメタッ（me-tat＝寒気・樺皮）のほかに、カムイタッ（kamuy-tat＝神の・樺皮）と呼ばれ「樹皮の層をほぐして薄紙状になったものを傷の手当てに用いたのでこの名がある」という説明がある。さらにサランペタッ（sarampe-tat＝絹布の・樺皮）という呼び名もあり、「樹皮の層をほごして薄紙のようにしたものをガァゼの様に傷口に当てて縛った。それを絹布に擬したのである」との説明が記してある。また、シラカンバはキタッ（ki-tat＝光る・樺皮）のほかにも、レタッタッ（retat-tat

＝白い・樺皮）やカパッタッ（kapat-tat ＝薄い・樺皮）と呼ばれ、白い樺皮であることや薄い樺皮であることを示している。これらはそのものがもつ特徴を的確に表現しようとしてきたアイヌ民族の考え方の表れである。

また、ヤㇻス（yar-su ＝樹皮・鍋）という名称は、樹皮を意味するヤㇻ（yar）と鍋を意味するス（su）の組み合わせからなっている。他の容器もアイヌ語の名称を聞くだけでどのような容器かがわかる。たとえば、萱野茂『アイヌ語辞典』[9]には、ヤㇻ（yar ＝樹皮）とイタンキ（itanki ＝椀）を組み合わせて樹皮のお椀を意味するヤㇻイタンキ（yar-itanki ＝樺皮・椀：わん）、ヤㇻ（yar ＝樹皮）とチセ（cise ＝家）を組み合わせて木の皮で葺いた家を意味するヤㇻチセ（yar-cise ＝樹皮・家）というような名称が記載されている。同様に、ヤㇻとチㇷ゚を組み合わせて樹皮舟を意味するヤㇻチㇷ゚（yar-cip ＝樹皮・舟）、ヤㇻ（yar ＝樹皮）とニマ（nima ＝器）を組み合わせて樹皮の器を意味するヤㇻニマ（yar-nima ＝樹皮・器）、ヤㇻ（yar ＝樹皮）とピサック（pisakku ＝柄杓）を組み合わせて樹皮の柄杓を意味するヤㇻピサック（yar-pisakku ＝樹皮・柄杓：ひしゃく）、ヤㇻ（yar ＝樹皮）とムイ（muy ＝箕：み）を組み合わせて樹皮の箕《み》を意味するヤㇻムイ（yar-muy ＝樹皮・箕：み）、ヤㇻ（yar ＝樹皮）とニヤドシ（niyatus ＝手桶：ておけ）を組み合わせて樹皮の手桶を意味するヤㇻニヤドシ（yar-niyatus ＝樹皮・手桶：ておけ）、ヤリ（yar ＝樹皮）とカヨプ（ikayop ＝矢筒）を組み合わせて樹皮の矢筒を意味するヤリカヨプ（yar-ikayop ＝樹皮・矢筒）などが示されている。

杉村氏とともに白樺樹皮を採取した場所は、白樺がたくさんあるところという意味のタッウシ（tat-us ＝樺皮・生えている）という地名で呼ばれており現在でも白樺の多い地域である。アイヌ語の地名はその土地の特徴をよく表しており、杉村氏によると、北海道旭川市の「近文《ちかぶみ》」という地名も鷲《わし》や鷹《たか》、とんびなどの大きな鳥を意味するアイヌ語のチカㇷ゚（cikap）という言葉と巣を意味するミ（mi）という言葉を組み合わせた「チカㇷ゚ミ」に由来するという。さらにアイヌ語の地名はどこにどのような木があるのかを表したり住んでいる生き物の状況を表したりするだけではなく、そこは危険なところかどうかも教えている。たとえば、ウエンナイ（wen-nay ＝悪い・

沢）という名の谷川は迷いやすく危険なところであるということやチャリ（cari ＝ バラバラまく、崩れやすい）という名の崖は岩が崩れ落ちてきてやはり危険なところだということを示しているのである。これらは川で魚をとったり山で猟をしたりするときに事故に遭って死ぬことがないようにするための知恵であるという。

現在、アイヌ語地名と日本語地名を併記する活動が行われている。『アイヌ語地名を大切に！』（市民ネットワーク代表・小野有五）[10]と題した活動の主旨には「私たちが忘れてならないのは、北海道の自然は、アイヌ民族がそれを初めて識別し、地名をつけたものであることです。それがアイヌ語で語り継がれ、その場所の名前となりました。アイヌ民族はその生活を通じて北海道の自然・環境・歴史に精通し、アイヌ語の地名はその場所の自然や環境・歴史について正確な情報を与えてくれています。この地名を私たちが受け継いでいくことは、アイヌ文化の尊重の上できわめて重要なことと考えます」とあり、河川名の表示板や道路標識、地形図、JR北海道の駅名に、アイヌ語地名とその意味、そして日本語地名が併記されることが要望されている。たとえば、現在「ぽろしりだけ／幌尻岳／Poroshiri-dake」と表示してあるものには「ポロシリ／Poro-sir ／大きな・山」という表示を追加するのである。筆者が以前に勤務した北海道教育大学教育学部函館校においても、一九九九年（平成一一）年一月から敷地内の樹木にアイヌ語名称と日本語名称を併記した名札が取りつけられ、構内の樹木名やその由来に関する学習を通してアイヌ民族の文化や歴史を学ぶ環境づくりが始まった[11]。

世界には今なお民族や宗教にかかわる紛争の続く地域がある。一九九九（平成一一）年一月三日の読売新聞には、「揺れ動く民族」という見出しで、地球の環境問題とならんで民族や宗教の対立による内戦や地域紛争の問題が掲載されていた。その紙面には一九九四年の内戦で推定八〇万人が虐殺され二〇〇万人が難民になったといわれるルワンダ部族抗争や一九九三年に多数派フツ族から選出された大統領の暗殺を機に少数派ツチ族との抗争が激化したブルンジ内戦、さらにはボスニア・ヘルツェゴビナ紛争、コソボ紛争、タジキスタン内戦、クルド問題などが記載されるとともに今後の世界の有り様が論じられている[12]。このような状況にあって地球に暮らす人類共通の目標は地域や民族の伝統文化を互いに尊重し合いながら共に協調して生きることができる社会の実現にあると考える。そして自らそのような社会をつくることこそが世界へ発信できる日本の姿であり、次の時代を担う子どもを育てる学校教育の大きな課題でもある。ものづくり教育におけるアイヌ民族の伝統的なものづくりの教材化も、多様な文化を尊重することができる民主的な人間を育成する試金石として重要な役割を担っているのである。

なお、ヤラスの製作後に、そのヤラスを使って実際に味噌汁をつくってみたが、味噌の香りもよくおいしく食べることができた。ヤラスにはネギや豆腐などを入れ、ガスコンロのとろ火にかけて一五分ほど煮たが、容器の外側に黒く煤がついたものの燃えてしまったり水が漏ったりすることはなかった。さらに一輪ざし用としてつくった白樺樹皮の容器には花を生けて室内に飾ることもできた。「材料の採取」から「製作」、そしてこのような「使用」という一連の学習によって、アイヌ文化への理解を一層深めるとともに人間の生活とものづくりとの密接な関係をも学ぶことができるであろう。これらの学習はインターネットや通信衛星を使ったテレビ会議システムを活用することによって、他地域の学校との共同学習などへ発展させることも可能である。

また、杉村 満氏の妻フサ氏はヤラスをつくる際に「自然に感謝し、ものに感謝し、人に感謝する。これがアイヌ民族の心です」とも筆者に語っている。[13] このことは人間が自然の恵みによって生かされているという認識とともに、ものや人間をも含めて自分を取り巻くすべてのおかげで人は生かされているという認識がアイヌの人々にあるという状況を示している。つまりアイヌ民族の精神文化の基本としてものを大切にする心[14] や人と人とのつながりを大切にする心も受け継がれてきているということである。

筆者は一九九八年九月に北海道上川郡上川町層雲峡《そううんきょう》でアイヌ民族の民具を長い間つくり続けているさしま差間秀夫氏を訪ねたが、その際にもアイヌの人々のこのような考え方を知ることができた。差間氏はシナの木の皮から取った繊維で糸をつくった後に次のように語っている。

「シナの木の皮から糸をつくるためには、まず山の中へ行ってシナの木の樹皮を採取し、それを二〜三か月水につけておくのです。そうするとダンボールのような木の皮が八層ぐらいに分かれます。その薄くなった層をさらに細く裂いたものをねじり合わせて一本の糸をつくるのです。短く切れた樹皮も全部使います。ものを大切にすることを身体で覚えるのです。身体で覚えたことは一生忘れません。そして、長い時間をかけて一本の糸をつくることを身体で知っていますから簡単に捨ててしまうことはありません。他の人がつくったものものたいへんさを知っていますから粗末にせず大切に使います。」

そして「このようなことはみなアイヌの長老から教えていただいたことです。大事なことを教えてくれた長老に心から感謝しています。このすばらしい教えを眠らせたくないので子どもたちにも伝えていきたいと思いますす」とも述べ、さらに「昔は、民具をつくりながら自然の生命を大切にすることやものを大切にすること、人と人とのつながりを大切にすることを自然に覚えてきました」とも語っている。このことはものづくりにかかわって、ものと人間との関係や人間と人間との関係をも築いてきたということである。

現代の様々な教育問題に共通しているのはこれらの関係が希薄化した姿である。自然と人間、ものと人間、人間と人間というそれぞれの関係を修復する機会をつくることが教育再生の緊急の課題であろう。そして、ものをつくる能力を高めるとともにこれらの関係を回復させることはものづくり教育の意義を大きく広げることにもなる。

〔第二部・第一章　註〕

1　湯浅浩史「カバノキ」、『CD-ROMスーパー・ニッポニカ日本大百科全書』（Windows版）、小学館、一九九八.

2　知里真志保『知里真志保著作集別巻Ⅰ』、平凡社、一九七六、pp.181-184.

3　旭川竜谷高等学校郷土部（顧問・日本私学教育研究所研究員福岡イト子）、『上川アイヌの研究―伝承者と生徒たちとの交流記録―』（日本私学教育研究所調査資料第１５２号）、日本私学教育研究所、一九九〇、pp.224-231. 一九六七（昭和四二）年から一九八九（平成元）年までの旭川竜谷高等学校郷土部による研究の記録である。

4　財団法人アイヌ無形文化伝承保存会編『アイヌ文化伝承記録映画ビデオ大全集―シリーズ（五）アイヌ文化を伝承する人々第五巻～キナタ・テケカラペ・トウイタハ～』、財団法人アイヌ無形文化伝承保存会、一九九二。ヤㇻスの使用方法については容器の中に熱く焼いた石を入れて煮るという方法が紹介されている。

5　財団法人アイヌ無形文化伝承保存会編『アイヌ文化を学ぶ』（ビデオ解説書）、財団法人アイヌ無形文化伝承保存会、一九九四、pp.3-4.『アイヌ文化を学ぶ』は国際先住民年（一九九三）の記念事業として製作されたアイヌ文化を紹介するビデオである。製作委員は次の七名である。野村義一（当会会長）、萱野　茂（萱野　茂ニ風谷アイヌ資料館館長）、萩中美枝（日本口承文芸学会会員）、田端　宏（北海道教育大学岩見沢校教授）、藤村久和（北海学園大学教養部教授）、奥田統己（札幌学院大学人文学部講師）、鈴木輝志（札幌テレビ放送総務部長）。

6　村田　昇、神保信一、金井肇監修「べんきょうのてびき・いただきます」、文部省新学習指導要領準拠『みんなのどうとく二ねん』、株式会社学習研究社、一九九二、p.36.

7　萱野　茂『アイヌの民具』、『アイヌの民具』刊行運動委員会、一九七八、p.35.

8　前掲書[2)]、pp.181-184.

9　萱野　茂『アイヌ語辞典』、三省堂、一九九六、pp.450-451.

10　『アイヌ語地名を大切に！』―アイヌ語地名と日本語地名の併記を求める署名、「アイヌ語地名を大切に！」市民ネットワーク一同、代表小野有五（北大地球環境科学研究科教授、北海道の森と川を語る会代表）、世話人・藤村久和（北海学園大学教授）、掘　淳一（北海道大学名誉教授）、小川隆吉（北海道ウタリ協会・アイヌ民族文化伝承の会）。

11 「和名とアイヌ語併記――学内の樹木に標識――三一種一〇五本『緑愛する心伝えたい』、函教大非常勤講師浅利政俊さん」、北海道新聞（地域情報板函館新聞）、一九九九・一・二二。

12 「揺れ動く民族」、読売新聞、一九九九・一・三。

13 「『旧土人保護法』公布から今日一〇〇年」、朝日新聞、一九九九・三・二。この記事の中でも「『死の床で母がふと、もらしたアイヌの言葉が頭に刻み込まれている。感謝の気持ちを忘れるな。これだけは覚えとけって』。フサさんの口からなめらかなアイヌ語が飛び出した。ネプナッカ／エパカシヌ／カッケマツ／イヤイライケレ（何でも教えてくださるあなたに感謝いたします）」という杉村フサ氏の話が紹介されている。

14 前掲書[7]、p.4.「物に魂があると考えていただけに古くなった道具の扱い方も生きものと同じです。たとえば、ニマ（器）の類に穴が開いて使えなくなったときは、外の祭壇の左向う側へそっと置き、『ニマの神様、長い間アイヌのために働いてくださって本当にありがとう。この物をおみやげに神の国へお帰りください。』といいながら、ひえとかあわ、たばこなどを供え、自然に朽ち果てさせるのです」とある。

※ 「第一章」の内容は、佐藤昌彦「ヤラス（樹皮の鍋）の教材化考（一）――アイヌ民族の伝統的造形の教育的意義と造形教材としての可能性を探る――」『美術教育学――美術科教育学会誌――』（第二一号、美術科教育学会、二〇〇〇、pp.135-147）に基づいた。掲載にあたっては加筆・修正を行っている。

第二章 親子アイヌ民具工作教室における教材としてのヤㇻス（樹皮の鍋）

第二部の第一章では、ヤㇻス（樹皮の鍋）に関する三つの意味について述べた。それらを次に記した。

一．「材料（自然素材）の特性を生かしたものづくり」に関する意味
二．「材料の特性を生かしたものづくりを通して学ぶ自然と人間との関係」に関する意味
三．「アイヌ語の名称と多様な文化の尊重」に関する意味

第二章では、これらの意味を検証するため、一九九九（平成一一）年八月三日、旭川市立旭川市民生活館（館長／松倉典行：まつくらのりゆき）において開催された親子アイヌ民具工作教室「ヤㇻス（樹皮の鍋）をつくろう」（講師：杉村満・フサ夫妻、**図1**）の実施内容をもとに考察を行った。

親子アイヌ民具工作教室では、参加者全員が使用可能なヤㇻスを完成させるとともにヤㇻス製作の背景にあ

るアイヌの人々の自然に対する考え方を学ぶことができた。また、時間的な制約からヤㇻスなどのアイヌ語名称を数多く取り上げることはできなかったが、アイヌ語名称の使用はこれまでほとんど触れることがなかったアイヌ語への関心を高めることにもなった。これらのことは材料（自然素材）の特性を生かすものづくりの能力を育成するとともに自然を大切にする態度や多様な文化を尊重する態度を育成するための重要な基盤になったものと考える。

第一節　「材料（自然素材）の特性を生かしたものづくり」に関する検証

第二部・第一章の第一節では、「アイヌの人々がヤㇻスの材料となる白樺樹皮の特性をよく知りそれに合った使い方や材料の選び方、つくり方をしてきたという事実を学ぶことによって、材料（自然素材）の特性を生かしたものづくりについての認識を深め得る」と述べた。親子アイヌ民具工作教室における検証では、ヤㇻスの製作過程を子どもたちが自ら体験することによって材料（自然素材）の特性を生かしたものづくりについての認識を深めたものと考える。その根拠は次の三点である。

一つ目は、それぞれの子どもたちがヤㇻスづくりにふさわしい材料（白樺樹皮）を選択することができたという事実である。材料となるのは白樺樹皮であるが樹皮と一口に言ってもその材質は様々である。ゴムのように柔らかい樹皮もあれば、折るとひびが入りそうな堅いものもある。また、黒い斑点のあるものはひびが入りやすいのでヤㇻスの材料としては避けなければならない。杉村氏から「柔らかいものを選ぶように。黒い斑点のあるものは選ばないように」との指導を受け、子どもたちは自分の目と手で材質を確かめながらヤㇻスの材料となる白樺樹皮を選んだ。今回参加した子どもたちはこれまでにヤㇻスをつくった経験がまったくないため、この材料を選ぶ段階で初めて「弾力があって柔らかい」、「柔らかさは一枚ごとに違う」、「黒い斑点の部分はかたくて裂けやすい」という白樺樹皮の特性を知ったのである。同時に、用途に合った材料を選ぶ重要性を学ぶことにもなった。「かたいとおもっていたらゴムのようにやわらかかった」、「みな同じやわらかさだと思ったら一まいごとにちがった」、「おりやすいようにやわらかいものをえらんだ」という子どもたちの感想はそのことをよく示している。普段は均一な人工材に触れることが多い子どもたちにとって、不揃いな自然素材に触れることは貴重な経験である。不揃いだからこそ、個々の材質にいっそうの注意を払うとともに使用目的に合った材質のものを厳選しなければならないからである。このような材質を見極める力を鍛えることは材料（自然素材）の特性を生かしたものづくりの基本的な条件の一つになるものと考える。

なお、ヤㇻス製作は、①白樺樹皮を選ぶ、②正方形に切る、③表面をきれいにする、④四隅に折り目を入れる、⑤容器の形に折る、⑥洗濯バサミで仮どめをする、⑦耳（押さえ）をつくって容器に取りつける、⑧耳（押さえ）を糸でしばって固定する、⑨取っ手をつける、という手順で行った。参加者は小学生が二〇名（一年三名、二年五名、三年五名、四年七名）、親は一三名、計三三名である。また、第一

図１　親子アイヌ民具工作教室（北海道旭川市）におけるヤㇻス（樹皮の鍋）の製作

部の第二章で述べたように、講師の杉村 満氏は旭川アイヌ協議会の会長でありアイヌ文化の伝承に貢献した功労者に贈られる平成九年度アイヌ文化奨励賞の受賞者でもある。フサ氏は、平成一三年度アイヌ文化奨励賞の受賞者であり、旭川アイヌ語教室の講師を務めるとともに旭川竜谷高等学校においてアイヌ古式舞踊や伝統工芸の指導にもあたっている。

二つ目は、皮目の方向に合わせて白樺樹皮を折ることができたという事実である。ヤㇻスづくりでは、皮目の方向を読み取り、それに合わせた折り方をすることが極めて重要となる。なぜなら、皮目が縦になると容器の縁から裂けてしまうからである。裂ければ鍋としてはもちろんのこと柄杓や水桶、小物入れなどとしても使えなくなってしまう。杉村夫妻は、皮目に合わせた折り方がよくわかるように、まず白樺樹皮には皮目があることを示し、次にその模様が横になるように樹皮の四隅を折り曲げて見せた。その後、もう一度折り方のポイントを示してから子どもたちにも折り曲げさせた。満氏とフサ氏は思うように折り曲げることができずに戸惑っている子どもたちの個別指導にもあたった。満氏はこの大きさのヤㇻスであれば樹皮を折り始めてから約一五分で完成させることができるという。しかし、今回は小学一年生も参加しているので完成させるまでには約二時間をかけた。ゆっくり進めることで、一つひとつの段階を確実にできるようにしたいと考えてのことである。そのため低学年の子どもたちも含めて全員が皮目の方向にそった折り方でつくることができた。この体験によって、「白樺樹皮には皮目がある」、「皮目の方向に合わせて折る」という自然素材の特性とその特性に合わせたつくり方の大切さを子どもたちは学ぶことができた。「じゅひにかわめがあることがわかりました」、「かわめがよこになるように気をつけておりました」、「やぶけないようにかわめにあわせておりました」、「ひびがはらないようにおることができてよかったと思います」という感想からもそのことがうかがえる。

三つ目は、参加者全員が使用可能なヤㇻスを完成させることができたという事実である。完成させたヤㇻスは樹皮が簡単に裂けてしまうことのないような丈夫な構造であった。また、容器として全体的につり合いのとれたものでもあった。言い換えれば、容器として使用するための丈夫な構造という機能面とともに形のよさという美的な面からも配慮されていたということである。このことは生活に使用する道具の用と美を子どもたちがヤラスづくりを通して学んだことを意味している。なお、ヤラスが使用可能かどうかを確かめるために、製作後に水を入れたヤラスを火にかけてみた。結果は、とろ火にかけて約一五分で湯気がのぼるほど熱くなった。そして容器の底に煤がついたものの樹皮が燃えることはなかった。こうしたヤラスを参加者全員が完成できたという背景には、次の五つの要因があったと考える。第一には、材料となる白樺樹皮は杉村氏が前日に材質を吟味して採取したものであったこと。第二には、初めてヤラスをつくるということを考慮して、実際に使用するような鍋の大きさではなく一合枡程度の小さなものにして製作したこと。第三には、小学一年生から四年生までの参加者に対応できるように時間を十分にとり丁寧な個別指導を行ったこと。第四には、皮目の把握などヤラスづくりのポイントを的確に指導したこと。第五には、ヤラスをつくるために必要な道具（はさみ、錐、針）の使い方をきちんと指導したこと。以上の五点である。子どもたちの感想には「むずかしいと思っていたヤラスを完成させることができてとてもうれしかった」、「夏休みがおわったら学校へもっていってみんなに見せたいと思います」、「ヤラスづくりははじめての体験でしたがじょうぶにつくることができてとてもよかったと思います」（＊「ヤラス」に関する感想文での表記は小文字の「ラ」ではなく他の文字と同じ大きさの「ラ」になっていた。ここにはそのまま記載した。以下に掲載した子どもの感想においても同様である）という完成の喜びが記してあった。さらに、ヤラスに季節の花や飴玉、漫画のカード、マスコットなども入れてみたい、という自らの手で初めてつくったヤラスに対して愛着の気持ちを表す感想もみられた。

以上、根拠となる事実を三つにしぼって述べた。「材料（自然素材）の特性を生かしたものづくり」に関するものはこれらの他にもあるが、これまでヤラスをつくったことのない子どもたちにとって、「ヤラス製作にふさわしい材料（白樺樹皮）を選ぶことができたか」、「皮目の方向を見極め、その方向に合わせて折ることができたか」、そして最終的には「使用可能なヤㇻスを完成させることができたか」という三つは、検証のための重要なポイントになると考えたからである。なお、今回確認できなかった点は「材料の採取」段階にかかわるものである。この段階を実際に体験することができれば、材料（自然素材）の特性を踏まえた採取方法をより具体的に学ぶことができる。これは今後の課題としたい。

第二節　「材料の特性を生かしたものづくりを通して学ぶ自然と人間との関係」に関する検証

第二部・第一章の第二節では、「『ヤㇻスをつくるために材料を少しいただきます』と自然の恵みに感謝する姿に触れるとともに、木が枯れてしまわないように全体の三分の一以下しか樹皮を採らないというような採取方法を学ぶことによって、自然と人間とのかかわり方に対する認識を深め得る」と述べた。しかし、今回の検証では「材料の採取」段階を含まなかったために、そうした内容を子どもたちが実際に体験して学ぶことはできなかった。しかし、このような材料採取の様子を製作前に松倉館長から聞いたり製作段階での樹皮に対する考え方を杉村夫妻から聞いたりすることによって、ヤㇻス製作の背景にあるアイヌの人々の自然に対する基本的な考え方を学ぶことができた。

その根拠は次の二点である。まず一つは、第一節で述べたように、参加者全員が白樺樹皮の特性を生かした製作方法でヤㇻスを完成させることができたという事実である。このことは「材料（自然素材）の特性を生かしたものづくり」にかかわるものであると同時に、自然の恵みとしての樹皮を無駄にしないように扱った証しであるとも考えたからである。もう一つは、製作後の子どもたちの感想にヤㇻス製作と自然との結びつきに関する言葉（一六名）がみられたということである。たとえば、「アイヌの人々が木の皮をとるときに、自然にかんしゃして材料をいただくということがはじめてわかりました。ヤㇻスづくりにさんかしなければいつまでも知らないままだったと思います」「木がかれないように一部分だけの皮しかとらないということをはじめて知りました」「『木をからしてしまわないように三分の一以下しかとらない』ということを聞きとてもおどろきました。はじめは一本の木からたくさんの皮をとるのだとばかり思っていたからです」という言葉である。

こうした樹皮を採取する様子については松倉館長の話を聞いて知ったことである。話の内容は次のようなものであった。「材料の樹皮はきのう杉村 満さんが白樺の木から採取してくださったものです。採取するときには『ヤㇻスをつくるために材料を少しいただきます』と自然の恵みに感謝するのだそうです。アイヌの人々は自然の恵みによって生かされていると考え、昔からずっと自然に対する感謝の気持ちを大切にもち続けてきたのです。ですから樹皮を採取するときには白樺の木を枯らしてしまうような採り方はしません。一本の木から丸ごと全部の樹皮を剥いでしまうとすぐに枯れてしまいますので、全体の三分の一以下しか採らないのです。また、感謝の気持ちを込めて採取した樹皮ですので、つくるときにも無駄にならないように大切に扱います。今日はヤㇻスのつくり方といっしょにアイヌの人々の『自然の恵みに感謝する心』や『どうすれば自然を大切にすることができるのか』ということも学んでほしいと思います」。このようなアイヌの人々の自然に対する考え方やそれにもとづく具体的な製作方法を学んでヤㇻスをつくるのと学ばずにつくるのとでは大きな違いがあると考える。事前に松倉館長の材料採取にかかわる話がなかったならば、製作後の感想に自然に感謝する心や木を枯らさないようにするための採取方法に関する言葉は記述されなかったであろう。

さらに、「しらかばの木の皮がむだにならないようにていねいにつくりました」、「何十年もかけて育ったしらかばの木の皮をむだにしないように大切に使おうと思いました」、「せっかくのじゅひがやぶけてしまわないように皮目をよく見てつくりました」という言葉も子どもたちの感想のなかにみられた。これらの感想は「製作」段階にかかわるものであるが、やはりアイヌの人々の自然に対する基本的な考え方を踏まえて製作したために書かれた言葉であると考える。「むだにならないように」、「せっかくの」という表現は、単につくり方の手順を知っただけでは記述されないからである。どちらの言葉も、ヤラスをつくるために白樺の木から剥がした樹皮をできるだけ大切に扱いたい、白樺樹皮という自然の命を粗末にすることなくその特性を生かしてつくりたい、という子どもの思いの表れであると考える。

また、「製作」段階における樹皮の扱い方については杉村夫妻から指導を受けて学んだことである。指導の中で満氏は次のように語っている。「採取した樹皮を無駄にしないためにはその特徴を生かしてつくることが一番肝心です。白樺の樹皮には皮目と呼ばれる細い筋が何本も入っています。これが白樺樹皮の大きな特徴です。この皮目の方向をよく見て折るか折らないかで仕上がり方に違いが出てきます。(ヤラスを示しながら)皮目が縦になるように折ればすぐ破けてしまいますし、横になるように折れば相当な力を入れてひっぱっても裂けないようなしっかりしたヤラスに仕上がります。使いやすくて形もよく、そして丈夫で長持ちするようなヤラスをつくることが、自然の命を大切にすることにつながるのです」というものであった。このような樹皮の扱い方に関する説明があったからこそ先に示したような感想が生まれたものと考える。

なお、「使用」段階に関する感想もみられた。たとえば、「完成したヤラスが長もちするように大切に使いたいと思います」、「花をいけてずっと大切にかざっておこうと思います」という言葉である。「長もちするように」、「ずっと大切に」というような言葉はヤラス製作に限らなくても記述されることはあると思うが、同じ言葉であっても、やはり今回はアイヌの人々の自然に対する基本的な考え方を学んで記述された言葉であろう。樹皮を採取する様子、製作段階における樹皮の扱い方、そして、アイヌの人々の自然に対する基本的な考え方を踏まえた製作体験、これらを通して子どもたちはヤラス使用の心構えを取り立てて指導されなくてもそのような気持ちになったものと考えるからである。実際にアイヌの人々にとってヤラスは一度だけ使って使い捨てにしてしまうものではない。できるだけ長持ちするように大切に何度も使用するものである。ヤラスを火にかけると初めは黒く焦げて外側に煤がつくが、使用する回数を重ねるうちにこの煤のためにかえって鍋底が丈夫になり全部で二〇回以上は使えるという。そして、使えなくなったらアイヌの人々はヤㇻスへの感謝の気持ちを込めて自然に還すのである。

一九九九年一〇月八日、福島民報新聞（福島県）にアイヌの人々の自然に対する基本的な考え方とは対極的な出来事に関する記事が掲載された。ヤマザクラ樹皮の盗伐被害に関する記事である[1]。新聞には「（福島県南会津地方）田島町西部の針生地区の山林では、百本を超える（自生の）ヤマザクラの樹皮が根元から高さ3～4mの高さまで無残にはがされていた。何者かが高級家具などの飾り付け用に販売するため、人為的にはぎ取ったとみられる」とあった。そして、被害にあったヤマザクラのほとんどは樹齢二〇～三〇年のものであり、このように皮をむかれると二～三年で枯れてしまうことも付記されていた。また、関東森林管理局によると毎年盗伐が繰り返され、同年の夏には福島県塙町の国有林で二七〇本を超えるヤマザクラの樹皮が盗伐されたという。さらに一九九九年一〇月二〇日の朝日新聞には「ヤマザクラ一三〇本受難——岩手山、樹皮はぎ取られる」と題して、岩手県雫石町長山の岩手山でも樹齢二〇～三〇年のヤマザクラ一三〇本以上の樹皮が盗伐されたという記事が掲載されていた[2]。こうした度重なる盗伐による自然破壊の状況を考え合わせてもヤㇻス製作のような自然を大切にしてきたものづくりの教材化は極めて大きい意義があるものと考える。

以上、アイヌの人々の自然に対する基本的な考え方を学ぶことができたかどうかにかかわる根拠を子どもの作品と製作後の感想から述べてきた。子どもの感想については「材料の採取」、「製作」、「使用」にかかわるものについて検討した。これらのことから、「材料の採取」段階のみならず、「製作」や「使用」の段階においても、ヤㇻスづくりの背景にあるアイヌの人々の自然に対する基本的な考え方を学ぶことができるものと考える。なお、今後の課題はやはり「材料の採取」段階に関することである。「材料の採取」段階に立ち会うことができれば、アイヌの人々の自然に対する基本的な考え方をより深く理解できるであろう。

第三節　「アイヌ語の名称と多様な文化の尊重」に関する検証

第二部・第一章の第三節では、「樹皮や器、地名などヤㇻス製作にかかわるアイヌ語名称の意味を学ぶとともに、アイヌ語名称と日本語名称を併用することによって、アイヌ文化に対する理解を深め多様な文化を尊重する態度を育成し得る」と記した。

今回、ヤㇻス製作にかかわる基本的な名称として取り上げたアイヌ語は、「ヤㇻス（樹皮の鍋）」や「レタッタッ（白樺樹皮）」、そして「アイヌ（人間）」という言葉である。時間が限られていたため多くのアイヌ語名称を提示することはできなかったが、アイヌ語名称と日本語名称との併用は、子どもたちのアイヌ語への関心を高めることになった。製作後、子どもたちの感想には「さいしょはヤㇻスということばの意味がわからなかったのですが、しらかばの木の皮でつくったなべだということが参加してはじめてわかりました。いろいろなアイヌ語をもっと知りたいと思います」「アイヌということばは『人間』の意味だということをはじめて知りました。北海道の地名の多くもアイヌ語がもとになっていると聞き、もっと詳しくアイヌ語について知りたいと思います」など、アイヌ語への関心を示す記述が見られた。また、三・四年生の子どもたちは旭川市民生活館に展示されていたアイヌ民具の名称とその意味をノートに記録していた。展示されていた主な民具は次のとおりである。カスㇷ゚（しゃもじ）、テㇰコㇰペ（おしゃぶり）、シトペラ（団子べら）、チタㇻペ（花ゴザ）、トンコリ（五弦立琴）、ケドシ（女性用物入れ）、タㇻ（背負縄）、イカヨㇷ゚（矢筒）、エペレアイ（花矢）、イノソレ（シトメ矢）、ペラアイ（へら状の矢、魚取用）、イクパスイ（棒酒箸）、ニヌㇺ（くるみ）、サパンペ（かんむり）、イコㇿ（宝）、ク（弓）、ムックㇼ（口琴）、メノコイタ（まな板）。

今後の検証では、「ヤㇻス」「レタッタッ」「アイヌ」の他にもヤㇻス製作にかかわる言葉を意図的に取り上げ、一層アイヌ文化に対する理解を深めたいと考える。指導にあたっては、アイヌ語名称とその意味の提示に止まらず、アイヌ語名称に共通する特徴を子どもたちにとらえさせたい。アイヌ語の特徴とはそれぞれの名称がものや場所などの状況を的確に示しているということである。アイヌ語の名称を聞けば、それがどんなものなのか、また、そこがどんな場所なのかということがよくわかる。そうしたアイヌ語の特徴をヤㇻス製作に関連させて指導することによって、言葉の面からもアイヌ文化に対する理解を深め、多様な文化を尊重する態度を育成できるものと考える。その際には三つの観点からアイヌ語を取り上げたい。第一は、「ヤㇻ（樹皮）」にかかわる名称である。たとえば「ヤㇻチセ（樹皮でつくった家、チセ＝家）」や「ヤㇻチプ（樹皮でつくった舟、チプ＝舟）」などである。第二は、白樺樹皮を示す名称である。白樺樹皮は「レタッタッ（レタッ＝白い、タッ＝樺の木の皮）」のほかにも、「キタッ（キ＝光る、タッ＝樺の木の皮）」、または「カパッタッ（カパッ＝薄い、タッ＝樺の木の皮）」とも呼ばれている。第三は、杉村夫妻が住む旭川市近文《ちかぶみ》など、北海道の地名にかかわるアイヌ語である。北海道の地名の多くはアイヌ語の地名に由来している。たとえば、旭川市近文《ちかぶみ》の「近文《ちかぶみ》」はアイヌ語の「チカㇷ゚ミ」がもとになっているという。「チカㇷ゚」は鷲《わし》や鷹《たか》、鳶《とんび》などの大きな鳥を意味し、「ミ」は巣を意味する。そのほかにも幌内《ほろない》は「ポロナイ（ポロ＝大きな、ナイ＝川）」に由来し、札内《さつない》は「サッナイ（サッ＝乾いた、ナイ＝川）」、幌尻岳《ぽろしりだけ》は「ポロシリ（ポロ＝大きな、シリ＝山）」、止若《やむわっか》は「ヤムワッカ（ヤム＝冷たい、ワッカ＝水）」に由来している。

なお、ヤㇻス製作に関連させてアイヌ語を指導する際には、次のようなアイヌ語を記載した資料を配布することによって、子どもたちが理解しやすいように配慮したい（図2）。

ヤラスとアイヌ語《ご》

1．つぎのことばはヤラスづくりにかんけいのあるアイヌ語《ご》です。さて、どんな意味《いみ》なのでしょうか？

①ヤラス　②レタッタッ　③タッウシ

〈こたえ〉

①ヤラス…木《き》の皮《かわ》でつくったなべ（ヤラ＝木《き》の皮《かわ》、ス＝なべ）

※ヤラスの写真

②レタッタッ…しらかばの木《き》の皮《かわ》（レタッ＝白《しろ》い、タッ＝かばの木《き》の皮《かわ》）

※レタッタッの写真

③タッウシ…かばの木《き》がたくさんあるところ（タッ＝かばの木《き》の皮《かわ》、ウシ＝場所）

※タッウシの写真

このようにアイヌ語《ご》の名前《なまえ》は、ものや場所《ばしょ》のとくちょうをよくあらわしています。

ですから、アイヌ語《ご》の名前《なまえ》を聞《き》くだけで、それがどんなものなのか、また、そこがどんなところなのかがわかります。では、もんだいです。

2．「近文《ちかぶみ》」という地名《ちめい》は、アイヌ語《ご》の「チカプミ」がもとになってつけられた名前《なまえ》だといいます。

さて、「チカプミ」とはいったいどんなところという意味《いみ》なのでしょうか？

①ちかくに海があるところ　②チカという魚《さかな》がとれるところ

③大きな鳥がすんでいるところ

〈こたえ〉

③大きな鳥がすんでいるところ

チカプ＝わしやたか、とんびなどの大きな鳥　ミ＝巣（すんでいるところ）

3．アイヌ語《ご》をもう少《すこ》し

▼ヤラ（木《き》の皮《かわ》）がつく名前にはつぎのようなものもあります。

- ヤラチセ…木《き》の皮《かわ》でつくった家《いえ》（チセ＝家《いえ》）
- ヤラチプ…木《き》の皮《かわ》でつくったふね（チプ＝ふね）

▼しらかばの木《き》の皮《かわ》をつぎのようにもいいます。

- キタッキ＝光る、タッ＝かばの木《き》の皮《かわ》
- カパッタッ　カパッ＝うすい、タッ＝かばの木《き》の皮《かわ》

▼北海道《ほっかいどう》の地名《ちめい》の多《おお》くはアイヌ語《ご》の地名《ちめい》がもとになっています。

- ほろない（幌内）…ポロナイ（ポロ＝大《おお》きな、ナイ＝川《かわ》）
- さつない（札内）…サッナイ（サッ＝かわいた、ナイ＝川《かわ》）
- ぽろしりだけ（幌尻岳）…ポロシリ（ポロ＝大《おお》きな、シリ＝山《やま》）
- やむわっか（止若）…ヤムワッカ（ヤム＝冷《つめ》たい、ワッカ＝水《みず》）

図２「ヤラスとアイヌ語」に関する資料

〔第二部・第二章　註〕

1　「ヤマザクラ無残、樹皮はがされる」「南会津で被害相次ぐ」福島民報新聞（福島県）、一九九九・一〇・八.

2　「ヤマザクラ一三〇本受難―岩手山、樹皮はぎ取られる」朝日新聞、一九九九・一〇・二〇.

※「第二章」は、佐藤昌彦「ヤㇻス（樹皮の鍋）の教材化考（二）―親子アイヌ民具工作教室におけるヤㇻス製作とその考察―」『美術教育学―美術科教育学会誌―』（第二四号、美術科教育学会、二〇〇三、pp.119-129）の内容に基づいた。掲載にあたっては加筆・修正を行っている。

第三章　木地の美しさを生かしたものづくりとしてのドムㇱコッパスイ（木鈴付き箸）

ドムㇱコッパスイは木鈴付きの箸や鎖彫りの箸を意味し、鎖状につながった飾りをもつ木製の箸である（**図1**）。素材はイチイ（別名オンコ）の木を使い、道具はマキリと呼ばれる小刀を主に使用する。鎖状の飾りは箸に接着したものではなく、はじめから二つの輪を組み合わせた形として一本の木から彫り出したものである。粗削りから仕上げまでをほとんどマキリ一本で彫り出すこの技法は「ドムㇱ彫り」と呼ばれ、箸のほかにも杓子や柄杓などにも施されている。また、一八五九（安政六）年に描かれた松浦武四郎の『蝦夷漫画』[1]には、木鈴付きの杓子が描かれており（**図2**）、「ドムㇱ彫り」がアイヌの人々によって古くから行われてきたことを示している。

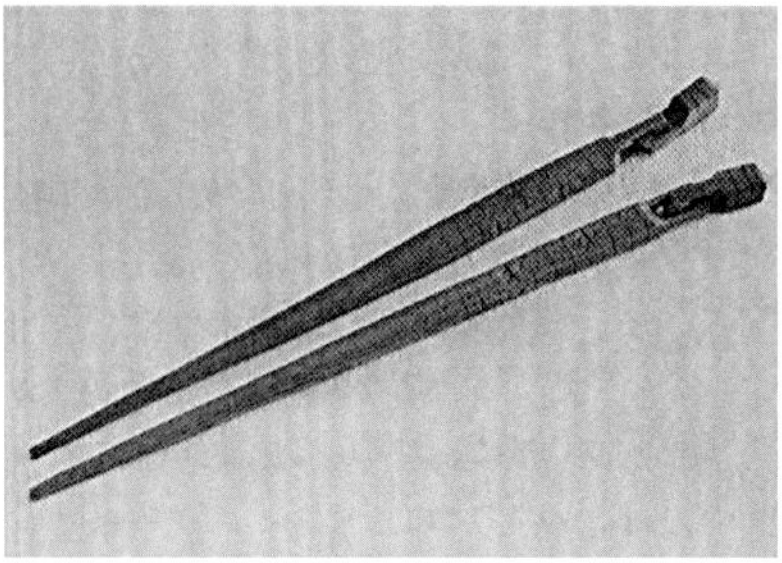

図1　ドムㇱコッパスイ

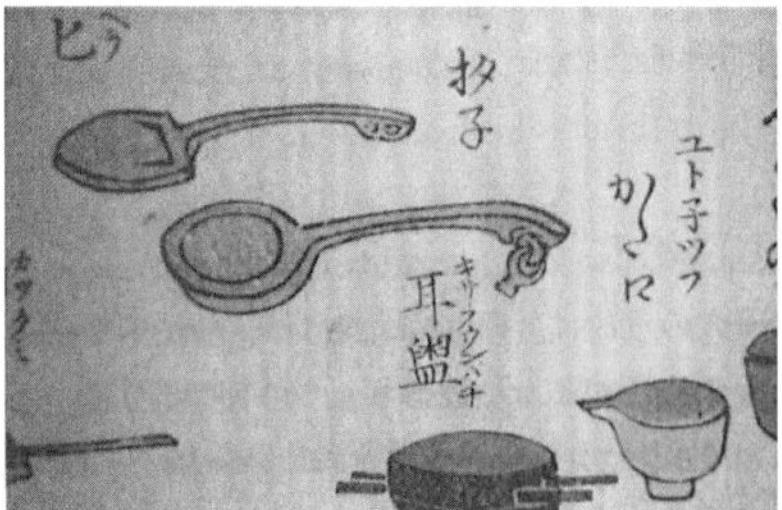

図2　『蝦夷漫画』に描かれた木鈴付きの杓子

本論文では、旭川アイヌ協議会伝承部長の杉村 満氏（旭川市在住）やドムシコッパスイの製作を長年行ってきた佐々木恵美子氏（旭川市在住）から直接に指導を受けることによってものづくり教育における意味を検討した。

本稿では、その結果を次の三つの観点に絞って論述する。

一．材料としての木地の美しさを生かすアイヌの人々の美意識と木彫技術についての認識を深め得ること。
二．樹木の特性を生かしたものづくりや自然と人間とのかかわり方についての認識を深め得ること。
三．子どもに対する家族の愛情や人間の生き方に関する考え方についての認識を深め得ること。

第一節　木地の美しさを生かすアイヌの人々の美意識と木彫技術

ドムシコッパスイを教材として取り上げることによって、材料としての木地そのものの美しさを生かしながら身近な生活用具に緻密な彫刻を施してきたアイヌの人々の美意識やそれを支える巧みな木彫技術に対する認識を深め得るということができる。アイヌの人々はマキリ（小刀）の柄や鞘、そして、イクパスイ（棒酒箸）やお盆などの生活用具にさまざまな彫刻を施してきた。樹木の特性を熟知し、木地そのものの美しさを生かしながらマキリ一本で彫り込んだ緻密な彫刻は、アイヌの人々の美意識と木彫技術の高さを示すものである。

一八五八（安政六年）年の松浦武四郎『近世蝦夷人物誌』[2)]には次のように記載されている。

石狩場所サツポロなる処の小使役を勤けるモニヲマといへるは当年三十七歳。（中略）性彫物を好みて常日頃、手拭懸、小刀の鞘、膳、椀、菓子器、印籠等種々の物をみ、また短刀の鞘に唐草雷文等を彫み等すること衆目驚かざるはなしアイヌの人々の優れた木彫が当時においても注目されていたことがうかがえる。今回取り上げたドムㇱコッパスイもそのようなアイヌの人々の伝統的木彫の一つである。特に「ドムシ彫り」と呼ばれる鎖状の飾りは、一本の木から継目のない形で彫り出すものでマキリを巧みに扱う技術やどの方向から見ても美しい飾りとして仕上げる美的感覚がなければつくり得ないものである。さらに言えば、鎖状の飾りをやわらかい素材で曲げたりつないだりしてつくるのではなく、あえて一木から継目のない形で彫り出すことに美を見出しそのことに価値をおくという製作姿勢は、アイヌの人々の美意識や巧みな木彫技術に対する誇りを端的に示すものでもある。

佐々木恵美子氏が製作するドムㇱコッパスイは、長さが約24㎝、上部の直径は約8㎜、下部の直径は約3㎜のものである。箸の頭になる部分には長さが約3㎝の木鈴が付いており、箸本体と鎖状の輪で結ばれている。輪の直径は約1㎜程度の極めて細いものである。塗装はされておらず全体にきめの細かい木目が薄く見える。表面はなめらかでつやがあり、手に持って使うためにはちょうどよい重さでもある。また、箸本体と木鈴部分にはマキリで刻まれた筋状の模様がある。この模様は一一本の横筋と斜めに切り込まれた四つの溝、そして幅の狭い一二個の切り込みによって構成されたものである。佐々木氏によると、箸の大きさや模様の形は製作者や使用する人によって異なるという。杉村氏も「箸や杓子などは使いやすいように使う人の手の大きさに合わせてつくってきました。祖父や父が使うものは子どもたちが使うものより一段と大きくて太かったのを覚えています」と語っている。

ドムㇱコッパスイの材料はイチイ（オンコ）の木である。イチイの木はアイヌ語でクネニ（クは「弓」、ネは「になる」、ニは「木」）と呼ばれ、丈夫で弾力があるという特性から主に狩猟用の弓の材料として活用されてきた。知里真志保著『知里真志保著作集別巻Ⅰ』[3)]にも以下のように記されている。

木わ、『ク・ネ・ニ』(弓・になる・木)とゆう名が示す通り、それで弓を作った。その他、小刀の柄だとか酒箸だとか

の小器具を作った。柱にもしたとゆう

また、『日本大百科全書』（小学館）には次のように述べられている。

（イチイの木は）北海道から九州まで分布し、樺太、千島、朝鮮、中国東北部、アムール、オホーツクなどに広く分布する。日本では北海道にもっとも多く群生地がある。（中略）辺材は狭く白色、心材は紅褐色で美しく、木目はまっすぐに通り、緻密《ちみつ》で弾力性が強く、光沢がある。加工は容易で、仕上がり面も美しい[4)]

このような記述はイチイの木が北海道において入手しやすく、しかも丈夫で美しい箸をつくるためにふさわしい材料であったことを示すものである。長くドムㇱコッパスイを製作してきた佐々木氏も「イチイの木は丈夫で彫りやすく仕上がりも美しい」と話している。

ドムㇱコッパスイを製作するためには、マキリ（小刀）やイキサカニ（錐）、差し（ドムㇱコッパスイ専用の物差し）といった道具を使用する。マキリはアイヌの人々がさまざまな生活用具をつくるために使用してきた大切な道具である。イクパスイ（棒酒箸）やお盆、タシロ（山刀）やマキリ（小刀）の柄や鞘などに施された緻密な彫刻文様もこのマキリで彫ったものである。今回のドムㇱコッパスイを製作するためのマキリは切り出し小刀とほぼ同様の形であるが、マキリにはいくつかの種類があり製作目的によってその形が違う。たとえば、イナウ（木を削ってつくる御幣のようなもの）を製作するためにはイナウケマキリ（イナウ＝御幣、ケ＝削る・つくる、マキリ＝小刀）と呼ばれる細身のマキリが使用され、木の器やお盆などを製作するときはレウケマキリ（レウケ＝曲がった、マキリ＝小刀）と呼ばれる先の曲がったマキリが使用される。また、イキサカニ（イ＝それ、キサ＝こする、カニ＝金属）は錐を意味し鎖状の輪を彫り出すために前もって穴を開けておくために使用するものである。輪と輪が交差するところに穴を開けることによって、マキリでの作業がやりやすくなるとともに、どのあたりを彫ればよいのかという見当もつけやすくなる。差しはV字状の溝がある物差しで木鈴の大きさや模様の配置を決めるために使用するものである。

製作過程は四つの段階に分かれている。第一は「粗削りの段階」である。この段階ではあらかじめ太めに裂いておいたイチイの木をマキリで箸の太さに削る（**図3**）。使用するマキリは粗削り用のもので、通常使用するマキリよりもやや大きめである。第二は「鎖状の輪を彫り出す段階」である。この段階では「箸の頭を四角錐に削る」「箸の上部にV字状の溝を彫る」「箸上部の角を削る」「四つの穴を開ける」「二つの輪を彫り出す」（**図4**）という順で製作を進めていく。「ドムㇱ彫り」の製作過程のなかで最も巧みな木彫技術が必要とされる段階である。箸の頭はマキリの背を親指で押さえながら四角錐に削り、V字状の溝は箸の上端から約1㎝下と約3㎝下の部分に彫る。また、四つの穴を開ける際には、イキサカニを使ってV字状の溝の部分に二つの穴を開け、さらに角の部分にも二つの穴を開ける。溝の部分の穴は箸の表面に対して直角に開け、角の穴は互いに交差するように開けるのがポイントである。第三は「模様を彫る段階」である。この段階では差しの目盛りに合わせて模様を刻み込む。溝状の目盛りなので、そこにマキリの刃を当てながら模様の位置を決めることができる。第四は「磨く段階」である。マキリの背で全体を磨くことによって、箸と

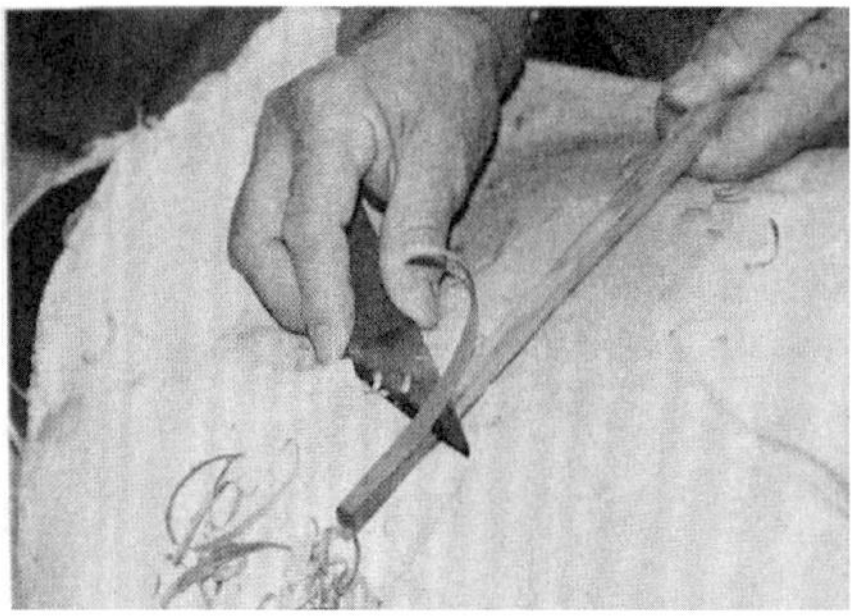

図3　荒削り

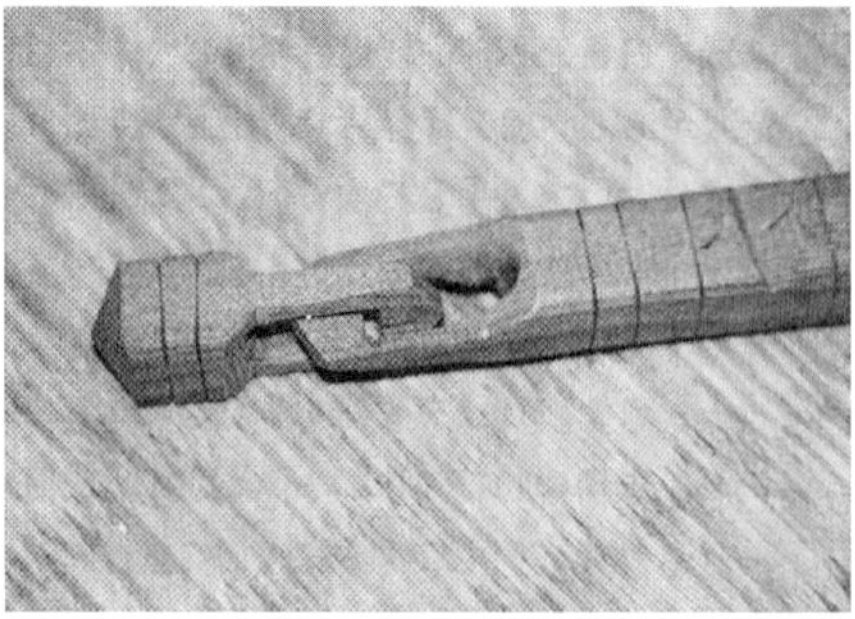

図4　鎖状の飾り

しての手触りをよくするとともに木肌や木目の美しさをいっそう引き立たせる。ドムシコッパスイ製作の最終段階である。

佐々木氏が一本のドムシコッパスイを完成させるために必要な時間はわずか三〇分程度であった。マキリの扱い方が巧みで輪と輪の間にある不要な部分を瞬く間に削り取っている。筆者も佐々木氏のつくり方を真似ながら初めて製作してみたが、鎖状の飾りを彫り出す段階が特にむずかしく、この部分をつくるだけでも約二時間を要した。しかし、箸の頭という限られた空間に鎖状の小さな飾りを彫り出す製作体験は、「ドムシ彫り」における アイヌの人々の巧みな木彫技術を実感としてとらえさせるものであった。教材として取り上げる場合も、単に見るだけではなく自分でつくってみることができれば、アイヌの人々の美意識や巧みな木彫技術に対する理解をより深めるものと考える。また、このことは同時に子ども自身のものをつくる能力をも育成しうるものである。一本の木のなかに完成形態を思い描きながら彫り出していく工程は、削る、彫る、磨くといった基本的な木彫技術を体得させるとともに、立体的な形に対する美的感覚を鍛えることにもなるからである。

第二節　樹木の特性を生かすものづくりとアイヌの人々の自然に対する考え方

ドムシコッパスイに関する二つ目の意味としては、樹木の特性を生かすものづくりとともに、自然をカムイ（神）と敬いながら、自然と共に生きてきたアイヌの人々の自然に対する考え方を学び得るということができる。

ドムシコッパスイの材料は第1節でも述べたようにアイヌ語でクネニ（イチイ、オンコ）と呼ばれる樹木である。佐々木氏はこのクネニの特性について「クネニ（オンコ）の木は水で何度も洗うと色がだんだん汚れたようになったりにがみが出てきたりしますので、日常使用する食事用の箸には向きません。しかし、彫りやすく仕上げたときの木肌が美しいのでお祝い用やお土産用の箸の材料として使っています」と述べている。また、同じ旭川市の川村カトアイヌ記念館館長の川村兼一氏も「ふだんの生活の中で食事用として使う箸やスプーン、フォークはえりまきの木（マユミ）でつくりました。めったに割れないほど堅く長持ちするからです。また、お土産用の箸としてのドムシコッパスイはイチイ（オンコ）の木でつくります。イチイの木でつくると仕上がりがとてもきれいだからです」と語っている。

食事用に使用される箸はイペパスイ（イペ＝食べる、パスイ＝箸）と呼ばれ、川村氏の話にもあるように材料はトウレプニ（桑）やカスプニ（えりまき、マユミ）である。萱野 茂著『アイヌの民具』[5]にも「このイペパスイは、トウレプニ（桑）やカスプニ（えりまき）の木を削って作ります。これらの木は堅くて丈夫であり、しかもまっすぐに割れるので削りやすいからです。さらに、これらの木は使っているうちに桑の木はあめ色に、えりまきは象牙色につやが出てきます。それでだれの箸であるか区別するために箸の上端に、マキリで筋を入れたりして長い間大切に使いました」と記されている。また、知里真志保著『知里真志保著作集別巻Ⅰ』には、桑の木について「足の立たぬ病気に、この木の若枝とハコベの莖葉とを鍋で煮たてて、その湯氣で身體を蒸し、同時にその煎汁を飲んだ」[6]との記述があり、さらにコマユミの木については「蟲歯が痛む時、この木で箸を作って食べると治ると云い、またふだんの食事にこの箸を用いると歯が丈夫になるとゆう」[7]とも記されている。

こうした樹木の特性をよく知るアイヌの人々のものづくりはドムシコッパスイやイペパスイに限ったことではない。第一部の第二章で述べたように、萱野 茂『アイヌの民具』の「はじめに」には次のように記されている。

改めてかつて自分も使っていた道具を作りなおし、使いなおしてみると、いまさらのように昔のアイヌ達が材料のことを良く知っていたことに驚きます。何を作るにはどの木が良いと、まるで樹木と語り合うようにして材料を選び、道具を作っていたのです。材料の性質だけではなく、自然そのものを本当に良く知っていたのです。ですから、アットウシ（オヒョウの木の皮でつくった織物）を織るために木の皮をはぐ場合も、木を丸裸にして立ち木を殺すようなことはしません。（中略）人と自然は共存していたのです。自然に対しての思いやり、その優しい心が自然を神と敬う形で現れています。[8)]

さらにその具体例として、「幹が太くて軽く軟らかく、舟や大きな器を彫るのにいいランコ（かつら）、ピンニ（やちだも）、アユシニ（せんの木）の木。（中略）太さと丈夫さを活かして臼などを作るペロ（ならの木）、火のつきにくい火箸用のエソロカンニ（はなひでの木）」などとも記されている。

樹木の特性を熟知しそれを最大限に生かそうとするものづくりの背景には、自然の恵みに感謝しそれらを大切に扱おうとするアイヌの人々の精神がある。そして、このような精神はドムシコッパスイやイペパスイの材料となる樹木の伐り出し方にも表れている。イチイの木や桑の木が身近にたくさんあるからといってあり余るほど伐採し自然を壊すようなことはしない。つまり必要とする分だけに限って伐りとるのである。萱野氏が先に述べていた「アツトウシを織るために木の皮をはぐ場合も、木を丸裸にして立ち木を殺すようなことはしません」という採取方法の背景にある精神と同じである。また、樹木だけでなく山に入って山菜を採取する場合も同様である。朝日新聞アイヌ民族取材班による『コタンに生きる』[9)]には「薬草でも山菜でも全部、カムイからの授かりもの。だから、必要な分しか取ってはだめ。根っこから抜き取らないで、来年も取らせてください、といって置いてくるの」という言葉や「最近、ビニール袋を持って山に入る人をよく見かける。ビニール袋に入れたら、キノコなんか菌がこぼれ落ちないでしょう。だから、最近だんだん、少なくなって。アイヌのおばあちゃんなら、今でもサラニプ（シナノキの皮で編んだ背負い袋）を必ずもっていくけどね」というアイヌの人々の自然に対する接し方を示す言葉が紹介されている。さらに言えば、自然とのかかわりを大切にする精神はアイヌの人々の生活全般をつらぬいている。たとえば、川では洗濯を行わないという慣習もその精神の表れである。

中本ムツ子著『アイヌの知恵・ウパシクマ』（解説・片山龍峯）[10]には次のように述べられている。

アイヌの人々は、川で洗濯をするなどということは、もってのほかだと考えていたのです。川のカムイ（神）の口に汚れたものを流すことになるからだ、と中本さんは言います。ですから、洗濯のときは、川から水を汲んできて、川から離れたところで洗濯しました。（中略）そうやって洗濯し終わった汚れ水は、当然、川に捨てるなどということはしませんでした。（中略）エウトウンネ eutunne（下座のほうに向く）の所（家の外の下手）に捨てたということです。家の下手には、家から離れた所にあるトイレやゴミ捨て場があります。その辺りに汚水を流したということです。

我が国では、「おじいさんは山に柴刈りに、おばあさんは川に洗濯に行きました」と昔話にあるように、川で洗濯することが当たり前のこととして語り継がれてきた。しかしアイヌの人々にとって、川での洗濯はカムイの口に汚水を流すことになるとして決して行ってはいけないことなのである。こうしたアイヌの人々とカムイとのかかわり方については、財団法人アイヌ無形文化伝承保存会編『アイヌ文化を学ぶ』[11]にも「アイヌ民族は、人間であるアイヌの力が及ばないもの、自然の恵みを授けてくれるもの、生きていくうえで欠かせないものをカムイ、神として敬い、日常生活規範は常に神の存在を意識したものでした」と述べられている。アイヌの人々の日常生活における慣習は、自然と人間との関係をあらためて考えさせるとともに、国内においても多様な文化が存在することを認識し、その背景にある精神を学ぶことがいかに大切なことであるかを示すものである。

日本は高度成長期に公害問題が深刻化し、一九六七（昭和四二）年には「公害対策基本法」が制定された。しかし、その後も環境ホルモンや環境汚染、酸性雨、オゾン層の破壊など、環境にかかわる問題はあとをたたない。それればかりか現在もなお公害病の苦しみは続いている。二〇〇一（平成一三）年五月一三日の読売新聞には「水俣病、今も多数が苦しむ公害病」と題した記事（水俣病は発生してからすでに四五年が過ぎている）が掲載された[12]。水俣病では手足のしびれや視野狭窄、言語障害などを引き起こし多くの人が亡くなっている。原因は熊本県水俣湾沿岸の工場がたれ流したメチル水銀である。水中の貝や魚の体内にメチル水銀が蓄積され、それらを食べた人たちが水俣病になったのである。当時、このような公害病は、新潟県、富山県、三重県など多くの地域で発生している。新潟県阿賀野川流域で発生した公害病もやはり工場が川に流していたメチル水銀が原因である。富山県神通川流域で発生したイタイイタイ病の原因も川の上流にある鉱山がたれ流したカドミウムである。三重県四日市市の四日市ぜんそくは工場の煙に含まれていた亜硫酸ガスが原因であった。人間は自然とどうかかわっていけばよいのか、このことを真剣に考えるためにも、ドムシコッパスイを通してアイヌの人々の自然に対する考え方を学ぶ意味は極めて大きいと考える。

第三節　一膳の箸に込めた愛情や幸せを祈る思いとアイヌの人々の生き方

三つ目の意味としては、一膳の箸に込められた子どもへの愛情、結婚する若い二人の幸せを祈る思いを学び得るということがある。さらには「アイヌネノアンアイヌ（人間らしい人間）」という言葉を通して、ものづくりの背景にあるアイヌの人々の生き方を学び得るということができる。アイヌの人々はドムシコッパスイをさまざまなお祝い用の箸として使用してきた。たとえば、子どもが初めてご飯を食べられるようになったときのお祝いの箸、そして、初めて歩けるようになったときのお祝いの箸、さらには結婚式のお祝いの箸というようにである。

萱野茂著『アイヌ語辞典』[13]には「普段使われる箸ではなく、子供や孫がご飯を食べられるようになった時に、父親または祖父が作ってお祝いとして子供に贈る箸」とある。さらに萱野氏は『アイヌの民具』のなかで次のように述べている。

この箸は自分の子どもや孫が最初の誕生日を迎えるころに、一本の細い棒から木鈴をくり抜いて、一日がかりでつくってお祝いに与えるものです。一日がかりで作ったせっかくの鈴付きの箸も、もらった子供が珍しがっておもちゃにして遊んでいるうちに、作者である父親やおじいさんの目の前で鈴の部分をぽきん、きゅっと折ってしまいます。するとそれを見て親たちは、「うちの子供は強いぞ、こんな丈夫な箸も壊すことができる。きっと偉いアイヌになるだろう」と喜ぶものでした。[14)]

また『二風谷に生きて』[15)]のなかでも「木でできた鈴のようなもののついた箸がありますが、これは自分の子どもや孫がご飯を食べられるようになった時、あるいは誕生日にお祝いに作ってあげる箸なのです。(中略)今は観光客になにげなく売られていますが、こういう一膳の箸にも、アイヌは愛情を込めていたのです」とも記している。

阿寒町の山本文利氏もドムシコッパスイについて次のように語っている。「ドムシコッパスイはおじいちゃんやおばあちゃんがヨチヨチ歩けるようになった孫にお祝いの箸としてつくりました。孫はその箸をもって遊んでいる間に噛んだり曲げたりして壊してしまうことがあります。そんなときには年寄りたちが『たいしたもんだ。将来は立派なイソンクル(熊や鹿を捕る人)になるぞ。こんなすばらしい孫は見たことがない』と喜んだものです」といい、そして「箸を贈った後に家族でカムイノミ(神への祈り)を行い、孫にウエンカムイ(悪い神)がつかないようにお願いもしました」と述べている。

旭川市の杉村 満氏は、「ドムシコッパスイは結婚式のお祝いの箸として使用しました。一つのお椀に山盛りにご飯(ひえやあわなど)をわけ、ドムシコッパスイを使ってお婿さんから先に食べます。そして次にお嫁さんが同じドムシコッパスイを使って食べます。お婿さんが食べてもお嫁さんが食べなかった場合には婚約が不成立になります。その反対にお嫁さんが食べてお婿さんが食べなかった場合にも婚約が不成立になります。これまでどちらかがたべなかったということはほとんどありませんでした」と述べている。また「ドムシコッパスイは一本の木から彫り出したもので、鎖状の輪と輪がつながっていることから、箸の飾りというだけではなく縁結びという意味ももたせたのです」とも語っている。

このようなものづくりの背景には「つくったものには魂が宿る」という考え方がある。アイヌの人々はものをつくるにあたって、その形が単に良ければいいとは考えない。良い形のものをつくることはもちろんのこと、良い精神をもった人間がつくらなければならないと考えるのである。良い精神の人間がつくればつくったものにも良い精神が宿り、悪い精神の人間がつくればつくったものにも悪い精神が宿ると考えるのである。子どもたちに与えるものや結婚のお祝いとしてつくる場合にはなおさらのことである。『アイヌの民具』のなかにも「アイヌは自分たちのつくった道具、作ったものの一点一点に魂が宿ると信じ、生き物として扱いました。(中略)それで、どんなに物を作るのが上手な人であっても、精神の悪い人には物を作ることを頼みません。とくにゆりかごのような育児用具などは、精神の悪い人が作ると赤子が泣いてどうにもならないということです」[16]と記されている。このように考えるからこそアイヌの人々はつくったものを大切に扱い、使えなくなってしまった古い道具に対しても「長い間アイヌのために働いてくださって本当にありがとう」という感謝の気持ちを表してきたのである。

また、「良い精神の人間がつくったものには良い精神が宿る」という考え方は、アイヌの人々の生き方とも密接に結びついている。つまりアイヌの人々は良い精神をもった人間(アイヌ)になることを人生の最も重要な目的としたのである。このことを象徴的に示す言葉が「アイヌネノアンアイヌ(人間らしい人間)」である。萱野茂氏の『アイヌネノアンアイヌ』(福音館書店)[17]には、雪の冷たさで手足がすっかりかじかみ泣きながら帰ってきた茂少年を温かくむかえる母の様子とアイヌネノアンアイヌという言葉を母から受け継ぐ情景が次のように記されている。

なき声をきいたかあさんは、家からとびだしてきて、着物についた雪をはらいおとして、家のなかへいれてくれるのです。そして、ひえきった手はそのままきゅうに火にあぶるといたくなるので、自分のふところにいれてあたためてくれました。かあさんは、ろくに学校へもいかなかったとかで、読み書きはできない人でしたが、いつもこんなふうにやさしくしてくれる人でした。また、『アイヌネノアンアイヌ　エネップネナ――人間らしい人間、人らしい人になるんだよ』とくりかえしくりかえしいっていました。アイヌのコタンでアイヌという言葉はとても大切な言葉で、おこないのいいアイヌだけをアイヌとよび、病気でもないのに、はたらきもしないで、ぶらぶらしているような者は、アイヌとよばずに、ウェンペ（悪い者）というのです。

このように「アイヌネノアンアイヌ」という言葉からは、アイヌの人々にとっての生きる目的を読み取ることができるのである。

一九九八（平成一〇）年四月二一日の北海道新聞には、「北海道ウタリ協会」から「北海道アイヌ協会」への名称変更が当分見送られたとの記事が掲載された[18)]。「同胞、仲間を意味する『ウタリ』から民族名（アイヌ）への名称変更は、昨年五月のアイヌ文化法制定で、固有の文化と民族性が認められたことやアイヌ民族として誇りを持って生きられる時代になりつつある、との認識から、今年も総会に向けた理事会で協議した。しかし、同日の理事会では消極意見が相次ぎ、『当分の間、改名議論は保留する』との結論に至った」というものである。そしてまた「道ウタリ協会が『北海道アイヌ協会』への名称変更を当分、見送ることにしたのは、アイヌ民族が百年を超える歳月にわたって置かれてきた差別の根深さと、アイヌ文化法が制定されてもなお、こうした問題が解決されていない現実をあらためて示したといえそうだ」とも付け加えられていた。この出来事は法律が制定されてもなお残る差別の根深さと個々人の意識の有り様がいかに大切かということを示すものである。このような状況を改善するためには、法律の制定にとどまることなく、学校教育においてアイヌ文化に関する学習の機会を積極的につくっていくことが必要である。ドムㇱコッパスイに込めた子どもへの愛情、人々の幸せを祈る思い、そして「つくったものには魂が宿る」という考え方、さらにはアイヌの人々の生き方を示す「アイヌネノアンアイヌ」という言葉、これらはアイヌ文化を理解するための重要な核になるものと考える。

なお、そうしたことは、平成一〇年版中学校学習指導要領解説美術編の「アイヌや琉球の文化をはじめ各地域文化に見る造形などの独自性と特質や日本文化の多様性について着目させることも大切になる」という観点に整合するとともに、地域性を生かした「総合的な学習の時間」への発展性をも含むものである。

また、今回十分に考察し得なかった点は、北方民族のニブフに見られる「ドムㇱ彫り」とアイヌ民族の「ドムㇱ彫り」との関連である。網走市にある北海道立北方民族博物館には、アイヌの人々とニブフの人々の木鈴つきスプーンが並んで展示されている。北方民族における習俗の関連性については今後の課題としたい。

二〇〇〇（平成一二）年九月、オーストラリアで開催されたシドニーオリンピックでは、先住民族アボリジニ出身のキャッシー・フリーマンが聖火台に点火し、女子陸上四〇〇mにおいて金メダルを獲得した。このことはそれまでのアボリジニに対する差別や偏見を乗り越え、民族共生のメッセージを世界に向けて発信したことを意味している。なぜなら、アボリジニの人々には白人文化への同化政策によって二〇〇年以上も迫害を受けてきた歴史があったからである。キャッシー・フリーマンはオリンピック出場にあたって「（アボリジニの）若者たちに自信を持ってもらうため、私にできることをしたい」[19]と語ったという。人類の幸福のためには地球的な規模で多文化の共生を進めていく必要がある。しかし、国際社会の現状は民族や宗教などの違いによる紛争がいまだにいたるところで続いている。そしてそれらの多くは解決が極めて困難な状況にもある。二十一世紀を多文化共生の時代とするためには、自らの文化に誇りをもちつつ他の文化を尊重できる民主的な人間の育成が不可欠である。ドムㇱコッパスイを含むアイヌ民族の伝統的なものづくりの教材化は、ものづくりに「責任」をもつ人間を育成するとともに、その使命を実現するための一翼をも担っている。

同年一〇月には福島市立森合小学校（福島県）でアボリジニの歴史と芸術に関する授業が行われた[20]。授業者は日本語教師となるために森合小学校で教育実習を行っていたオーストラリアの大学生である。子どもたちはアボリジニの歴史や伝統的な絵画の意味を学び、さらにその絵画を模写して気づいたことを述べ合っている。これはオーストラリアの文化紹介にとどまらず民族の共生をめざして取り組んだ授業実践の一例でもある。ドムㇱコッパスイの学習においても、アイヌ民族の歴史やアイヌ語などとの関連を図ることによって、アイヌ文化に対する理解を一層深めることになるだろう。

〔第二部・第三章　註〕

1　松浦武四郎『蝦夷漫画』一八五九年、市立函館図書館.

2　松浦武四郎『近世蝦夷人物誌』一八五八年、市立函館図書館.

3　知里真志保『知里真志保著作集別巻I』、平凡社、一九七六年、p.238.

4　林 弥栄『CD-ROMスーパー・ニッポニカ日本大百科全書』（Windows版）小学館、一九九八年.

5　萱野 茂、『アイヌの民具』刊行運動委員会、一九七八年、二二八頁。萱野 茂氏（二風谷アイヌ資料館館長）は、二〇〇一年四月、北海道平取町二風谷の自宅隣にアイヌ語によるミニFM局を開設した。放送は月に一度、一時間だけであるが、国内初のアイヌ語放送局である。（読売新聞、二〇〇一・四・二七）

6　前掲註3、p.165.

7　前掲註3、p.95.
8　前掲註5、p.4.
9　朝日新聞アイヌ民族取材班『コタンに生きる』岩波書店、一九九四年、pp.28-33.
10　中本ムツ子『アイヌの知恵・ウパシクマ』新日本教育図書株式会社、一九九九年、pp.143-144. ウパシクマには「祖先からの言い伝え」または「祖先の教え」という意味がある。
11　財団法人アイヌ無形文化伝承保存会編集、『アイヌ文化を学ぶ』（ビデオ解説書）財団法人アイヌ無形文化伝承保存会、一九九四年、pp.3-4.
12　「水俣病、今も多数が苦しむ公害病」読売新聞、二〇〇一・五・一三.
13　萱野茂『アイヌ語辞典』三省堂、一九九六年、p.331.
14　前掲註5、229頁. トゥムシコツパスイはドムシコツパスイと表記される場合もある。
15　萱野茂『二風谷に生きて』北海道新聞社、一九八七年、pp.140-141.
16　前掲註5、pp.3-4.
17　萱野茂『アイヌネノアンアイヌ』福音書店、一九八九年、pp.5-6.
18　「道ウタリ協、改称当面見送り、理事会決定『アイヌ協』に消極論」北海道新聞、一九九八・四・二一.
19　「シドニー五輪開幕『民族の共生』発信、アボリジニフリーマン選手点火」産経新聞、二〇〇〇・九・一六.
20　福島市立森合小学校におけるオーストラリアからの教育実習生受け入れは平成一二年度から始まった。実習期間は一〇月から一二月までの三か月間である。
※「第三章」は、佐藤昌彦「トゥムシコツパスイ（木鈴つきの箸）の教材化考（一）―アイヌ民族の伝統的造形の教育的意義と造形教材としての可能性を探る―」『美術教育学―美術科教育学会誌―』（第二三号、美術科教育学会、二〇〇二、pp.85-96）の内容に基づいた。掲載にあたっては加筆・修正を行っている。

第四章　アイヌの人々の伝統的な楽器としてのムックリ(口琴)

ムックリ(口琴、「ムックリ」の表記もある)は、現在もつくり続けられているアイヌ民族の伝統的な楽器であり、東南アジアやヨーロッパなど世界に広く分布する口琴の一種である。ムックリに関する従来の研究をみると、名称、構造、演奏法、曲名、分布及び淵源に関する研究などはあるが、ものづくり教育における教育的な意味に関する研究はほとんどない。

このことを踏まえて、筆者は、ムックリ製作の第一人者である鈴木紀美代氏に直接指導を受けることによって、「見る」、「触れる」行為、「鳴らす」行為、「つくる」行為という三つの切り込み口から教育的な意味の検討を行った。

第一節　「見る」、「触れる」行為とアイヌ文化への関心

「見る」、「触れる」行為を通して、これまでの普通教育でほとんど取り上げられなかったアイヌ民族の伝統的な楽器を知るとともに、その大きさや形、色、感触、重さ、持ち味などの特徴に気づき、アイヌ文化への関心を

高めることができる。

北海道阿寒郡鶴居村の鈴木紀美代氏が製作するムックリ（**図1**）は、祖母の秋辺サヨ氏から父・秋辺福太郎氏へ、そして、紀美代氏へと受け継がれてきたものである。紀美代氏が制作するようになって三十年近くになる[1)]。鈴木氏のムックリは、縦15〜16㎝、幅1〜1・5㎝、厚さ約2㎜のもので、中央には、幅2〜7㎜、厚さ1〜3㎜の弁がある。弁の根元に約17㎝の木綿糸のひもと弁の先に直径6〜7㎝の木綿糸の輪が付いている。弁の幅は根元側が約7㎜であるが中程からは幅が約2㎜に細くなる。厚さはその逆に、幅の広い部分が約1㎜と薄く、幅の狭い部分は約3㎜と比較的厚くなっている。弁の幅や厚みの変わり目はゆるやかなカーブになっている。長い経験の蓄積から生まれたその形は、長さや幅、厚みなどの均衡がとれており美しい。

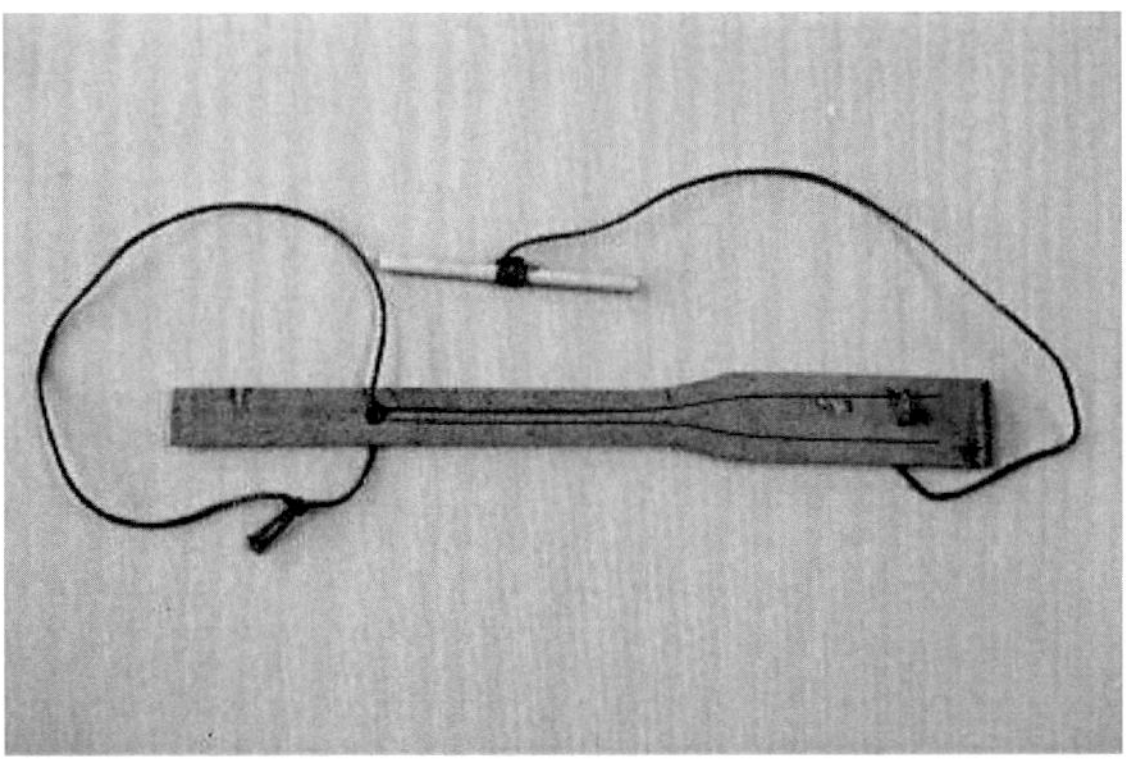

図1　ムックリ（口琴、製作者：鈴木紀美代）

ムックリの材料は主に竹であり、現在本州産の孟宗竹が使われることが多いが、萱野 茂著『アイヌの民具』に「北海道では真竹がないので、根曲がり竹を用いて作りました」とあり、以前は北海道に自生する根曲がり竹（チシマザサ）が使われたようである[2)]。鈴木氏のムックリも現在正月用の門松に使用する孟宗竹が使われているが、以前は身近にある竹のほかに、サビタ（ノリウツギ）やオンコ（イチイ）の木など地域に自生する木も使ったことがあるという。形や大きさは各自で製作したものなので様々であるが、枠と弁があるという基本的な構造は同じである。また、手づくりであるため製作者が同じでも一本一本少しずつ削り具合などが違っている。

ムックリは現在製作されているもののほかに、以前に製作されたものを博物館や江戸時代の見聞録などで見ることができる。市立函館博物館に保管されているムックリは、どちらも鈴木氏のものよりムックリの先端部分が細くなっており、ひもの先にガラス玉が付いているものもある。弁の幅の変わり目の切断はほぼ直角である。また、北海道大学農学部博物館に保管されているムックリには、ひもを通す穴が弁の根元に一か所あるものと弁を切り取った場所の前方にもう一つの穴をあけて二か所にしたものがある。一か所のものは鈴木氏のムックリと同じように弁の先端部分と枠との間にひもを通すようになっているが、弁の幅の変わり目は斜めに短く切り取られている。穴が二か所あるものも同じように斜めに短く切断されている。東京国立博物館に保管されているムックリは、先が尖っているものや丸くなっているもの、弁の付け根側の角が少しだけ削られているもの、ひもを通す穴が一か所のものと二か所になっているものなどがあり、弁の幅の変わり目はほぼ直角に切断されている。

松浦武四郎の『蝦夷漫画』[3]には、アイヌ民族の他の楽器とともに、長さ四五寸として、全の幅がほぼ同じムックリが記されている。谷 元旦の『蝦夷紀行附圖下』[4]には、先が尖り丸みを帯びたムックリが描かれ、山口高品の『蝦夷拾遺』[5]には、幅がほぼ同じで先が丸くなっているムックリが示されている。

こうしたムックリを教材化した場合には、どのようなことが考えられるであろうか。子どもが学校で見慣れている楽器は、主にピアノやオルガン、笛、鍵盤ハーモニカなどであり、ムックリを初めて見る子どもが大部分であると思われる。ムックリはそれらの楽器と形や大きさ、材料など様々な点で視覚的、触覚的に異なっている。初めて見たときには「これは何だろう?」という新鮮な驚きをもって見る子どももいるであろう。そのような状況を踏まえて、ムックリの実物を見たり触ったりすることによって、その大きさや形、色、感触、重さ、持ち味などの特徴に気づかせるとともに、江戸時代の見聞録などから、アイヌの人々に古くから伝承されてきた楽器であることが理解できるようにしたい。

「どのように鳴らすのか」、「どんな音色なのか」、「どのようにつくるのか」、「どんな目的でつくったのか」、「生活の中でどのように使われてきたのか」など、鳴らしたりつくったりすることは、ムックㇼへの関心を高めることにもつながるだろう。それは同時に、これまで学習する機会の少なかったアイヌ文化への関心を高めることにもなる。

第二節　「鳴らす」行為と楽器の特性を実感として把握すること

「鳴らす」ことによって、ムックㇼは楽器としての形態と機能が一体化していること、人間の身体との密接な関係によって独特の音色を出すこと、一本一本の音色が違い同じムックㇼでも鳴らし方によっては違った音色が出ることなどを実感として把握することができる。

鳴らすときには、まず片方の手の小指に輪になっているひもをかけムックㇼの端を持ちながら、もう一方の手で弁の根元に付いたひもを引いたり緩めたりすると弁が振動して音が出るようになる。このままではまだ音が小さいが、少し開いた口にムックㇼの細くなった部分を当て、弁を振動させると、口腔に音が響いてムックㇼ独特の音色になる。口腔の大きさや息の強弱、舌の使い方、ひもの引き具合などによって音色が変化し様々な表現が可能である。また、ひもの長さは自分の手の大きさに合わせて調節することができるようになっている。ここでは聴覚と同時に唇を通じての触覚的感触も重要な役割を果たしている。音と振動との関係を自分の身体で直接に感じ取ることができるからである。

ムックㇼを鳴らす様子は、江戸時代や明治時代の記録に残っている。菅江真澄の『蝦夷廼天布利』[6]には、「女(メノコ)ども口(ハル)にふくみて、左の手に端を持て、右手してその絲を曳く。口の内には、何事かいふといへり。外に出てこれを見れば、女子(メノコ)ども磯に立ちむれ、月にうかれて、ここかしこに吹すさむ声の、おもしろさいはんかたなし。この声の、うちに、をのかいはまほしき事をいへば、こと人は、そのいらへをも吹つ。又人らずひめかくす事なとを、この含是（ムクンリ）に互に吹通はすとなん」とあり、子どもが浜辺でムックリを鳴らす様子が描かれている（**図2**）。

また、松浦武四郎の『蝦夷漫画』にも、トンコリと呼ばれる五弦琴やカチョと呼ばれる太鼓などのアイヌの楽器とともにムックリを鳴らす様子が紹介されている。さらに西川北洋の『明治初期アイヌ風俗図巻』[7]には、「其ムックリと云お、は竹にて網針の様に根元を太く末は細く掘り根元の中央に五六寸の糸を付け又輪形に糸を結び其糸を左手に掛け末の細き方を口に営て息の出し入れで調子を取り右手の糸を引いて鳴らす物」として、女性がムックリを鳴らす様子が描かれている。その音色は「白鳥の鳴く音とか種々の音」を出しとあるとともに、アイヌの人々の楽器として「最も珍重せらる」とも記されている。

民族音楽を研究している谷本一之氏は、ムックリの使用目的について、古くは舞踊の伴奏具として用いられていたが、近くは主に独奏楽器として用いられており、舞踊、歌唱に伴うことは極めて稀であると述べてい

図2　ムックリを鳴らす様子（菅江真澄『蝦夷廼天布利』／図の一部）（北海道大学北方資料室）

る。さらに曲の多くは自然界の音響の模倣であって、模倣する音響を説明する言葉が曲の名前になることにも言及している。曲名の例としては「雨もりの曲」、「海馬の曲」、「小鳥の曲」、「熊と犬との争いの曲」[8]などをあげている。

現在、幕別の安東ウメ子氏は、「山と川と」、「山頂にて」、「水辺にて」、「風・雨・熊」、「白則、「シマフクロウ」、「チセの中」、「きまり小屋」などの曲名でムックリを演奏している。その曲の説明からは、アイヌの人々の自然や家族などに対する思いとともに、生活の中でムックリがどのように使われてきたのかを知ることができる[9]。「山と川と」には、「先祖たちがこよなく愛し恐れたこの自然の営み、沢山のごちそうを与えてくれた神々に対しお礼を込め、小川の水音をバックに長めのムックリとやや短めのムックリで演奏した」とある。また、「山頂にて」には、「大地を見下ろす丘の上に立ち、先祖たちが狩りに行った夫や息子の帰りを待ったり、天気の予測をしたり、自然の移り変わりを確かめていたころのコタンの生活を思い浮かべて奏でたものである」とある。さらに「水辺にて」には、「水辺で遊んだ幼いころに一緒に遊んでくれた兄弟や友達のこと、黙々とチセの周りで家族のことを気づかいながら働くハボ（母）のことを思い出し、柔らかな水音と時折飛び舞う小鳥たちの声をバックに演奏したものである」とあり、「白鳥」には、「冬が近づくとレタッチリ（白鳥）がコタンの周りにやって来る。遠くシベリアからやって来る。鳥たちは毎年同じ水辺にやって来る。コタンを流れる途別川は今でも厳冬期に凍らない川である。親鳥や灰色の幼鳥と『ググッ、ググッ』と鳴く声を思い浮かべて演奏した」とある。「チセの中」には、「アイヌ民族の家『チセ』はクギを使わず：ツルや縄を使いドスナラなど腐らない木材を組み立て、屋根と壁をヨシやカヤで覆ったものである。チセはモセムという張り出した玄関（物置兼用）から入ると土間からに引き続いて居間になっている。居間の入り口中央には炉（アペオソ）がある。炉はチセにおける生活の中心であった。食事の煮たき・家族の団欒・年寄りの昔話・ムックリの演奏・文様の練習・ウポポ（座ったままの作業や儀式の際に歌を唄う行為）・炉に飾った火の神（アベフチカムイ）への祈り（カムイノミ）などが炉を囲んで行われた。厳しくも温かかった家族を思い出して演奏した」とある。このような記述からは、自然の恵みに感謝する心や家族を思いやる心などを音色に込めながら、水音や小鳥のさえずりなどの自然の音と一体になってムックリを奏でていることがよくわかる。

屈斜路コタンのアイヌ詩曲舞踊団モシリは、アイヌ民族の伝統音楽を受け継ぎながら、新しい音楽や舞踊を生み出そうと、ムックリやウッドベース、パーカッション、シンセサイザーなどを組み合わせた演奏を行っている。「アイヌ文化に触れ、アイヌ・ネノ・アン・アイヌ（人間らしい人間）としての心や、カムイ（自然、神々）とともに生きる精神」[10]を育てていきたいと活動を続けている。ムックリを使った曲には「カムイラム」（神々の想い）や「シリコロカムイ」（大地の神々）、「カントコ。カムイ」（天の神々）、「チクニエタブカラ」（樹木とともに舞う）[11]などがある。

また、一九九七（平成九）年二月には、北海道ウタリ協会札幌支部と札幌市の主催で「第四回全道ムックリ大会」（大会名「ムックリ」は四文字同じ大きさで表記していた。ここにはそのまま記載した。以下、大会に関する表記は同じ「ムックリ」とした）が同市内の札幌市教育文化会館で開催され、小学生から大人まで世代を超えて様々な年齢層からの参加があった。アイヌ文化としてのムックリを伝承し演奏を通して多くの人々にその魅力を知ってもらおうとする試みが重ねられてきているのである。さらに世界の口琴との交流も行われるようになり、一九九一（平成三）年六月には、東シベリアのヤクーツクで開催された「第二回国際口琴大会」にアイヌの人々が参加しムックリの演奏を行っている[12]。世界の口琴には、台湾やフィリピン、タイなどのもののようにアイヌと同じ竹製のものもあれば、イギリスやオーストリアなどのように金属製のものもある[13]。

このようなムックリを「見る」、「触れる」だけでなく、手に持って「鳴らす」ことができれば、ひもを引いたり緩めたりすることによって弁が振動することやその振動によって音を出すこと、振動の違いによって音が異なることなど、ムックリの音やその音を出す仕組みを理解することが可能になる。

さらに口に当てて「鳴らす」ことによって、弁の振動が口腔に響いて大きな音になること、口腔の大きさによって音色が変わること、息の強弱などを変えることによっても音色が変わることなど、人間の身体とムックㇼとの密接な関係によって独特の音色を出していることを体得できる。また、ムックㇼの細くなっている部分を口に当てることから、なぜこの部分が細くなっていたのかということにも気づくことができる。そのほかにも「鳴らす」ことによって、ムックㇼは手にちょうど持ちやすい大きさであること、ひもの長さは使う人の手の大きさに合わせて調節できること、弁の振動は口腔や手など身体の各部に伝わっていくことなど、ムックㇼの様々な特質を体得することができる。また、鳴らし方を練習するうちに、はじめはよい音色が出なくても徐々によい音色がでるようになってくる。このことは同じムックㇼでも鳴らし方の違いによって音色が異なることを示している。さらに一本のムックㇼだけでなく数本のムックㇼを鳴らして比較してみることによって、一本一本のムックㇼがそれぞれ違った音色をもっていることにも気づくことができる。つまり「鳴らす」ことによって、ムックㇼは楽器としての形態と機能が一体化していること、人間の身体との密接な関係によって独特の音色を出すこと、一本一本の音色が違い同じムックㇼでも鳴らし方によっては違った音色が出ることなどを実感し得るといえる。

江戸時代の見聞録などを一緒に学習することができれば、ムックㇼは子どもから大人まで日常生活の中でアイヌの人々に長く親しまれてきた楽器であることもわかる。さらにムックㇼの演奏を聞きその意味を知ることは、アイヌの人々が自然や家族とどのようにかかわってきたのかなどを学ぶことができるものである。ムックㇼの演奏が自分たちの文化として現在まで伝承されている事実や「全道ムックリ大会」の開催、「国際口琴大会」への参加が行われるようになっている状況からは、ムックㇼがアイヌの人々のアイデンティティを確立する存在であるとともに、世代や民族、地域の違いにかかわらず互いを結びつけ合う役割を果たす可能性があるものとして理解することができるであろう。

第三節　「つくる」行為と材料（自然素材）の特性を生かすアイヌの人々のものづくり

「つくる」行為に関する教育的な意味としては次の三つを取り上げた。

一．音色と材料や形態とが密接に関係する楽器の特質を一層深く理解できること。

二．自然素材の特質を知り、道具を扱う技術を高め、形態に対する美意識を育めること。

三．自然の恵みに感謝し、材料（自然素材）の特性を最大限に生かしてきたアイヌの人々の自然に対する考え方を学べること。

「つくる」行為を通しての教育的な意味を検討する際には、ムックリ製作の第一人者である鈴木紀美代氏から製作方法の指導を受けるとともに、自ら実際に製作することによって考察を行った。

直接指導を受ける前に鈴木氏のムックリをモデルに見様見真似で製作してみた。材料となる竹は、日曜大工センターで購入したもの、自宅の庭にあったもの、裏山の竹林から切り出したもの、たき火をした後に焼け残ったもの、竹の専門店から購入したものなど様々な竹で製作を試みた。道具は小刀や糸ノコなどを使って、できるだけ鈴木氏のムックリの寸法に合わせて制作した。しかし、自作のムックリは小さい音が出るものの、どれも鈴木氏のムックリのようなよい響きにはならなかった。自作のムックリは強くひもを引かないと弁が振動せず、振動してもその幅は小さく弾力性に乏しいものであった。

一九九六（平成八）年一一月、筆者は鈴木氏（当時、阿寒在住）を訪ね直接製作の指導を受けた。この指導を通して、音色と密接な関係を持つ材料の重要性とともに、予想以上に多くの工程を経て仕上げられていることを知った。いいものをつくるための研究を製作者が長年行ってきたことを子どもに知らせることは、ものを大切にする心を育む上から重要なことである。

材料となる竹は、正月の門松に使われた孟宗竹を二つ割りにし一年間乾燥させ、さらに水分を抜くために油で揚げたものが使用されていた。竹の艶や触った感じ、匂いで、そのことがよくわかるので、授業を行う場合には、子どもの視覚や触覚、嗅覚を十分に働かせて材料の状態を捉えさせたい。油で水抜きをしない場合は、三年間乾燥させたものが使われるということであった。サビタやオンコの本で制作したときには、竹のようなよい音色が出なかったという。また、竹を材料に使っても、その乾燥の度合いによって音色に違いが出てくるので、よく水分を抜いたものを準備することが、第一に必要なことであった。さらに工程は、主なものだけでも「竹を切る」、「竹を割る」、「弁の形をかく」、「弁の先端に穴をあける」、「弁の根元に小さい穴をあける」、「油で揚げる」、「油を拭く」、「粗削り」、「仕上げ」、「ひもをつける」、「音の調整をする」といった十二もの段階を経るものであった。

「弁の外形を切る」段階では、現在電動糸ノコを使っているが、鈴木氏の祖母はマキリと呼ばれる小刀一本で弁の外形を何度もなぞって切り出していたという。材料は古くなった竹ボウキの柄を小さく切って使い、時間をかけて一日に一本丁寧につくつて鳴らしていたということであった。親から子へ、子から孫へとものづくりを伝承する教育は、わが国において過去のものになりつつある。しかし、このような伝承の在り方は、人間の基本的な教育の姿として見直したいものである。

「粗削り」の段階は、ムックリ全体の幅や厚さを整え、弁の厚さを決めるので、材料の準備とともにムックリの音色を左右する重要な工程であった。削り取る竹の厚さが薄紙一枚程度違っても音色が異なってくるという。

鈴木氏の指導に基づいて、実際に竹を削りひもを通して鳴らすところまで体験してみた。初めて制作したときよりも、音色と材料との関係や音色と工程との関係を理解しながらつくることができた。特に音色を左右する弁の厚みに気をつけながら製作した。音は以前よりよくなったものの、やはり鈴木氏のムックリのようなよい響きにはならなかった。問題はマキリの使い方にあるように思えた。

もう一度鈴木氏の製作の様子を注意して見ることにした。鈴木氏のマキリの使い方は熟達し見事なものであった。小さな竹片から一本のムックリが瞬く間に削り出される。ムックリを片方の手で持ち太い丸太でつくった削り台に押しつけながら、もう一方の手にマキリを握り削っていく。ムックリの側面を削り、厚さを整え、弁を薄く削り、音色を確かめる、このような一連の工程が長年愛用しているマキリを使って的確に行われていった。

鈴木氏の制作した後に、慎重にマキリで削ってみた。削り台は体の正面に向かい合う形になるので、竹を握ったまま削ることができ製作がしやすく、以前ムックリを台の上に水平に置いて削ったときよりもマキリを自由に扱うことができた。これまで気にとめなかった削り台の形や大きさがマキリの扱いやすさと一体になっていることを知った。また、最初は鈴木氏が製作する速さに合わせるために細部が整わないうちに進めていたように思われる。今回は自分のレベルに合わせてゆっくりと竹の削り具合を確認しながらマキリで削った。

まず、竹の幅を整えるためにムックリの側面を弁のカーブにそって削り、唇に当たる部分を細くした。同じように反対側も弁の形にそって細くした。この部分が太すぎると音が吸収されよい音色にはならないという。単に唇に当てるために細くするものと考えていたが、それだけではなく、ムックリの幅と響きとが密接に関係していることを知った。また、弁を中央にはさんで左右の釣り合いをとることも大切であった。全体の形のバランスを考えて両脇を削り取った。次にムックリの厚さを整えるために、幅を細くした側から2～3㎜程度の厚さに削った。持ち替えて反対側も同じように削った。弁の付け根側は丈夫にするため竹の節がくるようになっているが、この節の部分が多いとやはり音が吸収され、よい音色にはならないということであった。見たり鳴らしたりするだけではわからなかったことも、製作者から直接指導を受け自分でつくることによつてはじめて具体的に理解することができた。

さらに、弁の根元を薄く削る段階では、まずマキリの先で弁の付け根に切れ目を入れ、そこから先は削らないようにした。次に竹の破片を弁と枠の間に挟んで削る部分を盛り上がらせ削りやすくしてから、中程にマキリを当てカーブを描くように削り取った。片側からだけマキリで削ると厚さが均一にならないのでムックリを削り台の上に立て左右両方から削った。適度な厚さになるまで何度かこれを繰り返し、ある程度削ったら弁の先を弾いて音色を確かめた。弾いたときの弁の振動が、「一・二・三・四」と四秒間程度振れるように調整するのがポイントであった。自作のムックリでは、「一・二」程度の間しか振れなかった。この微妙な調整不足が、鈴木氏のようなよい音色のムックリにならなかった原因の一つであろう。弁の厚みを落とし過ぎると響きに張りがなくなり厚いままだと堅くてよく鳴らなかった。

何本か続けて製作した結果、ようやく今までで一番よいムックリをつくることができた。鈴木氏が製作するムックリには格段に及ばないが懇切丁寧な指導のおかげでマキリの使い方を覚え、少しずつ音色がよくなったことを実感した。また、弾力性に富む（弁をつくる際に欠かせない性質）、真っすぐに割れる（竹を真っすぐに割ってムックリの原形をつくる）、乾燥すると音がよく響く（音色を左右する）などという竹の性質がムックリの形態や構造に生かされていることを実感することができた。さらに、使う人に喜んでもらえるようにと、音色を一本一本確かめながら形を整えていくという作者の思いにも触れることができた。このようなものづくりの体験は子どもにとっても重要である。

改めてはじめてつくった自作のムックリと鈴木氏のムックリとを比べてみると、よく鳴らない原因がいくつか明らかになった。まず材料であるが、竹林から切り取ったばかりの青竹は水が滴るほどの水分を含んでおり、よい響きにならないのは当然であった。よく乾燥した竹を使うというのが大前提である。鈴木氏は雨の日には湿気が多いので製作はしないというほどである。次に道具となるマキリであるが、ムックリの細部まで丁寧に削るためには自由に扱えるようにすることが必要である。そのためには、どのような削り台を使うかが大切なことであった。マキリと削り台の組み合わせを考え、さらに、マキリの使い方を覚えることが必要になってくる。これは子どもが小刀を使う際の安全性にもかかわってくることである。また、乾燥した竹や竹の専門店から購入した良質の竹を使用したとしても製作の仕方によってはよい音色のムックリができるとは限らない。よい音色のムックリをつくるためには、一つ一つの工程を確実に進めることが非常に重要であった。特に音色を左右する「粗削り」は、「幅を決める」、「厚みを決める」、「弁を削る」の各段階にわかれており、それぞれの段階がみな音色や形の美しさにかかわってくる。それらを的確に行うことがよいムックリを製作する上で欠かせないことである。

以前は、北海道に自生する根曲がり竹で製作したともいわれているが、自然の材料を使うときには必要な量だけを取ってそれらを大切に使用するということも貴重な教えであった。これは自然の循環を壊さないように生活してきたアイヌの人々の伝統的な考え方である。多様な文化の共生とともに自然との共生が切実に求められている今日の状況において、ムックリの制作を糸口として、このことを一層深く学び、現代に生かすことは極めて重要な意味をもつ。

鈴木氏のムックリの形や大きさは、父・秋辺福太郎氏が製作したムックリとは違っているという。父から製作方法を受け継いでからこれまでの間に、よい音色を出すための試行錯誤を自分なりに繰り返し今日の形と大きさになったものであった。このことはムックリを教材化する上でも重要なことである。それは教材化することによって、ムックリに込められたアイヌの人々の精神や技術を学ぶことができるとともに、よい音色を出すための改善を自分なりに加えることができるからである。これは子どもの創意工夫を生かす教材にもなり得るということである。端的に言えば、伝承と創作という両面の価値を含む教材となるものである。

鈴木氏は、「ムックリ独特の響きが好きです。祖母や父から受け継いだこのムックリを一生つくり続けていきたいと思っています」と語るとともに、「将来はタイの竹でもつくってみたいと考えています。いい竹があるそうです」とも語っている。ムックリの魅力や自らの伝統文化への誇り、そして新しい可能性をさらに追求しようとする姿勢が強く伝わってくる。

これらのことから、「つくる」行為を通じての教育的な意味としては、先に述べたように、次の三つを示すことができる。第一に、音色と材料や形態とが密接に関係する楽器の特質を一層深く理解できること。第二に、自然素材の特質を知り、道具を扱う技術を高め、形態に対する美意識を育めること。第三に、自然の恵みに感謝し、自然素材の特性を最大限に生かしてきたアイヌの人々の自然に対する考え方を学べること。

また、ムックリがアイヌの人々のアイデンティティを確立するものとして、さらには、年齢や地域などの違いにかかわらず互いを結びつけ合う役割を果たす可能性があるものとして理解できることは、親から子への伝承の仕方や作者の思いなどから、「鳴らす」行為のみならず「つくる」行為の考察を通じてもいえることである。

〔第二部・第四章　註〕

1 佐藤昌彦、「地域文化と鑑賞教育」、『美育文化』第四七巻第八号：財国法人美育文化協会一九九〇、pp.29-30.
2 萱野茂、『アイヌの民具』、すずさわ書店、一九七八、pp.253-254.
3 松浦武四郎、『蝦夷漫画』、一八五九、市立函館図書館.
4 谷元旦、『蝦夷紀行附固下』、一七九九、市立函館図書館.
5 山口高品、『蝦夷拾遺』、一七八六、北海道立文書館.
6 菅江真澄、『蝦夷適天布利』、一七九一、北海道大学北方資料室.
7 西川北洋、『明治初期アイヌ風俗図巻』、市立函館図書館.
8 谷本一之、「アイヌの口琴」、『北海道大学ゴヒ方文化研究報告』第一五集、北海道大学、一九六〇、p.72.
9 小助川勝義監修、『安東ウメ子・ムックリの世界 アイヌ民族の心の響き』(C5)、北海道幕別町教育委員会制作、一九九四、p.3.
10 シノッチャキ房恵、「MOSHIRIライブin丸木舟」、モシリ企画、一九九七.

11　モシリ（アイヌ詩曲舞踊団）、「カムイラム」（神々の想い）、FIRANKARAPTE』、モシリ企画、一九九五・「シリコロカムイ」（大地の神々）、『第七集 SHIR KOR KAMUY』、モシリ企画、一九九三・「カントコロカムイ」（天の神々）、『第六集 KANTO KOR KAMUY』、モシリ企画、一九九三・「チクニエタプカラ」（樹木とともに舞う）、『第三集 Kamuy mintar』、モシリ企画、一九九一・pp.124-130.

12　弟子シギ子、「ムックㇼについて」、『口琴ジャーナル』第三号、日本口琴協会、一九九一、p.6.

13　直川礼緒、「楽器の美 口琴から聞こえる世界の広がり」、別冊『MUSIC MAGAZINENOISE』、ミュージック・マガジン、一九九二、

※　「第四章」は、佐藤昌彦「ムックㇼ（口琴）の教材化考（一）―アイヌ民族の伝統的造形の教育的意義と造形教材としての可能性を探る―」『美術教育学―美術科教育学会誌―』（第一九号、美術科教育学会、一九九八、pp.157-168）の内容に基づいた。掲載にあたっては加筆・修正を行っている。

第五章

小学校（高学年）の授業における教材としてのムックリ（口琴）

第二部の第四章においては、ムックリ（口琴）のものづくり教育における意味を明らかにした[1)]。本章においては、小学校（高学年）の授業において実際にムックリを教材として用いることによってムックリの教育的な意味を検証した。

ここでは、まず検証した結果としての教育的な意味を記載し、次にその授業における指導のポイントについて記した。

第一節　小学校（高学年）におけるムックリ（口琴）の授業と教育的な意味

実践は、一九九七（平成九）年一〇月二日、北海道阿寒郡鶴居村立下幌呂《しもほろろ》小学校五・六年生六名を対象に行った。その結果をもとにムックリの教育的な意味を次の五つの視点から整理した。

一・アイヌの人々の文化や風習への関心

第一の意味としては、これまでの普通教育でほとんど取り上げられなかったアイヌ民族の伝統的な楽器を通して、アイヌの人々の文化や風習への関心を高め得るということができる。

事前調査では北海道に住みながらもムッㇰㇼについて知っていると答えた子どもはほとんどいなかった。知っていると答えた子どもでもその内容は「ムックリという名前は聞いたことがある」（一名、事前調査での「ムックリ」と記された表記はそのまま記載した）「テレビで見たことがある」（一名）という程度のものであった。しかし、今回のムッㇰㇼ製作の授業によって、子どもたちはアイヌ民族の伝統的な楽器を知ることになったばかりではなく、ムッㇰㇼの材料である竹を森の中で採取するときに「材料を少しいただきます」と感謝するアイヌの人々の自然に対する考え方や風習などに子どもたちは強い関心を示した。このような子どもたちの関心の高まりは、アイヌの人々のことばや衣服、食事、住居、子どもの遊び、歴史などの学習へと発展することにもなった。学習の成果は学芸会の劇として発表され、ムッㇰㇼの演奏も劇の中で行われることになった。これらの体験は子どもたちのアイヌ文化に対する理解をより深めるものになったと考える。多様な文化の共存共栄を図るための教育は、ものづくり教育だけではなく他の教科の学習などでも今後いっそう積極的に取り上げる必要がある。

一九九八（平成一〇）年六月二二日に公表された教育課程審議会のまとめには、「国際化が急速に進展する中で、国際社会に生きる日本人の育成という視点に立った教育の展開は、今後一層重要なものとなってくる。国際化の進展に対応した教育は、広い視野をもって異文化を理解し、異なる文化や習慣をもった人々と偏見をもたずに自然に交流し共に生きていくための資質や能力の育成を図ることをねらいとするものであるが、そのためには、我々はまずわが国の歴史や文化・伝統に対する誇りや愛情と理解を培う教育が重要であると考える」[1]ということが基本的な考え方として述べられている。これは一九九七（平成九）年七月一日に施行されたアイヌ新法の目的である「アイヌの人々の民族としての誇りが尊重される社会の実現を図り、あわせてわが国の多様な文化の発展に寄与する」[2]ということと大きくかかわるものである。わが国を始めとして世界各地に多様な文化が存在することを認め、互いに尊重し合いながらその共存共栄を図ることは、今後の地球全体の文化をよりよいものにしていくための極めて重要な課題でもある。このような考え方を理念のみに終わらせるのではなく教育を通して具体的な姿として提示することは、いまだに宗教や人種などの違いによってさまざまな対立が続く世界の国々に対して極めて説得力のある行動となるだろう。

二．ムックリ（口琴）の製作とアイヌの人々の自然に対する考え方

第二には、自然の恵みに感謝し自然素材の特性を最大限に生かしてきたアイヌの人々の自然に対する考え方を学び得るということができる。

アイヌの人々は恵まれた自然環境のなかで生活してきたにもかかわらず、竹一本取っても感謝し、小さな容器の材料となる樹皮を少し取るときにも自然に対して感謝してきた。ありあまるほど取るのではなく必要な分だけを取ることによって自然を壊さないようにしてきたのである。北海道に多くの森が残っているのはそのようなアイヌの人々の考え方と生活の仕方の証しでもある。

現在、ゴミ問題や自然破壊などの環境の悪化はわが国のみならず地球規模の大きな問題となっている。教育課程審議会のまとめにも「環境問題に対する社会の関心が一層高まる中で、環境や資源エネルギーについての理解を深め、環境を大切にする心を育成するとともに、環境の保全やよりよい環境の創造のために主体的に行動する実践的な態度や資質、能力を育成することは今後ますます重要なものとなってくる」[3]とあるように、環境問題への対応が今後の学校教育の重要課題の一つとして位置づけられているのである。

そのような状況を踏まえれば、「自然の恵みに感謝し、必要な分だけを使うとともに、それらが無駄にならな

いように心を込めてつくっていく」というアイヌの人々の精神文化をものづくりの基本的な考え方として次代を担う子どもたちにぜひ伝えていきたいものである。

ムックリ製作の授業の初めに配布した資料「ムックリにこめられた自然に感謝する心」は、アイヌの人々の自然に対する考え方を学ぶ手がかりにするために作成したものである。その内容は、ムックリがアイヌ民族の伝統的な楽器であること、以前ムックリは森の中で育つ根曲がり竹（チシマザサ）やサビタ（ノリウツギ）の木、オンコ（イチイ）の木などでつくられたこと、それらの竹や木を切るときには「ムックリをつくるために材料を少しいただきます」と自然の恵みに感謝したこと、さらには、アイヌの人々が自然の恵みによって人間は生かされていると考え自然に感謝して暮らしてきたことなどである。

子どもたちの感想やその後の学芸会の劇の中で紹介されたアイヌの人々の歴史や暮らしぶりなどを見ると、授業のねらいの一つであるアイヌの人々の自然に対する考え方に触れるという意図はほぼ達成されたものと考える。また、授業のなかで鈴木氏のムックリ製作の様子を間近に見たことは、材料（自然素材）を無駄にしないように、さらには使う人に喜んでもらえるようにと、音色に細心の注意を払いながら形を美しく整えていく製作者の思いや技を知る貴重な機会となった。子どもの感想に鈴木氏のムックリに込める気持ちや丁寧にムックリを製作する様子、製作者に直接指導を受けてよい音色のムックリをつくることができた喜びや感謝の気持ちなどが記されていた[4)]。

三．アイヌの人々の伝統的な楽器の特質を実感として学ぶこと

第三には、材質や形態と音色が密接に関係する楽器の特質を実感として学び得るということができる。

よい音色のムックリをつくるためには乾燥した竹を使うことが第一に大切になる。授業の中では、材料となる竹を二つ割りにして一年間以上乾燥させること、水分をできるだけ抜くために乾燥した後も油で揚げて使う

こと、雨の日には湿気が多いので制作しないことなどを鈴木氏の話から知ることができた。また、竹の削り方ひとつで音色が大きく違ってくることも学ぶことができた。特に弁を削る段階では、弁が厚すぎると音が伸びず薄すぎると張りのある音にならないので、子どもたちは弁の先をはじいて振動を確かめながら慎重に削っていった。音の出なかったムックリでも鈴木氏が削り直すとよい音色が出るようになったこともあり、それを通して、子どもたちは音色と形態との関係をいっそう理解することができた。

竹の材質や形と音の微妙な関係を単なる知識としてではなく実感として学ぶことができたわけである。端的に言えば、造形と音の関係を子ども自身が自分で検証できたということである。いい音が出るまで何度も手で竹を触り耳で音を確かめるなどの五感を通して検証したのである。「なぜいい音が出ないのか」、「どうすればいい音が出るのか」ということを自問自答しながらつくっていくという体験は能動的な知識を育成することであり、このことは同時に、材質や形、音を通しての問題を解決する能力を育成することでもある。また、いい音が出たときの満足感や喜びは次のものづくりの活動への意欲や自分自身への自信に結びつくものである。

第一五期中央教育審議会第一次答申にもこのことは述べられている。そこでは「これからの子供たちに必要となるのは、いかに社会が変化しようと、自分で課題を見つけ、自ら学び、自ら考え、主体的に判断し、行動し、よりよく問題を解決する資質や能力であり、また、自らを律しつつ、他人とともに協調し、他人を思いやる心や感動する心など、豊かな人間性である」とされ、こうした資質や能力が「生きる力」と称されている。さらにこの「生きる力」をはぐくむためには、「自然や社会の現実に触れる実際の体験が必要であるということである。子供たちは、具体的な体験や事物とのかかわりをよりどころにして、感動したり、驚いたりしながら『なぜ、どうして』と考えを深める中で、実際の生活や社会、自然の在り方を学んでいく。そして、そこで得た知識や考え方を基に、実生活の様々な課題に取り組むことを通じて、自らを高め、よりよい生活を創り出していくことができるのである」として、直接体験の機会を豊かにすることが重要であると述べている。形や材質と音との関係を自ら検証するムックリの制作は、まさにこのような直接体験であり、「生きる力」を育むための基盤を形成するものである。しかも、今回の授業実践では、ムックリの熟達者による直接的な「手渡し」の教育が行われたことにも意味がある。すなわち、そこには、人間と人間との直接的な教育実践があったといえる。それは、かつて親から子へ、子から孫へと受け継がれていったものづくりを通しての文化の伝承形態であり、現在の教育の中で我々がその価値を見失いがちのものである。

四. 材料（自然素材）の特性、道具を扱う技術、形態に対する美意識

第四には、自然素材の特性を知り、道具を扱う技術を高め、形態に対する美意識を育むことができるといえる。

いい音が出る場合、その形は造形的に美しさをそなえていることが多い。ムックリの教材化はこのような機能と美の調和について学ぶよい機会になる。今回の九〇分の授業の中で大部分の子どもはムックリを二本つくることができた。その二つを比べてみると、やはり二本目の方が音色もよく形もいいものになっている。このことは小刀の扱いがだんだん上手になったこととともに、一本目をつくった経験から形と音が密接に結びついていることがよくわかり、いい音が出るようにするためには枠や弁になる部分をどのようにすればよいのかということを意識して削ることができたためであろう。子どもの感想にも「弁の形がよくなったらいい音が出るようになった」とあるように、機能と美が一体となっている楽器の特質を自らの体験を通して理解することができたわけである。このような体験は、飛行機や自動車、新幹線、椅子、テーブルなど他のものづくりにおける機能と美の調和を考える基盤にもなる。

また、子どもにとって竹を小刀で削る体験は初めてであったが、この授業によって、弾力性に富む、真っすぐに割れる、乾燥すると音がよく響くなどの竹の特性や小刀などの道具の扱いを学ぶことができた。以前は子ど

もの遊びの中に自分で竹スキーやそりをつくったり竹馬や竹鉄砲などをつくったりして竹に触れる機会があったが、現在はそうしたことがほとんどない傾向にある。材料（自然素材）の特性を知りそれを生かすことや道具の扱い方を身につけることはものづくりの原点である。そしてこのことは、自分でつくる喜びや自分でつくったもので遊ぶ喜びを味わえることにもかかわってくる。現在の子どもの環境を考えると、ファミコンなどの既製の玩具はたくさんあるが自分で創り出すという機会はますます少なくなってきている。遊び方もボタンを押すという手の一部分の機能をはたらかせる行為がほとんどである。以前に鉛筆が削れない子どもたちが増えているということが問題になったが、今では鉛筆が削れないだけでなく、線にそって紙を切ることができない、紐を結ぶことができない、紙の縁と縁とが合うようにきちんと折ることができない、紙のすみずみまでのりをつけて貼ることができないなど、できることが当たり前と思うようなこともできない子どもが少なくないのが現状である。手を含めて人間の身体の全体の機能を使うという体験の機会が欠けているのではないだろうか。そうだとすれば、今後の子どもの教育に当たっては、身体全体の感覚を使ってつくる喜びやつくったもので遊ぶ喜びを取り戻していくことがなお一層必要になる。身体で覚える美意識が表現や鑑賞の基軸になると考えるからである。

五．ものと人とのかかわりを学ぶこと

第五には、アイヌ民族の楽器の独特の音色や音の出る構造を知ることができるとともに、ものと人とのかかわりを学び得るということができる。

授業では製作後に鈴木氏からムックリの演奏を聞くことができた。アイヌの人々の奏でるムックリの音色には、アイヌの人々のさまざまな願いや感情、知識、思いが込められている。教室にムックリ独特の音色が響くと他の教室の先生方も聞きにくるほどであった。ムックリは「熊のなき声」や「雨だれの音」、「鳥のなき声」、「風の

音」などを思い浮かべて演奏したともいわれている[5]。子どもたちはムックㇼの鳴らし方を鈴木氏に指導を受け少しずつよい音が出るようになっていった。ムックㇼは素朴な楽器で音が簡単に出せるものと思いがちであるが、音を出せるようになるためには何度も練習が必要なほど難しいものである。ひもの引き具合や呼吸の仕方、口の動かし方などによって、音の出方や音色が変わってくる。それだけに音が出たときの喜びは格別である。子どもの感想には音を出す難しさとともにようやく音が出たときの感動が記されていた。

ムックㇼはアイヌの人々の日常生活と密接に結びついた楽器である。鈴木氏も子どものころから祖母や父がつくって鳴らすのをそばで見聞きしてつくり方や鳴らし方を覚えてきている。アイヌ無形文化伝承保存会製作のビデオ「フチとエシカを訪ねて四―織る。奏でる。祈る―」にもこのことは触れられている。その中で弟子屈町の日川キヨ氏は、「熊のなき声」、「雨だれの音」、「鳥のなき声」、「風の音」をムックㇼで演奏するとともに、「熊のなき声」については、「木に登った子熊を心配してさけぶ母熊のなき声」であることも語っている。また、ビデオには、竹でつくったムックㇼによる演奏だけではなく、サビタの木でつくったムックㇼの演奏も収録されている。そして、日川氏が父や母の鳴らし方をまねて覚えたこと、自分の鳴らし方には父や母の鳴らし方が入っていること、父母のおかげでこれだけ演奏できるようになったという両親への感謝の思い、寂しいときに一人で鳴らしたこと、春のお祝いなどのお祭りに大勢で鳴らしたこと、歌のはやしとしても鳴らしたことなども記録されている。ムックㇼは素朴で小さな楽器ではあるが、アイヌの人々の思いが込められアイデンティティを確立するものでもある。このようなムックㇼのつくり方をアイヌの人々から直接に指導を受けることは、ものづくりを通してアイヌ文化をよく理解することになるとともに、人と人とのつながりを深めることでもある。現代は物質的には豊かになったが人間関係が希薄化し、他人への思いやりなどの人間関係対応能力が低下していると言われる[6]。今後のものづくり教育においても、直接、人に聞く、お年寄りから聞くなどの「手渡し」の教育を一層大切にしていくことが必要になる。このことは教育全体の重要な課題となっている人間関係対応能力を育成することにつながっていくからである。

第二節　小学校（高学年）におけるムックリ（口琴）の授業と指導のポイント

今回の授業はムックリの教材化のスタートとして製作者の住む地域の小学校で高学年を対象に時間は九〇分として行ったものである。授業ではムックリに込められた自然に感謝する心を学ぶことを第一のねらいとして、「見る」、「触れる」、「つくる」、「鳴らす」行為を通じてのものづくり教育における教育的な意味を確認したいと考えた。そのための指導のポイントとして重視したことは、「ムックリの製作者から直接に学ぶ」、「ものづくりを通して『自然に感謝する心』を学ぶ資料を作成する」、『竹を削る』段階を中心にして授業を展開する」、「小学校の児童が活用できる用具を準備する」という四点である。

授業におけるムックリ製作の指導は鈴木氏が行い、授業のねらいの確認や進行などは筆者が行った。授業展開は、①ムックリと製作者の紹介、②授業のねらいの確認（資料活用）、③製作者によるムックリの製作、④子どもによるムックリの製作、⑤ムックリの演奏という順で行った。

一．ムックリの製作者から直接に学ぶ

今回の授業では、ムックリを長年つくり続けてきた製作者から直接に学ぶことができれば、ムックリに込める思いやよい音色を出すためのすぐれた技などをより深く学ぶことができると考え、北海道阿寒郡鶴居村在住の鈴木紀美代氏に講師を依頼した。鈴木氏がつくるムックリは祖母や父から製作方法を受け継いだもので、よい音色を出すための研究を重ね、つくり始めてからほぼ三十年になるという。また、鈴木氏のつくるムックリは北海道の各博物館で展示されているとともに、毎年開催される「全道ムックリ大会」[7]の出場者が使用するなど、

多くの人々に愛用されている。筆者は一九九六年に鈴木氏からムックリのつくり方を習い、その後も多くのことを学んできた。

本授業は鈴木氏の住む鶴居村の小学校で行ったが、アイヌ文化振興・研究推進機構[8]の「アイヌ文化活動アドバイザー派遣事業」と連携を図れば、ムックリの製作者がいない地域の小学校などでもアドバイザーとして委嘱を受けた製作者から直接に学ぶことができる。このような事業などを通じて、多くの人々が自然の音色を奏でるムックリの魅力に触れることができるとともに、人と人とのつながりを深めていくことが可能となる。子どもたちはムックリ製作の授業後もアイヌの人々の衣服について鈴木氏から指導を受けたり学芸会の招待状を送ったりするなどの交流を続けている。

ムックリ製作者に指導を依頼する際には、教師が事前に作者と授業内容について打ち合わせを行ったり自分でもムックリをつくったりすることが大切である。このことによって教師自身もムックリの魅力に触れることができるとともに、授業でどのように子どもに指導すれば一番よいのかが明確になる。

二．ものづくりを通して「自然に感謝する心」を学ぶ資料を作成する

小学校高学年の子どもたちがムックリに込められた自然に感謝する心をわかりやすく学ぶことができるような資料を作成した[9]。内容は先に述べたとおりである。この資料が手がかりとなってアイヌの人々の自然に対する考え方を学ぶことができたが、改善が必要な点もある。それは孟宗竹についてである。最近はムックリの材料として北海道に自生しない本州産の孟宗竹なども使われるようになってきているが、それは「なぜか」という説明が不足していた。この点については次のように改善したい。

【改善前】 以前、ムックリは森の中で育つ根まがり竹（チシマザサ）やサビタ（ノリウツギ）の木、オンコ（イチイ）の木でつくられたといいますが、その竹や木を切るときには、「ムックリをつくるために材料を少しいただきます」と自然の恵みに感謝したのだそうです。また、古くなった竹ボウキを捨てないで、その柄を再利用してつくったこともあったそうです。現在は、正月の門松に使われる孟宗竹が多く使われています。

【改善後】 以前、ムックリは北海道の森の中で育つ根まがり竹（チシマザサ）やサビタ（ノリウツギ）の木、オンコ（イチイ）の木でつくられたといいます。そして、その竹や木を切るときには、「ムックリをつくるために材料を少しいただきます」と自然の恵みに感謝したのだそうです。また、古くなった竹ボウキを捨てないで、その柄を再利用してつくったこともあったそうです。最近では、本州産の孟宗竹などもお店を通して手に入りやすくなってきましたので、北海道以外の竹もムックリの材料として使われるようになってきています。

三．「竹を削る」段階を中心にして授業を展開する

今回の授業時間は九〇分である。限られた時間内でねらいを達成するためには、最低限必要な工程に焦点を絞って重点的に取り組むことが必要である。そこで今回は「竹を削る」段階を中心に行うことにした[10]。特に「竹を削る」段階は、ものづくり教育における教育的な意味とした「音色と形態とが密接に関係する楽器の特質を理解する」「材料（自然素材）の特性を知る」、「道具を扱う技術を高める」などに深くかかわるからである。そして、竹を適度に削ってよく振動するような弁やそれを支えるまわりの枠をつくることはよい音色を出すために欠かせない重要な工程だからでもある。実際に授業を行った結果から「竹を削る」段階は、「竹の幅を整える」段

階、「竹の厚みを整える」段階、「弁を削る」段階というように、さらに三つの段階に分かれる。それぞれの指導のポイントを以下に示した。

一つ目の「竹の幅を整える」段階では、特に唇に当たる部分の削り方が大切である。ムックリの左右両方の側面を弁のカーブにそって削り唇にあたる部分を細くするが、これはムックリを唇の間にはさみやすくするためだけではなく、いい音色が出るようにするためでもある。この部分が太すぎると音が吸収されてよい響きにならない。また、弁が中央にくるように削り具合を調整しながら左右のバランスをとることもよい音色が出るようにするために大切なことである。

二つ目の「竹の厚みを整える」段階では、幅を細くした側から2〜3㎜程度の厚さに削り、反対側も同じように削ることがポイントである。ムックリはその構造を丈夫にするために弁の根元側に竹の節がくるようになっているが、この節の部分が多すぎるとやはり音が吸収されていい音色にならない。

三つ目の「弁を削る」段階では、削りながら弁を弾いてみて「一・二・三・四」と四秒間程度振れるように厚みを調整することがポイントである。そのためには弁の根元に小刀で切れ目を入れそこから先を削らないようにするとともに、弁と枠の間に竹の破片をはさみ削る部分が盛り上がるようにしてから適度な厚みに削るようにする。この工程はよい音色のムックリをつくるために極めて重要なところなので削り具合と音色を何度も確かめることが必要である。小刀を初めて使う子がほとんどであろうからゆっくりと十分に時間をとって進めるようにしたい。

四．小学校の児童が活用できる用具を準備する

鈴木氏は熟達した技で小刀一本を使い瞬く間にムックリをつくってしまうが、授業ではムックリを初めてつくる子どもにも取り組みやすいように、小刀とともに彫刻刀の平刀や丸刀を併用することにした。小刀はムッ

クリの幅や厚みを整えるときに使い、弁を削るときには小刀と彫刻刀を使用した。また、鈴木氏は竹を削りやすくするために木製の独特の削り台を使用しているが、授業の中ではその代用として小学校の木版画やゴム版画などの授業で一般に使われている版画用の削り台を使用することにした。普段の生活で小刀を使う体験がほとんどない子どもにとって、この方法は有効であった。このような授業を通して、小刀が人を傷つける道具としてではなく、ものをつくり出す道具として使うことを子どもに指導することができる。なお、小刀や彫刻刀の安全な使い方については授業の初めに指導する時間を設定することが必要である。

以上、指導法について述べてきたが、今回の実践にあたって重視した「ムックリの制作者から直接に学ぶ」、「ものづくりを通して『自然に感謝する心』を学ぶ資料を作成する」、『竹を削る』段階を中心にして授業を展開する」、「小学校の子どもが活用できる用具を準備する」という四つの視点はそれぞれ授業のねらいを達成するために効果があった。授業の中心的なねらいは「いい音色のムックリをつくることを通して、アイヌの人々の自然を愛する心に触れる」ということであったが、子どもの感想にアイヌの人々の自然に対する考え方に触れるものがみられたことや全員音がよく響くムックリをつくることができたことはそれを裏付けるものである。ムックリは竹の質や弁の厚さの微妙な違いなどによって音色が変わるため、思った以上に製作が難しい楽器である。特に、弁の厚みに細心の注意を払いながら削るという点が一番難しい。それにもかかわらず全員がよい音色のムックリをつくることができたという成功体験をもてたことは今回の授業の大きな成果であった。

なお、資料の内容や「竹を削る」段階を中心にした製作工程、小学校の児童にも取り扱いやすい用具の活用などは、事前に製作者と検討したものである。

「総合的な学習の時間」に関しても言及しておきたい。ムックリの教材化は学芸会の劇の中でもアイヌの人々の伝統的な楽器として紹介されたように「総合的な学習の時間」における学習へ発展する可能性をもっている。

学芸会のほかにも学級や学年などで演奏会を催すこともできるであろう。演奏会は室内だけではなく小鳥がさえずるような屋外に出ておこなうことも考えられる。そのような中で子どもは自然の音とムックリの音色の一体感をより深く味わうことができるはずである。これらの学習は、図画工作科のみならず、国語科におけるアイヌ語の学習や社会科におけるアイヌ民族の歴史、地名、音楽科における楽器や演奏法、理科における音の共鳴や野鳥の学習、道徳の時間における人権の学習など各教科や道徳の枠組みを超えてすべてにかかわってくる。

「総合的な学習の時間」の趣旨については「各学校が地域や学校の実態等に応じて創意工夫を生かして特色のある教育活動を展開できるような時間を確保することである。また、自ら学び自ら考える力などの［生きる力］は全人的な力であることを踏まえ、国際化や情報化をはじめ社会の変化に主体的に対応できる資質や能力を育成するために教科等の枠を超えた横断的・総合的な学習をより円滑に実施するための時間を確保することである」[11]と教育課程審議会のまとめに述べられている。

アイヌ文化にかかわる学習は、教科の枠を超えた取り組みになるとともに、北海道の各学校においてはその地域性を生かした特色ある教育を構築することになる。今回行ったアイヌ民族の伝統的な楽器であるムックリの教材化はそのような学習に大いに役立つのではないかと考える。また、ムックリは口琴としてロシアや台湾、タイなど世界的な広がりをもつ楽器でもある。一九九七（平成九）年にはロシアの口琴演奏の第一人者が北海道で演奏会を開くとともに、ムックリの製作や演奏にかかわる人々などとの交流を深めている[12]。

今後は「総合的な学習の時間」を活用してアイヌ文化をより深く学んだり、図画工作科で学んだことを日本国内や世界に向けて発信したりすることがより一層可能になるだろう。たとえば、「自然の恵みに感謝し、必要な分だけを使うとともに、それらが無駄にならないように心を込めてつくっていく、そして、つくったものを大切に使い、その後はまた感謝して自然に還す」というような自然と人間とのかかわり方やものと人間とのかかわり方は日本国内はもとより地球の環境を考える上で重要な役割を果たすはずである。

さらにインターネットのホームページやテレビ会議システム、電子メールなどを通じて、各地域の伝統的なものづくりをお互いに紹介し合うこともできる。現在のホームページを見ると各地の方言の紹介が多く行われている。インターネットを使えば文字や画像だけでなく音声も送ることができるという特性を生かしているわけである。ムックリのような伝統的な楽器の紹介にあたってもその音色を一緒に送ることができるということは極めて意味がある。また、伝統的なものづくりのなかには自然や人間関係を大切にしてきたものが多い。自分の住む地域にある伝統的なものづくりを掘り起こすことによって改めて地域のよさを見直すとともに、いっそう特色ある教育活動を展開していきたい。

〔第二部・第五章　註〕

1 「幼稚園、小学校、中学校、高等学校、盲学校、聾学校及び養護学校の教育課程の基準の改善について」、文部広報、一九九八・六・二四.

2 『アイヌ新法』法案全文」、北海道新聞、一九九七・三・一八.

3 「幼稚園、小学校、中学校、高等学校、盲学校、聾学校及び養護学校の教育課程の基準の改善について」、文部広報、一九九八・六・二四.

4 次のような感想が寄せられた。「ムックリはテレビで少しだけ見たことがあるけど、本物を見るのは初めてでした。ムックリはちょっとけずるだけで音が変わりつくるのがむずかしいと思いました。いい音が出るようにムックリをつくるアイヌの人たちはすごいと思います。そして自然を大切にすることもよくわかりました。今日のムックリづくりはめったに経験できない一生の思い出になりました。鈴木先生、ムックリを教えてくれて本当に感謝しています。今日つくったムックリを大事にしていきたいと思います。」（六年男子）。「わたしはムックリを二本つくりました。『竹の厚みが紙一枚ちがうだけで音が出なかったりする』と聞いたのでドキドキしました。一本目は鈴木先生に手伝ってもらいました。二本目は一人でやってみました。でもぜんぜん音が鳴らなかったので鈴木先生に聞いたら、『まだ（弁が）かたいから鳴らないよ』といって削っくれました。やっぱり鈴木先生はすごいと思いました。ビョーンビヨーンといい音が出てとてもうれしかったです。鈴木先生やさしく教えてくて本当にありがとうございました。」（六年女子）。子どもの感想のすべてを紹介できないが、他の感想文にもこのような喜びや感謝の気持ちなどがそれぞれに記されていた。

5　アイヌ無形文化伝承保存会製作のビデオには、「フチとエシカを訪ねて四――織る・奏でる。祈る――」（一九八六年製作六〇分）のほかにも、木彫、薬事、狩猟、刺繍、神事、踊りなど、アイヌ文化に関して貴重な資料となるものが多数ある。

6　第一五期中央教育審議会第一次答申、「二一世紀を展望したわが国の教育の在り方について」、『文部時報』、文部省、一九九六・八・二〇、p.26.

7　一九九八（平成一〇）年の全道ムックリ大会は二月に札幌市教育文化会館で開催された。

8　アイヌ文化法の施行に伴って一九九七年七月に発足した一九九七年の「アイヌ文化活動アドバイザー派遣事業実施要領」には、「アイヌの生活文化等の様々な分野において専門的な知識や経験を有する者を『アイヌ文化活動アドバイザー』として委嘱し、アイヌ文化の保存・振興を行う文化団体等からの電話等の相談や必要に応じ直接現地へ赴き、指導、助言を行うことにより、地域レベルでのアイヌ文化の振興を図る」ことがその趣旨として述べられている。このほかにも助成事業として、①アイヌ関連総合研究等助成事業②アイヌ芸能鑑賞会開催助成事業③アイヌ文化体験交流会開催助成事業④アイヌ文化国際交流助成事業⑤アイヌ伝統工芸伝承活動助成事業――がある。

9　「ムックリにこめられた自然に感謝する心」に関する資料は次のような内容である。「みなさん、ムックリを知っていますか？　ムックリはアイヌ民族の伝統的な楽器です。以前、ムックリは森の中で育つ根まがり竹（チシマザサ）やサビタ（ノリウツギ）の木、オンコ（イチイ）の木でつくられたといいますが、その竹や木を切るときには、「ムックリをつくるために材料を少しいただきます」と自然の恵みに感謝したのだそうです。また、古くなった竹ボウキを捨てないで、その柄を再利用してつくったこともあったそうです。現在は、正月の門松に使われる孟宗竹が多く使われています。材料が変わっても、自然を大切にするアイヌの人々の心はかわりません。自然の材料に感謝し、必要な分だけを使うとともに、それらがむだにならないように、心をこめてムックリをつくるのです。マキリと呼ばれる小刀を使って竹をけずるのですが、けずる竹の厚みが薄紙一枚ほど違っても音色に影響するので、音色とけずり具合の関係をなんども確かめながら慎重につくっていきます。こうしてよいムックリができあがります。アイヌの人々は自然の恵みによって人間は生かされていると考え、自然に感謝して暮らしてきました。その心は今も大切に受けつがれています。きょうは、ムックリをつくり続けている鶴居の鈴木紀美代さんから直接に話を聞いたり、自分で実際にムックリをつくったりしながら、ムックリにこめられた自然に感謝する心を学んでほしいと思います。」

10 ムックリの全体的な制作、工程は次のようになる。授業では③番目からおこない、弁の幅はあらかじめ電動糸ノコで切り取ったものを使用した。①竹を切る②竹を割る③弁の形をかく④弁の先に穴をあける⑤弁の外形を切る⑥弁の根元に穴をあける⑦水分をとるために油であげる③油をふく③竹を削る（幅を整える、厚みを整える、弁を削る）⑩ひもをつける①音を調整する。

11 「幼稚園、小学校、中学校、等学校、盲学校、聾学校及び養護学校の教育課程の基準の改革について」、文部広報、一九九八・六・二四。

12 一九九七（平成九）年一〇月、北海道標茶町（しべちゃちょう）の塘路（とうろ）地区公民館などで演奏が行われた。また、一九九八（平成一〇）年六月二二日から二八日までオーストリアで開かれる「第三回世界口琴大会」にはアイヌ民族のムックリの演奏者六人が参加することになっている。

※「第五章」は、佐藤昌彦「ムックリ（口琴）の教材化考（二）――小学校におけるアイヌ民族の伝統的造形に関する実践と考察――」『美術教育学――美術科教育学会誌――』（第二〇号、美術科教育学会、一九九九、pp.171-182）の内容に基づいた。掲載にあたっては加筆・修正を行っている。

第六章

アイヌの人々の伝統的なものづくりに関する文献としての『父からの伝言』(アイヌ文化振興・研究推進機構出版助成図書)

アイヌの人々の伝統的なものづくりに関する文献として、教員養成学部生向け『芸術教育文献解題ブックレット』[1)]に、アイヌ文化振興・研究推進機構出版助成図書『父からの伝言』(鈴木紀美代著、二〇〇七年発行、**図1**)[2)]を掲載した。

本書の内容は、ムックリの製作にかかわって「自然に対する認識を深め得る」と考えたからである。「教員養成学部生向け『芸術教育文献解題ブックレット』での文献掲載の『視点』」、「掲載した一六冊の文献」、「アイヌ文化振興・研究推進機構における出版助成の目的」、「『父からの伝言』の内容」を踏まえて、その根拠を述べた。

第一節　『芸術教育文献解題ブックレット』における文献掲載の「視点」

アイヌ文化振興・研究推進機構出版助成図書『父からの伝言』の著者は、第四章や第五章でも触れてきたムックリ(口琴)製作の第一人者である鈴木紀美代氏である。主な経歴を『父からの伝言』から以下に転記した(『父

図１　鈴木紀美代『父からの伝言』（藤田印刷、2007年）

からの伝言』にある「ムックリ」の表記はそのまま記載した。以下、同様である）。

一九四七年：北海道標茶町生まれ
一九七一年：父・秋辺福太郎氏のムックリ製作を手伝い始める
一九八八年：ムックリ製作者として独立
一九九五年：竹工芸科職業訓練指導員の資格取得
二〇〇一年：北海道ムックリ（口琴）演奏大会「優勝」
二〇〇二年：世界口琴会議ノルウエー大会参加
二〇〇六年：世界口琴会議アムステルダム大会参加
二〇一一年：世界口琴大会製作の部（金属以外）「最優秀賞」受賞
（『父からの伝言』の記載事項に、二〇一一年の「最優秀賞」受賞を追加した）

『父からの伝言』の「父」とは鈴木紀美代氏の父・秋辺福太郎氏（大正五年三月、釧路市に生まれる。昭和六三年、『アイヌ文化伝承記録映画』に出演。マキリ：小刀をつくる工程を実演）を意味する。

アイヌ文化振興・研究推進機構は、「アイヌ文化の振興並びにアイヌの伝統等に関する知識の普及及び啓発に関する法律」〈通称：アイヌ新法、アイヌ文化振興法。一九九七（平成九）年五月一四日公布、七月一日施行〉にかかわる業務を行うための法人であり、出版助成はその業務のひとつである。

また、教員養成学部生向け『芸術教育文献解題ブックレット』[3]は、全体を「起」、「承」、「転」、「結」という四つの部分に分け、二〇一二（平成二四）年には『芸術教育文献解題ブックレット起』（英日対訳）、二〇一三（平成二五）年には『芸術教育文献解題ブックレット承』（英日対訳）として刊行した。『芸術教育文献解題ブックレット転』（英日対訳）と『芸術教育文献解題ブックレット結』（英日対訳）は、二〇一五（平成二七）年に刊行した。文化芸術振興基本法〈二〇〇一（平成一三）年一二月七日：公布・施行〉の具現化を目的とした「芸術教育文献のアーカイビングに関する還元的研究」（平成二三〜二六年度科学研究費補助金基盤研究A／課題番号23243078／研究代表者：山口喜雄・宇都宮大学、研究分担者：筆者を含めて九名、連携研究者：一〇名）の一環として掲載する文献を選定した。筆者は、「起」、「承」、「転」、「結」ごとに四冊ずつ、合計一六冊を選定することになった。『父からの伝言』は、第一冊目となる「起」に掲載したものである。

では、筆者が一六冊の文献を選定する際には何を掲載の視点としたのか。端的に言えば、次世代ものづくり教育におけるキーワードとして、本論文で繰り返し述べてきた次の二つを文献掲載の「視点」とした。

●責任
●ものづくり

その主な検討の状況は以下の構造図に示した（図2）。また、『芸術教育文献解題ブックレット』を、単なる文献の「解説」の場ではなく、第一部・第一章で述べた「未来に対する責任」を考える「創造」の場とするために、文献は、責任とものづくりという二つの視点を踏まえながら、全体（新旧など）を俯瞰して選ぶこととした。

	項目
文献掲載の視点に関する検討	

東京電力福島第一原子力発電所事故

■大量の放射性物質の放出による自然環境の汚染
■15 万 7000 人が避難（2011 年 12 月）
■事故後、福島原発周辺は、帰還困難区域・居住制限区域・避難指示解除準備区域に再編された。

↓

原因は何か

↓

「生命」を守るという責任感の欠如

■直接的原因は「地震・津波」、根本的原因は「生命を守るという責任感の欠如」にある（国会事故調報告書、徳間書店、2012. 9. 30）。

↓

「責任」を重視した次世代ものづくり教育

■創造面・技術面とともに「責任」という倫理面をも重視する。

では、「責任」とは何か

↓

福島原発事故とその後の現実を踏まえれば、

「生命」を守る責任

↓

その基本は、

「自然」

【理由】前述したように、
■大量の放射性物質の放出による自然環境の汚染
■15 万 7000 人が避難（2011 年 12 月）
■事故後、福島原発周辺は、帰還困難区域・居住制限区域・避難指示解除準備区域に再編された。

↓

それでは、ものづくりの何に対して責任をもつのか

↓

「先端だけ・ある部分だけ」ではなく、ものづくりの「全体」を俯瞰して、

「ものづくりの全体」に対して

↓

原点：手づくり

↓

■世界におけるものづくりの新たな動きも踏まえる。
■原点と最先端の併存、新旧の併存、科学・技術・芸術の連携など。

↓

ＩｏＴ（(Internet of Things)、デジタルファブリケーションなどを踏まえて

↓

次世代ものづくり教育の構造

ものづくり（全体を視野に入れて）
責任

図 2 『芸術教育文献解題ブックレット』における文献掲載の視点に関する構造図

第二節　「起」、「承」、「転」、「結」に掲載した一六冊の文献

文献掲載の「視点」（責任・ものづくり）に基づいて、何を『芸術教育解題文献ブックレット』で取り上げたのか。起（二〇一二）・承（二〇一三）・転（二〇一五）・結（二〇一五）ごとに取り上げた文献を**図3**に示した。それらは次の四つに分けることができる。

一．アイヌの人々の伝統的なものづくりや自然に対する考え方
二．エレン・リチャーズのヒューマンエコロジー思想
（ヒューマンエコロジー：生命に与える影響に配慮して人間の生活を研究する学問）
三．IoT（Internet of Things）やデジタルファブリケーション
四．自然への畏敬、自然の理にかなったものづくり、生態系などに関する文献

第三節　アイヌ文化振興・研究推進機構における出版助成の目的

アイヌ文化振興・研究推進機構出版助成図書『父からの伝言』にかかわる出版助成の目的は何か。アイヌ文化振興・研究推進機構の出版助成の項目には「商業ベースに乗らないが貴重で手に入らない出版物等を作成する個人または団体に対し、出版に係る対象経費を助成します。助成限度額：一五〇万円」と記されている。ここではさらに踏み込んで、そうした助成を行う目的を確認したい。本稿では、出版助成の経緯にかかわる年表を作成することによって解明することとした（**表1**）。年表は、アイヌ文化振興・研究推進機構及びアイヌ民族博物館（北海道白老郡白老町、＊白老《しらおい》）の資料に基づいて作成したものである。

年	項目
2012 平 24 芸術教育文献解題ブックレット起	■筆者（研究分担者：佐藤昌彦）は、起・承・転・結、それぞれに文献 4 冊ずつ担当する。 **【文献掲載の視点】責任・ものづくり** **アイヌの人々の伝統的なものづくり** ■文献名：『父からの伝言』、著者名：鈴木紀美代、出版社名：藤田印刷株式会社、出版年：2007. ■文献名：『アイヌの民具』、著者名：萱野　茂、出版社名：株式会社すずさわ書店、出版年：1978. ■文献名：『アイヌとツネ』、著者名：文・萱野　茂／絵・石倉欣二、出版社名：小峰書店、出版年：2001. ■文献名：『アイヌネノアンアイヌ』、著者名：文・萱野　茂／絵・飯島俊出版社名： 福音館書店、出版年：1989.
2013 平 25 芸術教育文献解題ブックレット承	**エレン・リチャーズのヒューマンエコロジー思想** ■文献名：『ユーセニクス―制御可能な環境の科学―』、著者名：エレン・ヘリエッタ・スワロウ・リチャーズ、翻訳者：住田和子・住田良仁、出版社名：スペクトラム出版社、出版年：2005. ■文献名：『エコロジーの誕生　エレン・スワローの生涯』、著者名：ロバート・クラーク、翻訳者：工藤秀明、出版社名：新評論、出版年：1994. ■文献名：『環境教育の母　エレン・スワロウ・リチャーズ物語』、著者名：エスリー・アン・ヴェア、挿絵：ジェニファー・ヘイジャーマン、翻訳者：住田和子・住田良仁、出版社名：東京書籍、出版年：2004. ■文献名：『改訂　生活と教育をつなぐ人間学―思想と実践―』、編著者：住田和共著者：西野祥子・丸橋静香・香川晴美、出版社名：開隆堂、出版年：改訂版 2008 年（初版は 2003 年）.
2015 平 27 芸術教育文献解	**デジタルファブリケーション** ■文献名：「第三の産業革命――モノをデータ化し、データをモノにする」『フォーリン・アフューズ・リポート』2012 年 11 月号、著者名：ニール・ガーシェンフェルド、出版社名：フォーリン・アフェアーズ・ジャパン、出版年：2012. ■文献名：『Fab（ファブ）パーソナルコンピュータからパーソナルファブリケーションへ』、著者名：ニール・ガーシェンフェルド、監修者：田中浩也、翻訳者名：糸川洋、出版社名：オライリー・ジャパン、出版年：2012.

題ブックレット転	■文献名:『実践Fabプロジェクトノート3Dプリンターやレーザー加工機を使ったデジタルファブリケーションのアイデア40』、著者名:Fabの本制作委員会、出版社名:グラフィック社、出版年:2013. **アイヌの人々の自然に対する考え方** ■文献名:『アイヌ文化に学ぶ』、著者名:大橋皓也、企画:宮脇 理、編集:岩崎清、第4回美術科教育学会「東地区」研究発表会 in 函館での配布資料『地域から今後の美術教育を考える』pp. 10-11。出版年:2003。人間は自然の一部。自然に支えられてこそ生きることができる。
2015 平27 芸術教育文献解題ブックレット結	**自然の理にかなったものづくり** ■文献名:『木による造形—造形的手段による遊び2—』、著者名:エルンスト・レットガー、翻訳者名:宮脇 理・武藤重典、出版社名:造形社、出版年:1973. 自然に対する人間の責任・・・「自然に逆らっていないか」「自然に無理をかけていないか」「自然の理にかなっているか」を問う。 **エレン・リチャーズのヒューマンエコロジー思想** ■文献名:『レイク・プラシッドに輝く星　アメリカ最初の女性科学者エレン・リチャーズ』、著者名E.M.ダウティー、共訳者:住田和子・鈴木哲也、出版社名:ドメス出版、出版年2014. ※エレン・リチャーズの生涯と思想にかかわる本書は「日本人は責任の問題をどう解決するのか」という問いに答えるための基本的な方向を示している。また、訳注を読むことによってエレンの思想の背景を理解することもできる(『芸術教育文献解題ブックレット』より)。 **自然への畏敬の心** ■文献名:『日本の神々』、著者名:谷川健一、出版社名:岩波書店、出版年1999. ※「風も樹も山もすべて『可畏きもの』(かしこきもの)をカミと考えた。すなわち禍をもたらすものも、稔や大漁をもたらすものも、およそ人の力の及ぶべくもないすべての自然が畏怖の対象であったのだ」(『日本の神々』より)。 **生態系(エコシステム)の一員としての責任** ■文献名:『実践造形教育体系— 4 子どもの発達と造形表現』、著者名:大橋皓也、出版社名:開隆堂、出版年:1982. 人間は生態系(エコシステム)の一員。生態系の一員としての役割と責任がある。

図3　文献掲載の視点に基づいて、起(2012年)・承(2013年)・転(2015年)・結(2015年)ごとに取り上げた文献

表1　アイヌ文化振興・研究推進機構出版助成図書『父からの伝言』の出版にかかわる経緯

年	項目
一九八四 昭五九	■七月：社団法人北海道ウタリ協会から北海道知事及び北海道議会に対して「アイヌ民族に関する法律」の実現について陳情。
一九八八 昭六三	■八月：北海道、北海道議会、社団法人北海道ウタリ協会の三者により「アイヌ民族に関する法律」の制定について国に要望。
一九八九 平元	■一二月：アイヌ新法問題検討委員会（関係省庁の課長クラスで構成）を設置。
一九九五 平七	■三月：「ウタリ対策のあり方に関する有識者懇談会」（内閣官房長官の私的懇談会）を設置。
一九九六 平八	■四月：「ウタリ対策のあり方に関する有識者懇談会」から報告書提出。 ■五月：「アイヌ関連施策関係省庁連絡会議」を設置し、懇談会報告書に基づく立法措置を含む新たな施策の実現に向けた検討実施を確認。
一九九七 平九	■五月：「アイヌ文化の振興並びにアイヌの伝統等に関する知識の普及及び啓発に関する法律」が、五月一四日に公布。 【目的】（第一条）この法律は、アイヌの人々の誇りの源泉であるアイヌの伝統及びアイヌ文化が置かれている状況にかんがみ、アイヌ文化の振興及び啓発を図るための施策を推進することにより、アイヌの人々の民族としての誇りが尊重される社会の実現を図り、あわせてわが国の多様な文化の発展に寄与することを目的とする。 【定義】（第二条）この法律において「アイヌ文化」とは、アイヌ語並びにアイヌにおいて継承されてきた音楽、舞踊、工芸その他の文化的所産及びこれから発展した文化的所産をいう。

二〇〇五
平九

【国及び地方公共団体の責務】（第三条）国は、アイヌ文化を継承する者の育成、アイヌの伝統等に関する広報活動の充実、アイヌ文化の振興等に資する調査研究の推進その他アイヌ文化の振興等を図るための施策を推進するよう努めるとともに、地方公共団体が実施するアイヌ文化の振興等を図るための施策を推進するために必要な助言その他の措置を講ずるよう努めなければならない。地方公共団体は、当該区域の社会的条件に応じ、アイヌ文化の振興等を図るための施策の実施に努めなければならない。

【施策における配慮】（第四条）国及び地方公共団体は、アイヌ文化の振興等を図るための施策を実施するに当たっては、アイヌの人々の自発的意思及び民族としての誇りを尊重するよう配慮するものとする。

【業務】（第八条）指定法人は、次に掲げる業務を行うものとする。①アイヌ文化を継承する者の育成その他のアイヌ文化の振興に関する業務を行うこと。②アイヌの伝統等に関する広報活動その他の普及啓発を行うこと。③アイヌ文化の振興等に資する調査研究を行うこと。④アイヌ文化の振興、アイヌの伝統等に関する普及啓発又はアイヌ文化の振興等に資する調査研究を行う者に対して、助言、助成その他の援助を行うこと。⑤前各号に掲げるもののほか、アイヌ文化の振興等を図るために必要な業務を行うこと。
■六月：北海道が設立準備し、主務省庁である北海道開発庁（現・国土交通省）・文部省（現・文部科学省）から、アイヌ文化振興・研究推進機構の設立許可を受ける。
■七月：「アイヌ文化の振興並びにアイヌの伝統等に関する知識の普及及び啓発に関する法律」が、七月一日に施行。
■一一月：アイヌ文化振興・研究推進機構…「アイヌ文化の振興並びにアイヌの伝統等に関する知識の普及及び啓発に関する法律」に基づき、同法に規定された業務を行う全国唯一の法人としての指定を北海道開発庁・文部省から受ける。
■七月：「アイヌの伝統的生活空間（イオル）の再生に関する基本構想」立案。アイヌ文化振興等施策推進会議

二〇〇七 平一〇	■一二月：鈴木紀美代著『父からの伝言』出版。アイヌ文化振興・研究推進機構出版助成図書として。表紙写真は、秋辺福太郎氏・著者：鈴木紀美代氏の父。写真の撮影者は、掛川源一郎氏。一九七三年撮影。印刷所は、藤田印刷株式会社。
二〇二〇 平三二	■北海道・白老《しらおい》に国立博物館開設／決定事項（民族共生の象徴となる空間――白老から世界へアイヌ文化を発信――）

※作成は、アイヌ文化振興・研究推進機構、アイヌ民族博物館（白老）の資料、アイヌ文化振興・研究推進機構出版助成図書『父からの伝言』に基づく。

右に示した出版の経緯に関する年表に基づけば、アイヌ文化振興・研究推進機構出版助成図書『父からの伝言』に関する出版助成の目的は、「①アイヌの人々の民族としての誇りが尊重される社会の実現に寄与すること」及び「②わが国の多様な文化の発展に寄与すること」にある。「アイヌ文化の振興並びにアイヌの伝統等に関する知識の普及及び啓発に関する法律」が、一九九七（平成九）年五月に公布され、この法律によって、「アイヌの人々の民族としての誇りが尊重される社会の実現」「わが国の多様な文化の発展」というアイヌ文化の振興等に関する国としての明確な方向が示されることになった。アイヌ文化振興・研究推進機構は、一九九七（平成九）年一一月、「アイヌ文化の振興並びにアイヌの伝統等に関する知識の普及及び啓発に関する法律」に基づき、同法に規定された業務を行う全国唯一の法人としての指定を受けている。

第四節　『父からの伝言』の内容

「アイヌの人々の民族としての誇りが尊重される社会の実現」及び「わが国の多様な文化の発展」というアイヌ文化振興法の目的を具現化する図書として、『父からの伝言』には何が記されているのか。出版助成を受けた文献の内容に関する構造図を作成することによってその検討を行った（図4）。

アイヌ文化振興・研究推進機構出版助成図書『父からの伝言』は、主に次の六つのまとまりに分けることができる。「一．まえがき」、「二．曾祖母・祖父母・父母について」、「三．著者の鈴木紀美代氏自身について」、「四．あとがき」、「五．ＣＤ」、「六．略歴」。

本書には、アイヌ民族の伝統楽器ムックㇼ（口琴）の製作と演奏を著者：鈴木紀美代氏が父から受け継ぐ様子とその背景にある「自然に感謝する心」に関する事例が記されているが、その「父から受け継ぐ様子」に関連する主な記述は次の三つである。「①父は『ムックリに教えてもらいなさい』と言ったのです」（父のように良い音色が出せなくて悩み、どうしたらよいのかと聞いた時の言葉、p.37）。「②（父は）祖父の彫り方を受け継いで、文様は太陽や雲、川や海を表現し、自然への感謝を込めながら彫り進めたという」（p.27）。「③マキリもムックリも自然が与えてくれた素材から作るのだから、これらは神の贈物なのだということを忘れずムックリと向き合いなさい、と教えてくれたように思います」（p.37）。

表紙	■表紙写真は、秋辺福太郎氏・著者：鈴木紀美代氏の父。 ■写真の撮影者は、掛川源一郎氏。1973 年撮影。 ■印刷所は、藤田印刷株式会社。
まえがき	■「アイヌの伝統楽器ムックリを初めて目にしたのは私がまだ幼い頃でした。祖父母がホウキの柄を細く割り、マキリ（小刀）で削ったり糸を結んだりしているのを、何を作っているのだろう、と見入っていましたが、出来上がったものが一本のムックリでした。祖母はさっそくそれを口に当てて糸を引っ張ると、ビューン、ビューンと風のような音が響きます。祖父は『踊れ、踊れ』と言いながら細い棒で炉ぶちを打ち拍子を取るので、私と妹たちが立ち上がると、祖父母は『こうやって踊るんだよ』と、手取り足取り教えてくれたものです。私たちは手を叩き、足を踏み、炉端を何度も何度も踊りながら回りました。なにか不思議な気持ちでしたけれど、楽しかったことを、はっきりと覚えています。私が本格的にムックリ作りを始めたのは、釧路で生活していた昭和 46 年頃でした。……」
曾祖母・祖父母・父母	■曾祖母：志富ヱナ氏。祖父：秋辺福治氏。祖母：秋辺サヨ。 ■父：秋辺福太郎氏。母：秋辺トヨ子氏。 ■父、秋辺福太郎氏について／父、秋辺福太郎は大正五年三月、釧路市春採で生まれました。祖父に熊猟を教わり、一八歳の頃には父親と一緒に熊とりに出かけました。（中略）後年、父は男性舞踊の名手と言われましたが、若い頃に祖父に教えられた熊とりの技や祈りのかたちが、父の舞の原点ではなかったろうかと思っています。 ■父、秋辺福太郎十九歳頃　■アイヌの伝統行事でク・リムセ（弓の舞）を奉納する四十歳頃の父　■イオマンテ（熊送り）を前に　■チセ（アイヌ民族の伝統的な住まい）で　■アイヌまつりにて　■札幌雪祭りで、ク・リムセを披露する父　■自宅でくつろぐ五十代の頃の父　■ク・リムセ　■昭和 51 年釧路市大楽毛阿寒川河口での「シシャモ祭り」　■愛用の帽子を被り、自宅玄関前に立つ父　■アイヌの楽器ムックリ／父は木彫りやムックリの製作で一家の生計を立てていた。これはムックリを入れるために、最初に作った販売用の袋。父はムックリを仕上げると口に当て、何度も音を出しては耳を傾けていた。より良い響きを求めて真剣にムックリと向き合う父の表情が、この写真（袋の写真には「釧路酋長・秋辺福太郎製作」と記されている）と重なる。■熊を彫る父・・・父は熊のほかにマキリ（小刀）や鮭、壁かけ、壺なども製作した。祖父の彫り方を受け継いで、文様は太陽や雲、川や海を表現し、自然への感謝を込めながら彫り進めたという。
鈴木紀美代氏自身について	■そして、私に受け継がれたもの／ずっと大人になってから、父のような良い音色が出せなくて悩み、どうしたらよいのかと聞いた時、父は「ムックリに教えてもらいなさい」と言ったのです。この言葉を忘れることはできません。父はマキリを作る時にも、火の神様に酒やタバコを捧げて感謝を述べ、良いものができますように、と祈っていました。マキリもムックリも自然が与えてくれた素材から作るのだから、これらは神の贈物なのだということを忘れずムックリと向き合いなさい、と教えてくれたように思います。まだまだ父の奏でる音色には至りませんが、これからもムックリの響きと心を通わせ、父に近づきたいと思っています。■十九歳の頃　■釧路市民文化会館のステージで、友人たちとムックリを演奏する　■1995 年、竹工芸科職業訓練指導員（アドバイザー）の資格取得後、北海道教育大学函館校にてムックリ製作から演奏までを指導　■北海道教育大学函館校には、5 年ほど通い、ムックリの指導を続けた　■世界口琴会議アムステルダム大会に参加　■アムステルダム大会で友人とムックリを演奏　■ムックリの製作／出来上がったムックリは一本一本音を出して確認する　■ムックリが出来上がるまでの工程／①主に新潟から取り寄せた青竹のうち、上質のものだけを選び乾燥させる。②竹を小割りにし、型を書く。③弁の先に穴をあけ、弁の外形を切る。④弁の根元に穴をあけたら、油で揚げる。⑤荒削り後、仕上げ。⑥ひもをつける。⑦音の調整。■釧路湿原で曲想を・・・。

あとがき	■父から受け継いだムックリの製作と演奏だけは今日まで続いています。（中略）この一冊の写真集を糧に、これからもアイヌ文化の伝承に努めてまいりたいと思っています。
ＣＤ	 鈴木紀美代氏のムックリ演奏を録音したＣＤ ■『父からの伝言』の巻末にムックリの調べを録音したCDが添えられている。鈴木紀美代氏自身の演奏による。収録曲は、①釧路湿原、②母（2003 年度アイヌ文化奨励受賞）の唄うク・リムセ（弓の舞）、③狐の踊り、④父に捧ぐ。
略歴	■1947年：北海道標茶町生まれ。■1971年：父・秋辺福太郎氏のムックリ製作を手伝い始める。■1988 年：ムックリ製作者として独立。■1995 年：竹工芸科職業訓練指導員の資格取得。■2001 年：北海道ムックリ（口琴）演奏大会「優勝」。■2002 年：世界口琴会議ノルウエー大会参加。■2006 年：世界口琴会議アムステルダム大会参加。※2011 年：世界口琴大会製作の部（金属以外）「最優秀賞」受賞。

図４　『父からの伝言』の内容に関する構造図

第五節　ものづくり教育における意味

一・『父からの伝言』の教育的な意味とは何か

第一節から第四節までを踏まえれば、アイヌ文化振興・研究推進機構出版助成図書『父からの伝言』の教育的な意味は次のようにいうことができる。

次世代ものづくり教育における重要な指針となる文献のひとつ

「次世代ものづくり教育」とは、第一部・第一章で述べたように、「ものづくりに責任をもつ人間の育成」という「責任」を重視したものづくり教育を意味する。これまでも重視してきた創造面、技術面、手の働き、身体の働き、文化の継承と創造、多様な文化の尊重などとともに、「責任」という倫理面も一層重視するということである。着想に至った最大の理由は、「序章」で触れたように、自然に対する人間の責任を厳しく問うことになった東京電力福島第一原子力発電所事故（二〇一一・三）にある。国会事故調（東京電力福島原子力発電所事故調査委員会）は「生命を守るという責任感の欠如」が事故の根本原因であると発表した（二〇一二・九）。第一部では、事故の根本原因や事故後の現実を踏まえて、ものづくりの「責任」の本質は生命を守ることであり、その基本は自然にあるとした。

「重要な指針」とは、「自然に感謝する心」に基づくものづくりの姿を示しているということである。次の言葉はそれを具体的に問うための切り込み口となる。

自然に逆らっていないか、自然に無理をかけていないか、自然の理にかなっているか

こうした視点は『父からの伝言』での「ムックリに教えてもらいなさい」（父の言葉）という言葉に重なる。

二．何を教育的意義の根拠としたのか

では、「次世代ものづくり教育における重要な指針となる文献のひとつ」という教育的な意味の根拠は何か。ここでは材料（自然素材としての竹）との身体的対話にかかわる「ムックリに教えてもらいなさい」という言葉に焦点をあてたい。この言葉の背景には、「自然に感謝する心」とその心に基づく行為としての「ムックリ（口琴）製作」があるといえるからである。

ムックリに教えてもらいなさい（父の言葉）

【自然に感謝する心】

自然に感謝する心に関連する『父からの伝言』での主な文章は以下のとおり。■「父は『ムックリに教えてもらいなさい』と言ったのです」（父のように良い音色が出せなくて悩み、どうしたらよいのかと聞いた時に。p.37）。■「父はムックリを仕上げると口に当て、何度も音を出しては耳を傾けていた」（p.26）。■「より良い響きを求めて真剣にムックリと向き合う父の表情が、この写真（父の姿を写した写真）と重なる」（p.26）。■「（父は）祖父の彫り方を受け継いで、文様は太陽や雲、川や海を表現し、自然への感謝を込めながら彫り進めたという」（p.27）。■「マキリもムックリも自然が与えてくれた素材から作るのだから、これらは神の贈物なのだということを忘れずムックリと向き合いなさい、と教えてくれたように思います」（「ムックリに教えてもらいなさい」という父の言葉に意味について。■「この言葉を忘れることができません」とも記している（p.37）。

これらのことを構造図で表す際には、さらに踏み込んで、「なぜ、自然への感謝の心なのか」という問いの答えも書き加えた（**図5**）。答えとは「人間は自然の一部。自然に支えられてこそ人間は生きることができる」というアイヌの人々の伝統的な思想を指す。このことは『芸術教育文献解題ブックレット』起で取り上げた萱野茂著『アイヌの民具』（すずさわ書店、一九七八）や萱野 茂著『アイヌとキツネ』（小峰書店、二〇〇一）に通底する思想でもある。また、『芸術教育文献解題ブックレット』転に掲載した大橋晧也著「アイヌ文化に学ぶ」『地域から今後の美術教育を考える』（美術科教育学会、二〇〇三）の冒頭の言葉とも重なる。言葉とは「いま、改めてアイヌ文化に学ぶ所以は何か、それは人間も自然の一部に過ぎず自然に支えられてこそ人間は生きられるのだという彼らの考え方や生き方に学ぶことである」という記述を指す。人間は自然の一部。次世代ものづくり教育の要として重視したい。

では、「自然に感謝する心」に基づく具体的なムックリの製作とは何か。「鈴木紀美代氏がつくるムックリ」「材料・用具」「製作のプロセス」を以下に示した。筆者が以前に考察した次の二つの発表に基づく。①「ムックリ

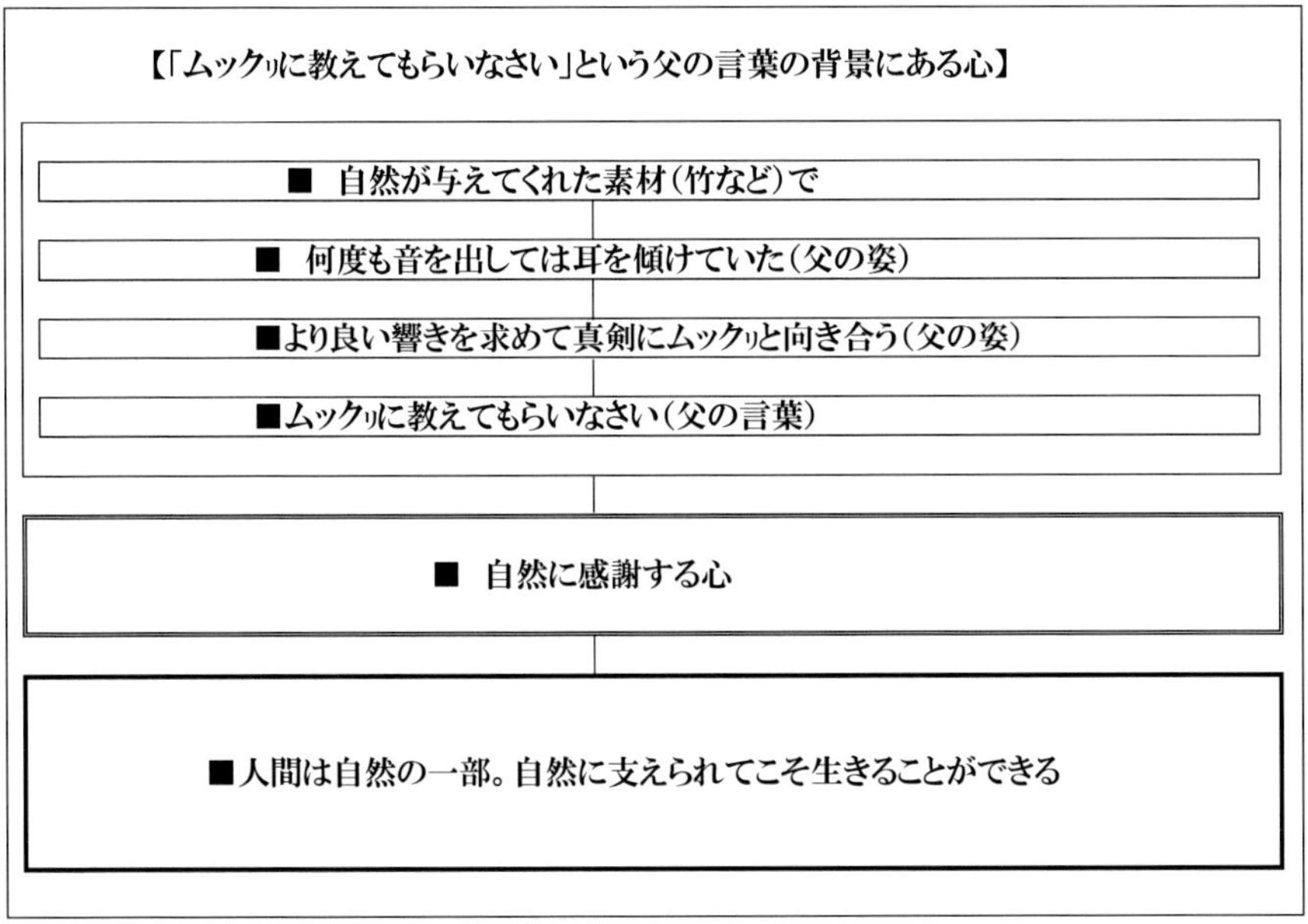

図５　「ムックリに教えてもらいなさい」という父の言葉の背景にある心

の教材化考（一）―アイヌ民族の伝統的造形の教育的意義と造形教材としての可能性を探る―」『美術教育学―美術科教育学会誌―』（第一九号、美術科教育学会、一九九八、pp.157-169)。②ムックリの教材化考（二）―小学校におけるアイヌ民族の伝統的造形に関する実践と考察―」『美術教育学―美術科教育学会誌―』（第二〇号、美術科教育学会、一九九九、pp.171-183)。①と②での表記は「ムックリ」とした。

【ムックリ（口琴）の製作―よい音色を出すために―】

■鈴木紀美代氏がつくるムックリ（口琴）……○全体の写真は第二部・第四章に掲載。縦15～16cm、横1～1.5cm、厚さ約2mm。○中央に弁（幅2～7mm、厚さ1～3mm）。○弁の根元に約17cmの紐。反対側に直径6～7cmの木綿の輪が付いている。弁の幅は根元側が約7mm（厚さは約1mm）。中程から約2mm（厚さは約3mm）となる。

■材料・用具……○材料は主に竹。現在本州産の孟宗竹が使われることが多い。萱野 茂著『アイヌの民具』（すずさわ書店、一九七八）には「北海道では真竹がないので、根曲がり竹を用いて作りました」とあり、以前は北海道に自生する根曲がり竹（チシマザサ）が使われたようである[4]。構造は同じでも形や大きさは各自で製作したものなので様々なものがある。市立函館博物館、北海道大学農学部博物館、東京国立博物館などには過去に製作されたムックリが保管されている。それぞれ形や大きさは異なる。○用具はマキリ（小刀）一本（鈴木紀美代氏）。学校や博物館などにおける製作体験の場では彫刻刀を併用することもある。

■製作のプロセス……ムックリが出来上がるまでの工程として『父からの伝言』には次のように記されている（p.46）。①主に新潟から取り寄せた青竹のうち、上質のものだけを選び乾燥させる。②竹を小割りにし、型を書く。③弁の先に穴をあけ、弁の外形を切る。④弁の根元に穴をあけたら、油で揚げる。⑤荒削り後、仕上げ。⑥ひもをつける。⑦音を調整する。

一九九六（平成八）年、筆者は、直接、鈴木紀美代氏からムックリ製作の指導を受けた。指導を受ける前に鈴木氏のムックリをモデルに見様見真似で何本もつくってみたがよい音色は出なかった。なぜ、形や大きさがほとんど同じでもよい音色が出ないのか。そうした問いをもちながら、同年一一月に、北海道阿寒の鈴木氏宅を訪問し直接に指導を受けることになった。問いの答えについては、第四章で述べた内容のなかからムックリ製作のプロセスにかかわる一部（音色に深くかかわる「弁」についての記述）を次頁に示した（図6）。

▼弁の根元を薄く削る段階では、まずマキリの先で弁の付け根に切れ目を入れ、そこから先は削らないようにした。次に竹の切れ端を弁と枠の間に挟んで削る部分を盛り上がらせ削りやすくしてから、中程にマキリを当ててカーブを描くように削り取った。片側からだけマキリで削ると厚さが均一にならないのでムックリを削り台の上に立てて左右両方から削った。適度な厚みになるまで何度もこれをくり返した。ある程度削ってから弁の先を弾いて音色を確かめた。

▼弾いたときの弁の振動が「一・二・三・四」と四秒間程度振れるように調整するのがポイントであった。自作のムックリでは、「一・二」程度の間しか振れなかった。この微妙な調整不足が、鈴木氏のようなよい音色のムック

【ムックㇼ(口琴)の製作―よい音色を出すために―】

■製作のプロセス（『父からの伝言』に記載された製作過程）
①主に新潟から取り寄せた青竹のうち、上質のものだけを選び乾燥させる。②竹を小割りにし、型を書く。③弁の先に穴をあけ、弁の外形を切る。④弁の根元に穴をあけたら、油で揚げる。⑤荒削り後、仕上げ。⑥ひもをつける。⑦音の調整。

▼上記「⑤荒削り、仕上げ」に関する製作のポイント（筆者自身のムックㇼ製作体験より。1996 年、鈴木紀美代氏に直接指導を受けて）

よい音色を出すために

弾いたときの弁の振動

「微妙な調整」が必要

↓

【調整のポイント】
「1･2･3･4」と4秒間程度振れるように調整する

▼弁の根元を薄く削る段階では、まずマキリの先で弁の付け根に切れ目を入れ、そこから先は削らないようにした。次に竹の切れ端を弁と枠の間に挟んで削る部分を盛り上がらせ削りやすくしてから、中程にマキリを当てカーブを描くように削り取った。片側からだけマキリで削ると厚さが均一にならないのでムックㇼを削り台の上に立てて左右両方から削った。適度な厚さになるまで何度かこれをくり返した。ある程度削ったら弁の先を弾いて音色を確かめた。

▼自作（筆者：佐藤昌彦）のムックㇼでは、「1・2」程度の間しか振れなかった。この微妙な調整不足が、鈴木氏のようなよい音色のムックㇼにならなかった原因の一つであろう。

※「▼」の内容は、佐藤昌彦「ムックㇼの教材化 考(1)―アイヌ民族の伝統的造形の教育的意義と造形教材としての可能性を探る―」『美術教育学―美術科教育学会誌―』(第19号、美術科教育学会、1998、pp. 157-169）の一部。

図６　ムックㇼ（口琴）の製作――よい音色を出すために――

リにならなかった原因の一つであろう。

よい音色を出すためには上で述べたような「微妙な調整」が必要となる。そのためには、少しずつ削って、何度も耳を傾けなければならない。『父からの伝言』での「何度も音を出しては耳を傾けていた（父の姿）」、「より良い響きを求めて真剣にムックリと向き合う（父の姿）」という記述はこのことを指す。筆者自身もムックㇼ製作体験によってそれを実感として学ぶことができた。

次世代ものづくり教育の立場からいえば、ムックㇼ製作のプロセスは次のようにいうことができる。

「自然に逆らっていないか、自然に無理をかけていないか、自然の理にかなっているか」という問いを基軸とする能動的・身体的対話のプロセス

子どもたちが材料（自然素材）との能動的な身体的対話を通して、自らの実感に基づきながら、自然と人間とのかかわり方に対する認識を深める意味は極めて大きい。

現在、ムックㇼの製作や伝承の様子が記された文献はほとんどなく、鈴木紀美代著『父からの伝言』はアイヌの人々のムックㇼ製作について学ぶことができる貴重な一冊といえる。

〔第二部・第六章　註〕

1　「芸術教育文献のアーカイビングに関する還元的研究」の一環として作成した。「芸術教育文献のアーカイビングに関する還元的研究」……平成二三～二六年度科学研究費補助金基盤研究A／課題番号23243078／研究代表者：山口喜雄・宇都宮大学／研究分担者：天形 健、福本謹一、新関伸也、奥村高明、中島 望、結城孝雄、安藤恭一郎、村上尚徳、佐藤昌彦／連携研究者：渡邊 弘、本田悟郎、株田昌彦、森田香緒里、田和真紀子、石野健二、茅野理子、渡辺浩行、山田有希子、村松和彦）。文化芸術振興基本法〈二〇〇一（平成一三）年一二月七日：公布・施行〉の具現化を目的とする。

2　鈴木紀美代著『父からの伝言』、藤田印刷株式会社、二〇〇七.

3　二〇一二（平成二四）年には『芸術教育文献解題ブックレット起』（英日対訳）、二〇一三（平成二五）年には『芸術教育文献解題ブックレット承』（英日対訳）、二〇一六（平成二八）年には『芸術教育文献解題ブックレット 転』（英日対訳）、二〇一六（平成二八）年には『芸術教育文献解題ブックレット 結』（英日対訳）として編集・刊行する。

4　萱野 茂『アイヌの民具』、すずさわ書店、一九七八.

※　「第六章」は、佐藤昌彦「アイヌ文化振興・研究推進機構出版助成図書『父からの伝言』の教育的意義に関する考察」『日本美術教育研究論集四八』（第四八号、日本美術教育連合、二〇一五、pp.23-33）の内容に基づいた。掲載にあたっては加筆・修正を行っている。

第3部

次世代ものづくり教育の「創造モデル」

第二部で示した「自然に逆らっていないか、自然に無理をかけていないか、自然の理にかなっているか」という問いを基軸とすれば、無限の可能性を生み出すための「創造モデル」はどのような姿になるのか。

それを考える切り込み口として、アイヌの人々の「ヤㇻス（樹皮の鍋）をつくるために材料を少しいただきます」（第一部・第一章）という言葉に着目した。豊富な木材資源に恵まれた環境にありながらも、ヤㇻス（樹皮の鍋）の材料となる白樺の樹皮を採取する際には、「ヤㇻスをつくるために材料を少しいただきます」と自然の恵みに感謝し、木が枯れてしまわないように樹皮の一部分だけを採取する。採取後は、それらが無駄にならないように、材料（自然素材）の特性を生かして丈夫で長持ちするようにつくっていく。使い終わったときには「長い間、アイヌのために働いてくださって本当にありがとう」と感謝して自然に還す。「ヤㇻスをつくるために材料を少しいただきます」という言葉は、そうしたアイヌの人々のものづくりを学ぶための出発点になるからである。「序章」で述べたように、ここでの「創造モデル」は「各地域の伝統工芸手法をもとに学ぶ『自然の理との整合＆制作手順の構造図式化』」を示したものといえる。

また、「創造モデル」は、子どものときから「生活」（小学校の図画工作科の授業を含めて）の中で実践できる基本的な考え方を提起したい。小学校図画工作科における一つ一つの工作は小さな実践かもしれないが、それらの積み重ねによってものをつくる力が高まるように、学校、家庭、社会という子どもの「生活」全体の中で一つ一つの実践の積み重ねに対応できるような「創造モデル」であれば、自然との関係を重視しながら、無限の可能性を生み出していくというものづくりの在り方を体得できる可能性が大きくなると考えたからである。

先述した「ヤㇻスをつくるために材料を少しいただきます」という言葉と子どものときから「生活」の中で活用できる考え方という方向を踏まえれば、ここで提起する「創造モデル」は、「（使い放題の材料ではなく、有り余るほどの材料ではなく、必要とする分だけの材料で）少ない材料で多様な発想を生み出せるような考え方」、または「限りある材料が無限の可能性を生み出すような考え方」ということができる。

では、その「創造モデル」とは何か。第一章に具体的な姿を示した。

第一章 次世代ものづくり教育の「創造モデル」

――自然との関係を重視しながら、無限の可能性を生み出すために――

第一節　「創造モデル」における四つのポイント

自然との関係を重視しながら無限の可能性を生み出す「創造モデル」（**図1**）のポイントは四つある。

第一は、「基本形から発展形へ」。いろいろな発想を生み出すためのおもとになる形を基本形とした。そしてその基本形から生み出される多様な形を発展形とした。基本形から発展形へ。そのプロセス全体に創造モデルはかかわる。

第二は、「発想から形へ、そして形から発想へ（双方向共存の考え方で）」。「発想を形にする」及び「形から発想（連想）する」という両者が共存する考え方を指す。「発想から色へ、そして色から発想へ」というように、「形」という言葉は「色」「質」「動き」「音」などと置き換えることができる。つくろうとするものが思い浮かんだときにはそれをつくり（発想から形へ）、思い浮かばないときには、とりあえず、ひとつの形をつくって目の前に置いてみて、その形から次はどうするかを考える（形から発想へ）。なぜ、こうした双方向共存の創造モデルを提起したのか。それはつくろうとするものが思い浮かばずに、図画工作に苦手意識をもったり、つくることが嫌いになったりするケースが少なくないからである。双方向共存の創造モデルであれば、つくろうとするものが思い浮かばない場合でも対応することが可能になる。このことについては、第二節『創造モデル』に基づく表現のプロセス」において具体的に述べたい。

第三は、「価値観の形成」。創造モデルの中心軸に位置づけた。「この形でいいか」「他の色にしようか」「材質はこれでいいのか」などという問いに答えるための拠り所が自らの価値観になるからである。つくろうとするものが複数思い浮かんだ場合もその選択の拠り所となるのは自らの価値観である。大橋皓也「美術教育学の確立のために」(『アートエデュケーション』創刊号、建帛社、一九八九)には、表現と鑑賞という教科の構造とともに、この価値観の形成について次のように述べられている[1)]。

小学校、中学校、高校とも美術教育の内容は大きく表現と鑑賞という二つの柱になっていることは先に触れた。この表現と鑑賞を軸とした教科の構造そのものは正しいと思う。しかし、鑑賞はあまり行われていないのが実態ではないかと思う。それには、さまざまな要因が考えられると思うが、その主たるものは鑑賞教育の構造が脆弱であったということによるものであろう。

さらに続けて以下のようにも記されている。

今回の改訂では、鑑賞を表現に附随して扱うとした留意事項は消えて小学校高学年から鑑賞のみの授業時間の設定も出来るようになり、一応、鑑賞は重視される傾向にある。しかし、最も鑑賞教育にとって重要な、言わば骨格となるべきものが明確ではない。それは、子ども自身の個性の自覚とその個性による価値観の形成ということである。表現と鑑賞が表裏をなすといっても、それは、単なる寄せ集めでは意味をなさない。個性を軸として表現が鑑賞力を、鑑賞が表現力を高めるというように相互に深くかかわりながら、子ども自身がみずからの価値観を形成していくことである。

本稿で提起する双方向共存の「創造モデル」でも、こうした教科の全体構造を視野に入れながら、価値観の形成を基軸として重視した。

第四は、「ものづくりの『責任』」。この「責任」は本論文での中心となるテーマである。創造面や技術面とともに、「ものづくりには責任が伴う」という倫理面をも重視していく必要があると考えて、第一部「次世代ものづくり教育の『指針』」において、ものづくり全体（原点と先端の併存、新旧の併存、科学・技術・芸術の連携など）の根底に位置付けた。第二部「次世代ものづくり教育の『規範』」においては、「生命を守るという責任感の欠如」という福島原発事故の根本原因を踏まえ、「生命」を支える重要な基盤となる

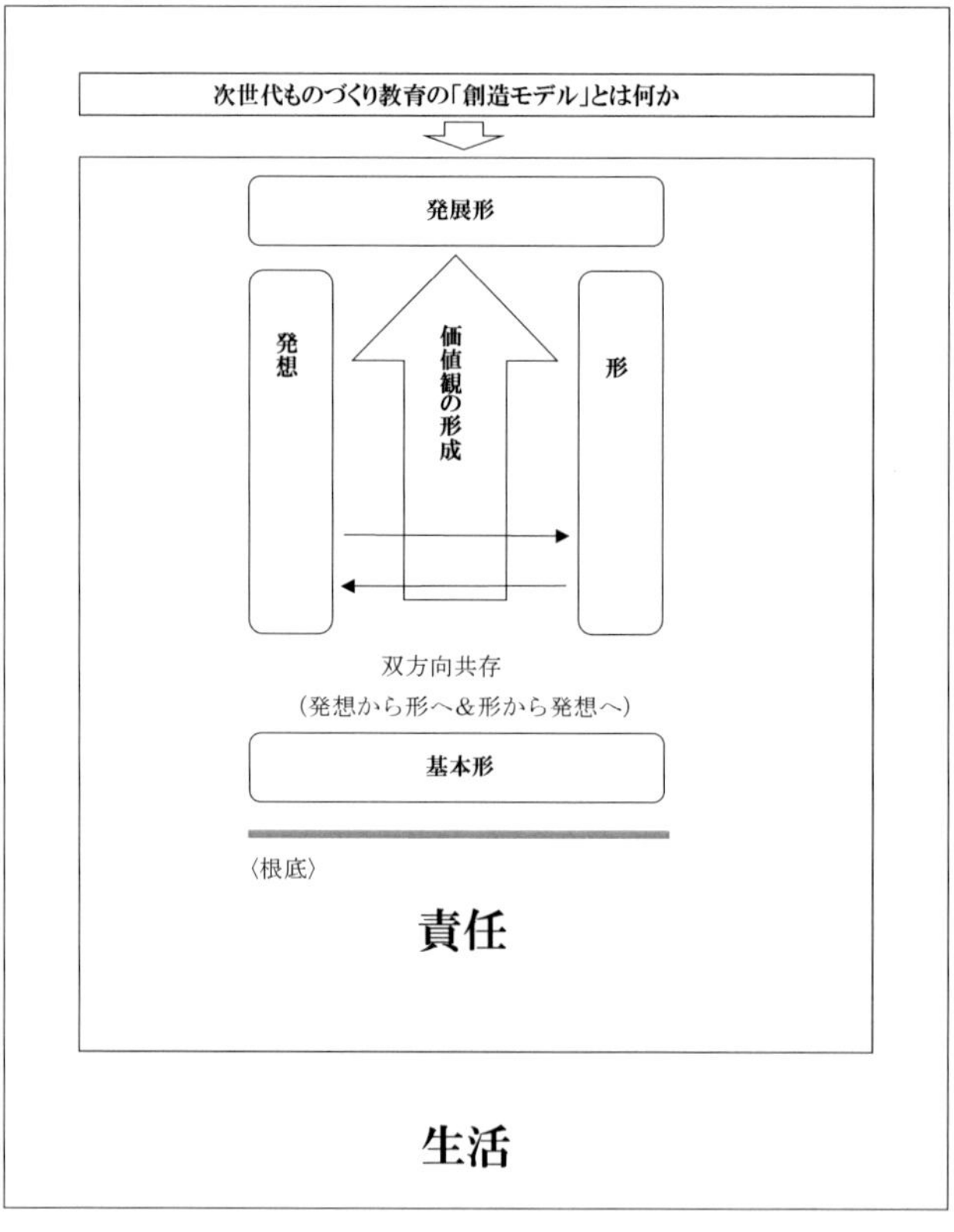

図1　次世代ものづくり教育の「創造モデル」
──自然との関係を重視しながら、無限の可能性を生み出すために──

「自然」に着目した（事故では大量の放射性物質の放出によって自然環境が汚染され多くの人々が生きる場を失った）。そして、「人間は自然の一部。自然に支えられてこそ生きることができる」という考え方が背景にあるアイヌの人々の伝統的なものづくりを次世代ものづくり教育の「規範」とした。第三部「次世代ものづくり教育の『創造モデル』」においては、冒頭で述べたように、「（生活用具をつくるために）材料を少しいただきます」という自然の恵みへの感謝という視点を重視し、「（使い放題の材料ではなく、有り余るほどの材料ではなく、必要とする分だけの材料で）少ない材料で多様な発想を生み出せるような考え方」、または「限りある材料が無限の可能性を生み出すような考え方」として「創造モデル」を提起することとした。そしてさらに「生活」という言葉をキーワードとした。ものづくりに「責任」をもつ人間として成熟していくためには、子どものときから学校・家庭・社会という「生活」全体の中で一つ一つの実践に活用できるような汎用性の高い「創造モデル」を提示する必要があると考えたからである。

第二節　「創造モデル」を活用した表現のプロセス

では、こうした「創造モデル」を活用すれば、表現のプロセスはどのようになるだろうか。以下に、小学校図画工作科における教材「新種の魚があつまった――ぼくやわたしのすいぞくかん――」に関するプロセスを示した。授業のねらいは「見たこともないような新種の魚をつくる」とした。材料・用具は次のとおりである。

- 色画用紙（大きさは八つ切りの約１／２、本番用）
- Ａ４用紙（試しづくり用）
- はさみ

●糊

●糊付けの際に下敷きとなる紙（新聞紙など）

一．Ａ４用紙を１／４に切って、試しづくり用の小さな紙を準備する。

二．１／４に切った小さな紙で土台となる魚の形を複数つくる（おおよその形をつくる）。いろいろな方向から見て、一番気に入ったものを選び、その形を基にしながら、色画用紙で本格的につくる。または、それぞれのよいところを組み合わせて、色画用紙で本格的につくっていく。

なぜ、小さな紙で試作するのか。小さな紙を使用すれば短時間で複数の形をつくることができるからである。いろいろな形をいくつかつくってみることができれば、たとえ一枚目が思うようにいかなくても、次の二枚目で修正できるという安心感につながる。

三．数色の色画用紙の中から、一枚の色画用紙を選ぶ（原形）。

四．はさみで切って土台となる魚の形をつくる。この

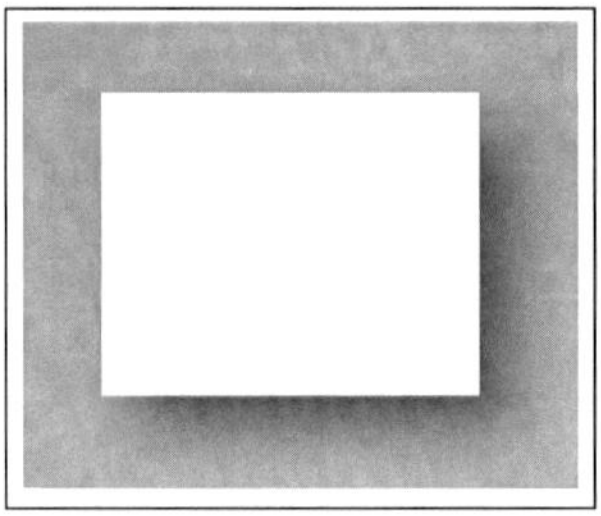

1. 試しづくり用の小さな紙を準備する

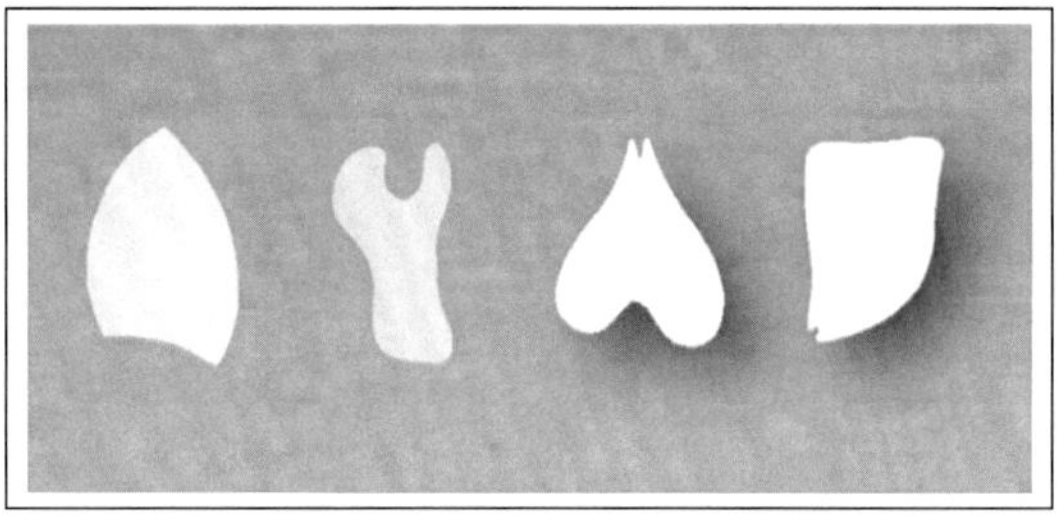

2. 魚の形を複数つくる（おおよその形）

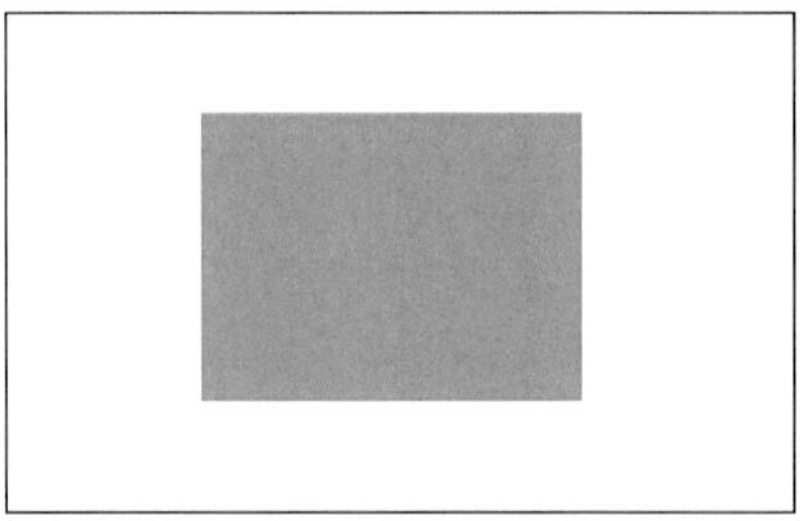

3. 一枚の色画用紙を選ぶ（原形）

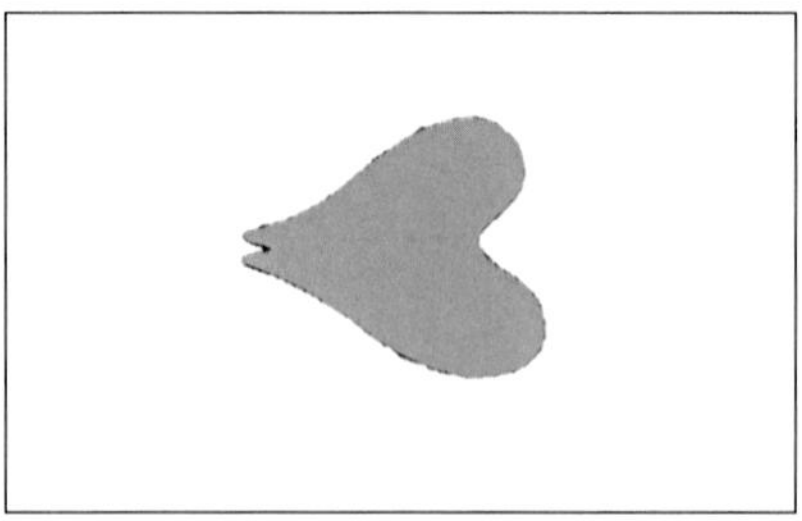

4. 新種の魚としての基本形をつくる

形が見たこともないような新種の魚を発想するためのおおもとの形（基本形）になる。

五．魚に見えるための条件（最低限つくる部品）を確認する。「魚」の場合は、原則として、下の三つは原則としてつくることとする。どのような形になっても魚に見えやすくするためである。つくった後になって、「何をつくったのかわからない」「魚に見えない」というようになったのでは、子どもの制作意欲を低下させかねない。

六．目の前にある形をじっと見る。つくろうとするものが思い浮かんだときにはそれをつくる（「発想から形へ」という方向でつくる）。思い浮かばないときには、条件の一つとしての「目」をつくる。丸い目、細い目、大きい目など、その形や大きさ、数は自由である。

いくら考えても、どのような目の形にするのか思い浮かばないときには、とりあえず、目に見えるような形をつくって置いてみる。その際、「つくって貼る」のではなく、「つくって置く」というようにする。貼らなければ、動かして魚の表情を変えることができるからである。そして、目の前の形をじっと見て、この形でいいか、足りないものはないか、配置はこれでいいかなどを考える。頭の中で考えても思い浮かばないときには、目の前に具体的な形を置いてみるのである。目の前に具体的な形があれば、つくろうとするものの形を思い浮かべやすくなる（「形から発想へ」とい

目　口　ひれ

5. 魚に見えるための条件を確認する

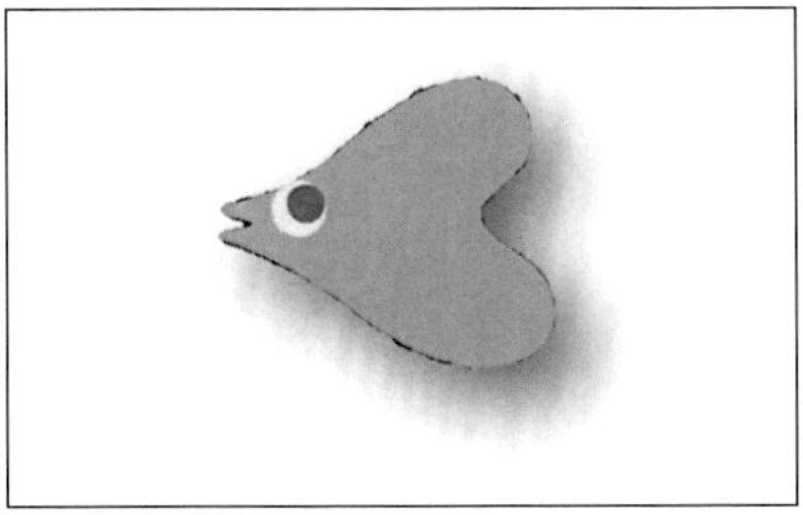

6. 部品をつくる（上の作品の場合は「目」を加えた）

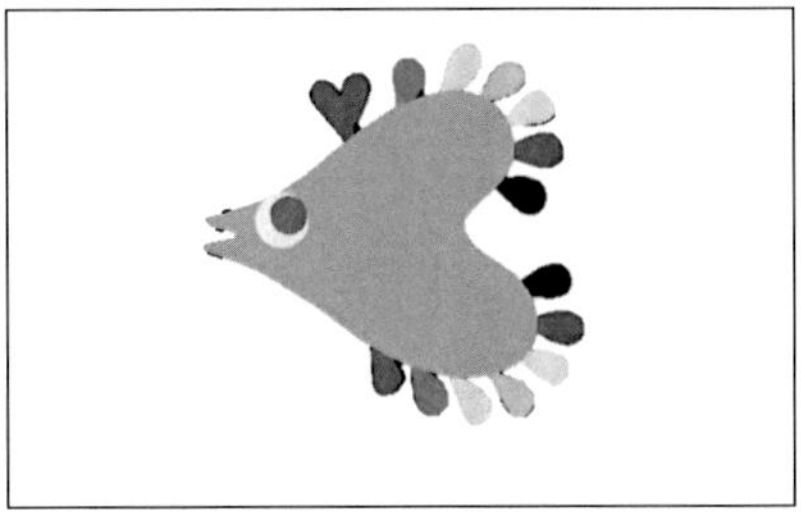

7. 部品をつくる（上の作品の場合は「ひれ」を加えた）

う方向でつくる）。

七．また、じっと見る。必要なものを考える。先ほどと同じように、つくろうとするものが思い浮かんだときにはそれをつくる（発想から形へ）。思い浮かばないときには、条件の一つである「ひれ」をつくる（「口」でもよい。この作品の場合は、基本形の一部を「口」に見立てているので「ひれ」をつくることとした）。小さいひれ、大きいひれ、とがったひれなど、大きさや形、色は自由である。「ひれ」の形が思い浮かんだときにはそれをつくり、思い浮かばないときには「ひれ」のような部品をひとつつくって置いてみる。そして目の前の形をじっと見て次はどうするかを考える（形から発想へ）。

　手順は、「目」と同じ（①色を選ぶ、②切る、③基本形のまわりに加える、または上に置く、④じっと見る、⑤次はどうするかを考える）。

八．じっと見る。その他に必要な部品をつくる。思い浮かんだときにはそれをつくり（発想から形へ）、思い浮かばないときには、部品を一つつくって置いてみて、目の前にある形から次はどうするかを考える（形から発想へ）。

　糊付けは全体の部品の配置を決めてから行う（作品／平成二四年度小学校図画工作科指導法講座in札幌での作品より。講師：佐藤昌彦）。

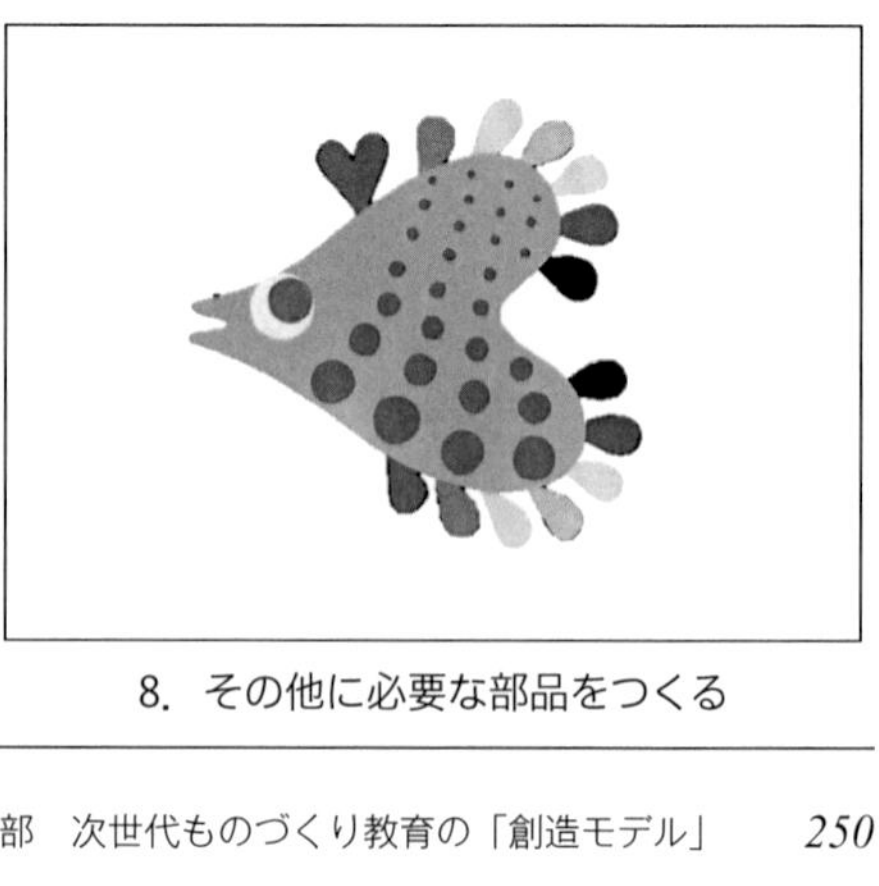

8. その他に必要な部品をつくる

それでは、こうした「創造モデル」を活用すれば、どのような発想が生まれるのか。その事例を次の頁の「授業過程の構造図」[2)]に、表現のプロセスとともに掲載した（図2）。構造図は一枚の紙で表したものである。二枚以上で表すこともできるが、ここでは一枚の紙で作成した構造図を掲載した。一枚であれば、全体が一目でわかるからである。一目でわかれば、プロセスの欠点を見つけやすい。欠点がわかれば、改善を重ねることができる。

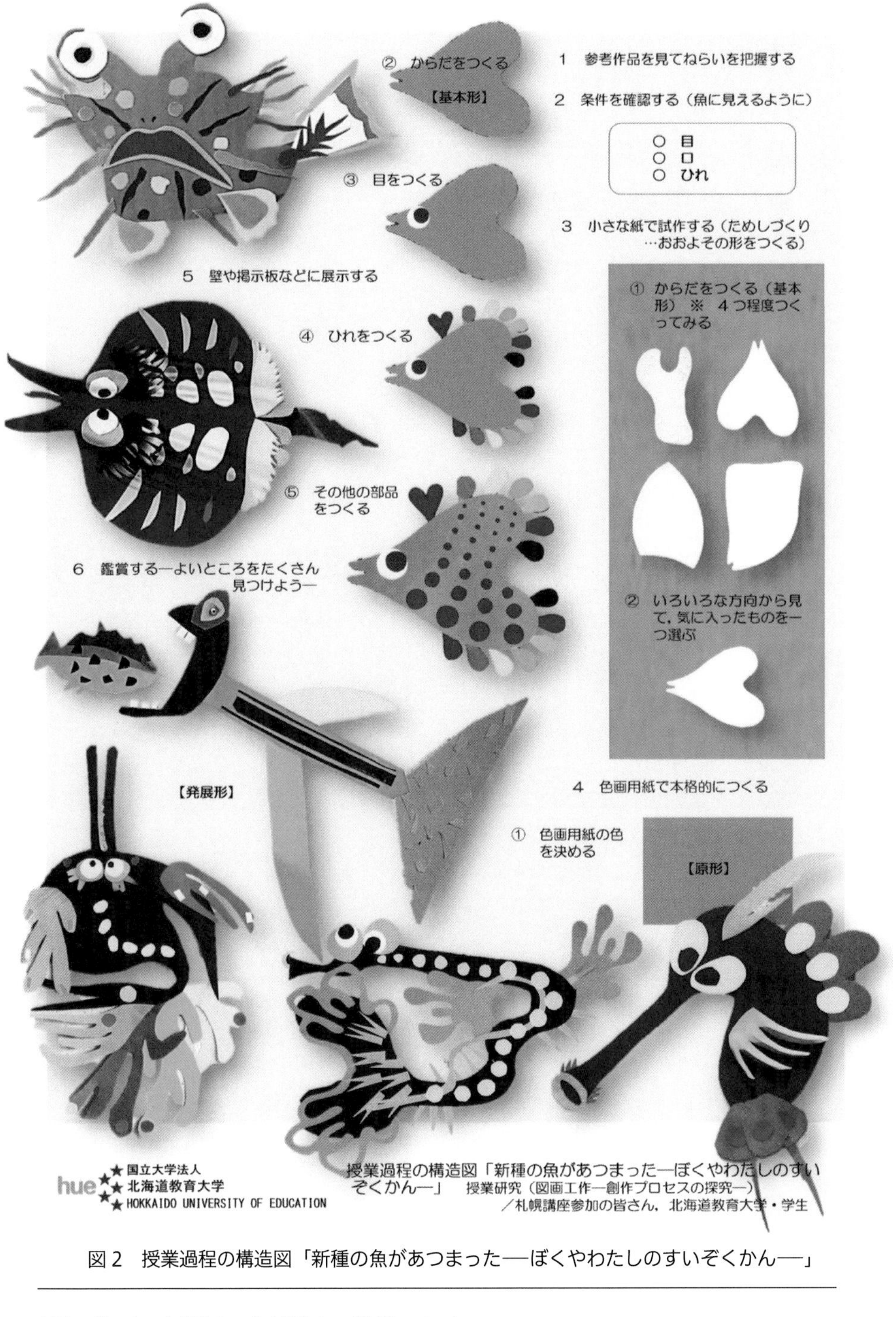

図２　授業過程の構造図「新種の魚があつまった――ぼくやわたしのすいぞくかん――」

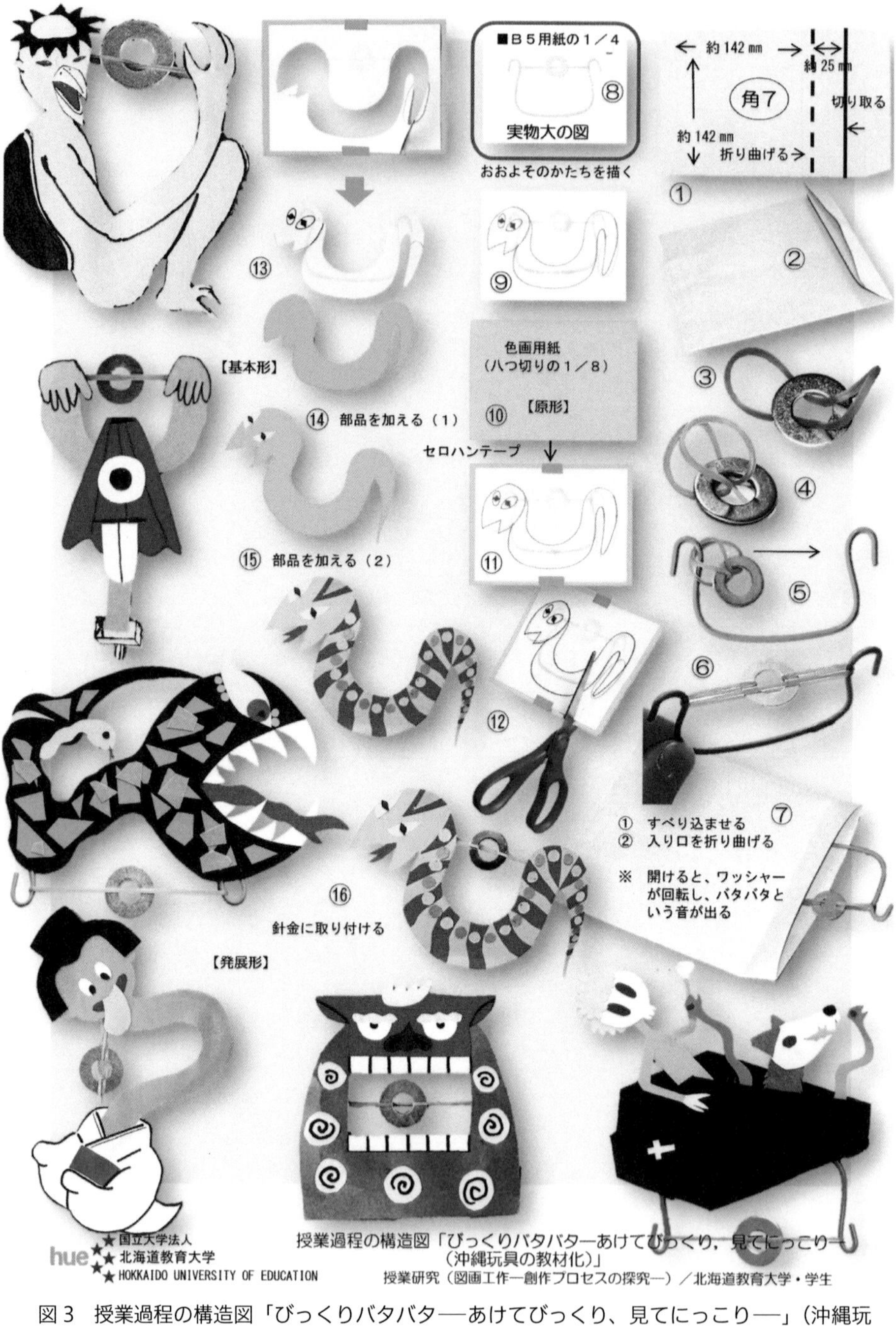

図３　授業過程の構造図「びっくりバタバタ―あけてびっくり、見てにっこり―」（沖縄玩具の教材化）

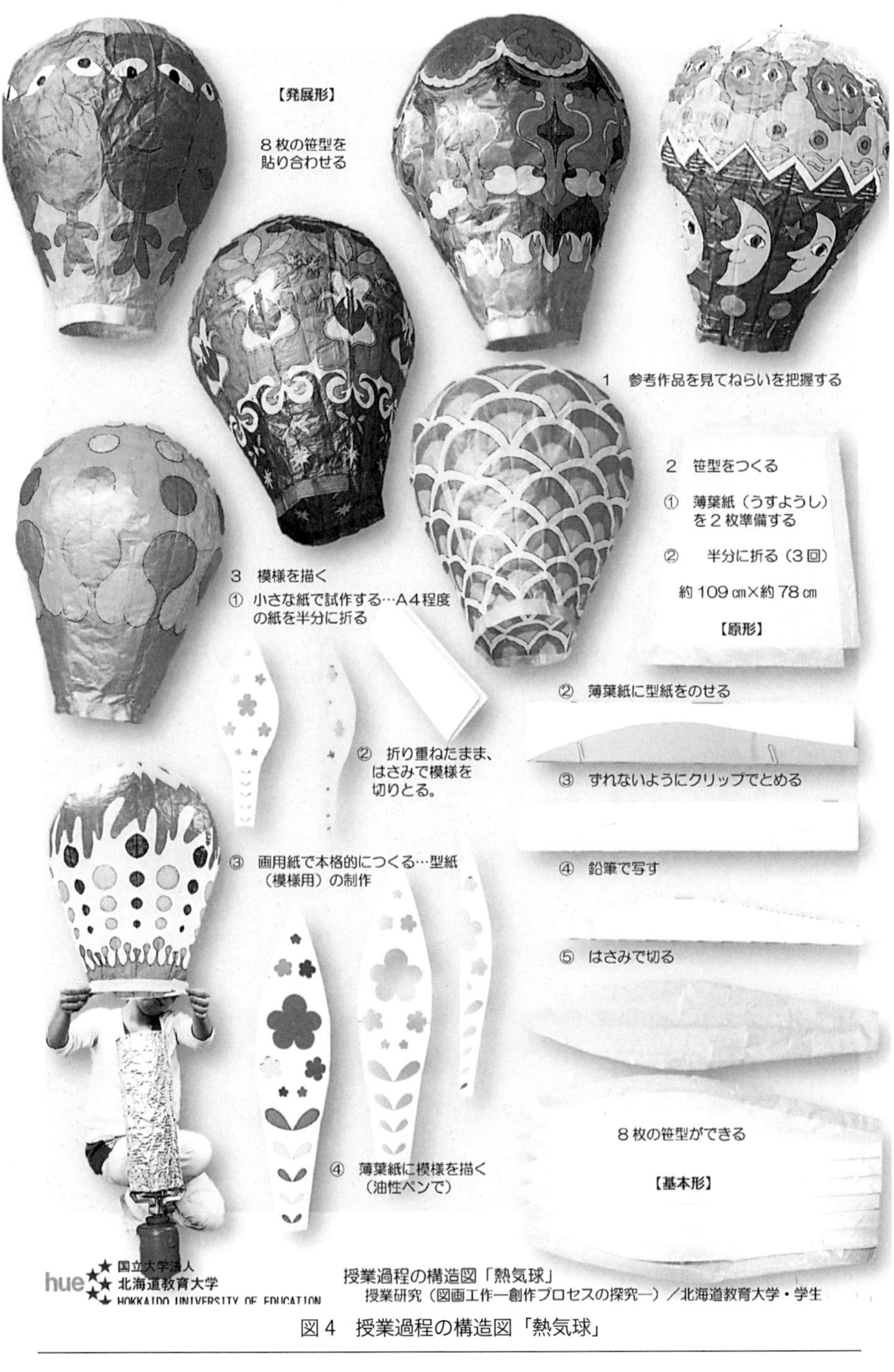
【発展形】
８枚の笹型を
貼り合わせる
1　参考作品を見てねらいを把握する
2　笹型をつくる
①　薄葉紙（うすようし）
を２枚準備する
②　半分に折る（３回）
約 109 ㎝×約 78 ㎝
【原形】
3　模様を描く
①　小さな紙で試作する…Ａ４程度
の紙を半分に折る
②　折り重ねたまま、
はさみで模様を
切りとる。
③　画用紙で本格的につくる…型紙
（模様用）の制作
④　薄葉紙に模様を描く
（油性ペンで）
②　薄葉紙に型紙をのせる
③　ずれないようにクリップでとめる
④　鉛筆で写す
⑤　はさみで切る
８枚の笹型ができる
【基本形】
国立大学法人
hue
北海道教育大学
HOKKAIDO UNIVERSITY OF EDUCATION
授業過程の構造図「熱気球」
授業研究（図画工作―創作プロセスの探究―）／北海道教育大学・学生

図４　授業過程の構造図「熱気球」

図５　授業過程の構造図「テラコッタ風紙粘土でつくる『かお・カオ・顔』」

なお、図2の教材以外にも、「創造モデル」を活用した事例として、他の教材に関する「授業過程の構造図」[3]を三つ示した（図3、図4、図5）。

〔第三部・第一章　註〕

1　大橋皓也「美術教育学の確立のために」『アートエデュケーション』Vol.1, No.1, 建帛社、一九八九。

2　佐藤昌彦「Ａ４用紙一枚でつくる『授業過程の構造図』」『教室ツーウエイ』明治図書、二〇一三、p.45.

3　同、p.45.

※「第一章」は佐藤昌彦「四章授業の前にすべきことは何か」「五章子どもたちが《自らの表現》を生み出すための授業づくり」『子どもの心に語りかける表現教育―多様なアプローチと発想を探る―』（鈴木幹雄・長谷川哲哉：編著、あいり出版、二〇一二、pp.33-61）の内容に基づいた。掲載にあたっては加筆・修正を行っている。

第一章の「創造モデル」を提起した背景にはどのような教育実践があったのか。筆者がこれまでに行ってきた教育実践の中から授業過程の構造図（授業過程の可視化）や教材開発に関する五つの事例を選んだ。授業の分析や授業の提案を目的とした授業過程の構造図や授業過程の構造図を活用した教材開発に関する教育実践を通して、授業の背景にある「創造モデル」の考え方が明確になったからである。

一．授業過程の構造図と基本的作成プロセスの開発
二．授業過程の構造図と基本的作成プロセスの検証
三．教材開発に関する基本的プロセスの開発
四．教材開発に関する基本的プロセスの検証
五．「創造モデル」に基づく教材開発──少ない材料で多様な発想を生み出すために──

それぞれの教育実践の内容の中から「創造モデル」にかかわる部分を以下に示した（第二章～第六章）。

第二章
授業過程の構造図と基本的作成プロセスの開発

本論文で取り上げた第一の教育実践は、二〇〇七（平成一九）年に論文題目「造形教材を対象とした授業過程と基本的作成プロセスの開発」『北海道教育大学紀要・教育科学編』（第五七巻・第二号、北海道教育大学）として取り組んだものである。小学校図画工作科における授業過程の構造図と基本的作成プロセスを提起した。ここではその内容の中から、「創造モデル」における四つのポイント（①基本形から発展形へ、②発想から形へ、そして形から発想へ／双方向共存、③価値観の形成、④ものづくりの責任）と関連する以下の三つの内容に絞って述べる。

一．授業過程の構造図を作成する目的、基本方針、構成要素
二．工作教材に関する授業過程の構造図と基本的作成プロセス――低学年――
三．工作教材に関する授業過程の構造図と基本的作成プロセス――中学年――

それらの教材は、筆者が大学における教材研究の授業で実践したものである。それらを取り上げた理由は、

授業過程の構造図と基本的作成プロセスの開発にあたって、筆者自身の授業実践であれば、指導法と成果との関係、そして指導法の背景にある基本的な考え方を明確に打ち出すことができると考えたからである。

第一節　授業過程の構造図を作成する目的、基本方針、構成要素

一．目的

授業過程の構造図を作成する目的は二つある。第一は、「授業の分析」である。授業過程の構造図を作成することによって、先行実践としての授業における指導法と成果との関係及び教師の指導観（具体的な手立ての背景にある基本的な考え方）を分析できる。第一部・第六章「世界最大級の日用品市場：中国・義烏（イーウー）の小学校におけるものづくり教育」での授業過程の構造図を活用した授業の分析はその一例である。第二は、「授業の提案」である。授業過程の構造を図式化して提案することができる。

二．基本方針

基本方針は次の四つに集約した。第一は、先入観なしにありのままの授業の事実（指導法と成果）に着目する。第二は、授業の事実（指導法と成果）が一目でわかるように文章だけではなく写真も活用する。第三は、指導法と成果との関係が明確になるように線や枠組みを活用する。第四は、授業の事実の背景にある教師の指導観を書き入れる。これらの基本方針では、授業の事実と教師の指導観という二つの観点を授業過程の構造図における主要な構成要素とした。具体的な手立てと成果との関係、そしてその背景にある指導者の基本的な考え方を際立たせることによって、構造図を授業の分析とともにその後の授業の提案にも生かすことができるようにしたいと考えたからである。

三．構成要素

構成要素については次の四つを主な観点とした。第一は、題材名、作成者の所属と氏名。第二は、授業の目標、材料・用具（制作の場合）。第三は、授業の事実（具体的な指導の手立てとその成果との関係）。第四は、具体的な指導の手立てと成果との背景にある教師の指導観（なぜ、そのような手立てをとるのかというような授業に対する指導者の基本的な考え方）。こうした目的、開発の基本方針、基本方針を具現化するための構成要素の相互関係は次の図に示した（**図1**）。また、構造図だけではなく基本的作成プロセスにも着目した理由は、授業過程を分析し新たな授業を提案するためには、思考プロセスでもあるその作成手順の明確化が欠かせないからである。

具体的な手立ての背景にある教師の指導観については第二節で詳しく取り上げるが、たとえば、教材「いろんなオニがあつまった」（授業のねらい：色画用紙をちぎって、これまでに見たこともないようなオニの顔をつくる）では、指導者の基本的な考え方として次の三点を明確にして授業に臨んだ。

第一は、オニに見えるための条件は何か。つくった後になって、教師が「これではオニの顔に見えない」といったのでは、子どもは自信や意欲を失う。そうならないために、オニに見えるための条件として、「鼻・目・口・耳・角は共通につくる」ということを子どもがつくり始める前に提示する。

第二は、何を指導し、何を自由にするか。指導する内容は主に二つ。一つは、オニの顔を創作するための基本的な手順（つくろうとするものが思い浮かばない場合は、顔の土台となる形→鼻→目→口→耳→角→その他の部品：必要に応じて、臨機応変に）。もう一つは、「ちぎる」技術の基本（少しずつ、ゆっくり）。自由にする点は、色と形。どの色を選ぶか、どんな形にちぎるか、ちぎった部品をどのように配置するかということは個性に大きくかかわるからである。

第三は、どんな参考例を提示するか。多様な発想が生まれるように、顔の形は縦長タイプだけではなく横長タイプや縦横の長さがほぼ同じタイプも示す。鼻や目、口、耳、角などについても、具体例をあげながら「いろいろな色や形があっていい」ということを伝える。また、色画用紙の色数は多すぎると混乱しがちなので、「やよいカラー五〇色」（北越製紙）の中から次の一五色を選んだ。①しろ、②レモン、③オレンジ、④あか、⑤くちばいろ、⑥こげちゃ、⑦あかちゃ、⑧もも、⑨あかむらさき、⑩わかくさ、⑪エメラルド、⑫こいみず、⑬あお、⑭ぐんじょう、⑮くろ。また、大きさは四つ切判の四分の一に切って使用した。

材料は色画用紙、制作時間は約一時間。少ない材料、限られた時間にもかかわらず、つり上がった目、大きな首飾り、顔の半分もある口髭、顔からはみ出した眉毛など、様々なオニの顔がつくり出された。こうした状況は先述した指導者の基本的な考え方が具体的な手立ての背景にあったからこそ生まれたものと考えている。

1. 目的

先行実践としての授業を分析するとともに新たな授業を提案するための「授業過程の構造図」と「基本的作成プロセス」を開発する。

2. 基本方針

(1) 先入観なしにありのままの「授業の事実」（指導法と成果）に着目する。
(2) 「授業の事実」（指導法と成果）が一目でわかるように文章だけではなく写真も活用する。
(3) 指導法と成果との関係が明確になるように線や枠組みを活用する。
(4) 「授業の事実」の背景にある「教師の指導観」を書き入れる。

3. 構成要素

- □ 題材名、作成者の所属と氏名
- □ 授業の目標、材料・用具（制作の場合）
- □ 「授業の事実」（具体的な指導の手立てとその成果との関係）
- □ 具体的な指導の手立てと成果の背景にある「教師の指導観」
  （なぜ、そのような手立てをとるのか。授業に対する指導者の基本的な考え方）

図１　基本的作成プロセスの開発に関する目的・基本方針・構成要素

第二節　工作教材に関する授業過程の構造図と基本的作成プロセス
——低学年——

一．授業過程の構造図

教材「いろんなオニがあつまった」（小学校低学年向け）[1)]に関する授業過程の構造図を次の頁に示した（図2）。授業の構造がわかりやすいように、左側には授業過程全体の流れとその背景にある基本的な考え方を記述したものである。授業過程全体の流れとは「材料・用具の確認」、「制作（創作のプロセス）」、「鑑賞」を指し、基本的な考え方は「目標の明確化」、「参考作品による目標の具体的把握」、「条件の確認」、「原形の選択」、「基本形の制作」、「基本形からの発展」という言葉で表している。

また、右側には具体的な手立て（記号□で表示）とその成果との関係を示した。具体的な手立てとは、「①色画用紙を選ぶ」、「②ちぎって顔の形をつくる」、「③鼻をつくる」「④目をつくる」、「⑤口をつくる」、「⑥耳をつくる」、「⑦角をつくる」、「⑧必要に応じて他の部品をつくる」などである。成果は、3種類の基本形からの発展が明確に伝わるように「縦長基本形からの発展」、「縦横ほぼ同じ長さの基本形からの発展」、「横長基本形からの発展」としてそれらに関する作品の写真を示した。

手立ての背景にある基本的な考え方（記号■で表示）については次のような文章を書き入れた。「つくろうとする形が思い浮かんだときには、その形をつくってみる。しかし、いくら考えても、どのような目の形にするのか思いつかない場合には、とりあえず、目に見えるような形をつくって基本形の上においてみる。そして、この形でいいか、足りないものはないか、配置はこれでいいかなどを考える。頭の中だけで考えているときよりも、目の前に具体的な形があるときのほうが、つくろうとするものの形を思い浮かべやすい」。

二．基本的作成プロセス

以下の四段階を基本的作成プロセスとした。

一．土台をつくる
二．写真を配置する
三．指導法と成果との関係を示す
　指導法と成果に関する写真を線や枠組みなどで関係がわかるようにする。
四．文章を書き入れる
　①　指導法について
　②　指導法の背景にある教師の指導観について

①土台をつくる

題材名、所属、作成者などを書き入れる。縦方向は時間軸。横方向は基本形や発想の広がりなどに関する具体的内容（図3）。

②写真を配置する

配置した写真は次の六種類（図4）。第一は材料・用具（色画用紙、固形糊、下敷き用の新聞紙）。第二は参考作品（縦長タイプ、縦横ほぼ同じ長さのタイプ、横長タイプ）。第三は原形となる色画用紙（基本形をつくるための画用紙）。第四は基本形（縦長基本形、縦横ほぼ同じ長さの基本形、横長基本形）、第五は基本形から発展していくプロセスを示す写真（次の段階に関する写真六枚。①鼻をつくる、②目をつくる、③口をつくる、④耳を

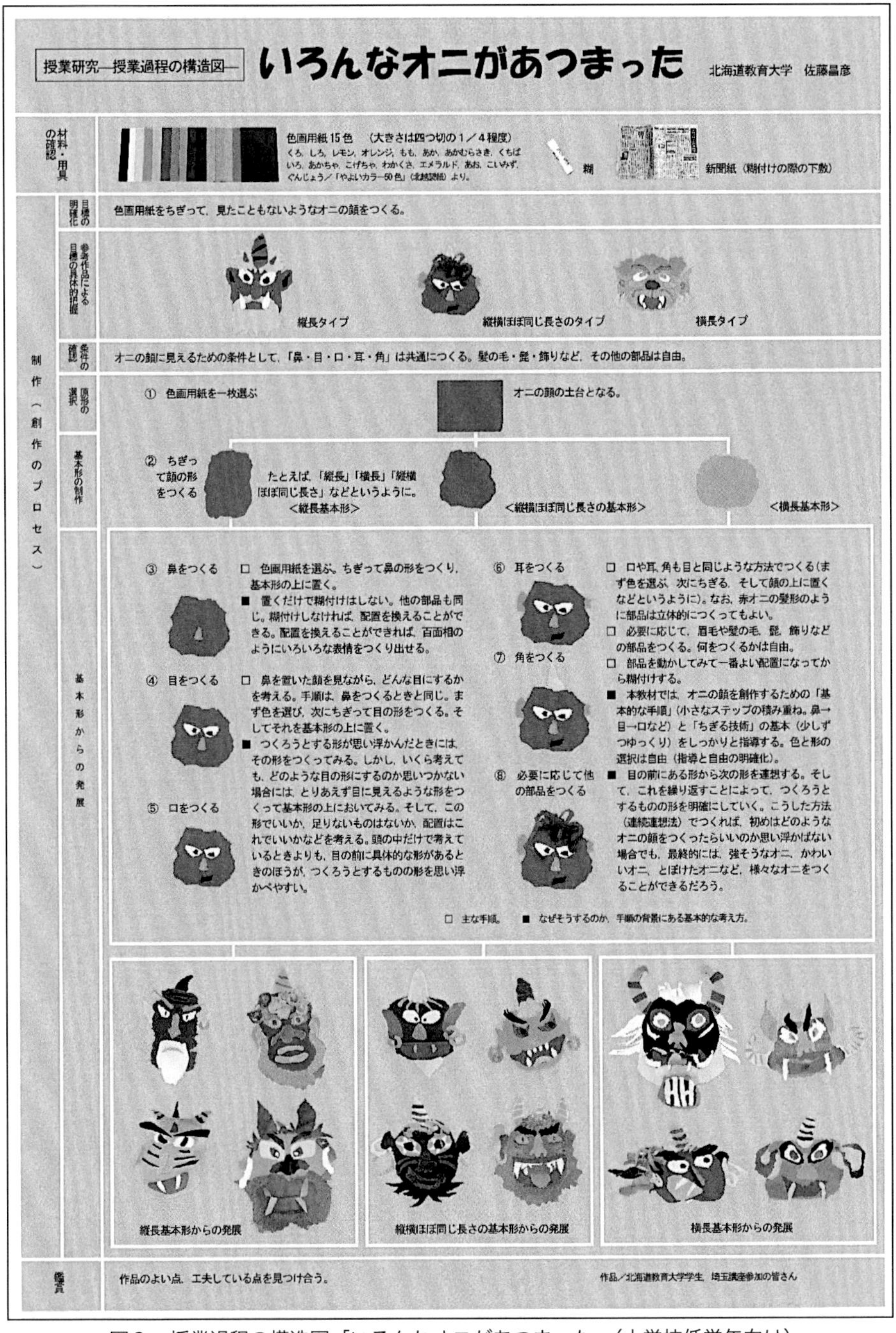

図2　授業過程の構造図「いろんなオニがあつまった」（小学校低学年向け）

つくる、⑤角をつくる、⑥必要に応じて他の部品をつくる）。第六は、様々な作品（縦基本形から発展したもの、縦横ほぼ同じ長さの基本形から発展したもの、横長基本形から発展したもの）。

③指導法と成果との関係を示す

授業展開や基本形から発展する状況がわかるように、各段階や発想の広がりに関する部分に線を引いたり枠組みで囲ったりする（**図5**）。

④文章を書き入れる

○**指導法について**

授業過程の構造図には記号□で示した（**図6**）。

□色画用紙を選ぶ。ちぎって鼻の形をつくり、基本形の上に置く。

□鼻を置いた顔を見ながら、どんな目にするかを考える。手順は、鼻をつくるときと同じ。まず色を選び、次にちぎって目の形をつくる。そしてそれを基本形の上に置く。

□口や耳、角も目と同じような方法でつくる（まず色を選ぶ、次にちぎる、そして顔の上に置くなどというように）。なお、赤オニの髪形のように部品は立体的につくってもよい。

□必要に応じて、眉毛や髪の毛、髭、飾りなどの部品をつくる。何をつくるかは自由。

□部品を動かしてみて一番よい配置になってから糊付けする。

○**指導法の背景にある教師の指導観（基本的な考え方）について**

構造図には記号■で示し、以下のような文章を書き入れた（**図2**）。

■置くだけで糊付けはしない。他の部品も同じ。糊付けしなければ、配置を換えることができる。配置を換えることができれば、百面相のようにいろいろな表情をつくり出せる。

■つくろうとする形が思い浮かんだときには、その形をつくってみる。しかし、いくら考えても、どのような目の形にするのか思いつかない場合には、とりあえず目に見えるような形をつくって基本形の上に置いてみる。そして、この形でいいか、足りないものはないか、配置はこれでいいかなどを考える。頭の中だけで考えているときよりも、目の前に具体的な形があるときのほうが、つくろうとするものの形を思い浮かべやすい。

■本教材では、オニの顔を創作するための「基本的な手順」(小さなステップの積み重ね。鼻→目→口など)と「ちぎる」技術の基本(少しずつ、ゆっくり)をしっかりと指導する。色と形の選択は自由(指導と自由の明確化)。

■目の前にある形から次の形を連想する。そして、これを繰り返すことによって、つくろうとするものの形を明確にしていく。こうした方法(連続連想法)でつくれば、初めはどのようなオニの顔をつくったらいいのか思い浮かばない場合でも、最終的には、強そうなオニ、かわいいオニ、とぼけたオニなど、様々なオニをつくることができるだろう。

第三節　工作教材に関する授業過程の構造図と基本的作成プロセス
――中学年――

教材「いろんなオニがあつまった」は、顔の制作に焦点をあてたものであるが、教材「おしゃべりの達人」[2)]は、顔だけではなく全身へ発想が広がるようにしたものである。また、口がパクパク動くので、つくった後には腹話術や人形劇などで活用することができる。**図7・8・9**は、教材「いろんなオニがあつまった」で提起した授業過程の構造図に関する基本的作成プロセスに基づいて制作したものである。基本的作成プロセスとは先述したように以下に示した四つの段階を指す。

①　土台をつくる。
②　写真を配置する。
③　指導法と成果との関係を示す。

図３　土台をつくる

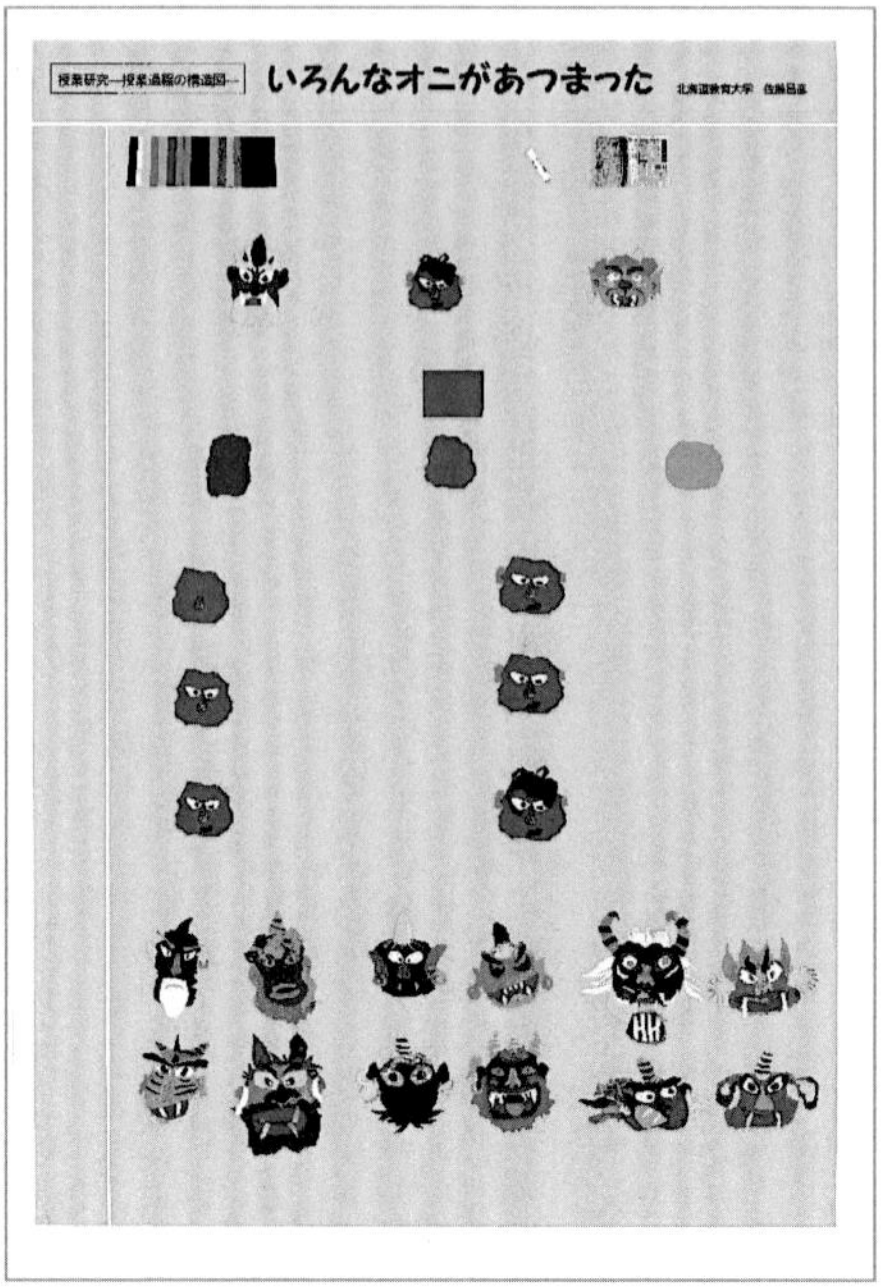

図４　写真を配置する

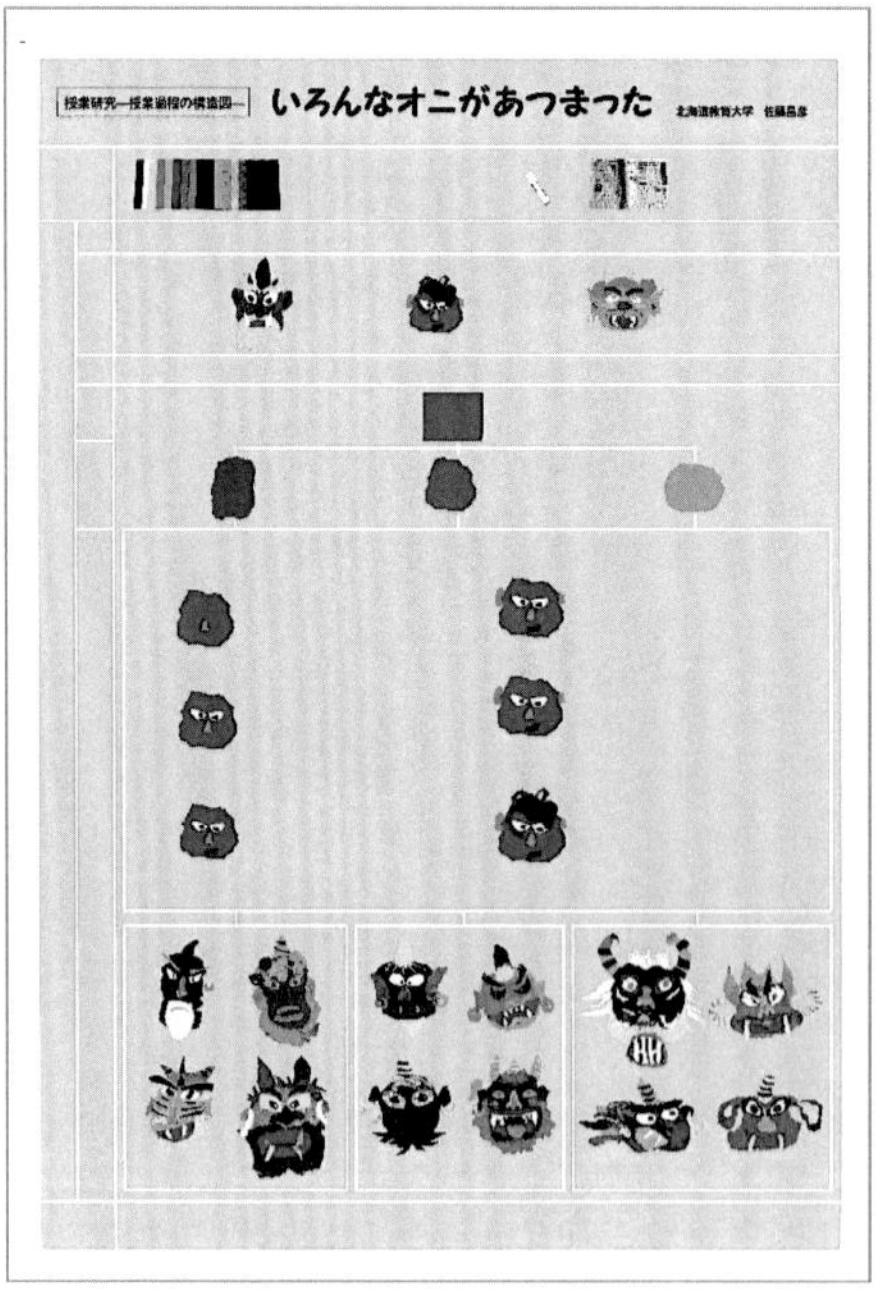

図５　指導法と成果との関係を示す

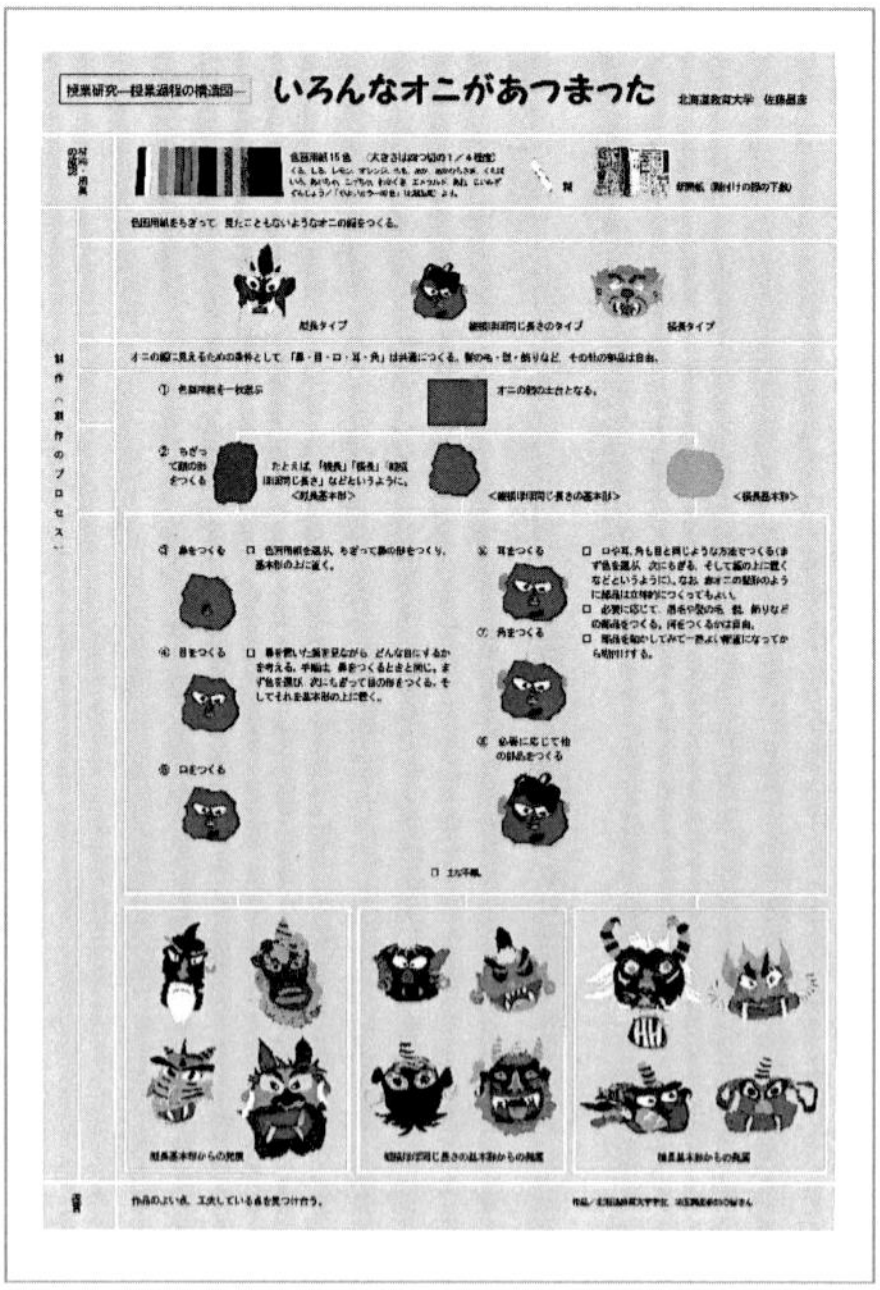

図６　文章を書き入れる

④ **文章を書き入れる。**

・指導法　・指導法の背景にある教師の指導観

特に、④の文章を書き入れる段階に関する内容は次のとおりである（指導法に関しては、左側の枠内や右側に記号①②③などで表した。指導観については記号■を使用した）。

○**指導法について**

□材料・用具の確認…色画用紙一五色　（大きさは四つ切の1／8及び1／4程度）しろ、レモン、オレンジ、もも、あか、あかむらさき、くちばいろ、あかちゃ、こげちゃ、わかくさ、エメラルド、あお、こいみず、ぐんじょう、くろ／「やよいカラー五〇色」（北越製紙）、プラスチックコップ、ストロー、はさみ、糊、セロハンテープ、新聞紙（糊付けの際の下敷）、油性ペン。

□制作（創作のプロセス）…目標／開いたり閉じたりする口の仕組みを生かして見たこともないようなおしゃべり人形をつくる。手順／①プラスチックコップを準備する。②底のほぼ中央に線をひく。③左右の側面に線をひく。④側面を切って外側に折り曲げる。⑤切り開いた側面の角をまるく切り落とす。⑥底の折り目よりやや短くストロー（約3・5㎝、二本）を切る。⑦折り目の片側にストローをセロハンテープで貼りつける。⑧もう一つのストローを折り目の反対側にセロハンテープで貼りつける。⑨口をつくるための色画用紙を選ぶ。赤、黄、茶など数種類の色から気に入った色を一つ選ぶ。色画用紙の大きさは、四つ切の約1／8。⑩半分に折る。折り方は主に二ある（縦長タイプと横長タイプ）。⑪口の形に切る。切り方は主に三つある（直線タイプ、曲線タイプ、直線と曲線の混合タイプ）。⑫接着面が外側になるようにまるく貼り合わせたセロハンテープをコップの底に貼る。⑬口を折りたたんだまま、コップの底の奥まで差し込んで貼りつける。この口が様々な発想を引き出すための基本形となる。なお差し込んだ色画用紙に歯や舌などをつけ加えてもよい。条件の確認／○顔に見えやすいように「目」は共通につくる。その他の部品（眉毛、鼻、耳など）は自由。○口に接する部分は切り取らない。小さな紙による試作／①小さな紙で口から上を制作する。大きさはA４用紙の約１／４（ほぼ葉書大）。四枚ほど試作し、その中から気に入った形を選び、色画用紙で本格的につくっていく。試作の方法は二つ。一つは半分に折らないで切る方法。もう一つは半分に折り重ねてから切る方法。半分に折り重ねてから切れば、その形は左右対称になる。基本形からの発展／②色画用紙の色を選ぶ。大きさは四つ切の約１／４。③目をつくる。目などの部品をつくるための色画用紙は事前に四つ切の約１／８に切って配布する。④小さな紙での試作をもとに色画用紙をはさみで切る。⑤足りないものをつけ加える。⑥目の配置を変えてみる。いろいろな位置に動かしてみてから一番よい配置を選ぶ。⑦目以外の部品をつけ加える。全体の配置が決まったら糊付けする。⑧プラスチックコップにセロハンテープをまるめて貼る（接着面は外側）。⑨色画用紙でつくったものをプラスチックコップに貼る。【口から下をつくる】⑩口から下をつくるための色画用紙を選ぶ。大きさは四つ切の約１／４。⑪はさみで色画用紙を切る。⑫必要な部品（本作品では手、足、尻尾）をつけ加える。⑬セロハンテープをまるめてプラスチックコップに貼る（接着面は外側）⑭色画用紙でつくったものをプラスチックコップに貼る。

○指導法の背景にある教師の指導観について

■底の凹凸は、紙コップよりプラスチックコップのほうが少ない。色画用紙でつくる口は底の凹凸が少ないほど接着しやすいので、プラスチックコップを本教材の材料に選んだ。

■目の前にある形をじっと見て、次に必要なものは何かを連想する。この繰り返しによってつくろうとするもののイメージを明確にしていく。

■なぜ基本形を出発点とするのか。端的に言えば、すべてが揃っていては空想する余地がなくなってしまうからである。たりないからこそ考える。これが「創作のプロセス」を貫く根本的な考え方である。

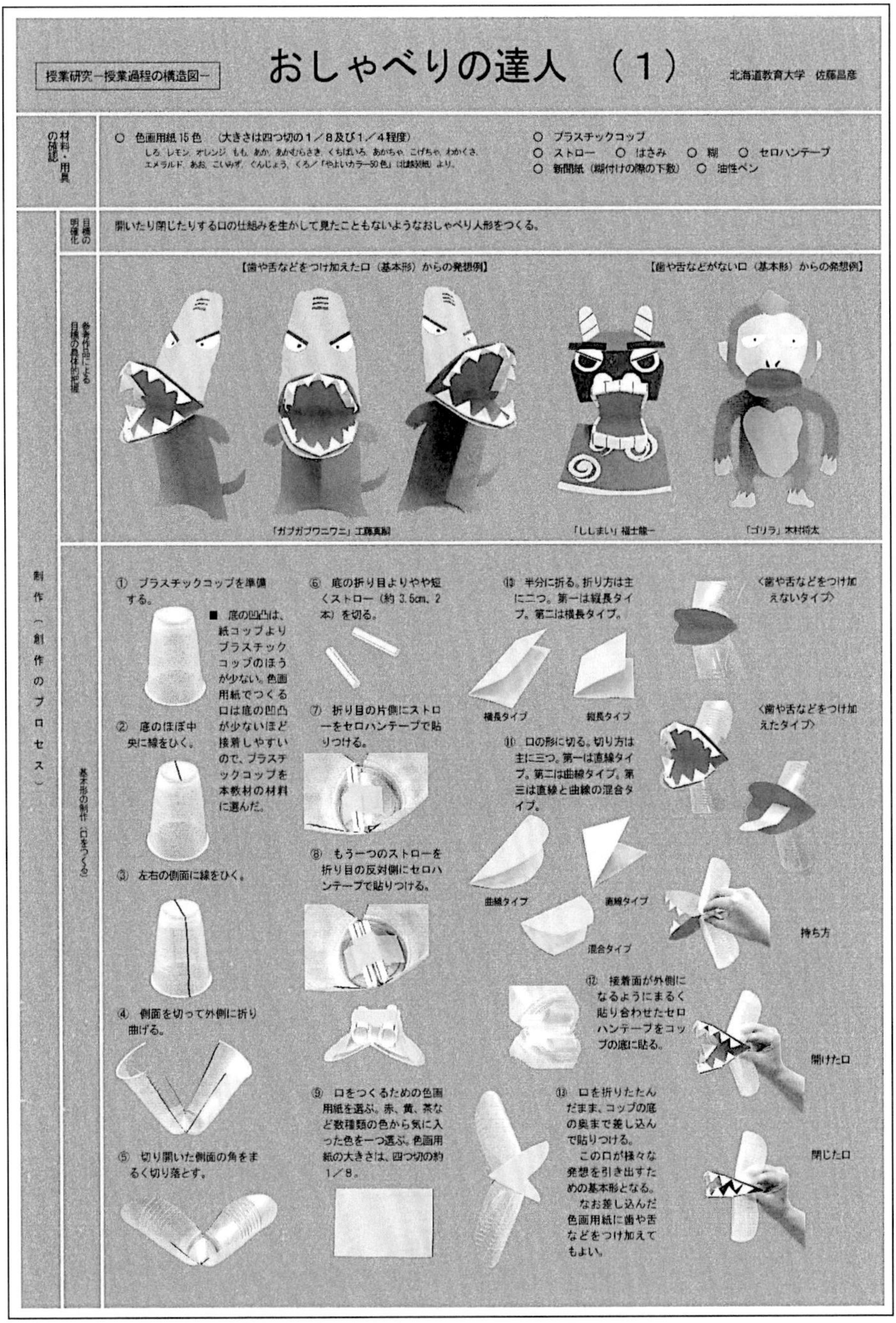

図7 授業過程の構造図「おしゃべりの達人（1）」（小学校中学年向け）

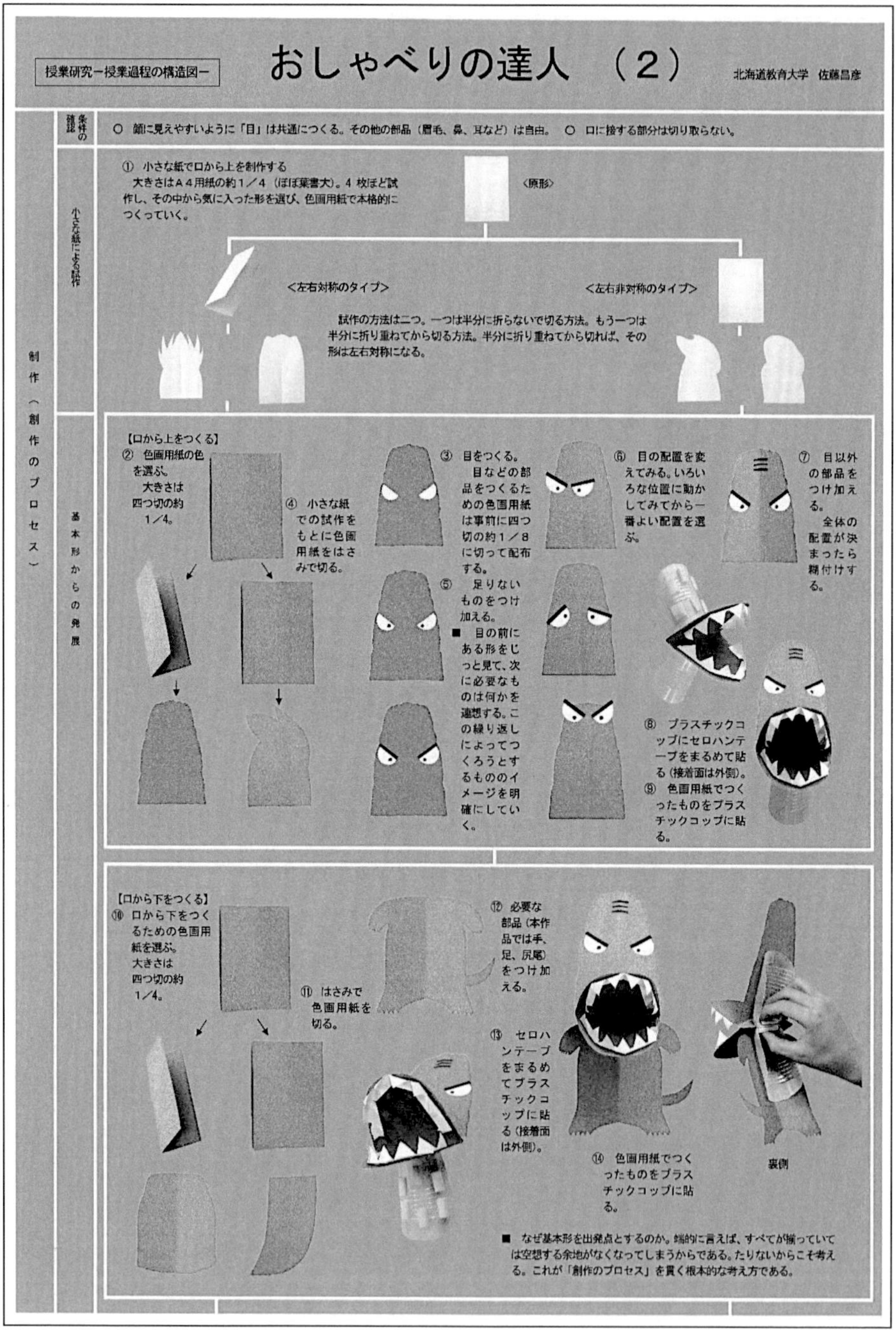

図８ 授業過程の構造図「おしゃべりの達人（2)」（小学校中学年向け）

図9　授業過程の構造図「おしゃべりの達人（3）」（小学校中学年向け）

第二節で提起した「授業過程の構造図」と「基本的作成プロセス」は小学校中学年向けの教材においてもおおむね有効であったと考える。根拠は主に二つある。一つは**図7・8・9**の授業過程の構造図で明らかなように指導法と成果との関係を展開にそって示すことができたからである。もう一つは授業過程の構造図の作成を通して指導法の背景にある基本原理を抽出または再確認することができたからである。ここでの基本原理とは主に六つの観点を指している。第一は、基本形からの発想。「基本形から何ができるか」というように発想のおもとになる基本形を重視している。第二は、部品の制作と配置。基本形に部品を配置し、その形から次に必要な部品を連想する。この連続によってつくろうとするものの形を明確にしていく。第三は、基本的技術の指導。「切る」、「貼る」、「折る」、「曲げる」などの技術指導をしっかり行う。第四は、制作条件の設定。「顔に見えやすいように『目』は共通につくる」というように成功するための条件を事前に示す。第五は、つくることによってイメージを明確にする。第六は、小さなステップの積み重ね。「集中しやすい」、「小さなねらいの達成が制作全体の成就感に結びつく」、「制作への不安をやわらげる」などの利点がある。

以上、「一．小学校図画工作科における『授業過程の構造図』作成の『目的』、『基本方針』、『構成要素』」、「二．小学生(低学年)向け工作教材に関する『授業過程の構造図』と基本的作成プロセス」、「三．基本的作成プロセスを活用した小学生(中学年)向け工作教材に関する『授業過程の構造図』」について述べてきた。

「創造モデル」における四つのポイントの中で、「基本形から発展形へ」は「基本形からの発展」として記し、「発想から形へ、そして形から発想へ(双方向共存)」については、その考え方を「授業過程の構造図」に記載した。「価値観の形成」については、その言葉を記載してはいないが、部品の色や形を決めるときや全体の配置を決めるときなどにかかわったものである。「ものづくりの責任」に関しては、「有り余るほどの材料ではなく、必要とする分だけの材料でつくる」、「材料としての色画用紙の特性を生かしてつくる」という材料にかかわる視点を重視した。

〔第三部・第二章　註〕

1　佐藤昌彦「色画用紙をちぎってオニの顔をつくる」『教室ツーウェイ』二〇〇五年九月号、第三一〇号、明治図書出版株式会社、二〇〇五、p.64.

2　佐藤昌彦「おしゃべりの達人」『教育トークライン』二〇〇四年二月号、東京教育技術研究所、二〇〇四、pp.52-54.

※　「第二章」は、佐藤昌彦「造形教材を対象とした授業過程と基本的作成プロセスの開発」『北海道教育大学紀要・教育科学編』（第五七巻・第二号、北海道教育大学、二〇〇七、pp.187-196）の内容に基づいた。掲載にあたっては加筆・修正を行っている。

第三章　授業過程の構造図と基本的作成プロセスの検証

第三章では、第二章で提起した授業過程の構造図と基本的作成プロセスの有効性を検証する。考察する際には、「具体的な指導の手立てと成果との関係および背景にある基本的な考え方を構造図に示すことができたか」という観点を設定した。取り上げた小学生向けの教材は二つある。一つは、動く仕組みを活用した「新種のキツツキ」[1]であり、もう一つは、小学校理科で学習する内容を図画工作科へ発展させた「熱気球」[2]である。筆者自身が北海道教育大学の教科指導科目「図画工作の教育法」および小学校教員を対象とする図画工作科指導法講座で実践した結果を基に授業過程の構造図を作成した。

第一節　授業過程の構造図と基本的作成プロセスの検証
──教材「新種のキツツキ」──

教材「新種のキツツキ」に関する授業過程の構造図は**図1・図2**に示した。授業のねらいは、「洗濯ばさみの動きを生かして、見たこともないような新種のキツツキをつくる」とした。授業過程の構造図を作成する際には、指導法と成果にかかわる写真や文章を配置し、それらを線や枠組みで関係づけた。写真では、楕円状の基本

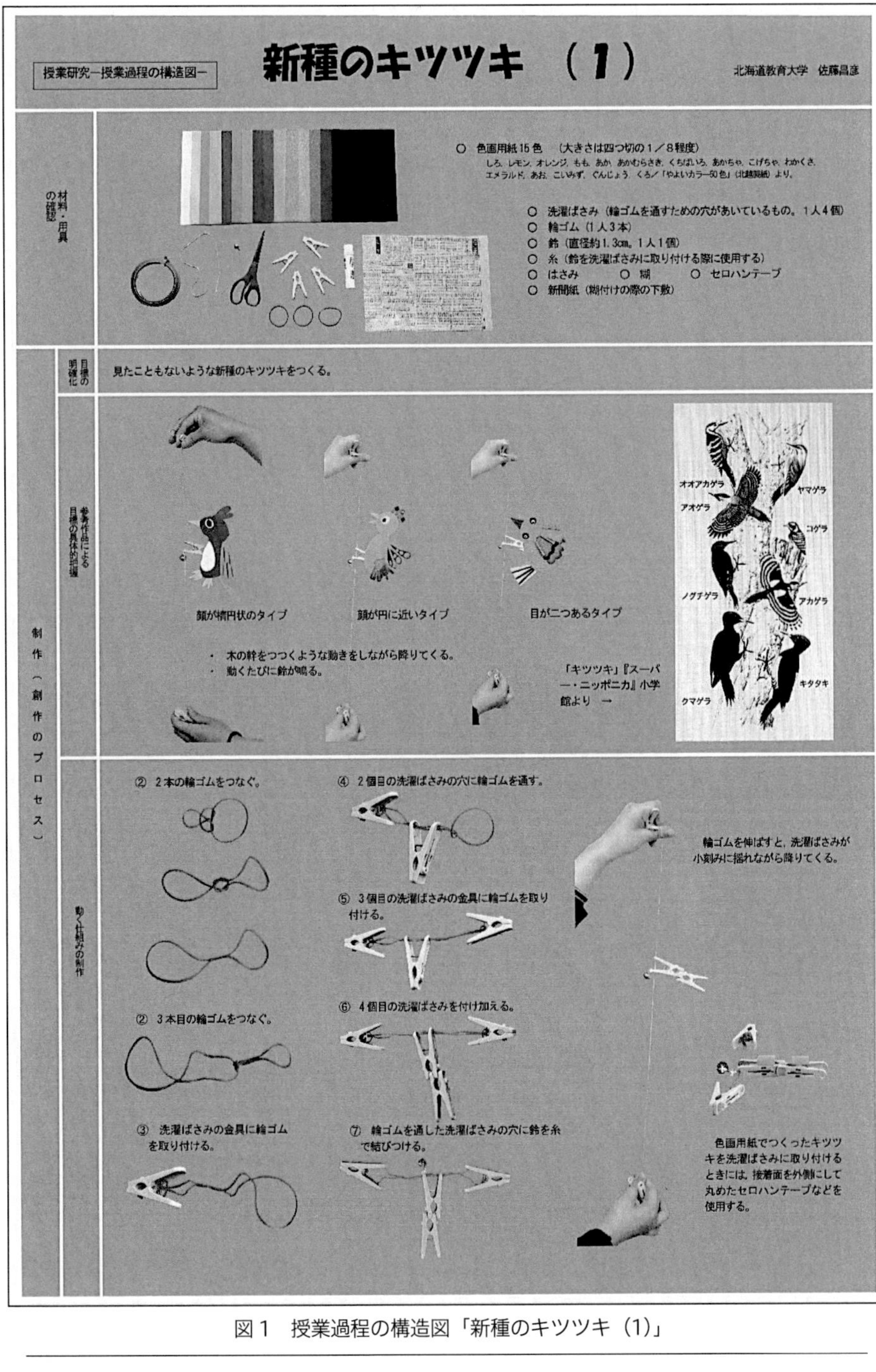

図1　授業過程の構造図「新種のキツツキ（1）」

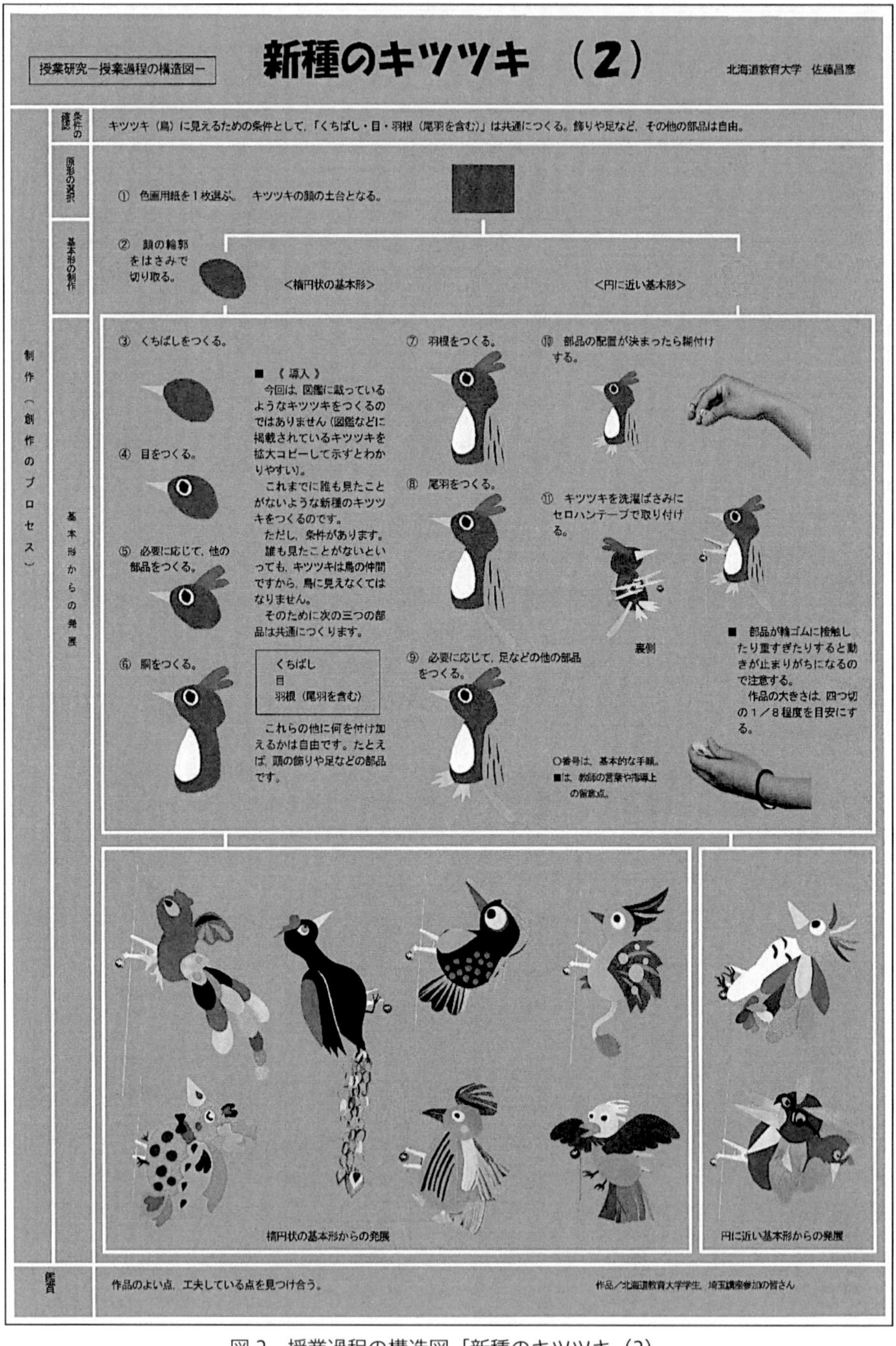

図2　授業過程の構造図「新種のキツツキ（2）」

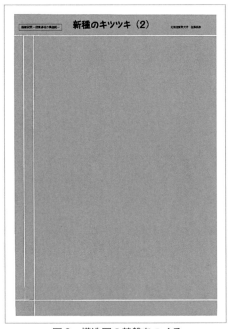

図３　構造図の基盤をつくる

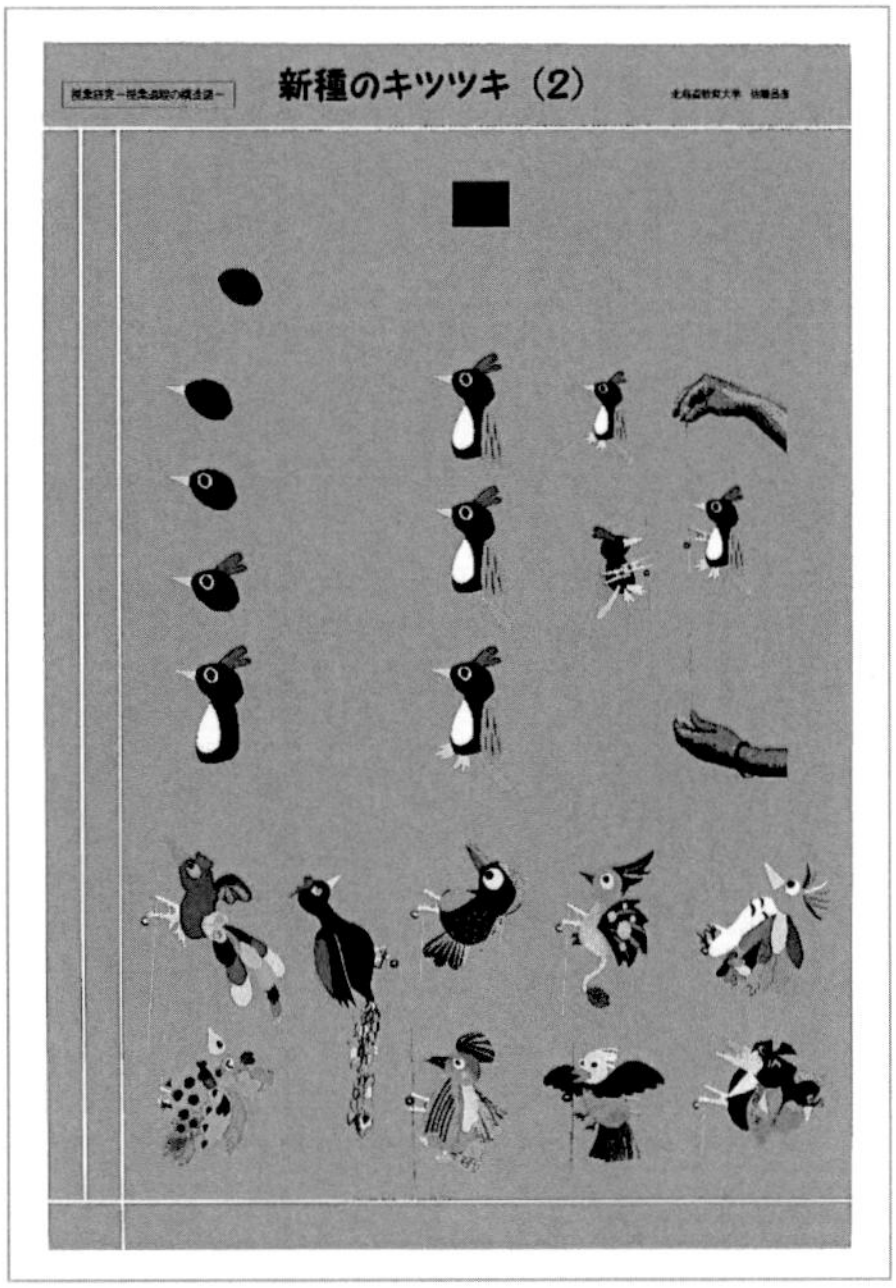

図４　写真を配置する

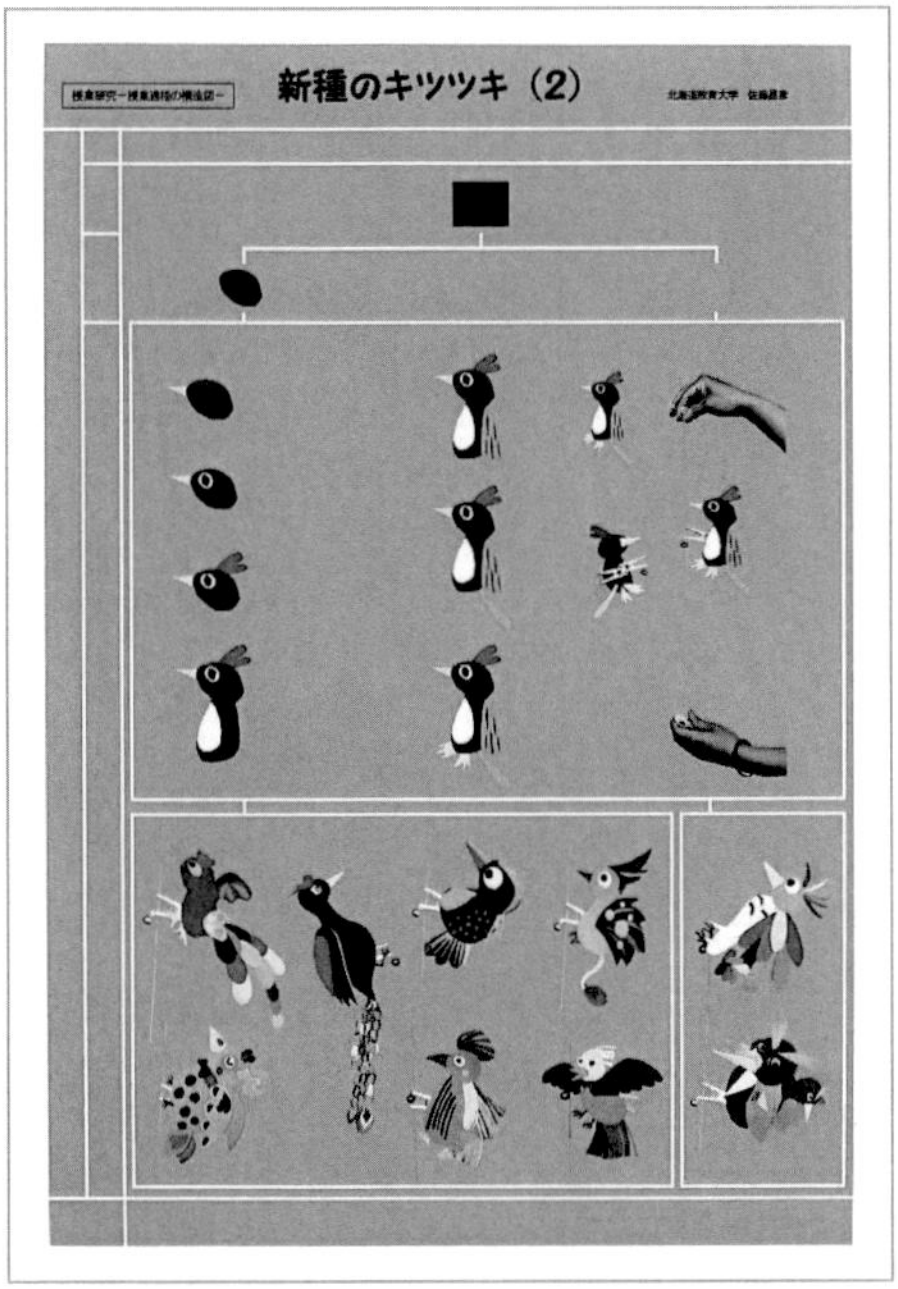

図５　指導法と成果との関係を示す

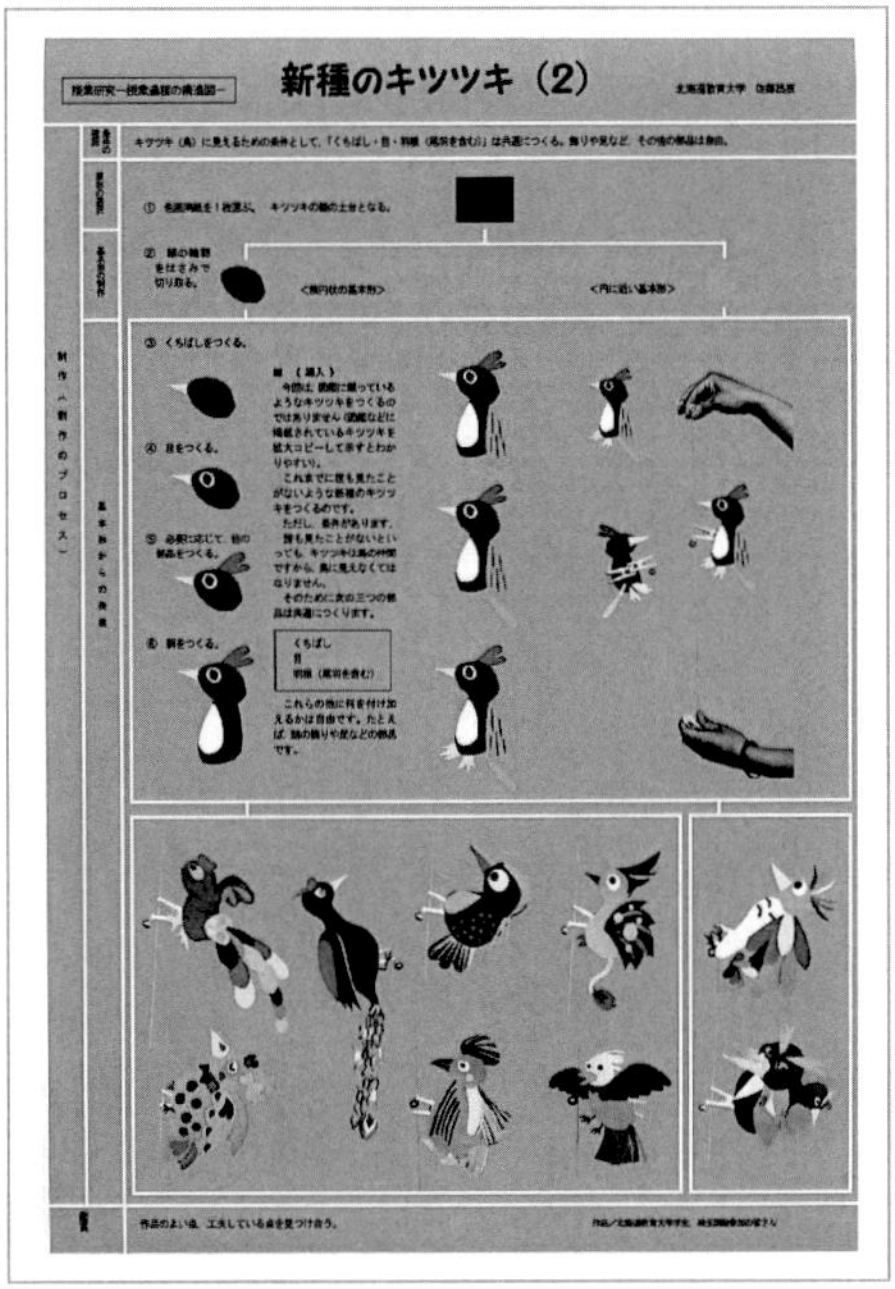

図６　文章を書き入れる

形や円に近い基本形、くちばしや目などの部品が加わった形、そして成果としての作品Aから作品Iまでのつながりがわかるように図式化した。作品Aから作品Gまでは楕円状の基本形から発展したものであり、作品Hと作品Iは円に近い基本形から発展したものである。文章では「顔の輪郭をはさみで切り取る」、「くちばしをつくる」、「目をつくる」、「必要に応じて、他の部品をつくる」という文言を記載した。導入の言葉としては、授業のねらいが明確になるように、「今回は図鑑に載っているようなキツツキをつくるのではありません(図鑑などに掲載されているキツツキを拡大コピーして示すとわかりやすい)。これまでに誰も見たことがないような新種のキツツキをつくるのです。ただし、条件があります。誰も見たことがないといっても、キツツキは鳥の仲間ですから、鳥に見えなくてはなりません。そのために次の三つの部品は共通につくります。くちばし、目、羽根(尾羽を含む)。これらの他に何を付け加えるかは自由です。たとえば、頭の飾りや足などの部品です」という文言を書き入れた。これらの写真や文章などは、今回の考察における評価の観点とした「具体的な指導の手立てと成果との関係及び背景にある基本的な考え方を構造図に示すことができたか」という問いに対応するものであり、教材「新種のキツツキ」における基本的作成プロセスの有効性を示す根拠としたい。

基本的作成プロセスの状況は以下に記した。

㈠　構造図の基盤をつくる(**図3**)／題材名、所属、作成者などを書き込んだ。縦方向は時間軸。横方向は基本形や発想の広がりなどに関する具体的内容。

㈡　写真を配置する(**図4**)／配置した写真は次の六種類。第一は、材料・用具(色画用紙、洗濯ばさみ、輪ゴム、鈴、はさみ、糊、セロハンテープ、新聞紙)。第二は、参考作品(顔が楕円形のタイプ、顔が円に近いタイプ、目が二つあるタイプ)。第三は、キツツキの写真(「スーパー・ニッポニカ」小学館より)。第四は、動く仕組みの制作に関するもの(①二本の輪ゴムをつなぐ、②三本目の輪ゴムをつなぐ、③洗濯ばさみの金具に輪ゴムを取り付ける、④二個目の洗濯ばさみの穴に輪ゴムを通す、⑤三個目の洗濯ばさみの金具に輪ゴムを取り付ける、⑥四個目の洗濯ばさみを付け加える、⑦輪ゴムを通した洗濯ばさみの穴に鈴を糸で結びつける。第五は、原形となる色画用紙（基本形をつくる色画用紙）。第六は基本形（楕円状の基本形、円に近い基本形）。第七は、基本形からの発展プロセスに関する写真（①くちばしをつくる、②目をつくる、③必要に応じて他の部品をつくる。④胴をつくる、⑤羽根をつくる、⑥尾羽をつくる、⑦必要に応じて足など他の部品をつくる、⑧部品の配置が決まったら糊付けする、⑨キツツキを洗濯ばさみにセロハンテープで取り付ける）。第八は、様々な作品（楕円状の基本形から発展したもの、円に近い基本形から発展したもの）。

㈢　指導法と成果との関係を示す（**図5**）／原形から基本形へ、基本形から多様な発想へというように、発展する状況がわかりやすいように線を引いたり枠組みで囲ったりした。

㈣　文章を書き入れる（**図6**）／○指導法について…創作のプロセスに関する一つ一つの具体的な手順については授業過程の構造図に○番号で示した（**図6**）。たとえば、前述した「①二本の輪ゴムをつなぐ、②三本目の輪ゴムをつなぐ、③洗濯ばさみの金具に輪ゴムを取り付ける、④二個目の洗濯ばさみの穴に輪ゴムを通す、⑤三個目の洗濯ばさみの金具に輪ゴムを取り付ける」などというものである。また、それらを大きなまとまりごとに分類し次のようなキーワードを書き入れた。「目標の明確化」「参考作品による目標の具体的把握」「動く仕組みの制作」「条件の確認」「原形の選択」「基本形の制作」「基本形からの発展」。○教師の言葉や指導上の留意点…授業過程の構造図には■で示し、以下のような文章を書き入れた（**図6**）。
■今回は、図鑑に載っているようなキツツキをつくるのではありません（図鑑などに掲載されているキツツキを拡大コピーして示すとわかりやすい）。これまでに誰も見たことがないような新種のキツツキをつくるのです。ただし、条件があります。誰も見たことがないといっても、キツツキは鳥の仲間ですから、鳥に見えなくてはなりません。そのために次の三つの部品は共通につくります。「くちばし」「目」「羽根（尾羽を含む）」。これらの他に何を付け加えるかは自由です。たとえば、頭の飾りや足などの部品です。

■部品が輪ゴムに接触したり重過ぎたりすると動きが止まりがちになるので注意する。作品の大きさは、四つ切の1／8程度を目安にする。

洗濯ばさみと輪ゴムを活用した動く仕組みは、これまでにもわが国の工作関係の図書のなかで紹介されてきたものであるが、今回はその仕組みに洗濯ばさみと鈴を一個ずつ新たに加えた。それらを加えることによって動きをより大きくするとともに、洗濯ばさみが揺れるごとに音も出るようにしたいと考えたからである。

第二節　授業過程の構造図と基本的作成プロセスの検証
――教材「熱気球」――

教材「熱気球」に関する授業過程の構造図を図7・図8・図9・図10として提示した。一つ一つのステップごとに写真と文章を掲載し全体で四枚となった。授業のねらいは、「大空に映えるような色や形の模様を考えて熱気球をつくる」とした。指導法と成果にかかわる写真は熱気球をあげる様子や笹型をつくる手順に関するもの、小さな紙で模様を試作する方法に関するものなどである。文章としては「薄葉紙の上に型紙をのせる。ずれないように折り目と型紙を一緒にクリップでとめる」、「紙を折り重ねたまま、はさみで模様を切り取る」、「油性ペンで着色する。同じ方法で八枚の笹型に模様を描く」、「薄葉紙に新聞紙が貼りつくと、はがすときに破けやすくなるので次の二つのことに注意する。糊がついていない新聞紙の上で薄葉紙に貼り合せること。貼り合せた後は、薄葉紙を新聞紙から早めにはがすこと」などを記した。成果としては作品Aから作品Fまでを掲載したが、それぞれの模様は小さな紙での試作をもとにイメージを広げていったものである。制作手順に関する基本的な考え方については左側の欄に「目標の明確化」、「参考作品による目標の具体的把握」、「笹型をつくる」、「小さな紙で試作する」、「画用紙で型紙（模様用）をつくる」などの言葉を書き入れた。これらの写真や文章などは、教材「新種のキツツキ」の場合と同じように、「具体的な指導の手立てと成果との関係及び背景にある基本的な考え方を構造図に示すことができたか」という検証の観点に対応するものであり、教材「熱気球」における基本的プロセスの有効性を示す根拠になるものと考える。

授業過程の構造図にかかわる基本的作成プロセスの各段階とその詳細は次のとおりである。

(一) 基盤をつくる／題材名、所属、作成者などを示した。縦方向は時間軸。横方向は基本形や発想の広がりなどに関する具体的内容。

(二) 写真を配置する／配置した写真は次の八種類。第一は、熱気球が上がる様子に関するもの。第二は、笹型をつくる段階に関するもの（①薄葉紙を二枚準備する、②半分に折る〈一回目〉、③半分に折る〈二回目〉、④半分に折る〈三回目〉、⑤薄葉紙の上に型紙をのせる、⑥型紙の形を薄葉紙に鉛筆で写す、⑦はさみで切る、⑧ゼムクリップをはずすと八枚の笹型ができる）。第三は、小さな紙で模様を試作する段階に関するもの（①A4程度の紙を準備する、②半分〈縦長〉に折る、③さらに半分〈縦長〉に折る、④紙を開くと笹型になるように折り重ねたままはさみで切る、⑤一枚の紙を折り重ねたままはさみで模様を切り取る、⑥紙を開く、⑦以上の方法でいろいろな模様を試作し一番よいものを選ぶ）。第四は、画用紙で型紙（模様用）をつくる段階のもの（⑧画用紙を準備する、⑨画用紙で笹型をつくる、⑩半分に折ってから模様を切り取る、⑪開く）。第五は、笹型（薄葉紙）に模様を描く段階のもの（⑫笹型〈薄葉紙〉の上に画用紙でつくった型紙〈模様用〉をのせて模様を描く）。第六は、熱源に関するもの。第七は、薄葉紙を貼り合わせる段階に関するもの（①笹型を二枚準備する、②笹型のへりが重なるように貼り合せる〈貼り合わせる幅は約5㎜〉、③　前段階の②でつくったものを二つ貼り合せる、④前段階の③でつくったものを二つ貼り合わせる、⑤最後に貼り合せる部分の内側には細長く折りたたんだ新聞紙を差し込みその上で糊付けを行う、⑥薄葉紙で円形〈直径約6㎝〉をつくり熱気球の一番上に貼る、⑦幅約3㎝、長さ約65㎝の帯を障子紙でつくり、熱気球の一番下に貼る〈補強のため〉）。

授業研究－授業過程の構造図－

熱 気 球 （1）

北海道教育大学　佐藤昌彦

材料・用具の確認

【笹型をつくる段階】
- ○　薄葉紙（一枚の大きさは縦約 78cm、横約 109 cm。紙店や文房具店で販売されている。値段は一枚 9 円程度）
- ○　クリップ 2 個
- ○　はさみ

【模様を描く段階】
- ○　8 枚の笹型
- ○　A4 程度の紙
- ○　画用紙
- ○　型紙　○　油性ペン

【貼り合せる段階・あげる段階】
- ○　8 枚の笹型
- ○　障子紙　○　新聞紙　○　ステック糊
- ○　はさみ　○　アウトドア用ガスコンロ　○　ゼムクリップ
- ○　アルミ製パネル（縦約 40cm、横約 60 cm、1 枚。「100 円ショップ」などでは、台所で使用するものとして 1 枚 100 円程度で販売されている）

制作（創作のプロセス）

目標の明確化

大空に映えるような色や形の模様を考えて熱気球をつくる

参考作品による目標の具体的把握（右枠）

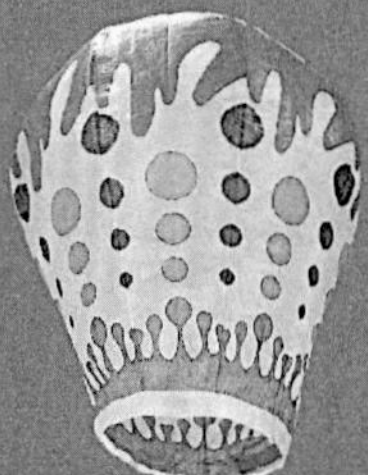

笹型をつくる（右枠）

① 薄葉紙を２枚準備する

② 半分に折る（1 回目。2 枚の薄葉紙を重ねたまま）

③ 半分に折る（2回目）

④ 半分に折る（3回目）

⑤ 薄葉紙の上に型紙をのせる。ずれないように折り目と型紙を一緒にクリップでとめる。型紙は、折り目が一つだけにへりを合わせる。反対側のへりに合わせると、笹型にならないものがでてくる。

⑥ 型紙の形を薄葉紙に鉛筆で写す

⑦ はさみで切る。

⑧ ゼムクリップをはずすと８枚の笹型ができる。

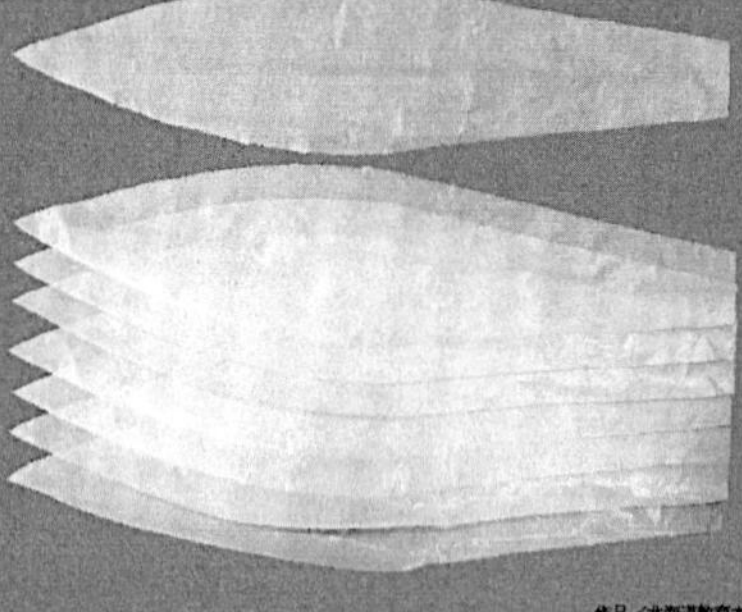

作品／北海道教育大学学生

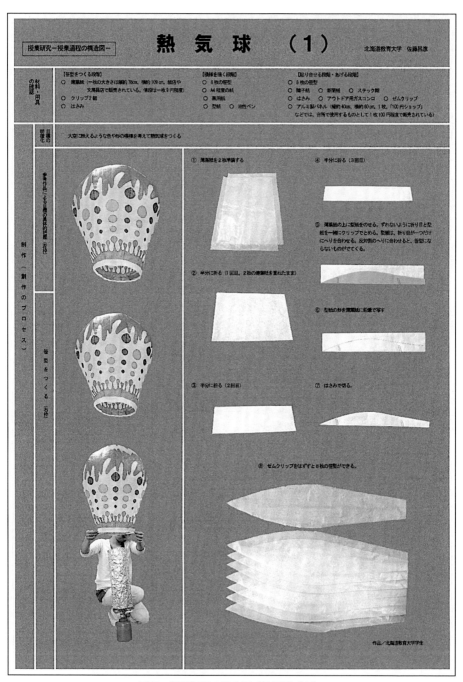

図７　授業過程の構造図「熱気球（１）」

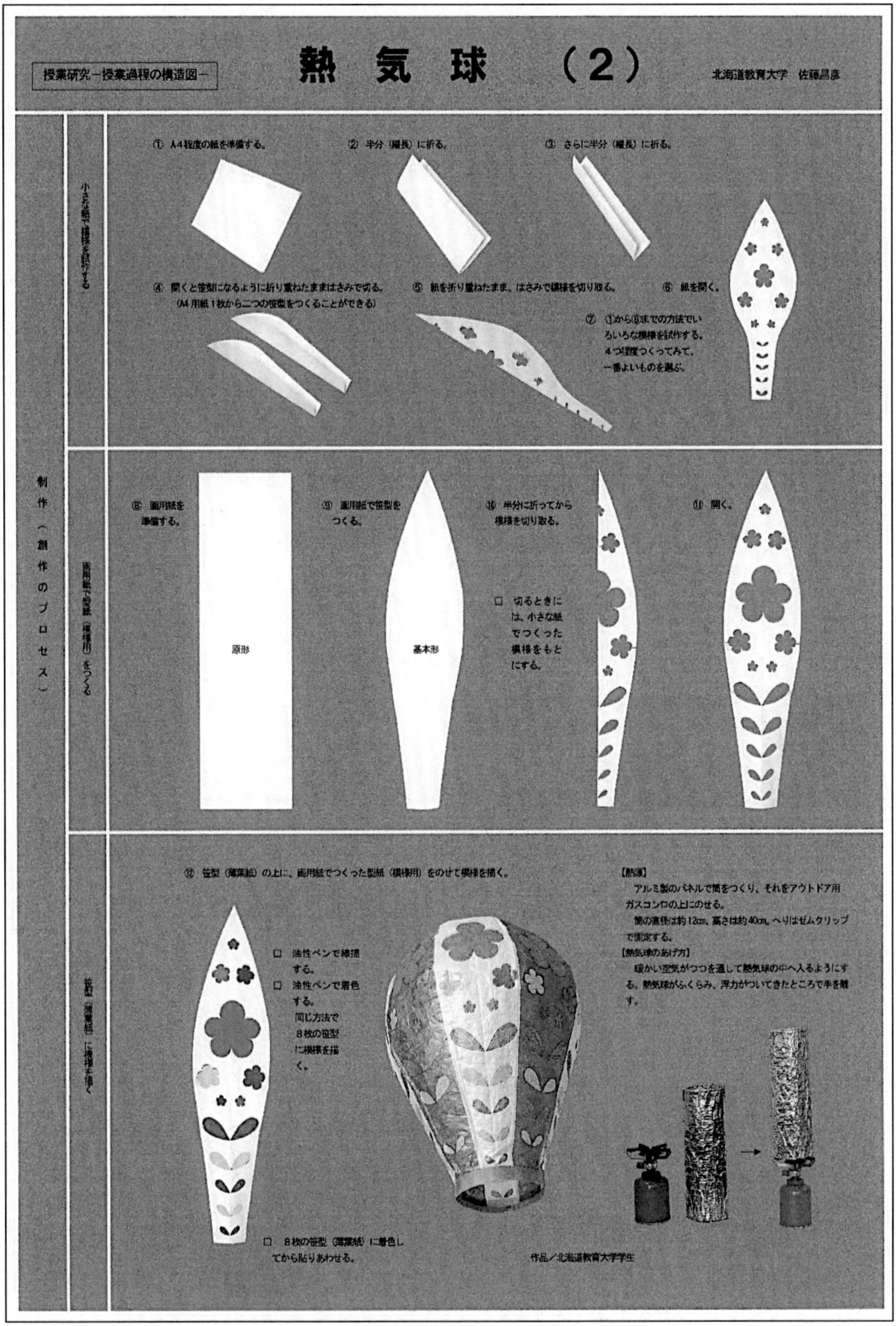

図8　授業過程の構造図「熱気球（2）」

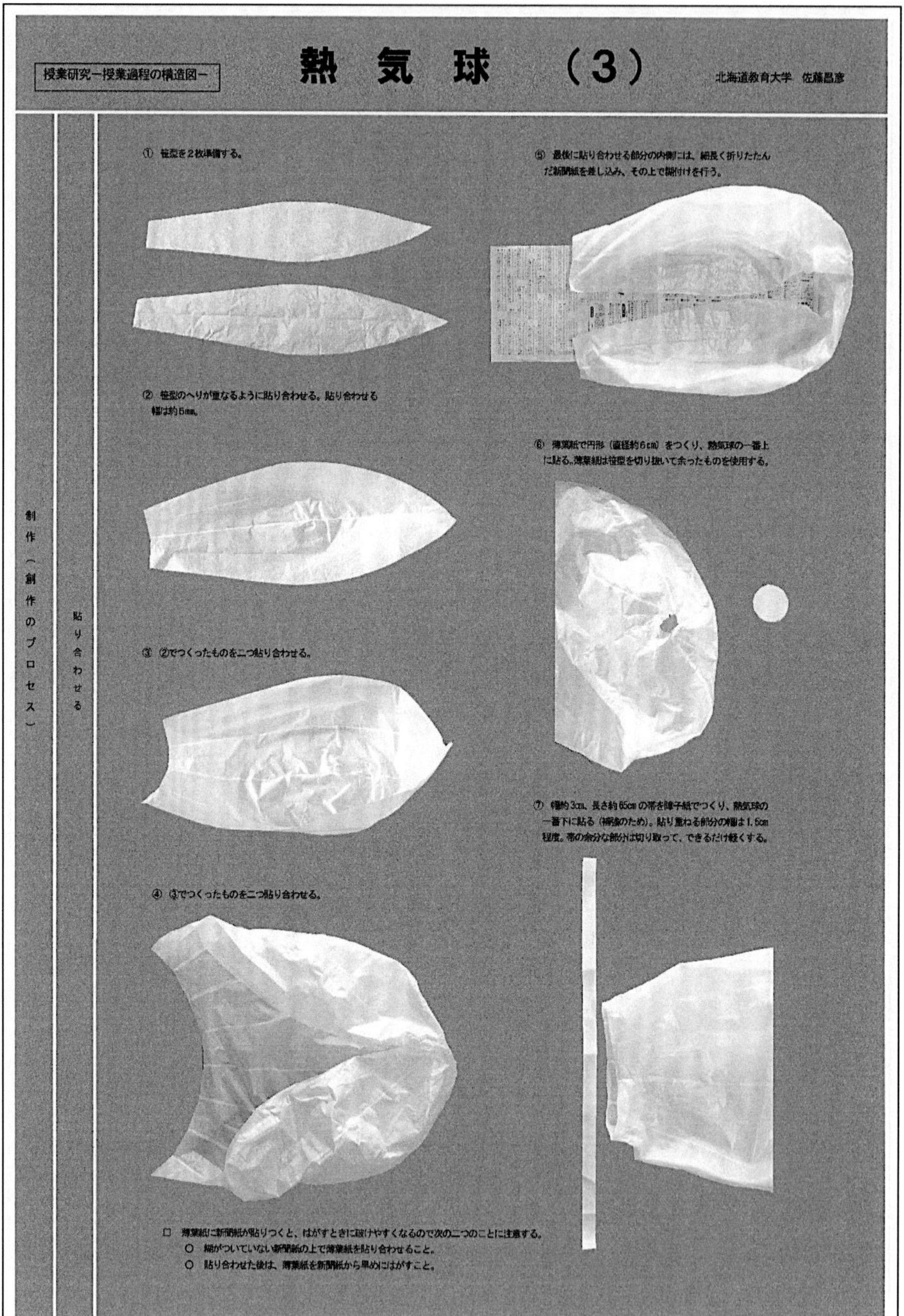

図９　授業過程の構造図「熱気球（３）」

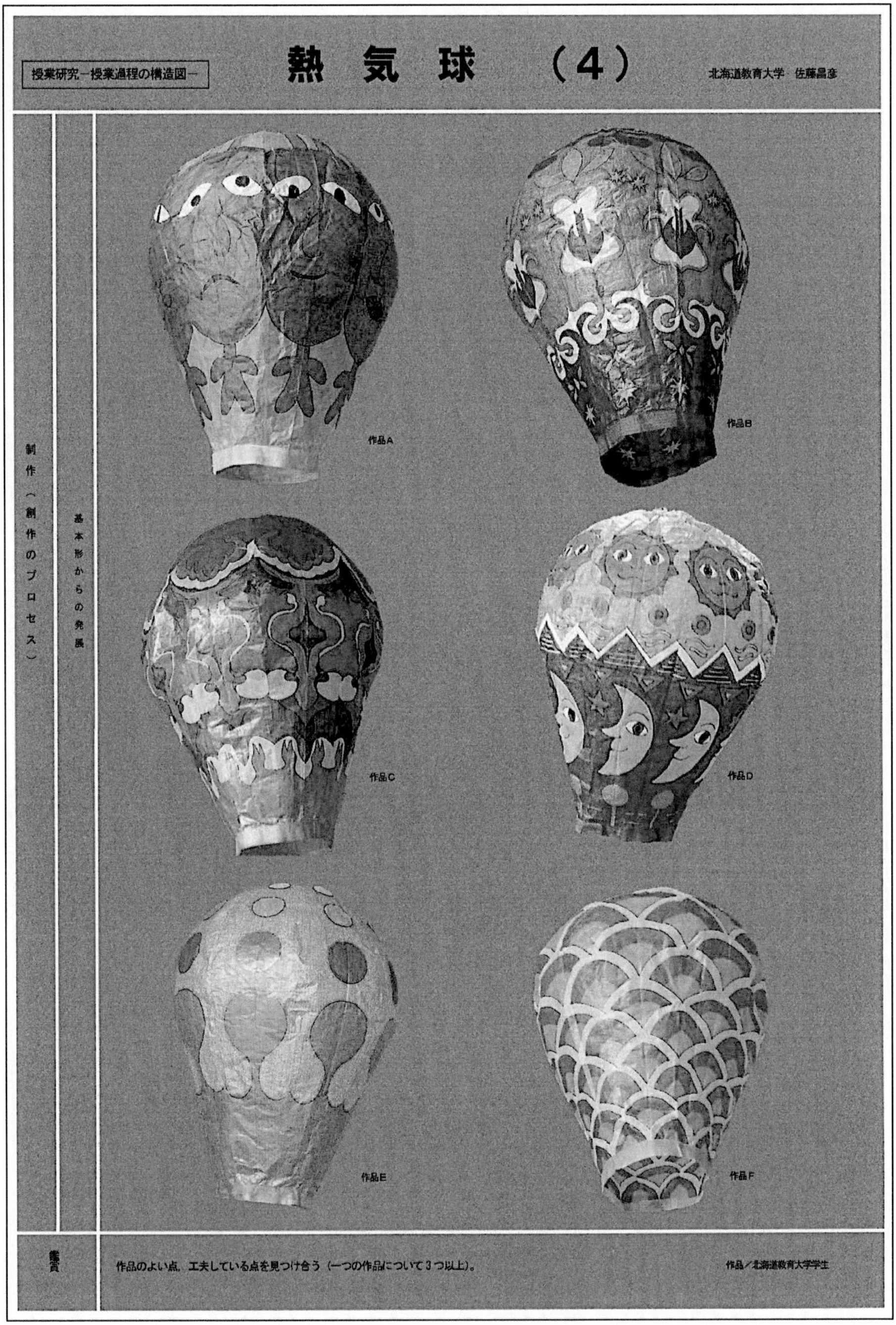

図10　授業過程の構造図「熱気球（4）」

第八は、様々な作品。

㈢　指導法と成果との関係を示す／授業展開や基本形から発展するプロセスがわかるように、各段階や発想の広がりに関する部分に線を引いたり枠組みで囲ったりした。

㈣　文章を書き入れる／○指導法について…「新種のキツツキ」と同じように創作のプロセスに関する一つ一つの具体的な手順については授業過程の構造図に○番号で示した。たとえば、「①薄葉紙を二枚準備する、②半分に折る〈一回目〉、③半分に折る〈二回目〉、④半分に折る〈三回目〉、⑤薄葉紙の上に型紙をのせる、⑥型紙の形を薄葉紙に鉛筆で写す、⑦はさみで切る」などという文言である。また、大きなまとまりに分類した言葉として「材料・用具の確認」、「目標の明確化」、「参考作品による目標の具体的把握」、「笹型をつくる」、「小さな紙で模様を試作する」、「画用紙で型紙（模様用）をつくる」、「笹型（薄葉紙）に模様を描く」、「貼り合わせる」、「基本形からの発展」、「鑑賞」を書き入れた。さらに指導の要点として記述した文章は次のとおりである。「ずれないように折り目と型紙を一緒にクリップでとめる。型紙は折り目が一つになっているへりに合わせる。反対側のへりに合わせると笹型にならないものがでてくる」「【熱源】アルミ製のパネルで筒をつくり、それをアウトドア用ガスコンロの上にのせる。筒の直径は約12㎝、高さは約40㎝。へりはゼムクリップで固定する」「【熱気球のあげ方】暖かい空気が筒を通して熱気球の中へ入るようにする。熱気球がふくらみ浮力がついてきたところで手を離す」、「薄葉紙に新聞紙が貼りつくと、はがすときに破けやすくなるので次の二つのことに注意する。○糊がついていない新聞紙の上で薄葉紙を貼り合わせること。○貼り合わせた後は薄葉紙を新聞紙から早めにはがすこと」。

教材「熱気球」は、小学校や大学で数回にわたり実践したものであるが、上昇力に優れ、小さな点になってしまうほど空高くあがるため、熱気球の下部に凧糸を結んでからあげるようにした。

これまで二つの実践事例に基づいて基本的作成プロセスの有効性について述べてきたが、それらの検討を通して明らかになった改善点についても記しておきたい。結論から言えば、構造図の簡略化へ向けた改善点ということである。つくりやすくしかも授業後の事後研究会や研究授業へ向けての事前研究会などより多くの場面で活用しやすくするためには構造図をより簡略化する必要がある。

そのための第一の改善点は、基本的作成プロセスの第四段階「文章を書き入れる」において、記載する内容を指導法と成果との関係にしぼるということである。授業における具体的な手立てと成果との関係に焦点をあて、その背景にある基本的な考え方（指導観）に関する詳細は「別紙」に記入する。このようにすれば、授業の分析の際に構造図を見ながら十分に時間をかけて背景にある基本的な考え方を検討することができる。また、授業の提案においても基本的な考え方について詳しく説明することができる。今回の二つの教材では、「条件の確認」、「原形も選択」、「基本形の制作」、「基本形からの発展」などの項目を構造図の左側に記載したが、具体的な手立ての背景にある基本的な考え方についてはこれらの他にもいくつかの観点がある。たとえば、「基本的な技術の指導を行う」、「つくることによってイメージを明確にする」、「小さなステップを積み重ねる」、「少ない材料から多様な発想を生み出す」などというものである。これらは「別紙」に記載するようにしたい。

第二の改善点は、構造図に書き入れる言葉を必要最小限にとどめるということである。長い時間をかけて読まなくても全体の状況がわかるように指導法の要となる写真と必要最小限の言葉で作成する。構造図は簡潔明瞭なものとし、詳しい説明は第一の改善点でも述べたように別紙に記載するように改善したい。

また、構造図に書き入れた文字が小さく読みにくい。読みやすい方向へ改善する必要がある。

第三部・第一章に掲載した授業過程の構造図は、こうした改善点を踏まえて、Ａ４用紙一枚で作成したものである。

以上の内容を踏まえ、「創造モデル」における四つのポイント（①基本形から発展形へ、②発想から形へ、そして形から発想へ、③価値観の形成、④ものづくりの「責任」）と今回の検証とのかかわりを次に示した。授業過程の構造図にある「基本形からの発展」という言葉は「①基本形から発展形へ」につながる言葉である。「小さい紙で模様を試作する」段階の背景には、具体的な言葉で記載していないが、「②発想から形へ、そして形から発想へ（双方向共存）」という考え方がある。「③価値観の形成」は、特に模様の形や色を決める段階での基軸になっている。先述した「少ない材料から多様な発想を生み出す」という考え方は「④ものづくりの『責任』」を考えてのことである。

〔第三部・第三章　註〕

1　佐藤昌彦「新種のキツツキ」『教育トークライン』二〇〇五年一〇月号、東京教育技術研究所、二〇〇四、pp.52-54.

2　佐藤昌彦「熱気球・その一――笹型をつくる――」『教育トークライン』二〇〇四年六月号、東京教育技術研究所、二〇〇四、pp.52-54.「熱気球・その二――模様を描く――」『教育トークライン』二〇〇四年八月号、東京教育技術研究所、二〇〇四、pp.52-54.「熱気球・その三――貼り合わせ方・熱源・あげ方――」『教育トークライン』二〇〇四年一〇月号、東京教育技術研究所、二〇〇四、pp.52-54.

※　「第三章」は、佐藤昌彦「授業過程の構造図における基本作成プロセスの有効性」『北海道教育大学教育実践総合センター紀要』（第八号、北海道教育大学、二〇〇七、pp.31-39）の内容に基づいた。掲載にあたっては加筆・修正を行っている。

第四章
教材開発に関する基本的プロセスの開発

第二章と第三章で提起した授業過程の構造図を活用すれば、教材開発の基本的プロセスはどのようになるのか。以下に、その基本的プロセスとそのプロセスに基づいて開発した小学生向け工作教材を二つ示した。

第一節　授業過程の構造図を活用した教材開発の基本的プロセス

授業過程の構造図を活用した教材開発においては、①教材を試作する、②授業過程の構造図を作成する、③教師の言葉を検討するという手順を基本的なプロセスとした。教科の目標や授業のねらいに関する考察、教材に関する文献の調査、材料や技法の検討なども含めればさらに多くの段階を明示しなければならないが、今回はそれらのことを前提としながら基本となる三つの項目に焦点をあてた。その理由は次のとおりである。

一．教材を試作する

教材の試作は、具体的な手立てやその背景にある基本的な考え方を考察するための大切な出発点となる。授業のねらいに材料は合っているか、子どもがつまずきやすい点はどこか、どのような手順で指導すれば発想を広げることができるのかということなど、実際に自らがつくってみなければ実感としてとらえることはできない。実感できなければ、「つくろうとするものが思い浮かばない」、「どのようにしてつくればいいのかわからない」といった子どもの戸惑いに対して真剣に向き合うことができにくい。教材の試作は小学校図画工作科における最も必要な教材研究の一つである。

次の頁の**図2**ではその事例として教材「見たこともないような顔」で試作したもののなかから四つの作品を掲載した。①は紙を横向きに折って折り目からはさみを入れ丸みのある顔にしたものである。②は①とは違った顔になるように輪郭の凹凸を増やした。③は横向きではなく縦長に紙を折って制作した。横長、縦長、どちらの紙からも制作できるようにしたいと考えたからである。④は横長の紙からの発想であるが、同じ横長の紙からの発想である①や②とは輪郭の凹凸が上下反対になるようにした。

これらの試作に基づいて考察したポイントは主に四つある。第一は、発想のおおもとになるものは何か（基本形からの発想）。第二は、おおもとの形をつくった後はどうすればいいのか（部品の制作と配置）、どのような形になっても顔に見えるために必要な条件は何か（制作条件の事前確認）、つくろうとするものが思い浮かばない場合にはどのように考えてどうすればいいのか（発想から形へ・形から発想へという両者共存または双方向共存の考え方）。

1. 教材を試作する
2. 授業過程の構造図を作成する
3. 教師の言葉を検討する

図１　授業過程の構造図を活用した教材開発の基本的プロセス

1. 教材を試作する

2. 授業過程の構造図を作成する

3. 教師の言葉を検討する

【例 1】どんな形になっても顔に見えやすいように目と口はつくるということです。目と口以外の鼻、耳、眉毛、飾りなどの部品をつくるかつくらないかは自由です。自分の作品に合わせて決めます。

【例 2】では、まず目を切り取ります。開いた形を見てください。その形をじっと見て、どんな目にするかを考えます。丸い目、細い目、大きな目、小さな目、つり上がった目、笑っているような目など、その形は自由です。

じっと見ても思い浮かばない場合には、顔の輪郭を切ったときと同じように、とりあえず目に見えるような形を切り取ってみます。それではやってみましょう。もう一度紙を半分に折ってください。

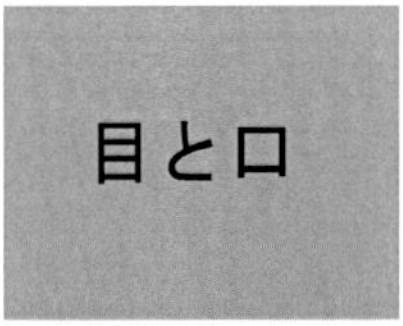

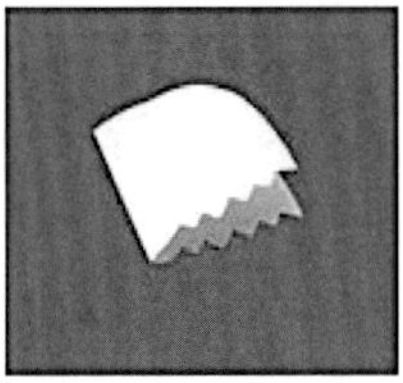

図 2　授業過程の構造図を活用した教材開発の基本的プロセス
──教材「見たこともないような顔」──

二．授業過程の構造図を作成する

授業過程の構造図を作成する主な利点は二つある。

第一は、創作のプロセスを視覚化できるという点である。視覚化することによって制作の手順が一目でわかる。教材「見たこともないような顔」ではそのプロセスを基本形からの発展プロセスとして示した。背景にある基本的な考え方は次の四点である。一つ目は、「基本形からの発想」。二つ目は、「部品の制作と配置」。三つ目は、「制作条件の事前確認」。四つ目は、「発想から形へ、そして形から発想へという両者共存または双方向共存の考え方」。基本形は「横長基本形」と「縦長基本形」を示した。部品の制作と配置に関しては、切り取る場合と切り取ったものをつけ加えていく場合があるが、ここでは顔を構成する目や口などの部品を切り取ることとした。制作条件は顔に見えやすいように目と口は最低限つくる部品としている。「発想から形へ、そして形から発想へという両者共存または双方向共存の考え方」については「開いた形（基本形）から目の形を連想する」などという文章をつけ加えた。

基本形からの発展は無限である。限りがあれば教材として成り立たない。一枚の紙という限られた状況から見たこともないような形を生み出すという限りない世界へどう発展させていくのか、授業過程の構造図を活用すればそうした創作のプロセスを図式化することができる。

第二は、授業の全体像がわかるということである。全体像がわかればそのなかでの各段階がもつ意味を創作過程における大切なステップの一つとして把握することができる。全体像がわからずに単に手順をなぞることと一つ一つの段階の意味や前後の関係を把握して授業を行うこととでは子どもの前に立つ者としての自信や対応に大きな違いがでてくるであろう。

三．教師の言葉を検討する

教師の言葉の検討は、試作や授業過程の構造図を作成する段階で考察した内容を子どもにわかりやすく伝える上での大切な観点として取り上げた。**図2**に掲載した場面では次のような言葉で表した。「【例1】どんな形になっても顔に見えやすいように目と口はつくるということです。目と口以外の鼻、耳、眉毛、飾りなどの部品をつくるかつくらないかは自由です。自分の作品に合わせて決めます。【例2】では、まず目を切り取ります。開いた形を見てください。その形をじっと見て、どんな目にするかを考えます。丸い目、細い目、大きな目、小さな目、つり上がった目、笑っているような目など、その形は自由です。じっと見ても思い浮かばない場合には、顔の輪郭を切ったときと同じように、とりあえず目に見えるような形を切り取ってみます。それではやってみましょう。もう一度、紙を半分に折ってください」。後述する「レジ袋の大変身」でも「発想から形へ、そして形から発想へという両者共存または双方向共存の考えから」については次のような言葉で表現した。「つくろうとする顔のイメージが思い浮かんだ場合にはその形を思い浮かべながら部品をつくります。イメージが思い浮かばないときには、とりあえず目をつくって置いてみます。その形、色、大きさなどは自由です。そして置いてみた形をじっと見て、置く場所はこれでいいか、傾きを変えたほうがいいか、さらに必要なものは何かなどを考えます」。具体的な手立てについてはもちろんのことその背景にある基本的な考え方をわかりやすく伝えるためにも言葉の吟味は欠かすことができない。

こうした基本的プロセスに基づいて開発した二つの教材を以下に示した。

第二節　教材「見たこともないような顔」

教材「見たこともないような顔」[1)]として、**図3**から**図12**までに掲載したものは、その構造図に教師の言葉を加えて作成したものである。材料・用具は、小さな紙一枚（A４用紙の１／２）、はさみ、セロハンテープ。写真については、**図2**の構造図に掲載したものとほぼ同じであるが、参考作品として六つの写真を新たに追加した。

一枚の紙からでも多様な顔がつくり出せることを授業の初めに示したかったからである。人間のような顔もあれば人間の顔からは相当離れているものもある。一つだけの正解をめざすのではなく、様々な顔、つまり多様な正解があっていいという意味を込めた。図3から図12までの文章部分は以下のとおりである。

【創作プロセス】材料は小さな紙一枚。道具ははさみ一つ。この小さな紙一枚とはさみ一つだけでどんな顔をつくることができるでしょうか。右側にある六つの顔はその参考例です。つくる際には条件が三つあります。一つ目は紙を半分に折ってスタートするということです。横長、縦長、どちらでもかまいません。二つ目は折り目からはさみを入れて顔の輪郭を切るということです。顔のイメージが思い浮かんだときにはその形を思い浮かべながら切り取ります。どんな顔にするか思い浮かばないときにはとりあえず顔のような形に切ってみます。切り取ったら開きます。縦長に折った場合もやり方は同じです。三つ目は、どんな形になっても顔に見えやすいように目と口はつくるということです。目と口以外の鼻、耳、眉毛、飾りなどの部品をつくるかつくらないかは自由です。自分の作品に合わせて決めます。では、まず目を切り取ります。開いた形を見てください。その形をじっと見て、どんな目にするかを考えます。丸い目、細長い目、大きな目、小さな目、つり上がった目、笑っているような目など、その形は自由です。じっと見ても思い浮かばない場合には、顔の輪郭を切ったときと同じように、とりあえず目に見えるような形を切り取ってみます。それではやってみましょう。もう一度、紙を半分に折ってください。そして、折り目からはさみを入れて目を切り取ります。折り目の手前で切り取るのをやめれば、紙を開いたときに目は離れます。はさみを入れた折り目のところまで切り取るとくっついた目になります。どちらでもかまいません。次は口です。先ほどと同じように、開いた形をじっと見ます。そしてどんな口にすればいいのかを考えます。思い浮かんだときには、その形を思い浮かべながら切り取り、思い浮かばないときには、とりあえず口に見えるような形を切り取ってみるのです。では、口をつくってみましょう。まず、紙を半分に折ります。次に、折り目からはさみを入れて口を切り取ります。そして、開きます。開いた形をじっと

見たこともないような顔

一枚の紙とはさみ一つでつくる

材料・用具

○　Ａ４用紙　　○　はさみ　　○　セロハンテープ

図３　教材「見たこともないような顔」(1)

創作プロセス

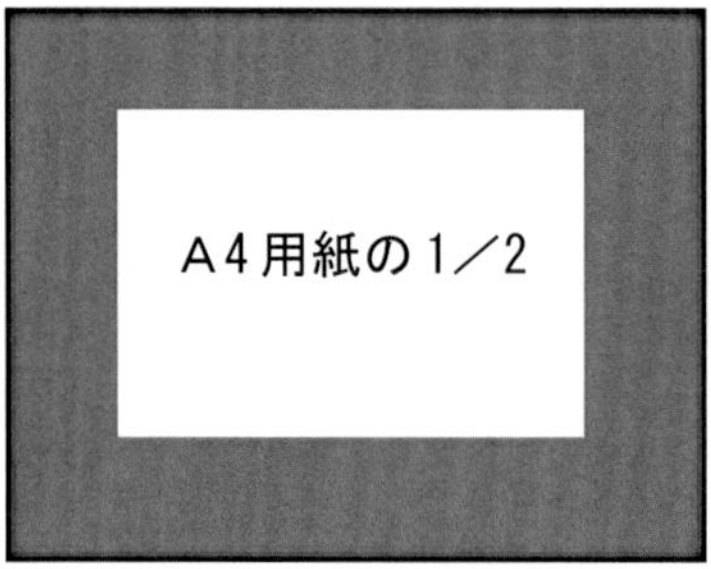

材料は小さな紙一枚。
道具ははさみ一つ。

この小さな紙一枚とはさみ一つだけでどんな顔をつくることができるでしょうか。

右側にある六つの顔はその参考例です。

図4　教材「見たこともないような顔」(2)

つくる際には条件が三つあります。一つ目は，紙を半分に折ってスタートするということです。

横に折る，縦に折る，どちらでもかまいません。

横に折る

縦に折る

図５　教材「見たこともないような顔」(3)

二つ目は，折り目からはさみを入れて顔の輪郭を切るということです。

顔のイメージが思い浮かんだときにはその形を思い浮かべながら切り取ります。

どんな顔にするか思い浮かばないときにはとりあえず顔のような形に切ってみます。

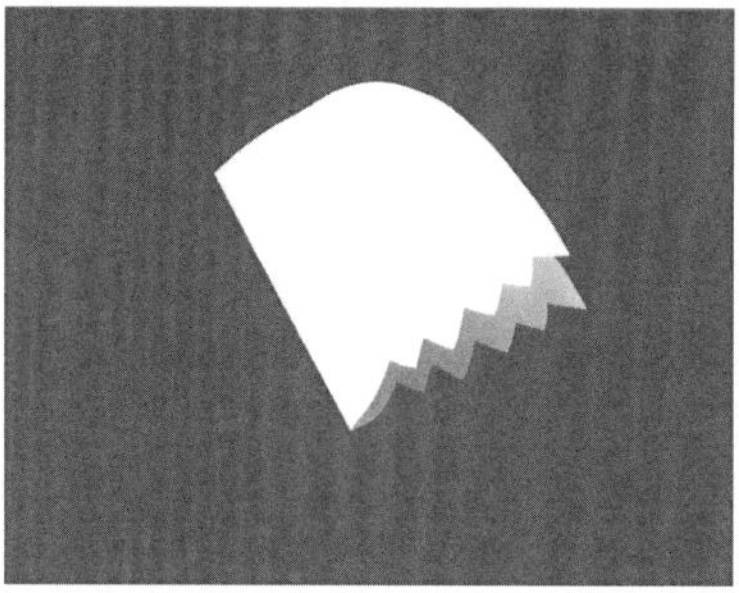

切り取ったら開きます。

縦長に折った場合も同じです。

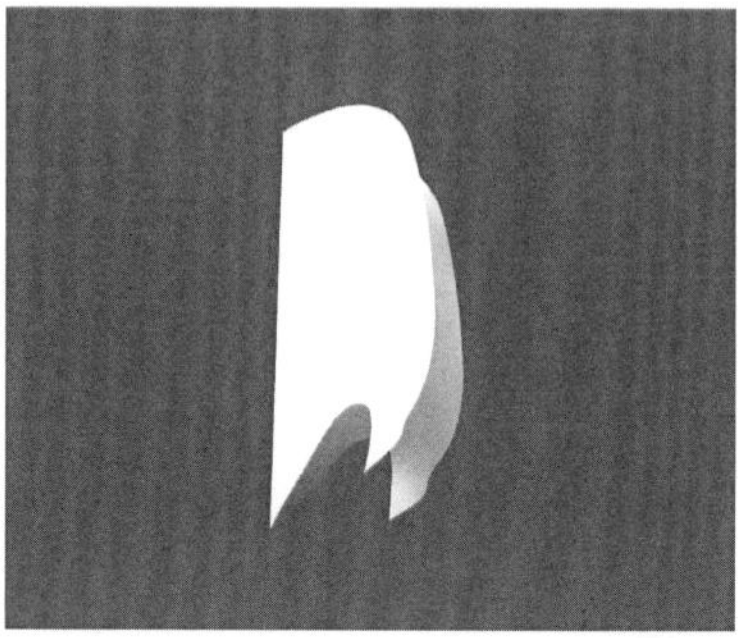

図６　教材「見たこともないような顔」(4)

三つ目は，どんな形になっても顔に見えやすいように目と口はつくるということです。

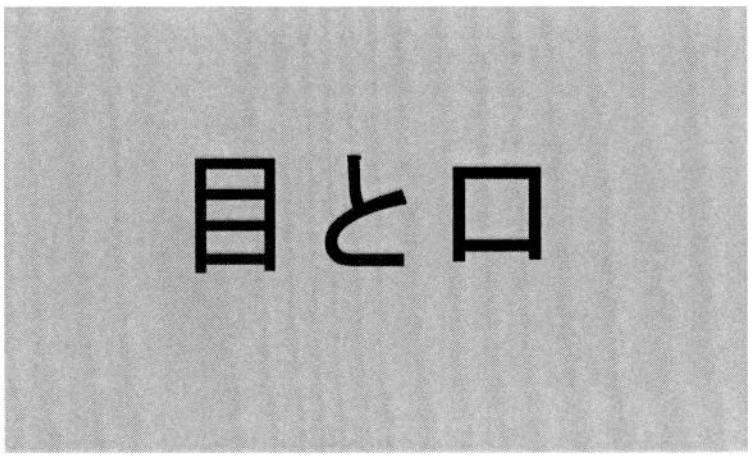

目と口以外の鼻，耳，眉毛，飾りなどの部品をつくるかつくらないかは自由です。

自分の作品に合わせて決めます。

では，まず目を切り取ります。開いた形を見てください。

その形をじっと見て，どんな目にするかを考えます。

丸い目，細長い目，大きな目，小さな目，つり上がった目，笑っているような目など，その形は自由です。

じっと見ても思い浮かばない場合には，顔の輪郭を切ったときと同じように，とりあえず目に見えるような形を切り取ってみます。

それではやってみましょう。もう一度，紙を半分に折ってください。

そして，折り目からはさみを入れて目を切り取ります。

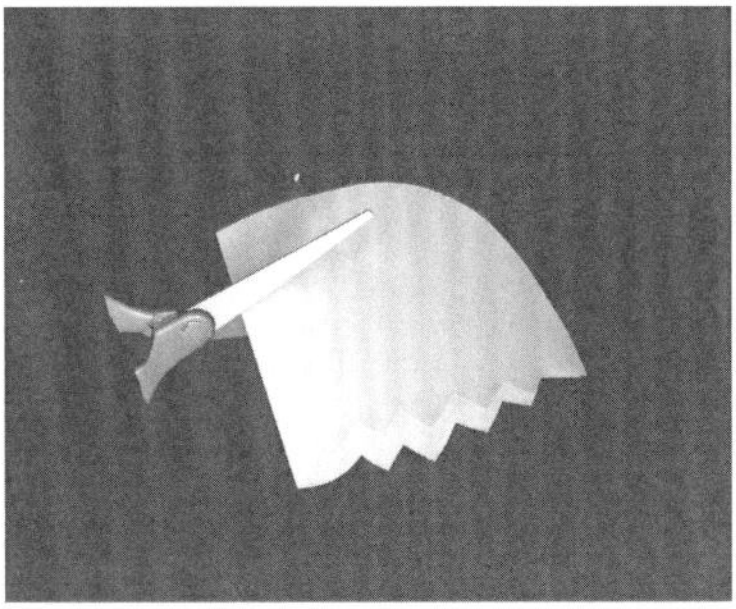

折り目の手前で切り取るのをやめれば，紙を開いたときに目は離れます。

図７　教材「見たこともないような顔」(5)

はさみを入れた折り目のところまで切り取るとくっついた目になります。

どちらでもかまいません。

次は口です。

先ほどと同じように，開いた形をじっと見ます。そしてどんな口にすればいいのかを考えます。

思い浮かんだときには，その形を思い浮かべながら切り取り，思い浮かばないときにはとりあえず口に見えるような形を切り取ってみるのです。

では，口をつくってみましょう。

まず紙を半分に折ります。

次に，折り目からはさみを入れて切り取ります。

そして，開きます。

開いた形をじっと見てください。

耳やまゆ毛，飾りなど，他に必要なものがあるかどうかを考えます。

図 8　教材「見たこともないような顔」(6)

他に必要なものがある場合には，折り目などからはさみを入れて切り取ります。

切り離したところ（折り目など）は裏側からセロハンテープでとめます。

同じ方法で，いろいろな顔をつくってみましょう。

図９　教材「見たこともないような顔」(7)

作品展示（発展形）

気に入ったものを選び，裏側の両脇にセロハンテープをまるめて貼ります（まるめるときには接着面が外側になるように）。

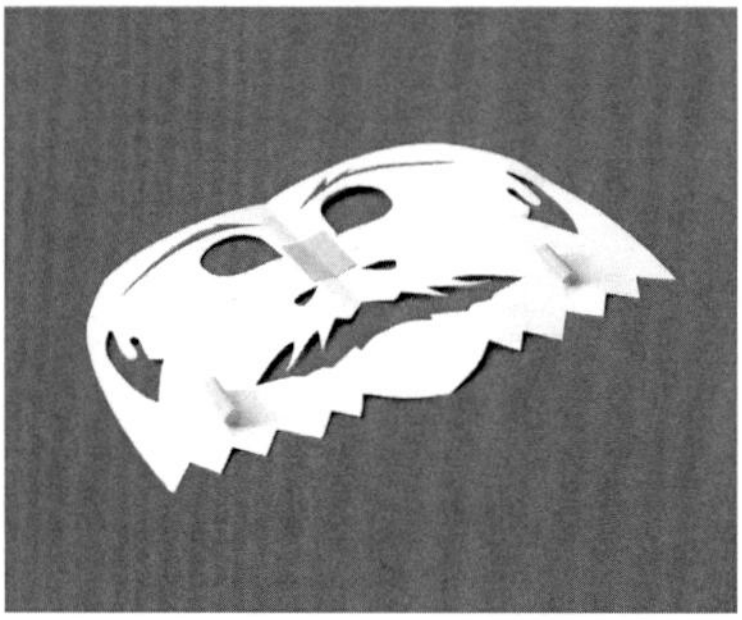

台紙を準備します。

下の台紙は，大きさの違う色画用紙を 2 枚組み合わせたものです。

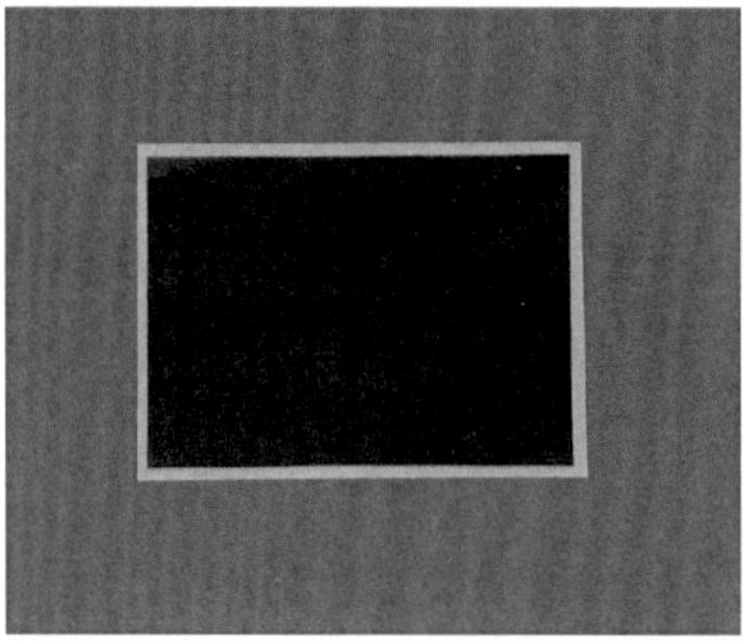

台紙に作品を貼ります。

平面的に貼ることもできますが，下の例のように中央部を浮き上がらせて立体的に貼ることもできます。

図 10　教材「見たこともないような顔」(8)

ギャラリー

横長基本形からの発展

図 11　教材「見たこともないような顔」(9)

図12　教材「見たこともないような顔」(10)

見てください。耳やまゆ毛、飾りなど、他に必要なものがあるかどうかを考えます。他に必要なものがある場合には、折り目などからはさみを入れて切り取ります。切り離したところ（折り目など）は裏側からセロハンテープでとめます。同じ方法で、いろいろな顔をつくってみましょう。

【作品展示】気に入ったものを選び、裏側の両脇にセロハンテープをまるめて貼ります（まるめるときには接着面が外側になるように）。台紙に作品を貼ります。平面的に貼ることもできますが、上の例のように中央部を浮き上がらせて立体的に貼ることもできます（参考作品／北海道教育大学学生、小学校図画工作科指導法講座in 北海道参加の方々）。

第三節　教材「レジ袋の大変身」

レジ袋の口をまくってうちわであおぐと滑るように動き出す。この動くレジ袋を活用した教材を次の頁以降（図13～図24）に示した。[2] 材料・用具は、レジ袋（透明ではなく半透明や不透明のもの。袋の幅：約18㎝のものなど）、色紙、うちわ、はさみ、糊、セロハンテープ。参考作品は六種類。河童のような顔、にわとり、汽船、牛、バレリーナ、雪の上をそりに乗って進むサンタさんを取り上げた。これらはレジ袋から様々な発想ができるということを示す事例である。「見たこともないような顔」の場合と同じように少ない材料から多様な発想を引き出す教材として設定した。ただし一枚の紙と違って「平らにしてつくる」という方法で制作すれば平面としてつくる力を鍛えることになり、「ふくらんだままでつくる」という方法で行えば立体に表す力を鍛えることになる。文章部分は以下のとおりである。

【創作プロセス】ここにレジ袋があります。このレジ袋の口をまくって、うちわであおぐとすべるように動き出します。さて、この動くレジ袋をどんな顔や姿に変身させることができるでしょうか。いくつかの参考例を次に示しました。それでは実際につくってみましょう。まずレジ袋の口をまくります。まくった後のレジ袋の形をどのようにするのか、ここで考えます。たとえば、テントのように袋の左右をぴんと立たせた形です。まんじゅうのように少しつぶして丸い形にすることもできます。持つところを引き出して下のような形にすることもできます。このようにいろいろな形をつくってみて、一番気に入った形を選んでください。レジ袋の形が決まったら、うちわであおいで遊んでみましょう。形や色だけではなく、動く様子からもつくろうとするものの形を発想することができます。ここからのつくり方には主に三つの方法があります。一つ目は、「平らにしてつくる」という方法です。部品を簡単に配置することができます。二つ目は、「ふくらんだままでつくる」という方法です。部品を配置するときには、その都度、まんまるテープで貼りつけなければなりませんが、立体に表す力を鍛えるという利点があります。※まんまるテープ…接着面を外側にして丸めたセロハンテープ。三つ目は、「臨機応変に対応する」という方法です。たとえば、初めは平らなままでつくり、ほとんどの部品がそろったところで立体にするというようなやり方です。いよいよ色紙で部品をつくります。顔であれば、目は最低限つくる部品とします。どのような顔になっても、顔に見えやすくするためです。口、鼻、眉毛、髪の毛、耳、手、足、飾りなど、目以外の部品はつくってもつくらなくてもどちらでもかまいません。目の前にある自分の作品を見ながらつくるものを決めます。船や車など、顔以外のものをつくろうとするときには、それらに合わせて部品をつくっていきます。ただし、部品をたくさんつけ過ぎると動きにくくなりますので注意してください。ここで顔を「平らにしてつくる」という事例をあげて説明します。つくろうとする顔のイメージが思い浮かんだ場合にはその形を思い浮かべながら部品をつくります。思い浮かばないときには、とりあえず目をつくって置いてみます。その形、色、大きさなどは自由です。そして置いてみた形をじっと見て、置く場所はこれでいいか、傾きを変えたほうがいいか、さらに必要なものは何かなどを考えます。さて次は目以外の部品です。思い浮かんだときにはその形をつくります。思い浮かばないときには、先ほどと同じようにとりあえず部品の一つをつくってレジ袋

レジ袋の大変身

動くレジ袋がいろいろな顔や姿に！！

材料・用具

○ レジ袋（透明ではなく半透明や不透明のもの。袋の幅：約18 ㎝のものなど）

○ 色紙　○ うちわ　○ はさみ　○ 糊　○ セロハンテープ

図13　レジ袋の大変身（1）

創作プロセス

ここにレジ袋があります。

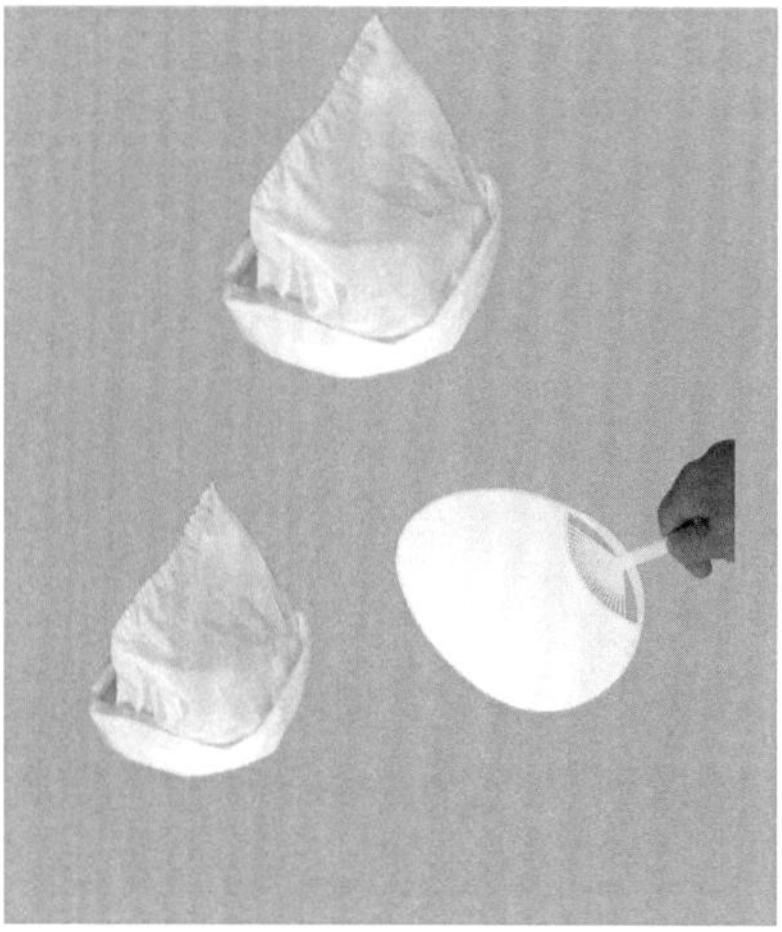

このレジ袋の口をまくって，うちわであおぐとすべるように動き出します。

さて，この動くレジ袋をどんな顔や姿に変身させることができるでしょうか。

いくつかの参考例を次に示しました。

図 14　レジ袋の大変身 (2)

それでは実際につくってみましょう。まずレジ袋の口をまくります。

まくった後のレジ袋の形をどのようにするのか，ここで考えます。

たとえば，テントのように袋の左右をぴんと立たせた形です。

図 15　レジ袋の大変身 (3)

まんじゅうのように少しつぶして丸い形にすることもできます。

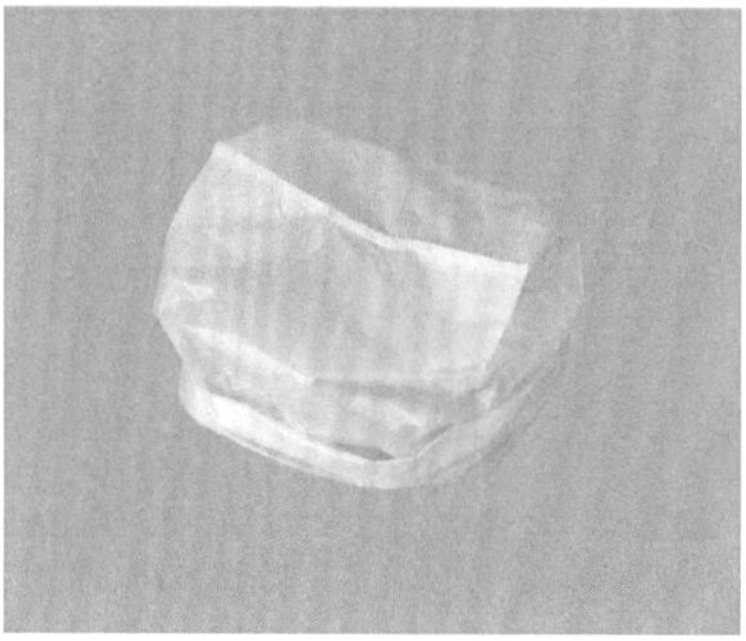

持つところを引き出して下のような形にすることもできます。

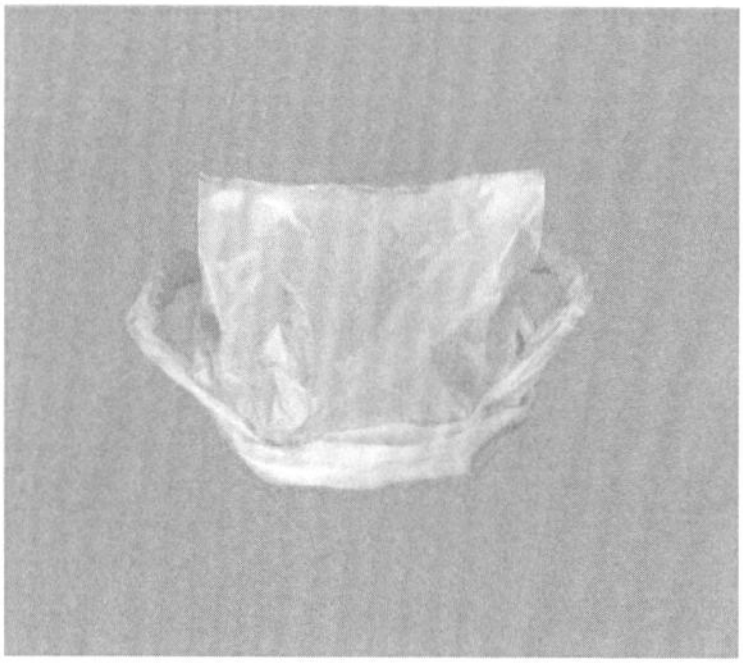

このようにいろいろな形をつくってみて，一番気に入った形を選んでください。

レジ袋の形が決まったら，うちわであおいで遊んでみましょう。形や色だけではなく，動く様子からもつくろうとするものの形を発想することができます。

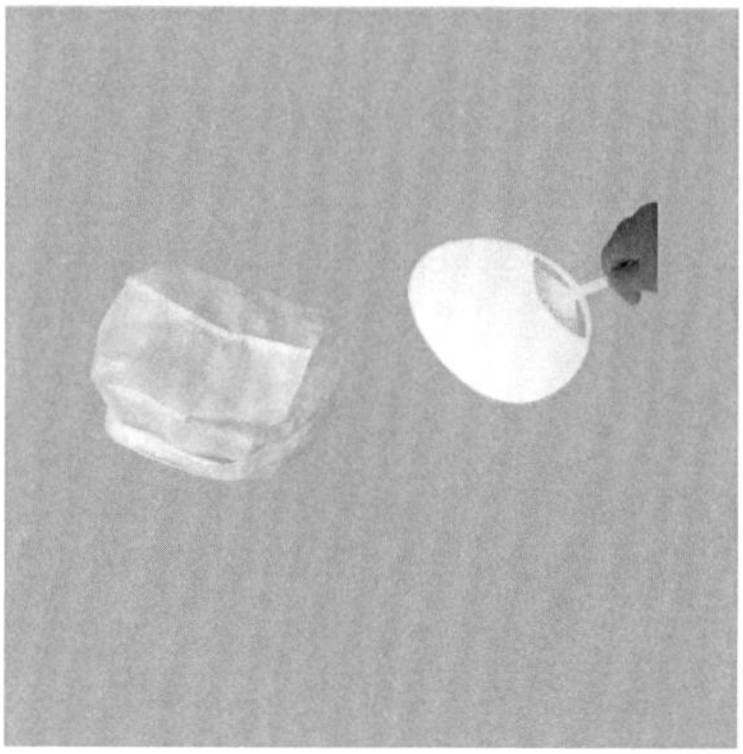

ここからのつくり方には主に三つの方法があります。

一つ目は，「平らにしてつくる」という方法です。部品を簡単に配置することができます。

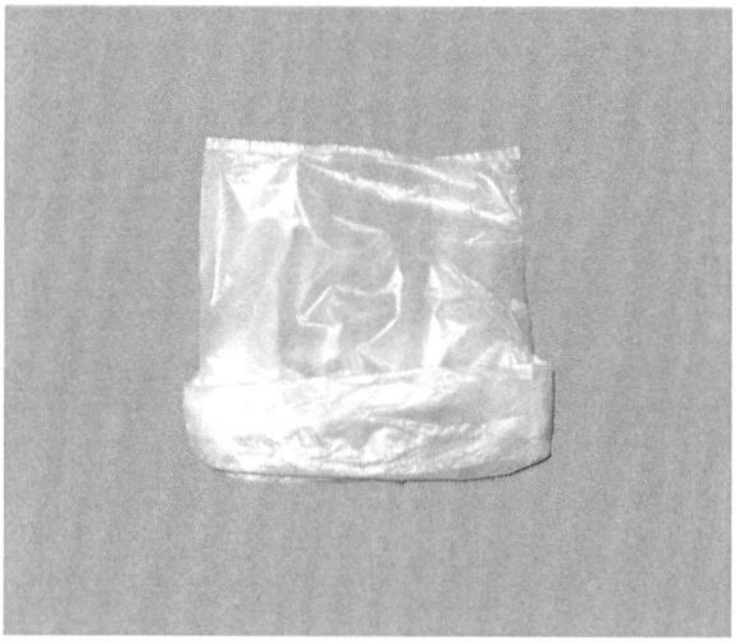

二つ目は，「ふくらんだままでつくる」という方法です。部品を配置するときには，その都度，まんまるテープで貼りつけなければなりませんが，立体に表す力を鍛えるという利

図16　レジ袋の大変身 (4)

点があります。

※まんまるテープ…接着面を外側にして丸めたセロハンテープ。

三つ目は，「臨機応変に対応する」という方法です。たとえば，初めは平らなままでつくり，ほとんどの部品がそろったところで立体にするというようなやり方です。

いよいよ色紙で部品をつくります。顔であれば，目は最低限つくる部品とします。どのような顔になっても，顔に見えやすくするためです。

口，鼻，眉毛，髪の毛，耳，手，足，飾りなど，目以外の部品はつくってもつくらなくてもどちらでもかまいません。目の前にある自分の作品を見ながらつくるものを決めます。

船や車など，顔以外のものをつくろうとするときには，それらに合わせて部品をつくっていきます。

ただし，部品をたくさんつけ過ぎると動きにくくなりますので注意してください。

図 17　レジ袋の大変身 (5)

ここでは顔を「平らにしてつくる」という事例をあげて説明します。

つくろうとする顔のイメージが思い浮かんだ場合にはその形を思い浮かべながら部品をつくります。

思い浮かばないときには、とりあえず目をつくって置いてみます。

その形、色、大きさなどは自由です。

そして置いてみた形をじっと見て、置く場所はこれでいいか、傾きを変えたほうがいいか、さらに必要なものは何かなどを考えます。

さて次は目以外の部品です。思い浮かんだときにはその形をつくります。思い浮かばないときには、先ほどと同じようにとりあえず部品の一つをつくってレジ袋の上に置いてみます。

たとえば口です。

図 18　レジ袋の大変身 (6)

さらに手を加えました。

部品を置く場所が変われば表情も変わります。

全体の部品ができた段階でも、他の場所に部品を置いたり戻したりしながら最終的にはどのような配置が一番いいかを検討します。

配置が決まったら、まんまるテープで部品を袋に貼りつけます。

これで完成です。

【遊び方】

裏返しにならないように強さや向きを調節しながらうちわであおぎます。

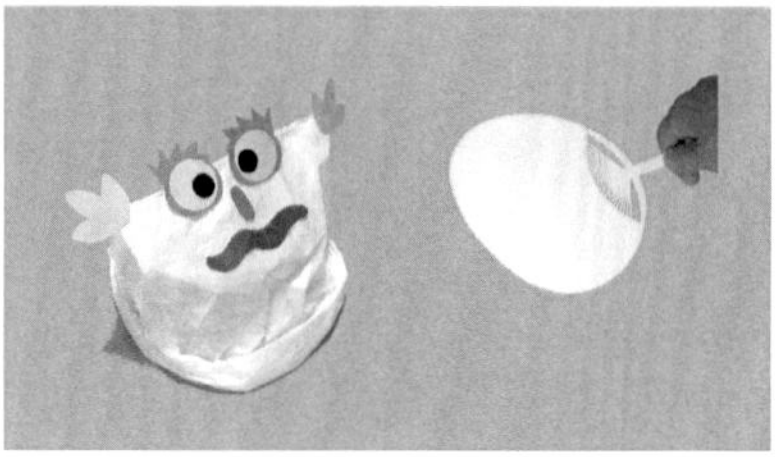

図 19　レジ袋の大変身 (7)

【ティータイム】

「平らにしてつくる」という方法では、ふくらんだレジ袋をいったん平面に戻して制作します。

平面であれば、接着せずに部品を置くことができるからです。

固定していないので配置を変えることも容易です。

接着はまんまるテープを使用し、それぞれの場所が決まった後に行います。

「ふくらんだままでつくる」という方法は、レジ袋を平らにせず立体のままでつくっていくというものです。

平らにしてつくる場合と違って、立体では部品をそのまま置くということができにくくなります。

その都度セロハンテープを使わなければ意図した場所に取りつけることができないからです。

しかし次のような利点があります。いろいろな方向から見てつくる力を鍛えるという点です。

ふくらんだままの状態であれば、レジ袋をまわしたり身体を左右に動かしたりすることによって、正面からだけではなく四方八方からつくることができます。

その繰り返しが立体に表す力を高めます。接着は平らにしてつくる場合と同じようにまんまるテープを使います。初めは仮の場所として軽く押しつけておき、配置が決まった段階でしっかりと貼ります。

口をまくってさかさまに置いたレジ袋はうちわであおぎ前へ進めることができます。

本教材では、「つくって遊ぶ」ということはもちろん、「遊んでつくる」という逆方向からのアプローチも取り入れました。

事前に遊ぶことによって発想の幅がいっそう広がるからです。

参考例の中の「にわとり」や「船」などは、レジ袋の動く姿がヒントになっています。

創作過程が一目でわかるようにその構造を図式化して次に示しました。

図 20　レジ袋の大変身 (8)

創作プロセスの構造図

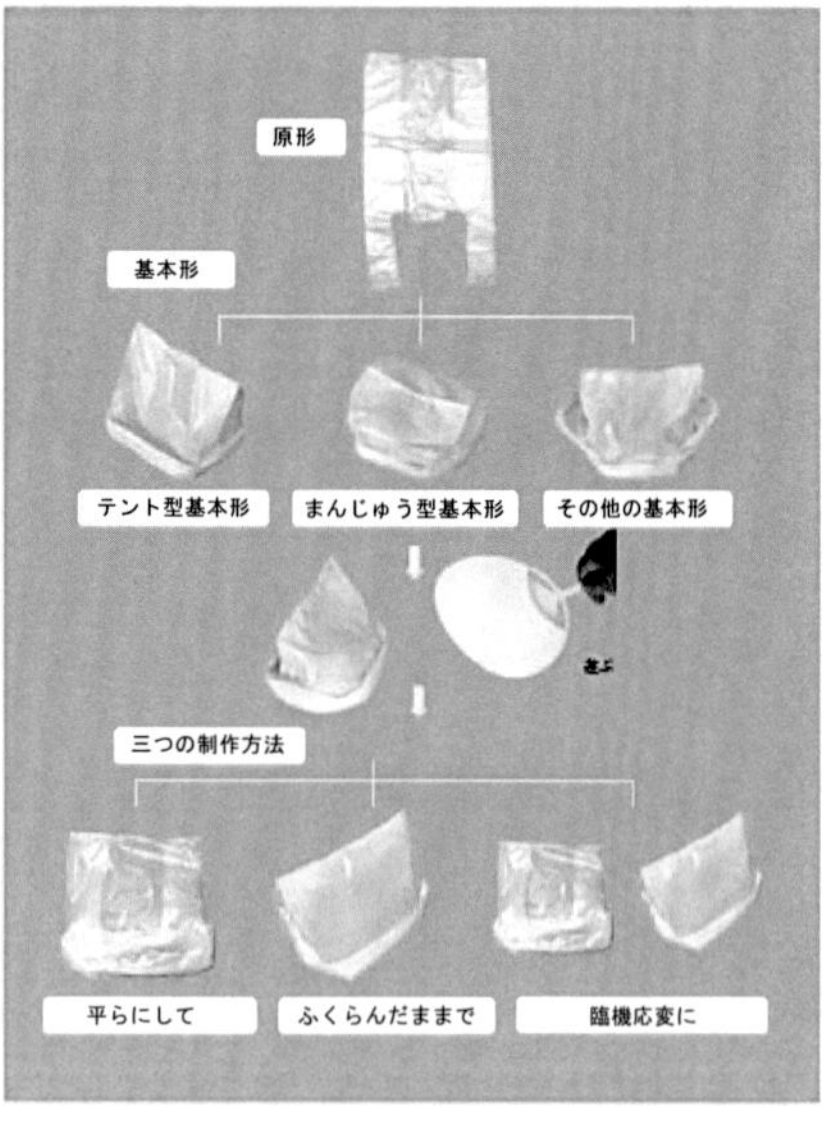

図 21　レジ袋の大変身 (9)

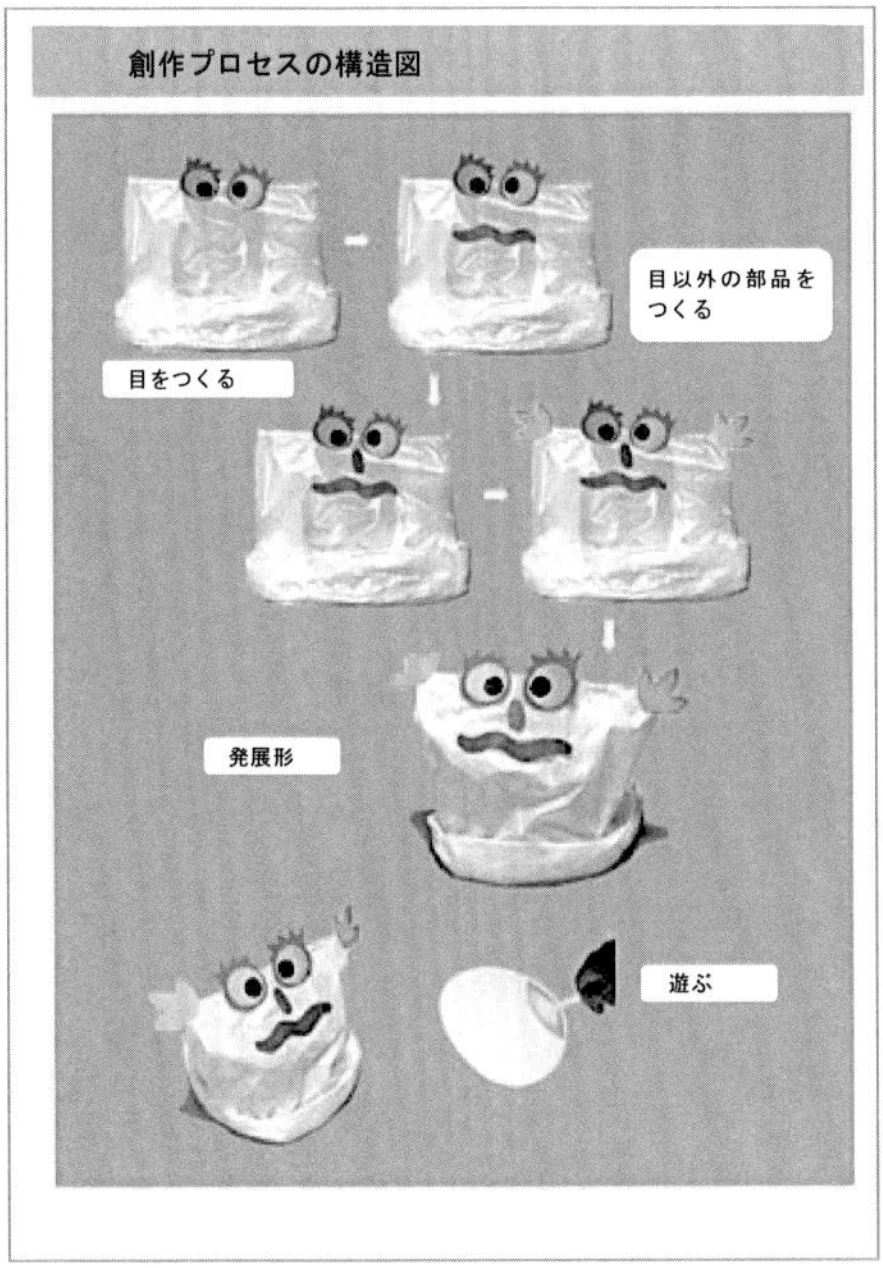

図22　レジ袋の大変身（10）

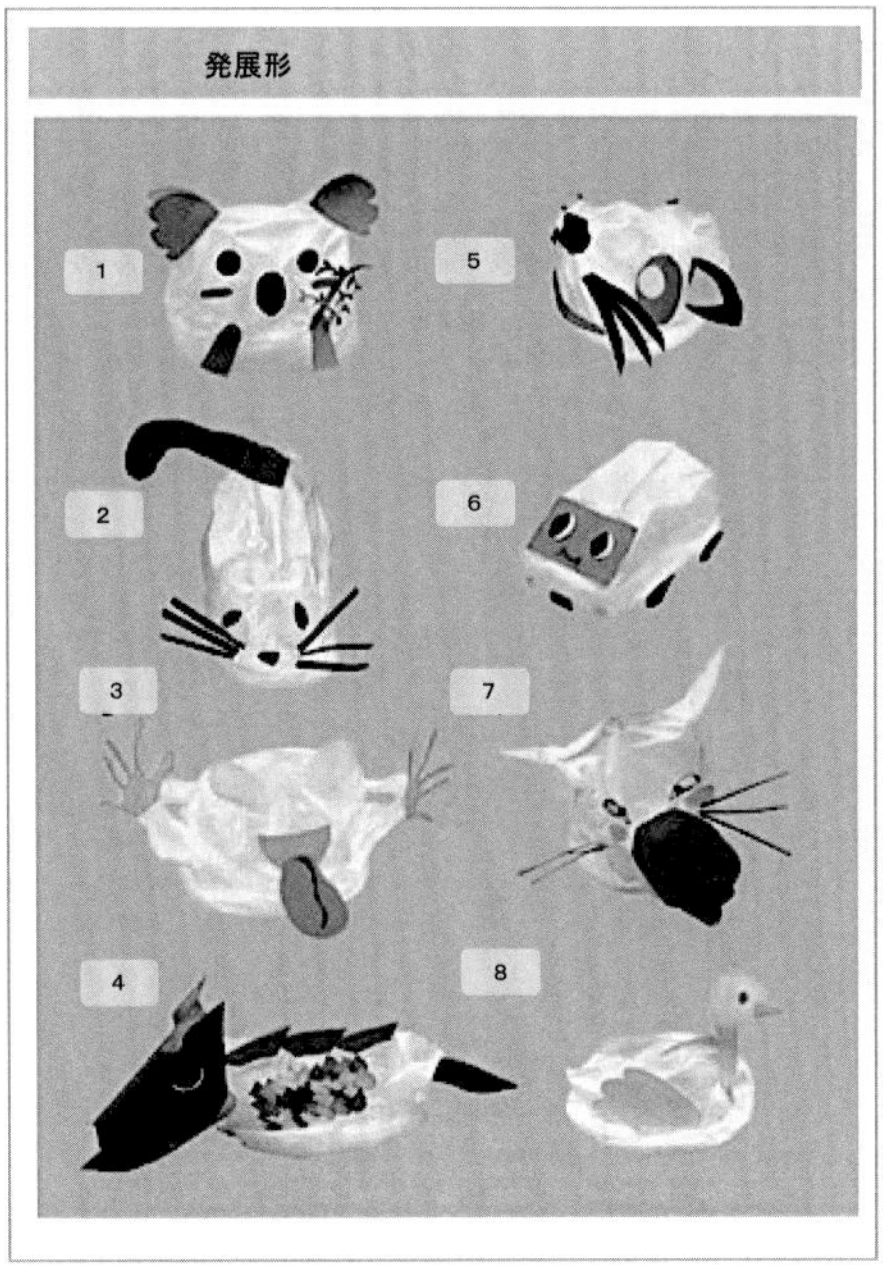

図 23　レジ袋の大変身（11）

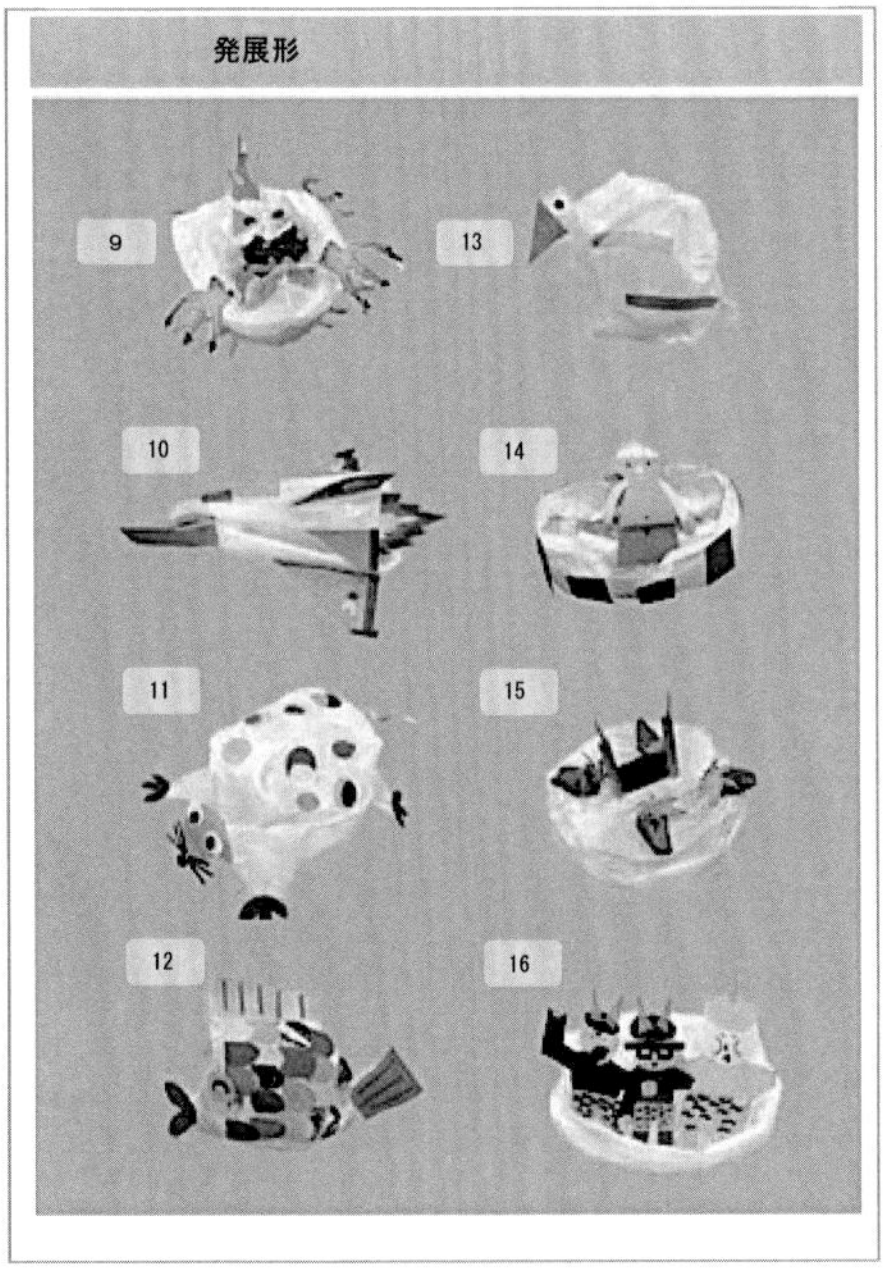

図 24　レジ袋の大変身（12）

の上に置いてみます。たとえば口です。つくろうとするものが思い浮かんだときには「発想から形へ」という方向で制作し、思い浮かばないときには「形から発想へ」という逆方向で考えてみるのです。そのように考えて鼻を付け加えました。さらに手を加えました。部品を置く場所が変われば表情も変わります。全体の部品ができた段階でも、他の場所に部品を置いたり戻したりしながら最終的にはどのような配置が一番いいかを検討します。配置が決まったら、まんまるテープで部品を袋に貼りつけます。これで完成です。

【遊び方】裏返しにならないように強さや向きを調節しながらうちわであおぎます。

【ティータイム】「平らにしてつくる」という方法では、ふくらんだレジ袋をいったん平面に戻して制作します。平面であれば、接着せずに部品を置くことができるからです。固定していないので配置を変えることも容易です。接着はまんまるテープを使用し、それぞれの場所が決まった後に行います。「ふくらんだままでつくる」という方法は、レジ袋を平らにせず立体のままでつくっていくというものです。平らにしてつくる場合と違って、立体では部品をそのまま置くということができにくくなります。その都度セロハンテープを使わなければ意図した場所に取りつけることができないからです。しかし次のような利点があります。いろいろな方向から見てつくる力を鍛えるという点です。ふくらんだままの状態であれば、レジ袋をまわしたり身体を左右に動かしたりすることによって、正面からだけではなく四方八方からつくることができます。その繰り返しが立体に表す力を高めます。接着は平らにしてつくる場合と同じようにまんまるテープを使います。初めは仮の場所として軽く押しつけておき、配置が決まった段階でしっかりと貼ります。口をまくってさかさまに置いたレジ袋はうちわであおぎ前へ進めることができます。本教材では、「つくって遊ぶ」ということはもちろん、「遊んでつくる」という逆方向からのアプローチも取り入れました。事前に遊ぶことによって発想の幅がいっそう広がるからです。参考例の中の「にわとり」や「船」などは、レジ袋の動く姿がヒントになっています。創作過程が一目でわかるようにその構造を図式化して次に示しました。**【創作プロセスの構造図】**(図21・22)。

【発展形】創作の可能性を示す事例として掲載した。基本形からの発展として三つに分類している。第一は、テント型基本形からの発展。作品は1と7。第二は、まんじゅう型基本形からの発展。作品は11。レジ袋の取っ手ははさみで切って四方に広げている。第三は、その他の基本形からの発展。作品は2、3、4、5、6、8、9、10、12、13、14、15、16。（参考作品及び発展形としての作品／北海道教育大学学生、小学校図画工作科指導法講座in埼玉・宮城・北海道参加の方々）

以上、本章では授業過程の構造図を活用した教材開発の基本的プロセスを明らかにするとともにそのプロセスに基づいて開発した教材を二つ示した。

授業過程の構造図を活用した教材開発の基本的プロセスとしては三つの段階について述べた。第一は、「教材を試作する」段階。具体的な手立てやその背景にある考え方を考察するための重要な出発点とした。第二は、「授業過程の構造図を作成する」段階。創作プロセスを視覚化し全体像が把握できるようにした。視覚化によって制作手順を一目でとらえることができる。また全体像の把握は一つ一つのステップの意味を理解しやすくする。第三は、「教師の言葉を検討する」段階。試作や授業過程の構造図を作成する段階で考察した内容を子供にわかりやすく伝える上での大切な観点とした。基本的プロセスに基づいて開発した造形教材としては二つの事例を示した。一つは、「見たこともないような顔」。もう一つは、「レジ袋の大変身」。授業過程の構造図、教師の言葉、多様な発想が可能なことを示す作品事例について述べた。

「創造モデル」との関連は次のとおりである。「基本形から発展形へ」については、「基本形」および「発展形」の言葉を使用した。「発想から形へ、そして形から発想へ（双方向共存）」については、その考え方を表す「思い浮かんだときには、その形を思い浮かべながら切り取り、思い浮かばないときには、とりあえず口に見えるような形を切り取ってみるのです。（そしてその形をじっと見て次どうするかを考えるのです）」という文言を記載した。「価値観の形成」は、創作プロセスの全体にかかわっている。「ものづくりの『責任』」については、必要とする分だけの材料で教材を組み立てた（一枚の紙、レジ袋と色紙）。

〔第三部・第四章　註〕

1　佐藤昌彦「一枚の紙とはさみ一つで見たこともないような顔をつくる」『家庭教育ツーウエイ』四月号、明治図書出版株式会社、二〇〇四、pp.64-65.

2　佐藤昌彦「風の力で動きまわるふわふわすいすい」『教育トークライン』二〇〇八年八月号、東京教育技術研究所、二〇〇八、pp.52-54.「風で動く教材レジ袋の大変身」『教室ツーウエイ』二〇〇八年九月号、明治図書出版株式会社、二〇〇八、p.64.

※　「第四章」は、佐藤昌彦「授業過程の構造図を活用した教材開発に関する研究」『北海道教育大学紀要教育科学』（第五九巻・第二号、北海道教育大学、二〇〇九、pp.71-80）に基づいた。掲載にあたっては加筆・修正を行っている。

第五章
教材開発に関する基本的プロセスの検証

第五章では、第四章で提起した教材開発に関する基本的プロセスの有効性を検証する。考察する際には、教材の試作および授業過程の構造図に基づいて、「教師の言葉を含めた教材として提起することができたか」という観点を設定した。「①教材を試作する」、「②授業過程の構造図を作成する」、「③教師の言葉を検討する」という教材開発の基本的プロセスの中で、第四章を踏まえれば、「教師の言葉を含めた教材の提起」という視点を第五章のポイントにしたいと考えたからである。

教師の言葉の検討は、教材試作の段階や授業過程の構造図を作成する段階で考察した内容を子どもにわかりやすく伝える上での大切な観点として取り上げた。具体的な手立てやその背景にある基本的な考え方をわかりやすく伝えるためには教師の言葉の吟味が欠かせない。

ここで提起した小学生向け教材は次の二つである。一つは、「モンスターアタック」（**図1**）。もう一つは、「いろんなオニがあつまった」（**図2**）。提案にあたっては、以下の手順で教師の言葉を考察した。まず教材の試作に基づく授業過程の構造図を確認し、次にそれらの構造図で示した創作のプロセスを踏まえて教師の言葉を検討した。検討のポイントは次の八項目である。教材「モンスターアタック」では、「①ねらいの確認」、「②安全面に対する配慮」、「③小さな紙による試作」、「④原形の選択」、「⑤基本形の制作」、「⑥条件の確認」、「⑦部品の制作と配置」、「⑧よさをたくさん見つけ合う鑑賞」。教材「いろんなオニがあつまった」では、「①ねらいの確認」、「②小さな紙による試作」、「③原形の選択」、「④基本形の制作」、「⑤条件の確認」、「⑥部品の制作と配置」、「⑦制作に関する基本的な考え方」、「⑧よさをたくさん見つけ合う鑑賞」。

二つの教材は、写真と文章によってその全体像を示した。

第一節　教材の試作に基づく授業過程の構造図

一．教材「モンスターアタック」

教材「モンスターアタック」[1)]の授業過程は次の五段階とした。①小さな紙による試作、②色画用紙を選ぶ、③小さな紙での試作を基に色画用紙を切る。④目や口をつくる、⑤さらに必要な部品があるときにはつけ加える。「ねらい」「材料・用具」「創作のプロセス」は以下のとおりである。【ねらい】的あて遊びで使用するモンスターを色画用紙でつくる。【材料・用具】○Ａ４用紙、○色画用紙、○ストロー（直径約５㎜と約６㎜のもの二種類）、○はさみ、○糊、○セロハンテープ。【創作のプロセス】（①のみを示した）①小さな紙（はがき大程度／Ａ４用紙の約四分の一）による試作：主な方法は二つ。一つは紙を半分に折ってから切る方法。開いたときの形は左右対称となる。もう一つは紙を折らずに切る方法。左右非対称の形をつくることができる。はがき大の原形から発想を広げるためのおおもとになる基本形をつくり出す。いくつかの基本形をつくり気に入ったものを選び色画用紙で本格的につくっていく。また、一つだけを選ぶのではなく、いくつかの基本形から気に入った部分を組み合わせてつくっていくこともできる。基本形と他の基本形を合体させることも可能である。さらに折り目からはさみで切れ目を入れて折り返し立体的にしてもよい（折り返す際の折り目をきちんとつけることで立体的に折りやすくなる)。立たせることができれば底辺を部分的に切り取ることもできる。小さな紙でいろいろ試してみてモンスターづくりの第一歩を踏み出すのである。初めからつくろうとするモンスターのイメージがある場合にはその形に合わせて紙を切り取る。つくろうとするものが思い浮かばないときには、「とりあえず」というような気持ちで、または「思い切って」という気持ちでモンスターの輪郭を切り取る。頭の中で考えてだめな場合は目の前に具体的な形をつくり出してみるのである。そしてその形をじっと見て「これでいいか」「もっと複雑にしようか」「単純にしようか」などと考えて次の形を連想する。小さい紙であれば短時間にいくつもの形をつくり出すことができる。また目の前に具体的な形があると次の形を考えやすい。

二．教材「いろんなオニがあつまった」

教材「いろんなオニがあつまった」[2)] における授業過程の構造図は、すでに第二章で提示し、創作過程の背景にある考え方についても次のように

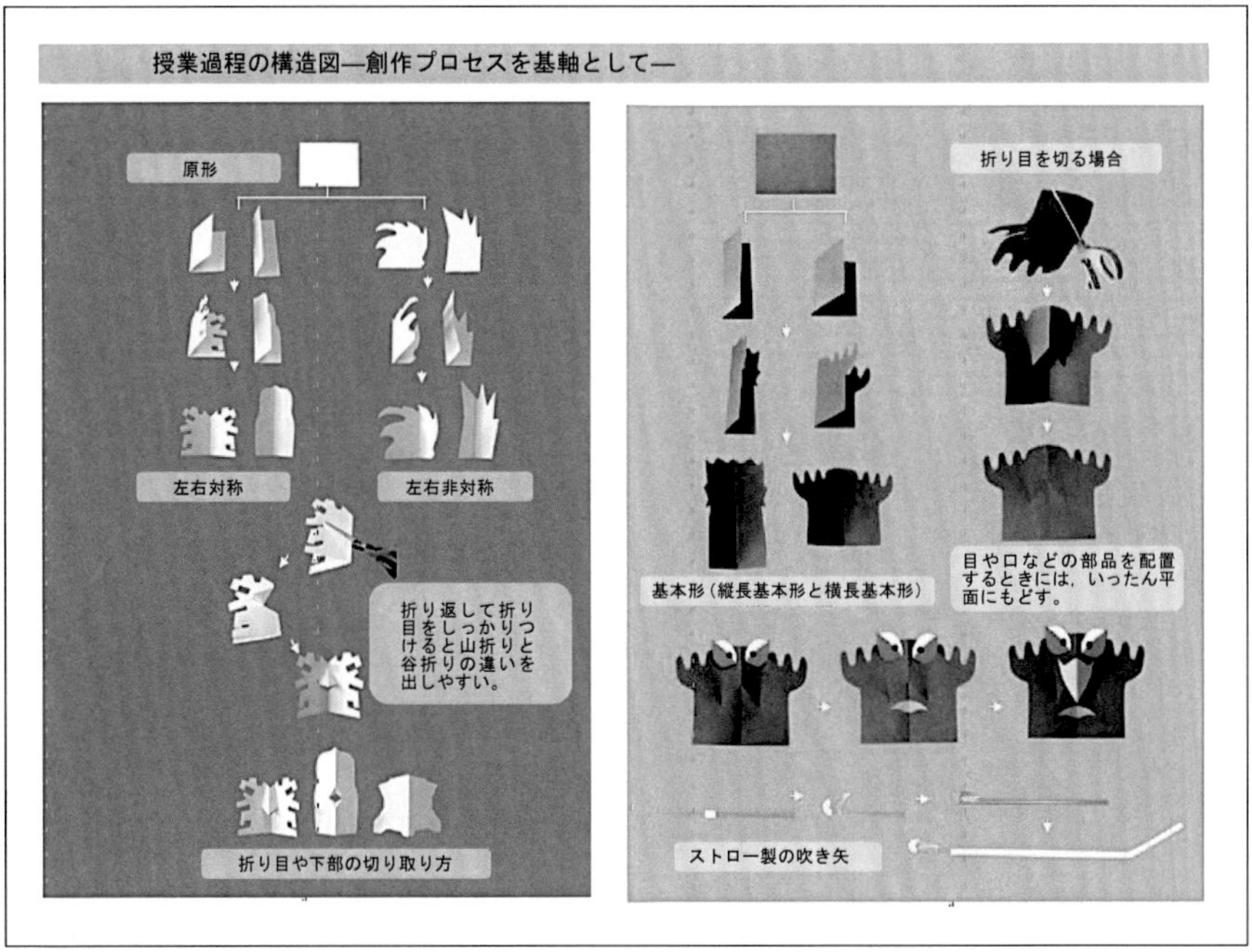

図1　授業過程の構造図「モンスターアタック」

記した。○置くだけで糊付けはしない。他の部品も同じ。糊付けしなければ、配置を換えることができる。配置を換えることができれば、百面相のようにいろいろな表情をつくり出せる。○つくろうとする形が思い浮かんだときには、その形をつくってみる。しかし、いくら考えても、どのような目の形にするのか思いつかない場合には、とりあえず目に見えるような形をつくって基本形の上に置いてみる。そして、この形でいいか、足りないものはないか、配置はこれでいいかなどを考える。頭の中だけで考えているときよりも、目の前に具体的な形があるときのほうが、つくろうとするものの形を思い浮かべやすい。○本教材では、オニの顔を創作するための「基本的な手順」（小さなステップの積み重ね。例：鼻→目→口など）と「ちぎる技術」の基本（少しずつ、ゆっくり）をしっかりと指導する。色と形の選択は自由（指導と自由の明確化）。○目の前にある形から次の形を連想する。そして、これを繰り返すことによって、つくろうとするものの形を明確にしていく。こうした方

図２　授業過程の構造図「いろんなオニがあつまった」

法（連続連想法）でつくれば、初めはどのようなオニの顔をつくったらいいのか思い浮かばない場合でも、最終的には、強そうなオニ、かわいいオニ、とぼけたオニなど、様々なオニをつくることができるだろう。

「ねらい」、「材料・用具」は、以下のとおりである。【ねらい】見たこともないようなオニの顔をつくる。【材料・用具】○色画用紙（色画用紙二五色程度：大きさは四つ切の約1／4、くろ、しろ、レモン、オレンジ、もも、あか、あかむらさき、くちばいろ、あかちゃ、こげちゃ、わかくさ、エメラルド、あお、こいみず、ぐんじょう）、○糊。

以上のような二つの教材にかかわる授業過程の構造図を踏まえて教師の言葉を考察した。その一例を次に示した。

第二節　小学校図画工作科における教材「モンスターアタック」

教師の言葉の一例として、「一．ねらいの確認」の段階から「八．よさをたくさん見つけ合う鑑賞」の段階までを記載した（図3〜図5）。

一．ねらいの確認

色画用紙を半分に折ると立たせることができます。この立つ仕組みを生かして的あて遊びのモンスターをつくります。モンスターは空想の生き物ですから決まった形はありません。いろいろなモンスターがいていいのです。その作品例を次に示しました。

二．安全面への配慮

モンスターを倒すための吹き矢はストローでつくります。次の図を見てください。細いストロー（直径約

５㎜）のジャバラ部分を引き伸ばしながら、先端が丸くなるように折り曲げます（安全面に配慮して）。セロハンテープで固定し、太いストロー（直径約６㎜）に差し込みます。ストロー製の吹き矢はこれで完成です。

三．小さな紙による試作

では、モンスターをつくってみましょう。まず、小さな紙で試作します（Ａ４用紙の約１／４のもので）。色画用紙で本格的につくっていく前にいろいろな形をつくってみて、その中から一番気に入ったものを選ぶのです。また、一つだけ選ぶのではなく、それぞれのよい部分を組み合わせて本格的につくっていくこともできます。試作には主に二つの方法があります。一つは紙を半分に折ってから切る方法です。横長、縦長、どちらでもかまいません。折り目からはさみを入れて輪郭を切り取ります。開いたときの形は左右対称になります。もう一つは紙を折らずに切る方法です。輪郭を先に切り取ります。切り取ったら折ります。立つようにするためです。折り目からはさみで切れ目を入れて折り返し立体的にすることもできます。折り返して折り目をしっかりつけると山折りと谷折りの違いを出しやすくなります。立たせることができれば、底辺を部分的に切り取ることもできます。小さな紙でいろいろ試してみてモンスターづくりの第一歩を踏み出すのです。初めからつくろうとするモンスターのイメージがある場合にはその形を思い浮かべながら紙を切り取ります。つくろうとするものが思い浮かばないときには、「とりあえず」というような気持で、または「思い切って」という気持ちでモンスターの輪郭を切り取ります。頭の中で考えてだめな場合は、目の前に具体的な形をつくり出してみるのです。そしてその形をじっと見て「これでいいか」、「もっと複雑にしようか」、「単純にしようか」などと考えて次の形を連想します。小さい紙であれば、短時間にいくつもの形をつくり出すことができます。目の前に具体的な形があると次の形を考えやすくもなります。

四．原形の選択

いよいよ本格的に色画用紙でつくっていきます。初めに色画用紙を一枚選びます。ここでは次の一五色の中から選びました。①レモン②オレンジ③ときいろ④あか⑤あかむらさき⑥ぐんじょう⑦うすあお⑧あお⑨こいみどり⑩エメラルド⑪ちゃいろ⑫こいこげちゃ⑬くちばいろ⑭みるく⑮くろ。

五．基本形の制作

その色画用紙を半分に折ります。横長でもいいですし、縦長でもかまいません。小さな紙での試作をもとに、折り目からはさみを入れて輪郭を切り取ります。折り目に切れ目を入れて立体的にする場合はこの段階で行います。折り目に切れ目を入れるか入れないかは自由です。入れない場合は次の段階へ進みます。

六．条件の確認

目や口は最低限つくる部品とします。モンスターという言葉を使用したのは、どのような姿になってもいいということです。そして想像をふくらませて見たこともないようなものをつくるという教材のねらいをも表したかったからです。しかし、つくった後になって、「これではモンスターに見えない」ということになったのでは「せっかくつくったのに」ということになってしまいます。そこで、どのようなモンスターであろうとも、顔がどこにあるのかがわかりやすいように目と口はつくるというようにしたのです。なお、その形、色、大きさ、配置は自由にしました。そこにそれぞれの個性が表れるからです。

七．部品の制作と配置

目の形や色は目の前にある輪郭を切り取った形をじっと見て連想します。もうすでにつくろうとする形がはっきりしている場合にはその形を思い浮かべながら色画用紙を切り取ります。しかし、どのような形にしていいのか思い浮かばない場合には、輪郭を切り取ったときと同じように、このように切れば目のようなものに見えるだろうというような気持でとりあえず切ってみます（または思い切って切ってみます）。そして切り取った形を目の前の輪郭だけを切り取った色画用紙の上に置いてみて、「この形でいいか」、「たりないものはないか」、「位置はここでいいか」などと考えてみるのです。また、切ってすぐに貼るのではなく、前につくったものの上に置いてみて動かしてみることも大切になります。動かすことによって、思いもよらなかったような表情や動きをつくりだすことができるからです。これらのことは口やその他の部品をつくるときも同じです。では口もつくってみましょう。さらに必要な部品があるときにはそれをつくってつけ加えます。たとえば、鼻、ひげ、髪の毛、眉毛、つの、手、足、服、飾りなどというものです。糊付けは部品の配置が決まった後で行います。なお部品は表側からだけではなく裏側から外側へはみ出すように貼ることもできます。より丈夫にしたい場合は色画用紙を貼り重ねます。

八．よさをたくさん見つけ合う鑑賞

一つの作品についてよいところを三つずつ見つけてみましょう。鑑賞のねらいはつくること（表現）や見ること（鑑賞）に共通するものの見方や考え方（価値観）を鍛えることにあります。真剣に集中してつくったものならばどこかに必ずいいところがあると考えて探すのです。一つよりは二つ。二つよりは三つというように、見つけようとする数が多くなればなるほど難しくなります。だから今回は三つずつとしたのです。時間があればそれ以上でもいいのです。簡単では鍛えることになりません。難しいほうに挑戦するからこそ鍛えられるのです。ではこの作品からいきましょう。まず一つ目です。どうぞ。（児童Aによる発言）。では二つ目。（児童Bによる発言）。それでは三つ目。（児童Cによる発言）。次の作品にいきます（以後も同様にそれぞれの作品ごとに三つずつよいところを見つけていく）。

モンスターアタック

的あて遊びのモンスターを色画用紙で

材料・用具

○　Ａ４用紙　　○　色画用紙（八つ切りの約１／４）　　○　ストロー（直径約５㎜と直径約６㎜のもの２種類）　　○　はさみ　　○　糊　　○　セロハンテープ

1

図３　モンスターアタック──的あて遊びのモンスターを色画用紙でつくる──（1）

授業過程（創作プロセス）

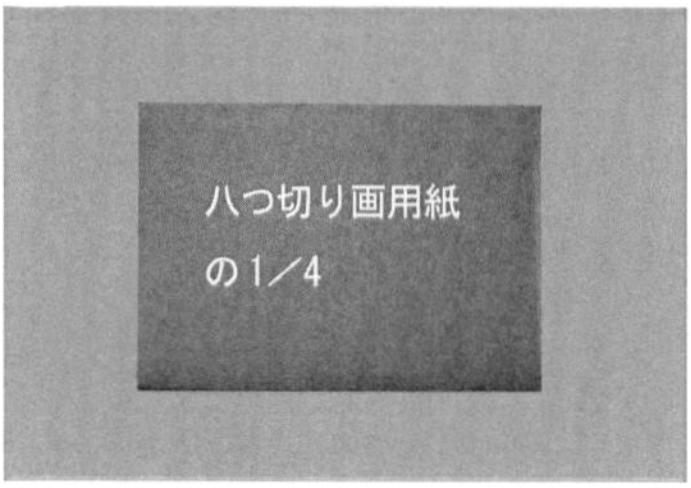

色画用紙を半分に折ると立たせることができます。

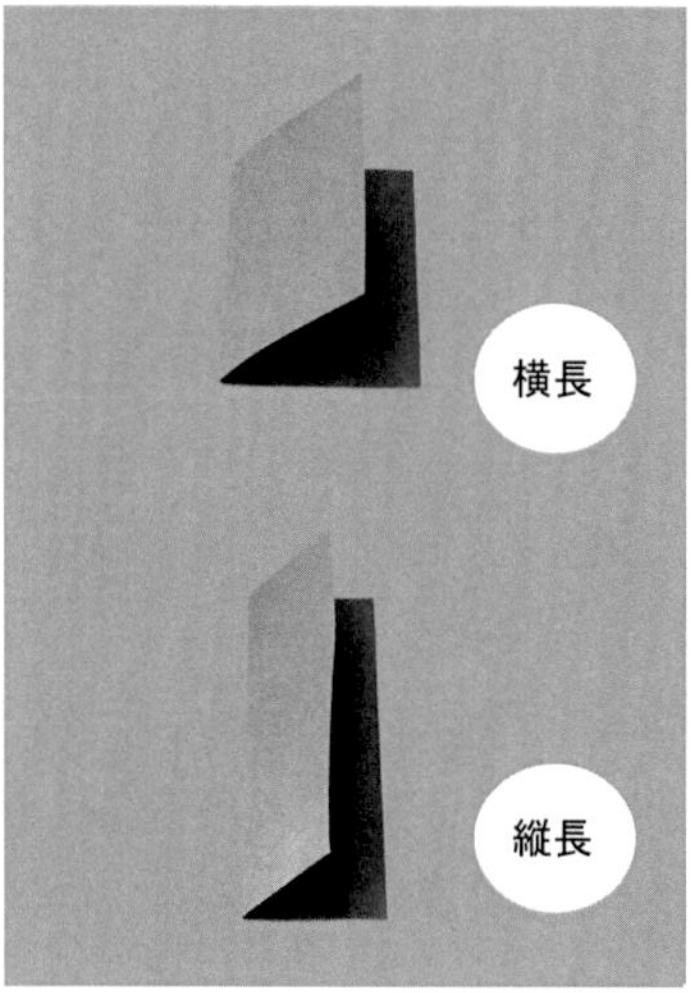

この立つ仕組みを生かして的あて遊びのモンスターをつくります。

モンスターは空想の生き物ですから決まった形はありません。

いろいろなモンスターがいていいのです。その作品例を次に示しました。

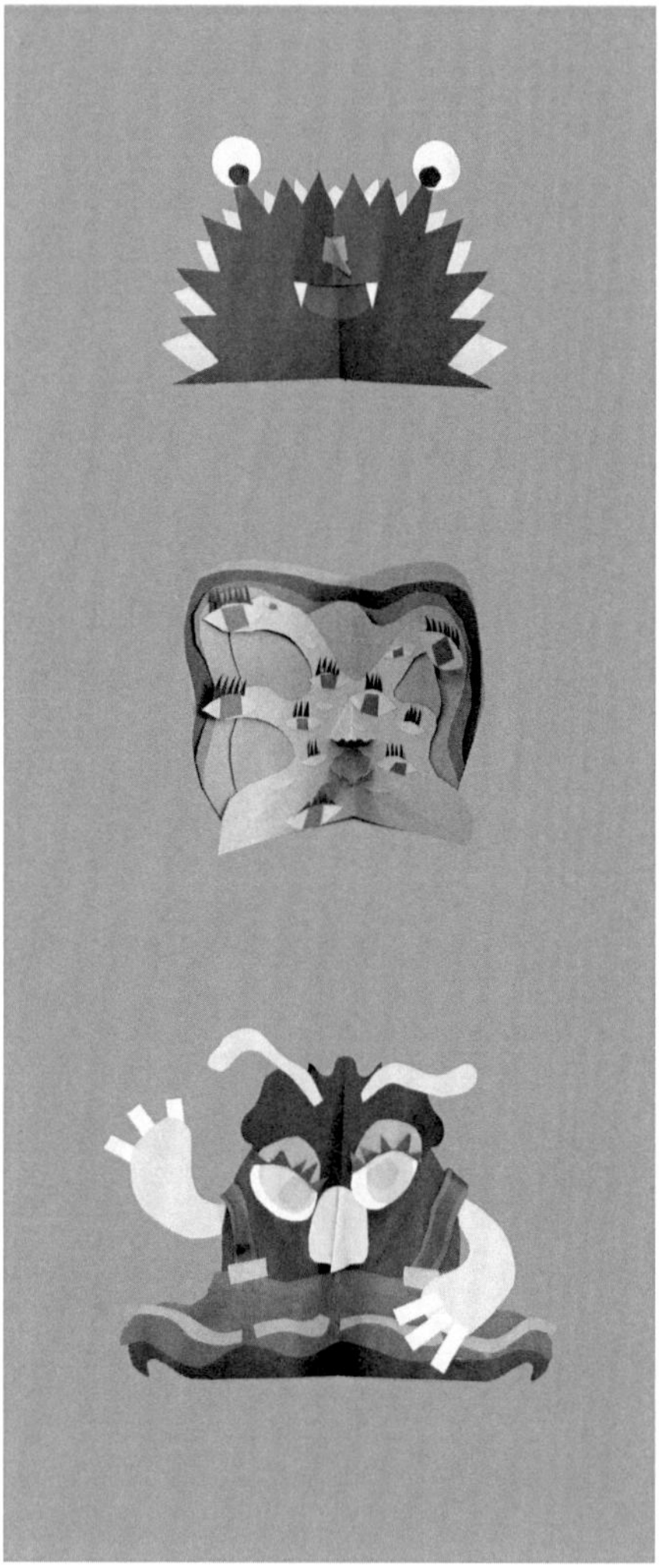

2

図３　モンスターアタック──的あて遊びのモンスターを色画用紙でつくる──(1)

モンスターを倒すための吹き矢はストローでつくります。
下の図を見てください。
細いストロー（直径約５㎜）のジャバラ部分を引き伸ばしながら，先端が丸くなるように折り曲げます（安全面に配慮して）。

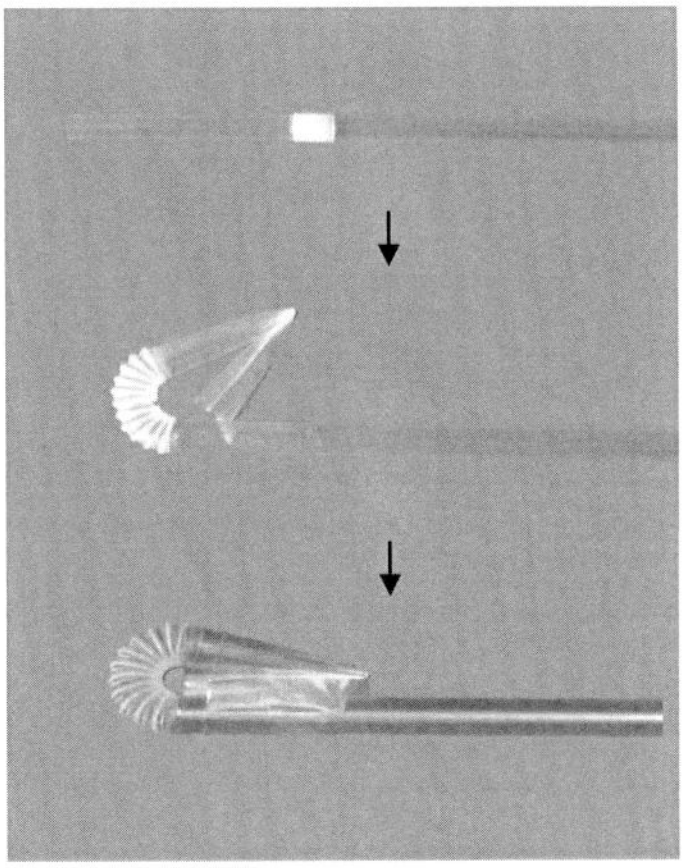

セロハンテープで固定し，太いストロー（直径約６㎜）に差し込みます。
ストロー製の吹き矢はこれで完成です。

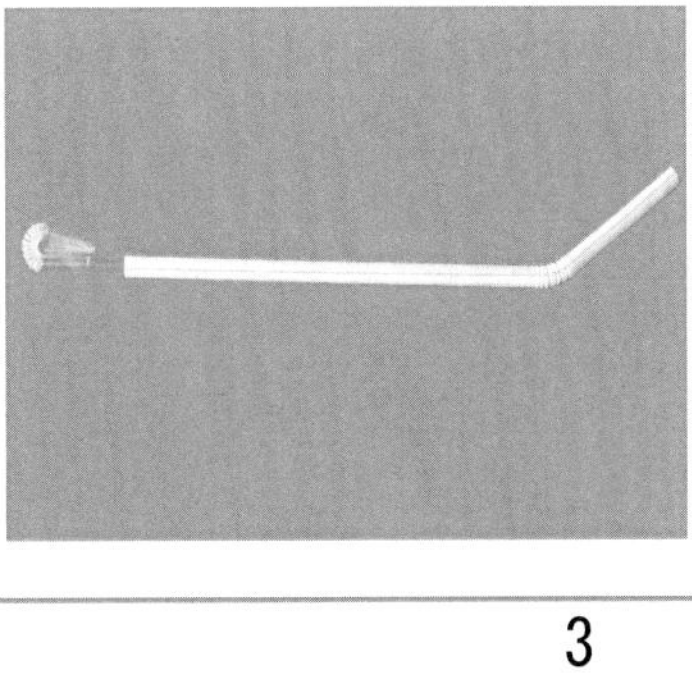

3

図３　モンスターアタック――的あて遊びのモンスターを色画用紙でつくる――（1）

では，モンスターをつくってみましょう。

まず，小さな紙で試作します（A4用紙の約1／4のもので）。

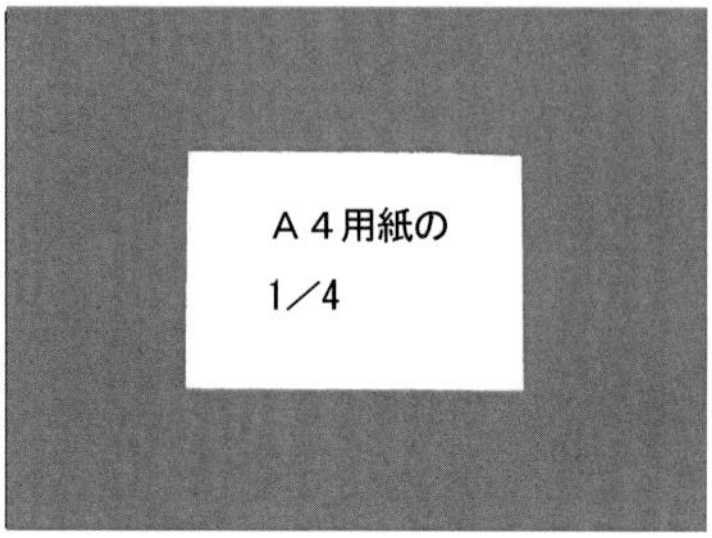

色画用紙で本格的につくっていく前にいろいろな形をつくってみて，その中から一番気に入ったものを選ぶのです。

また，一つだけ選ぶのではなく，それぞれのよい部分を組み合わせて本格的につくっていくこともできます。

試作には主に二つの方法があります。一つは紙を半分に折ってから切る方法です。横長（横長基本形），縦長（縦長基本形），どちらでもかまいません。

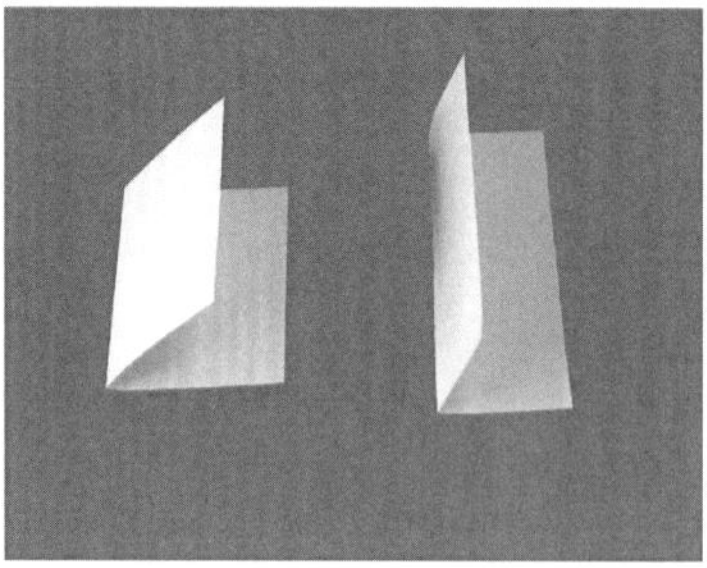

折り目からはさみを入れて輪郭を切り取ります。

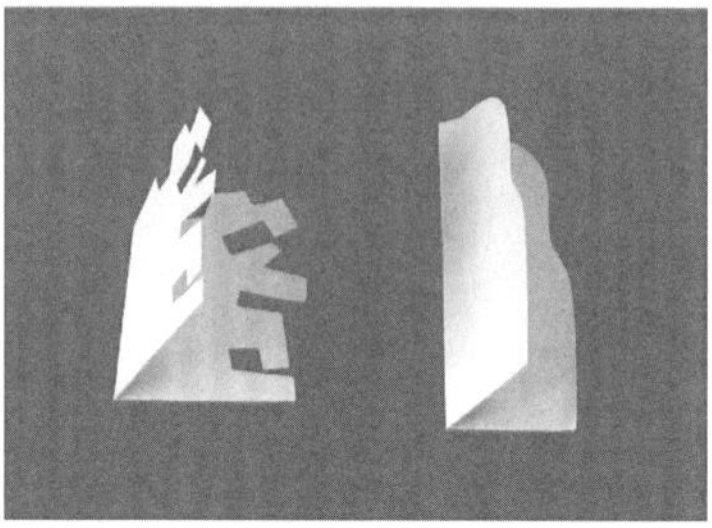

開いたときの形は左右対称になります。

もう一つは紙を折らずに切る方法です。輪郭を先に切り取ります。（横長，縦長，どちらでもかまいません）

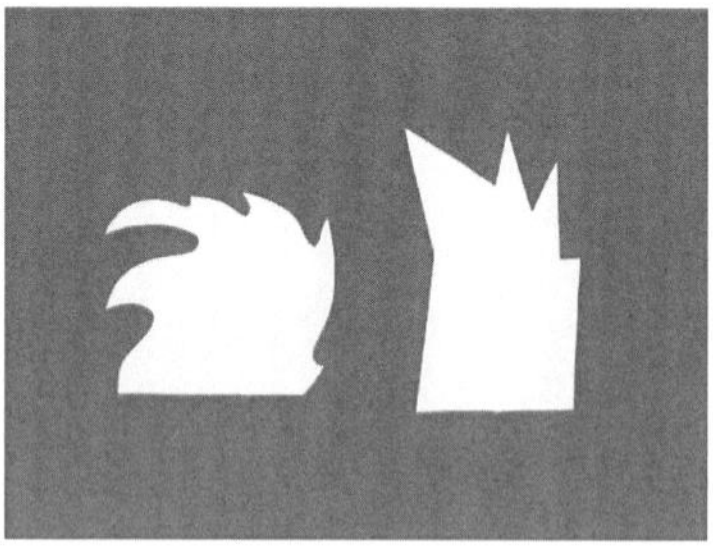

4

図３　モンスターアタック—的あて遊びのモンスターを色画用紙でつくる—（1）

切り取ったら折ります。

立つようにするためです。

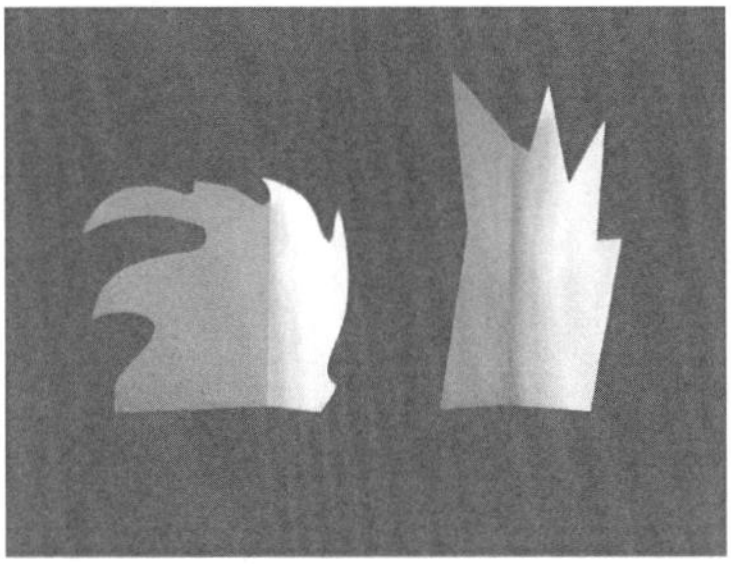

折り目からはさみで切れ目を入れて折り返し立体的にすることもできます。

折り返して折り目をしっかりつけると山折りと谷折りの違いを出しやすくなります。

立たせることができれば，底辺を部分的に切り取ることもできます。

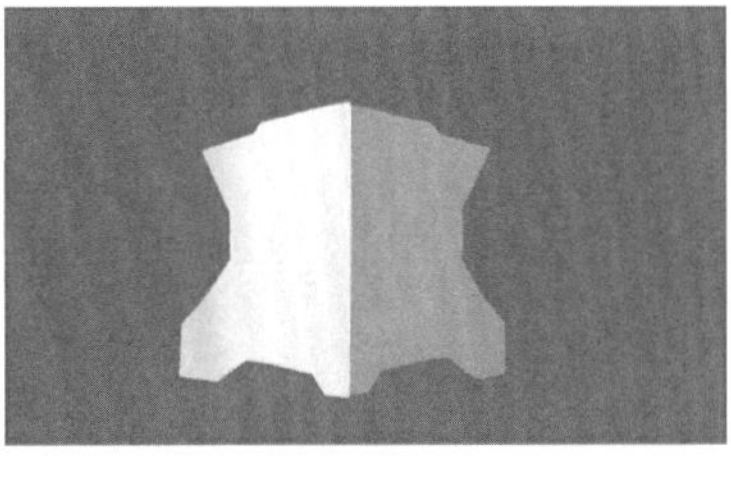

5

図４　モンスターアタック──的あて遊びのモンスターを色画用紙でつくる──(2)

小さな紙でいろいろ試してみてモンスターづくりの第一歩を踏み出すのです。

初めからつくろうとするモンスターのイメージがある場合にはその形を思い浮かべながら紙を切り取ります。

つくろうとするものが思い浮かばないときには，「とりあえず」というような気持で，または「思い切って」という気持ちでモンスターの輪郭を切り取ります。

頭の中で考えてだめな場合は，目の前に具体的な形をつくり出してみるのです。

そしてその形をじっと見て「これでいいか」「もっと複雑にしようか」「単純にしようか」などと考えて次の形を連想します。

小さい紙であれば，短時間にいくつもの形をつくり出すことができます。

目の前に具体的な形があると次の形を考えやすくもなります。

いよいよ本格的に色画用紙でつくっていきます。

初めに色画用紙を一枚選びます。

ここでは次の 15 色の中から選びました。
①レモン②オレンジ③ときいろ④あか⑤あかむらさき⑥ぐんじょう⑦うすあお⑧あお⑨こいみどり⑩エメラルド⑪ちゃいろ⑫こいこげちゃ⑬くちばいろ⑭みるく⑮くろ。

その色画用紙を半分に折ります。横長でもいいですし，縦長でもかまいません。

6

図４　モンスターアタック──的あて遊びのモンスターを色画用紙でつくる── (2)

小さな紙での試作をもとに，折り目からはさみを入れて輪郭を切り取ります。

折り目に切れ目を入れて立体的にする場合はこの段階で行います。

折り目に切れ目を入れるか入れないかは自由です。入れない場合は次の段階へ進みます。

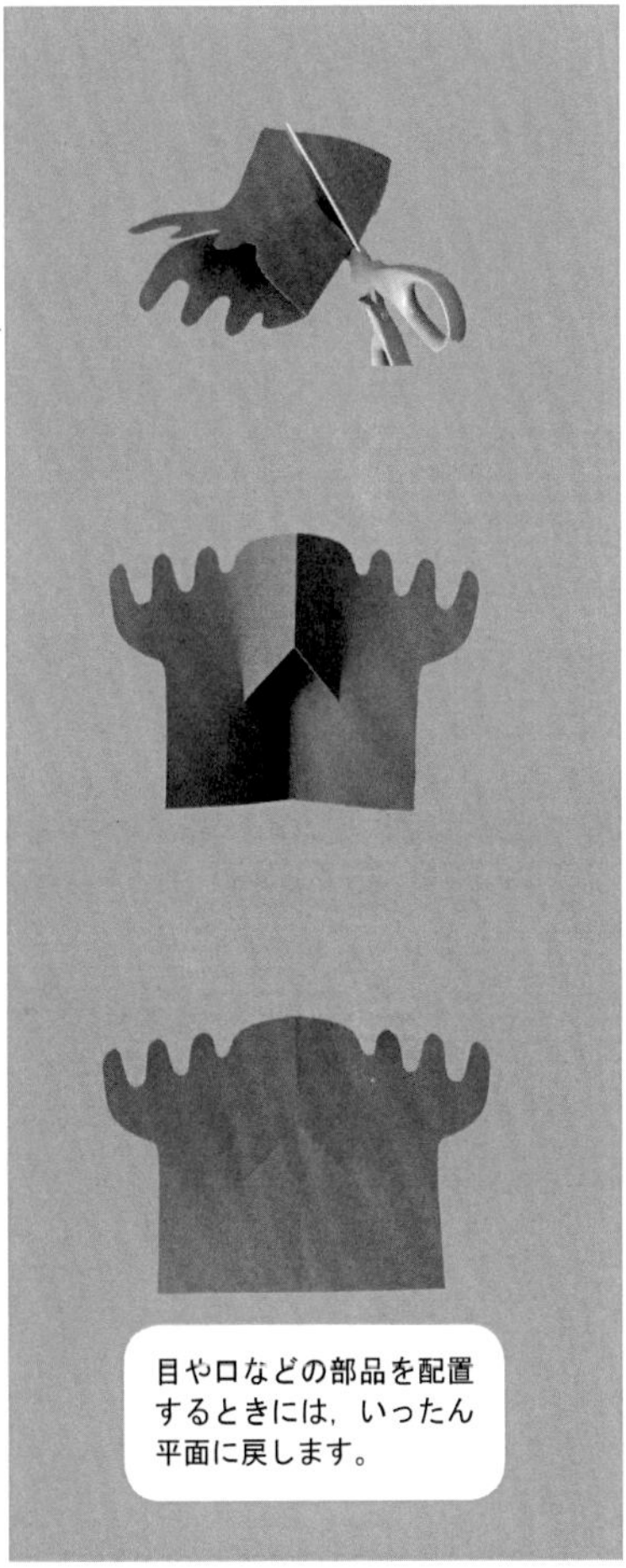
目や口などの部品を配置するときには，いったん平面に戻します。

7

図４　モンスターアタック──的あて遊びのモンスターを色画用紙でつくる──(2)

目や口は最低限つくる部品とします。

目と口

モンスターという言葉を使用したのは，どのような姿になってもいいということです。

そして想像をふくらませて見たこともないようなものをつくるという教材のねらいをも表したかったからです。

しかし，つくった後になって，「これではモンスターに見えない」ということになったのでは「せっかくつくったのに」ということになってしまいます。

そこで，どのようなモンスターであろうとも，顔がどこにあるのかがわかりやすいように目と口はつくるというようにしたのです。

なお，その形，色，大きさ，配置は自由にしました。そこにそれぞれの個性が表れるからです。

目の形や色は目の前にある輪郭を切り取った形をじっと見て連想します。

もうすでにつくろうとする形がはっきりしている場合にはその形を思い浮かべながら色画用紙を切り取ります。

しかし，どのような形にしていいのか思い浮かばない場合には，輪郭を切り取ったときと同じように，このように切れば目のようなものに見えるだろうというような気持でとりあえず切ってみます（または思い切って切ってみます）。

そして切り取った形を目の前の輪郭だけを切り取った色画用紙の上に置いてみて，「この形でいいか」「たりないものはないか」「位置はここでいいか」などと考えてみるのです。

また，切ってすぐに貼るのではなく，前につくったものの上に置いてみて動かしてみることも大切になります。

動かすことによって，思いもよらなかったような表情や動きをつくりだすことができるからです。

これらのことは口やその他の部品をつくるときも同じです。

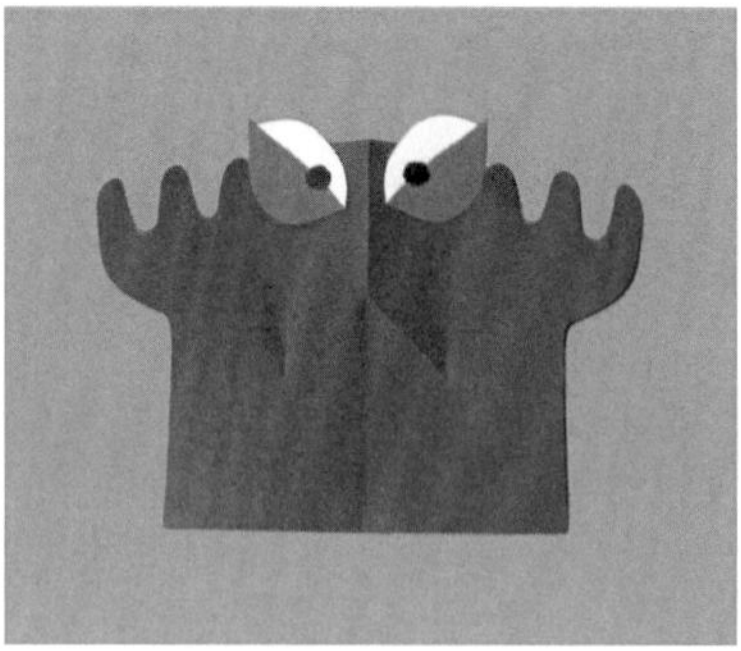

8

図4　モンスターアタック―的あて遊びのモンスターを色画用紙でつくる― (2)

では口もつくってみましょう。

さらに必要な部品があるときにはそれをつくってつけ加えます。たとえば，鼻，ひげ，髪の毛，眉毛，つの，手，足，服，飾りなどというものです。

糊付けは部品の配置が決まった後で行います。

なお部品は表側からだけではなく裏側から外側へはみ出すように貼ることもできます。

より丈夫にしたい場合は色画用紙を貼り重ねます。

一つの作品についてよいところを三つずつ見つけてみましょう。

鑑賞のねらいはつくること（表現）や見ること（鑑賞）に共通するものの見方や考え方（価値観）を鍛えることにあります。

真剣に集中してつくったものならばどこかに必ずいいところがあると考えて探すのです。

一つよりは二つ。二つよりは三つというように，見つけようとする数が多くなればなるほど難しくなります。だから今回は三つずつとしたのです。時間があればそれ以上でもいいのです。

簡単では鍛えることになりません。

難しいほうに挑戦するからこそ鍛えられるのです。

ではこの作品からいきましょう。

まず一つ目です。どうぞ。

（児童Aによる発言）。

では二つ目。

（児童Bによる発言）。

それでは三つ目。

（児童Cによる発言）。

次の作品にいきます（以後も同様にそれぞれの作品ごとに三つずつよいところを見つけていく）。

9

図５　モンスターアタック――的あて遊びのモンスターを色画用紙でつくる――（3）

10

図５　モンスターアタック──的あて遊びのモンスターを色画用紙でつくる──(3)

発展形

横長基本形と縦長基本形からの発展

作品／北海道教育大学・学生

11

図5　モンスターアタック──的あて遊びのモンスターを色画用紙でつくる──（3）

このような鑑賞方法については、筆者の担当する授業科目「小学校図画工作科教育法」で「よさをたくさん見つけ合う鑑賞」を体験した学生のレポートに次のように記載されていた。「今までの授業の鑑賞は先生に悪い点を指摘されて直してくれるというイメージがありました。しかし今回は先生や友人に自分の作品の長所（オリジナリティ）を評価され、自分の作品に自信をもつことができました。そのおかげで、二体目、三体目とのびのび作品をつくることができたと思います」、「他の児童の作品のいいところを少なくとも三つほどあげるというのは褒められた児童はうれしいだろうし、いいところを探すというのはよく観察することができるということでありいい実践であると思った」。よさ（オリジナリティ・質・工夫点など）に着目しそれをたくさん見つけ合うという鑑賞は効果的な指導法の一つになるものと考える。

第三節　小学校図画工作科における教材「いろんなオニがあつまった」

教師の言葉の一例として、「一．ねらいの確認」から「八．よさをたくさん見つけ合う鑑賞」までを以下に記した（図6〜図8）。

一．ねらいの確認

紙を切り取る際には、いろいろな方法があります。大きく二つに分ければ、一つは、はさみやカッターナイフなどの道具を使って切るという方法です。もう一つは、道具を使わずに指先でちぎってつくるという方法です。では、色画用紙をちぎることによって、どのようなオニの顔をつくり出すことができるでしょうか。次の作品はその一例です。今の段階で、つくろうとするものが思い浮かばなくても大丈夫です。思い切って始めてみましょう。

二．小さな紙による試作

まず小さな紙でいろいろな顔の形をつくってみます。Ａ４用紙を一枚準備します。半分に折ってください。二つに裂きます。さらに小さくします。１／４が四枚できます。１／４に切った小さな紙をちぎりながらいろいろな顔の形をつくります。つくったもののなかから一番気に入ったものを選び、色画用紙で本格的につくっていきます。

三．原形の選択

数色の色画用紙のなかから一枚の色画用紙を選びます。

四．基本形の制作

色画用紙をちぎって顔の形をつくります。この形がいろいろなオニの顔を発想するためのおおもとの形（基本形）になります。縦横ほぼ同じ長さになっていますが、次の図のように縦長、横長などにちぎってもかまいません。

五．条件の確認

オニに見えるための条件を確認します。原則として、最低限つくる部品は次に示した五つです（鼻、目、口、耳、角）。髪の毛、髭、飾りなど、その他に必要な部品があるときには、それらをつくってつけ加えます。

六．部品の制作と配置

つくろうとするもののイメージがある場合にはそれをつくります。イメージがない場合にはとりあえず一つの部品をつくって置いてみます。そしてその形を見て次はどうするかを考えるのです。鼻であれば、まずそれをつくるための色画用紙を選んでみましょう。次に鼻のような形をちぎって基本形の上に置きます。置くだけで糊づけはしません。他の部品も同じです。糊付けしなければ、配置をかえることができます。配置をかえることができれば、百面相のようにいろいろな表情をつくり出すことができます。では目も加えてみましょう。鼻を置いた顔を見ながら、どんな目にするかを考えます。手順は鼻をつくるときと同じです。まず色を選び、次にちぎって目の形をつくります。そしてそれを基本形の上に置きます。つくろうとする形が思い浮かんだときには、その形をつくってみるのです。しかし、いくら考えてもどのような目の形にするのか思いつかない場合には、とりあえず目に見えるような形をつくって基本形の上においてみます。そして、この形でいいか、足りないものはないか、配置はこれでいいかなどを考えます。頭の中で考えているときよりも目の前に具体的な形があるときのほうがつくろうとするものの形を思い浮かべやすくなります。さて口も加えてみましょう。目と同じような方法でつくっていきます。「色を選ぶ」「ちぎる」「顔の上に置く」などというように。なお、赤オニの髪形のように部品は立体的につくることもできます。口の次は耳です。角もつくります。他の部品は必要に応じてつくります。何をつくるかは自由です。部品の例としては、眉毛、髪の毛、髭、飾りなどがあります。全体の部品ができたらいよいよ糊づけです。一番よい配置になってから糊づけしましょう。

七．制作に関する基本的な考え方

〈何を指導し、何を自由にするのか〉本教材では、オニの顔を創作するための基本的な手順（基本形に部品をつけ加えてつくろうとするものの形を明確にしていく）と技術（ちぎる技術：少しずつ、ゆっくり）をしっかりと指導します。色と形の選択は自由です。初めにつくろうとするものが思い浮かばないときには、まず一つの形をつくってみて、その形から次の形を連想します。これを繰り返すことによって、つくろうとするものの形を

いろんなオニがあつまった

ちぎった形を組み合わせてつくる

材料・用具

○色画用紙（四つ切の約 1／4）…①レモン②オレンジ③ときいろ④あか⑤あかむらさき⑥ぐんじょう⑦うすあお⑧あお⑨こいみどり⑩エメラルド⑪ちゃいろ⑫こいこげちゃ⑬くちばいろ⑭みるく⑮くろ　○糊

1

図６　いろんなオニがあつまった―ちぎった形を組み合わせてつくる―（1）

授業過程（創作プロセス）

紙を切り取る際には，いろいろな方法があります。

大きく二つに分ければ，一つは，はさみやカッターナイフなどの道具を使って切るという方法です。

もう一つは，道具を使わずに指先でちぎってつくるという方法です。

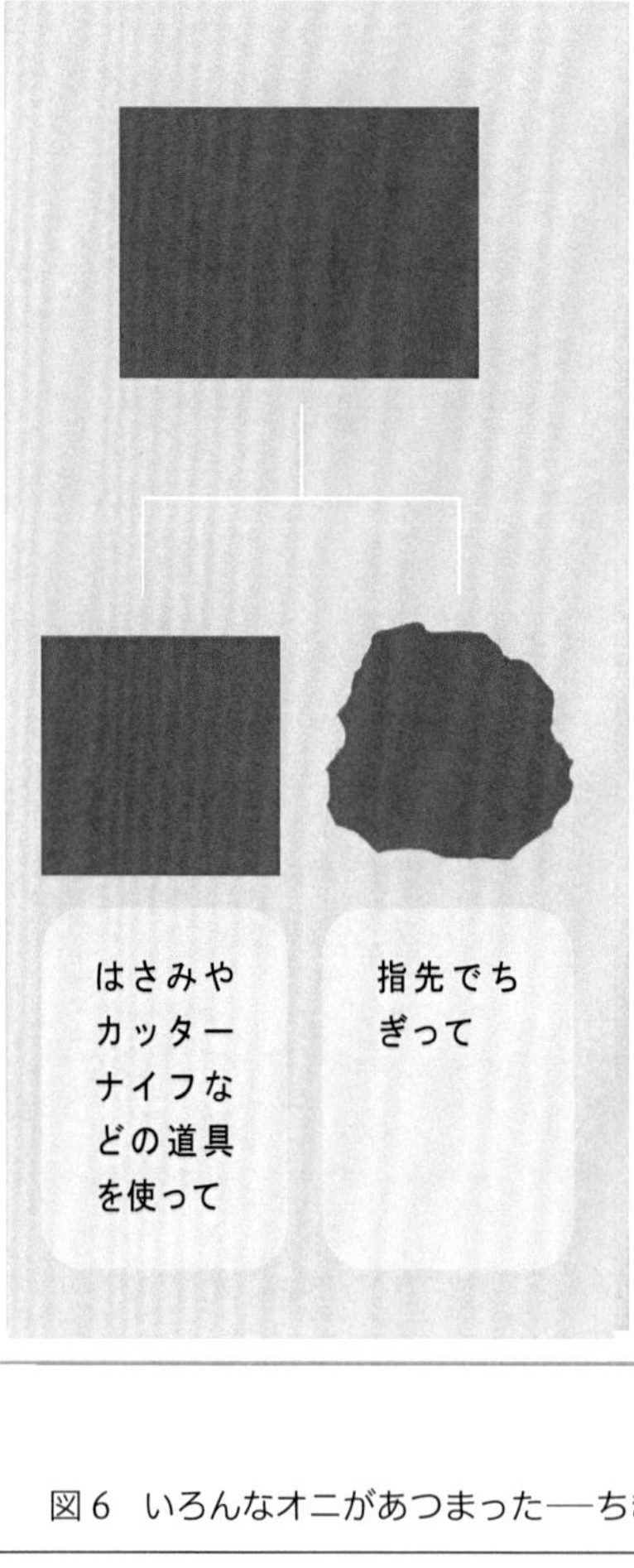

では，色画用紙をちぎることによって，どのようなオニの顔をつくり出すことができるでしょうか。

次の作品はその一例です。

2

図６　いろんなオニがあつまった──ちぎった形を組み合わせてつくる──（1）

今の段階で，つくろうとするものが思い浮かばなくても大丈夫です。
思い切って始めてみましょう。

まず小さな紙でいろいろな顔の形をつくってみます。

A4 用紙を一枚準備します。

半分に折ってください。

二つに裂きます。

3

図 6　いろんなオニがあつまった―ちぎった形を組み合わせてつくる― (1)

さらに小さくします。

1／4が4枚できます。

1／4に切った小さな紙をちぎりながらいろいろな顔の形をつくります。

つくったもののなかから一番気に入ったものを選び，色画用紙で本格的につくっていきます。

数色の色画用紙のなかから1枚の色画用紙を選びます。

色画用紙をちぎって顔の形をつくります。

4

図6　いろんなオニがあつまった―ちぎった形を組み合わせてつくる―(1)

この形がいろいろなオニの顔を発想するためのおおもとの形（基本形）になります。

縦横ほぼ同じ長さになっていますが，下の図のように縦長，横長などにちぎってもかまいません。

縦長基本形

横長基本形

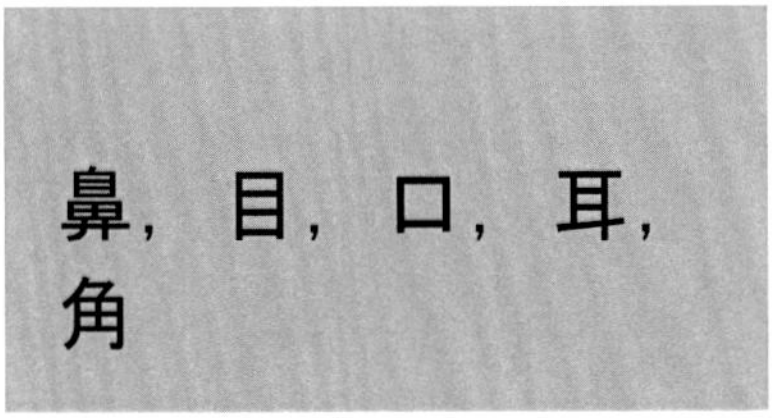

オニに見えるための条件を確認します。

原則として，最低限つくる部品は左下に示した五つです（鼻，目，口，耳，角）。

髪の毛，髭，飾りなど，その他に必要な部品があるときには，それらをつくってつけ加えます。

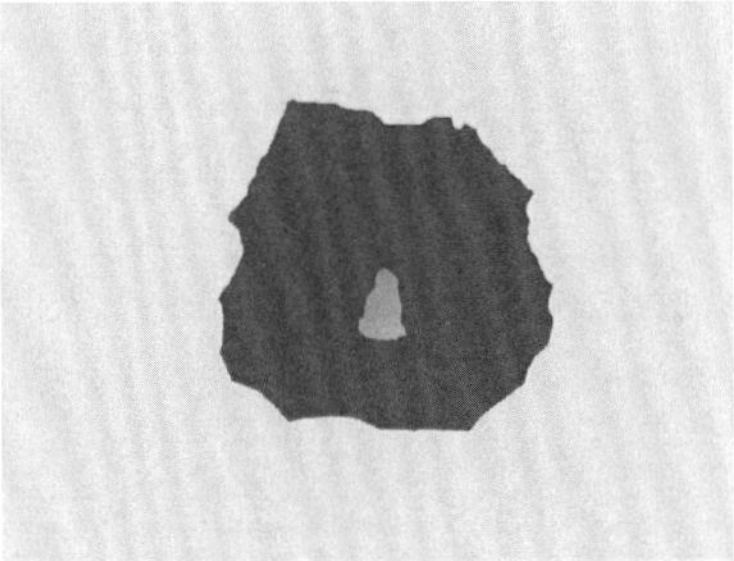

つくろうとするもののイメージがある場合にはそれをつくります。

イメージがない場合にはとりあえず一つの部品をつくって置いてみます。そしてその形を見て次はどうするかを考えるのです。

鼻であれば，まずそれをつくるための色画用紙を選んでみましょう。

次に鼻のような形をちぎって基本形の上に置きます。置くだけで糊づけはしません。

他の部品も同じです。糊付けしなければ，配置をかえることができます。

配置をかえることができれば，百面相のようにいろいろな表情をつくり出すことができます。

5

図７　いろんなオニがあつまった──ちぎった形を組み合わせてつくる──（2）

では目も加えてみましょう。鼻を置いた顔を見ながら，どんな目にするかを考えます。手順は鼻をつくるときと同じです。まず色を選び，次にちぎって目の形をつくります。そしてそれを基本形の上に置きます。

つくろうとする形が思い浮かんだときには，その形をつくってみるのです。しかし，いくら考えてもどのような目の形にするのか思いつかない場合には，とりあえず目に見えるような形をつくって基本形の上においてみます。そして，この形でいいか，足りないものはないか，配置はこれでいいかなどを考えます。

頭の中で考えているときよりも目の前に具体的な形があるときのほうがつくろうとするものの形を思い浮かべやすくなります。

さて口も加えてみましょう。目と同じような方法でつくっていきます。

「色を選ぶ」「ちぎる」「顔の上に置く」などというように。

なお，赤オニの髪形のように部品は立体的につくることもできます。

口の次は耳です。

角もつくります。

他の部品は必要に応じてつくります。

6

図７　いろんなオニがあつまった──ちぎった形を組み合わせてつくる── (2)

何をつくるかは自由です。部品の例としては，眉毛，髪の毛，髭，飾りなどがあります。全体の部品ができたらいよいよ糊づけです。一番よい配置になってから糊づけしましょう。

<何を指導し，何を自由にするのか>

本教材では，オニの顔を創作するための基本的な手順（基本形に部品をつけ加えてつくろうとするものの形を明確にしていく）と技術（ちぎる技術：少しずつ，ゆっくり）をしっかりと指導します。

色と形の選択は自由です。

縦長基本形からの発展例

横長基本形からの発展例

初めはどのようなオニの顔をつくったらいいのかアイディアが浮かばない場合でも，最終的には，強そうなオニ，かわいいオニ，とぼけたオニなど，様々なオニをつくることができます。

【鑑賞】

一つの作品についてよいところを三つずつ見つけてみましょう。

鑑賞のねらいは「自分では何をよいと考えるのか」「どのようなところによさを感じるのか」などという自らのものの見方や考え方（価値観）を鍛えることにあります。

真剣に集中してつくったものならばどこかに必ずいいところがあると考えて探すのです。

一つよりは二つ。二つよりは三つというように，見つけようとする数が多くなればなるほど難しくなります。それで今回は三つずつとしたのです。時間があればそれ以上でもいいのです。

簡単では鍛えることになりません。難しいほうに挑戦するからこそ鍛えられるのです。

ではこの作品からいきましょう。まず一つ目です。どうぞ。（児童Aによる発言）。では二つ目。（児童Bによる発言）。それでは三つ目。（児童Cによる発言）。次の作品にいきます（以後も同様にそれぞれの作品ごとに三つずつよいところを見つけていく）。

7

図７　いろんなオニがあつまった―ちぎった形を組み合わせてつくる―（2）

ギャラリー

図８　いろんなオニがあつまった　１

作品／北海道教育大学学生，小学校図画工作科指導法講座（埼玉）参加の皆さん

図８　いろんなオニがあつまった　２

少しずつ明確にしていきます。こうした方法でつくれば、初めはどのようなオニの顔をつくったらいいのかアイディアが浮かばない場合でも、最終的には、強そうなオニ、かわいいオニ、とぼけたオニなど、様々なオニをつくることができます。

八．よさをたくさん見つけ合う鑑賞

（「モンスターアタック」の場合と同じです）一つの作品についてよいところを三つずつ見つけてみましょう。鑑賞のねらいは「自分では何をよいと考えるのか」「どのようなところによさを感じるのか」などという自らのものの見方や考え方（価値観）を鍛えることにあります。真剣に集中してつくったものならばどこかに必ずいいところがあると考えて探すのです。一つよりは二つ。二つよりは三つというように、見つけようとする数が多くなればなるほど難しくなります。それで今回は三つずつとしたのです。時間があればそれ以上でもいいのです。簡単では鍛えることになりません。難しいほうに挑戦するからこそ鍛えられるのです。ではこの作品からいきましょう。まず一つ目です。どうぞ。（児童Aによる発言）。では二つ目。（児童Bによる発言）。それでは三つ目。（児童Cによる発言）。次の作品にいきます（以後も同様にそれぞれの作品ごとに三つずつよいところを見つけていく）。

本章では、教材開発プロセスに基づいて小学校図画工作科における二つの教材を提案した。

教材開発プロセスとは次の三段階を指す。①教材を試作する。②試作に基づいて授業過程の構造図を作成する。③構造図に基づいて教師の言葉を検討する。提起した造形教材は二つある。一つは「モンスターアタック」。「ねらいの確認」、「安全面への配慮」、「小さな紙による試作」、「原形の選択」、「基本形の制作」、「条件の確認」、「部品の制作と配置」、「よさをたくさん見つけ合う鑑賞」という八つの観点にそって教師の言葉を検討した。もう一つは「いろんなオニがあつまった」。検討のポイントは本教材でも八つある。「ねらいの確認」、「小さな紙による試作」、「原形の選択」、「基本形の制作」、「条件の確認」、「部品の制作と配置」、「制作に関する基本的な考え方」、「よさをたくさん見つけ合う鑑賞」という観点である。

以上を踏まえれば、第四章で提起した教材開発の基本的プロセスは有効であると考える。教材開発とその論理の構築は教育現場の課題に直結する。机上の空論とならぬよう実践を通しての事実に基づいて他の教材についても検証していきたい。

基本形からの発展、つくろうとするものが思い浮かばないときの対応の仕方、鑑賞における価値観の形成、必要とする分としての材料（基本となる一二色に三色のみ追加した）。それらは第三部・第一章で提起した「創造モデル」につながる内容である。

〔第三部・第五章　註〕

1　佐藤昌彦「つくろうとするものに決まった形はない」『教育トークライン』（NO.342）東京教育技術研究所、二〇〇九、pp.52-54.

2　佐藤昌彦「〇〇に見えるための『最低限の条件』は何か」『教育トークライン』（NO.281）東京教育技術研究所、二〇〇九、pp.52-54.

※　「第五章」は、佐藤昌彦「教材開発プロセスに基づく造形教材の提案」『北海道教育大学紀要教育科学』（第六〇巻・第一号、北海道教育大学、二〇〇九、pp.141-151）に基づいた。掲載にあたっては加筆・修正を行っている。

第六章

「創造モデル」に基づく教材開発
――少ない材料で多様な発想を生み出すために――

第六章では、「創造モデル」（図1）に基づいて二つの教材を提起した。「少ない材料」への着目は、有り余るほどの多種多様な材料からではなく、必要最小限の材料から様々な可能性を見出そうとするものであり、「多様な発想」への着眼は「つくろうとするものが思い浮かばない」という理由で自信をなくしている子どもたちや工作指導に不安をもつ教師への解決方法の一つを提案しようとするものである[1)]。

工作教材の開発は、これまで述べてきたように、次の手順で行った。①教材の試作。②構造の検討（「授業過程の構造図」を活用して）。③言葉の吟味（指導者の言葉）[2)]。

考察の結果は、「第一節　『創造モデル』と二つの軸」、「第二節　教材『新種の鳥が大空へ――すてきな壁飾り――』」、「第三節　教材『竜の舞――空中を飛びまわる竜をつくろう――』」として示した。

第一節　「創造モデル」と二つの軸

「創造モデル」の設定にあたっては、次の三つの条件を踏まえた。第一は「多様な発想を生み出す」。第二は「様々な教材に活用できる」。第三は「シンプル（誰でも活用できるように）」。それらに基づいて二つの軸から「創造モデル」を検討した。第三部の第二章から第五章までの授業過程の構造図や教材開発の内容を踏まえたものでもある。

一つは「基本形から発展形へ」という縦軸。発想のおおもとになる基本形から多様な発想を生み出そうとするものである。基本形には、形、色、材質、動き、音など、いろいろな要素が含まれる。もう一つは「発想から形へ＆形から発想へ（双方向共存）」という横軸。つくろうとするものが思い浮かんだときにはそれをつくり（発想から形へ）、思い浮かばないときには、とりあえず（思い切って）、一つの形をつくり、それを見て次を考える（形から発想へ）。

では、そうした「創造モデル」に基づけば、どのような教材を開発することができるのか。以下に二つの工作教材を示した。一つは「新種の鳥が大空へ――すてきな壁飾り――」（図2・3・4）。もう一つは「竜の舞――空中を飛びまわる竜をつくろう――」（図5・6・7）である。

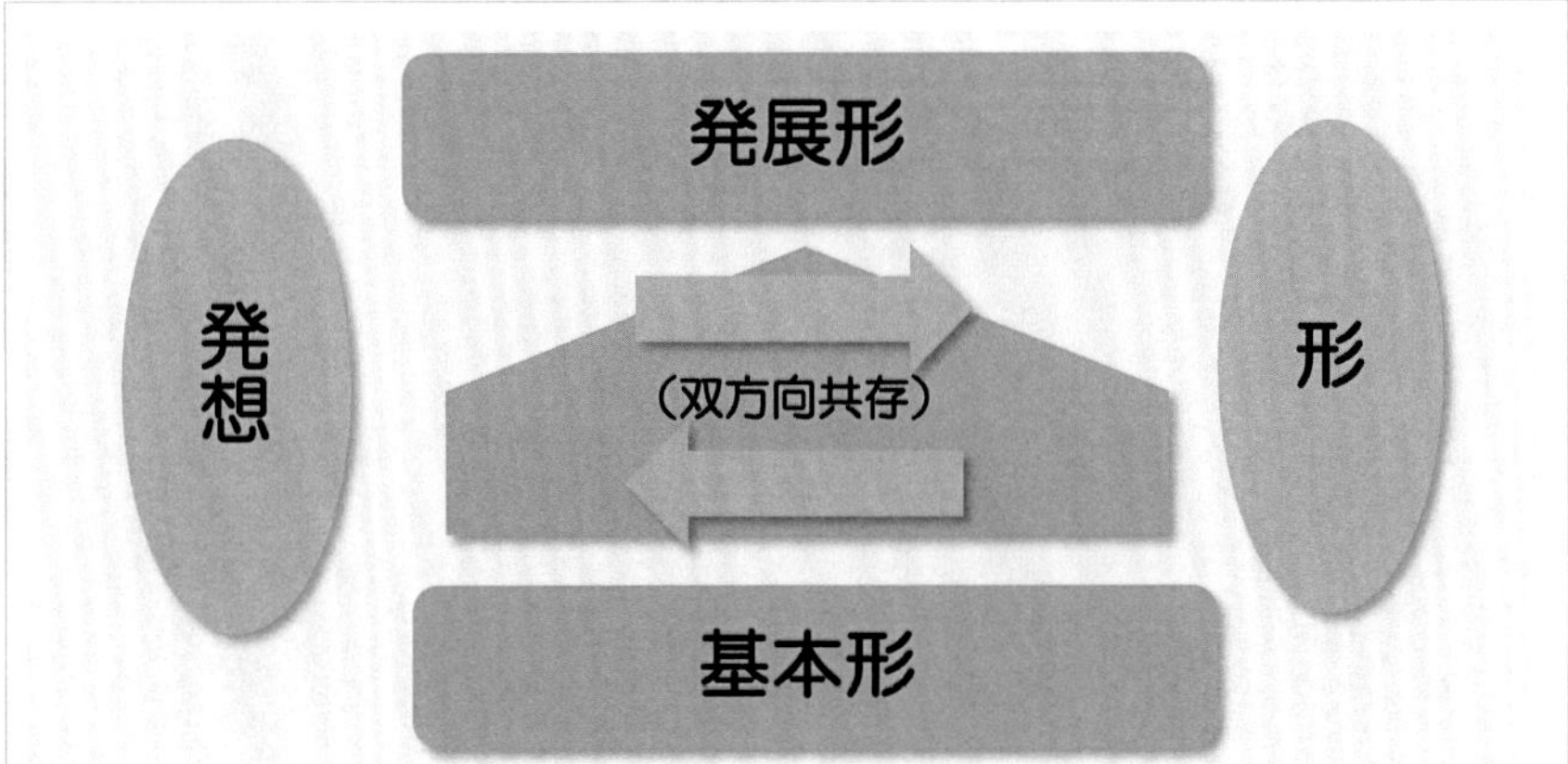

図1　創造モデル――多様な発想を生み出すために――

第二節　教材「新種の鳥が大空へ――すてきな壁飾り――」

一．材料・用具

○Ａ４用紙（一人一枚）　○色画用紙（八つ切りの約１／２）　○はさみ　○スティックのり　○セロハンテープ。

二．「創造モデル」に基づく授業過程

㈠　参考作品を見てねらいを把握する。

㈡　条件を確認する（どのような形になっても鳥には見えるように、最低限つくる部品を確認する）。部品は原則として次の五つ。「頭（目、口）」「首」「胴」「はね」「尾ばね」。

㈢　小さな紙で試作する（ためしづくり）。

①紙の大きさはＡ４程度。

②頭にかかわるおおよその形（基本形）をつくる。思い浮かんだ場合はそれをつくり（発想から形へ）、思い浮かばないときには、とりあえず、頭に見えるような形をつくってみる。その形を見て、次どうするかを考える（形から発想へ）。

③思い浮かんだときにはそれをつくり、思い浮かばないときには口をつくる。考え方は頭のときと同じ。口の形が思い浮かんだときにはそれをつくり、思い浮かばないときには、とりあえず、口に見えるような形をつくって置いてみる。この繰り返しによって、他の部品（目、首、胴、羽、尾羽）もつくる。小さな紙での試作の段階ではおおよその形を制作する。四つ程度つくってよいものを選ぶ。

㈣　色画用紙を一枚選ぶ。

㈤　その色画用紙で基本形（頭：発想のおおもとになる形：基本形）をつくる。小さな紙でつくった形をもとに。

(六) 部品をつくる。思い浮かんだ場合はそれをつくり、思い浮かばない場合は、条件の一つとなっている口をつくる。
(七) さらに部品をつくる。目や飾りなど。
(八) 部品の配置が決まったら糊付けする。
(九) 作品を壁や掲示板に展示する(発展形)。鑑賞の際にはよいところをたくさん見つける。
本教材に関する「授業過程の構造図」は、**図3**に記載した。

三.授業過程に関する指導者の言葉

「創造モデル」に基づく制作プロセスを子どもたちにわかりやすく伝えるために、指導者としての言葉の一例を以下に記した。子どもの実態に応じて言葉を修正または削除することもできる(臨機応変に)。また、**図2・3・4**に写真を掲載しているので、本文では言葉のみの記述とする。

【指導者の言葉】

○新種の鳥が大空へ。新種ですから、いろいろな鳥がいていいのです。ただし、翼を広げて飛んでいるところ、または、飛び立とうとしているところをつくります。
○たとえば、次のような作品です。まず、翼を広げて飛んでいる作品(作品提示。例:**図2**)。次に、飛び立とうとしている作品(作品提示。例:**図2**.以下「作品提示」は省略)。
○方法は主に二つあります。一つは、ちぎってつくる方法。もう一つは、はさみで切ってつくる方法です。ちぎったりはさみで切ったりして一つの作品をつくることもできます。
○見る方向も様々です。たとえば、横から。先に紹介した作品と同じです。正面から見たようにつくることもできます。

○鳥をつくるための条件を確認します。どのような形になっても鳥には見えるように、最低限つくる部品を確認するのです。その部品とは次の五つを指します。

●頭（目、口）
●首
●胴
●はね
●尾ばね

○では、いよいよ新種の鳥をつくってみましょう。
○まず、A４用紙一枚を目の前に置きます。色画用紙で本格的につくっていく前に、この紙で試しにつくってみることによって、新種の鳥づくりへの第一歩を踏み出すのです。
○初めに頭をつくります。丸い形、細長い形など、その形や大きさは自由です。つくろうとする形が思い浮かんだときには、それをつくり、思い浮かばないときには、とりあえず、または、思い切ってという気持ちで一つの形をつくって置いてみます。その形をじっと見ます。そして次に何をつけ加えればいいのかを考えます。思い浮かんだときにはそれをつくります。思い浮かばないときには口をつくります。
○目の前の形をじっと見ます。さらに何を加えればいいのかを考えます。先ほどと同じです。思い浮かんだときにはそれをつくります。思い浮かばないときには目をつくります。ちぎったりはさみで切ったりしたものを置いてもいいですし、鉛筆で描いてもかまいません。目の数は自由です。たとえば、一つ、または、二つというように。

新種の鳥が大空へ

—すてきな壁飾り—

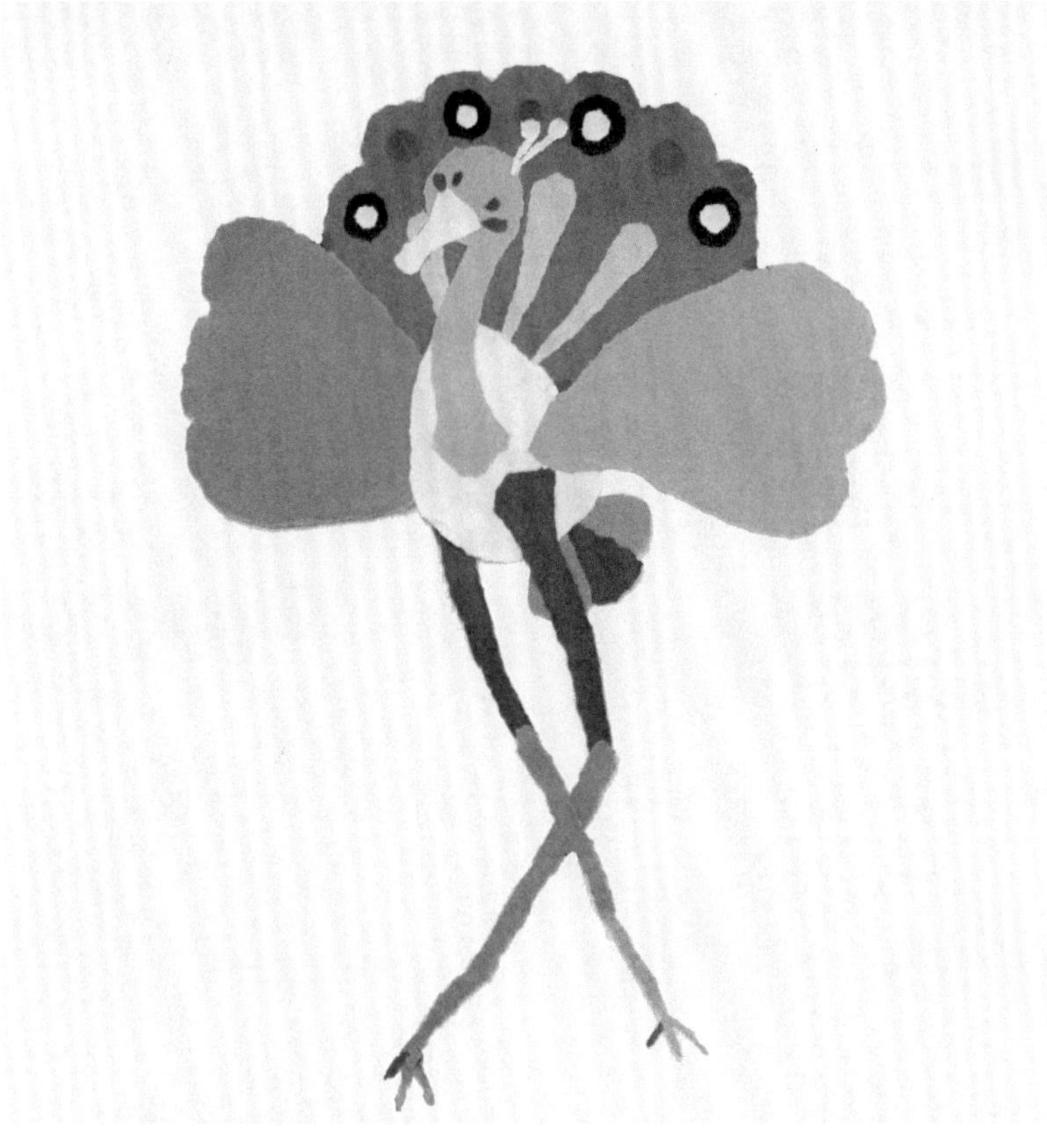

材料・用具

○A4用紙　○色画用紙（八つ切りの約1／2）　○はさみ　○糊
○セロハンテープ

1

図2　教材「新種の鳥が大空へ—すてきな壁飾り—」

授業過程

新種の鳥が大空へ。新種ですから，いろいろな鳥がいていいのです。ただし，翼を広げて飛んでいるところ，または，飛び立とうとしているところをつくります。

たとえば，次のような作品です。まず，翼を広げて飛んでいる作品。

次に，飛び立とうとしている作品。

方法は主に二つ。

一つは，ちぎってつくる方法。

もう一つは，はさみで切ってつくる方法です。

ちぎったりはさみで切ったりして一つの作品をつくることもできます。

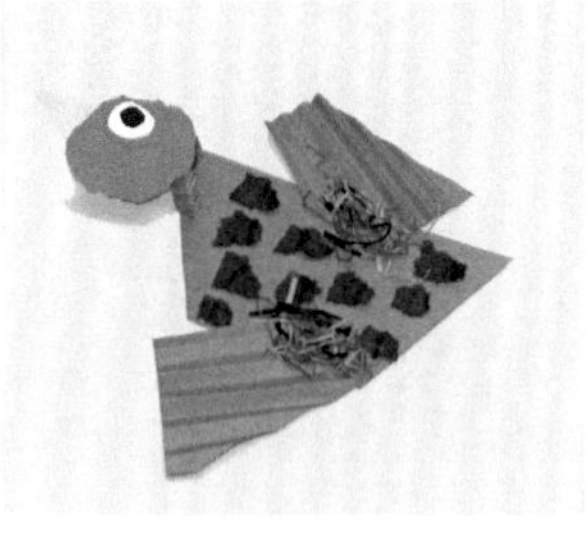

2

図２　教材「新種の鳥が大空へ―すてきな壁飾り―」

見る方向も様々です。

たとえば，横から。先に紹介した作品と同じです。

正面から見たようにつくることもできます。

鳥をつくるための条件を確認します。どのような形になっても鳥には見えるように，最低限つくる部品を確認するのです。その部品とは次の五つを指します。

頭（目，口）
首
胴
はね
尾ばね

では，いよいよ新種の鳥をつくってみましょう。

まず，A4用紙一枚を目の前に置きます。色画用紙で本格的につくっていく前に，この紙で試しにつくってみることによって，新種の鳥づくりへの第一歩を踏み出すのです。

初めに頭をつくります。

丸い形，細長い形など，その形や大きさは自由です。

つくろうとする形が思い浮かんだときには，それをつくり，思い浮かばないときには，とりあえず，または，思い切ってという気持ちで一つの形をつくって置いてみます。

3

図2　教材「新種の鳥が大空へ―すてきな壁飾り―」

その形をじっと見ます。そして次に何をつけ加えればいいのかを考えます。

思い浮かんだときにはそれをつくります。思い浮かばないときには口をつくります。

目の前の形をじっと見ます。

さらに何を加えればいいのかを考えます。先ほどと同じです。

思い浮かんだときにはそれをつくります。思い浮かばないときには目をつくります。

ちぎったりはさみで切ったりしたものを置いてもいいですし，鉛筆で描いてもかまいません。

目の数は自由です。たとえば，一つ，または，二つというように。

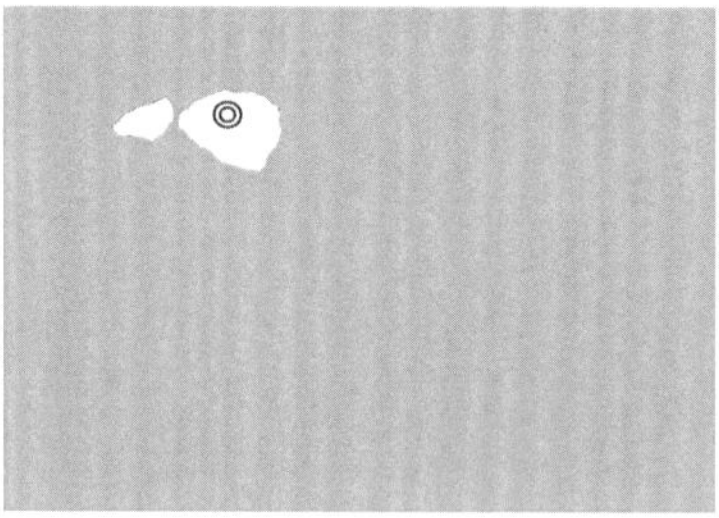

じっと見ます。

口や目の他に，必要なものがあれば，つけ加えます。

ここでは飾りをつけ加えました。

じっと見ます。

次は胴です。

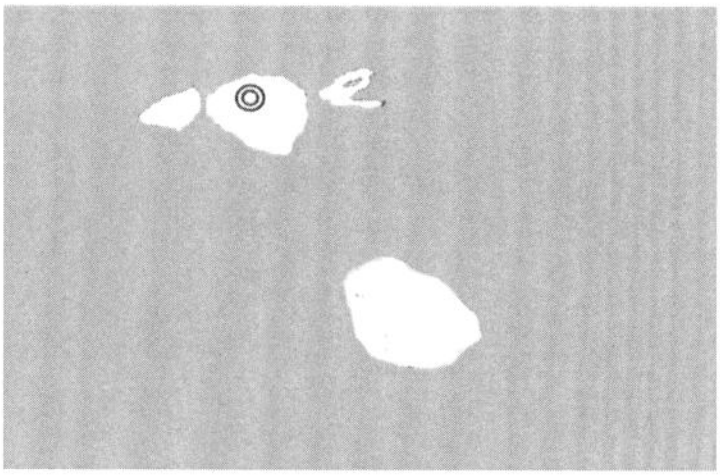

また，じっと見ます。

次は首です。

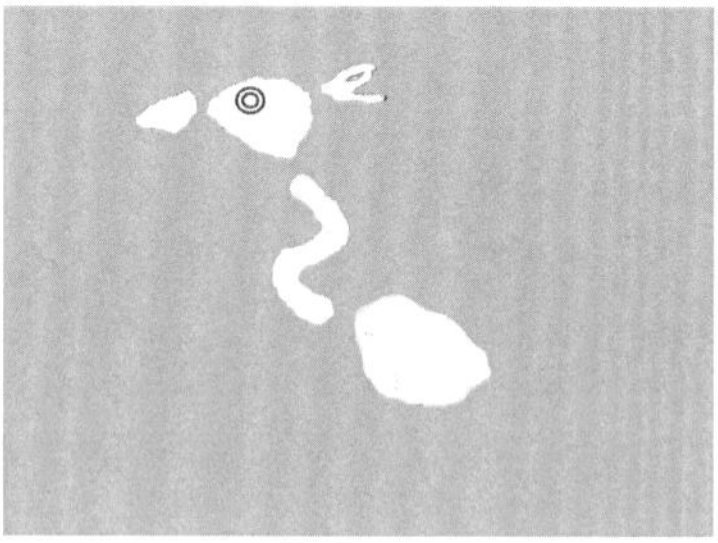

4

図２　教材「新種の鳥が大空へ──すてきな壁飾り──」

次ははねです。

つくろうとするはねのイメージがある場合にはそれをつくり，イメージがない場合には，「とりあえず」という気持ちで，はねをつくって置いてみます。

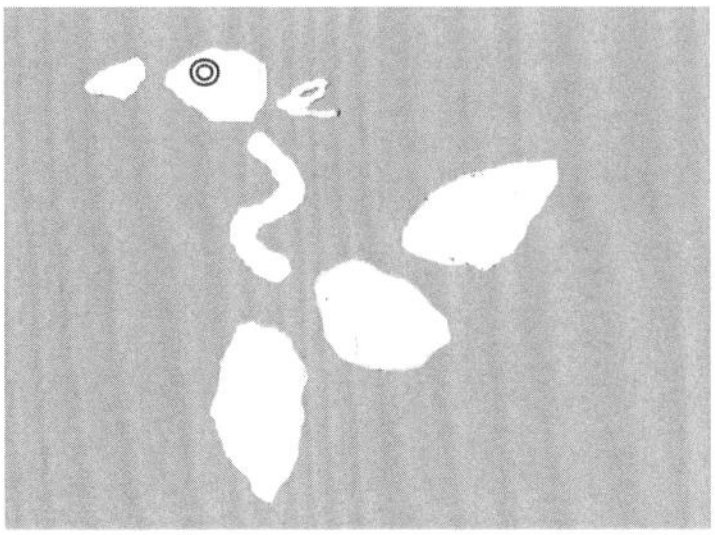

次は尾ばねです。

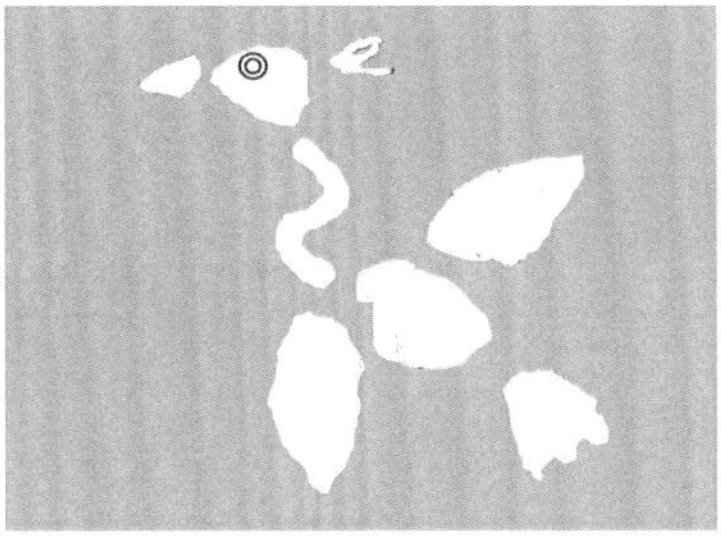

さらに必要なものがあれば，つけ加えます。たとえば，足や飾りなどというものです。
それぞれの部品は，動かしながら，一番よいと思うところへ配置します。

この段階では，おおよその鳥の形ができればよしとします。
それでは色画用紙で本格的につくっていきましょう。まず，頭をつくるための色画用紙を選びます。

色は自由です。
A4 用紙と同じように，ちぎる，またははさみで切るなどという方法でつくっていきます。

5

図2　教材「新種の鳥が大空へ──すてきな壁飾り──」

ここからは，先ほどの試作をもとに色画用紙でつくっていきます。

思い浮かんだときにはそれをつくり，思い浮かばないときには「とりあえず（思い切って）」という気持ちで一つの形をつくって置いてみます。そして，その形を見て次はどうすればいい

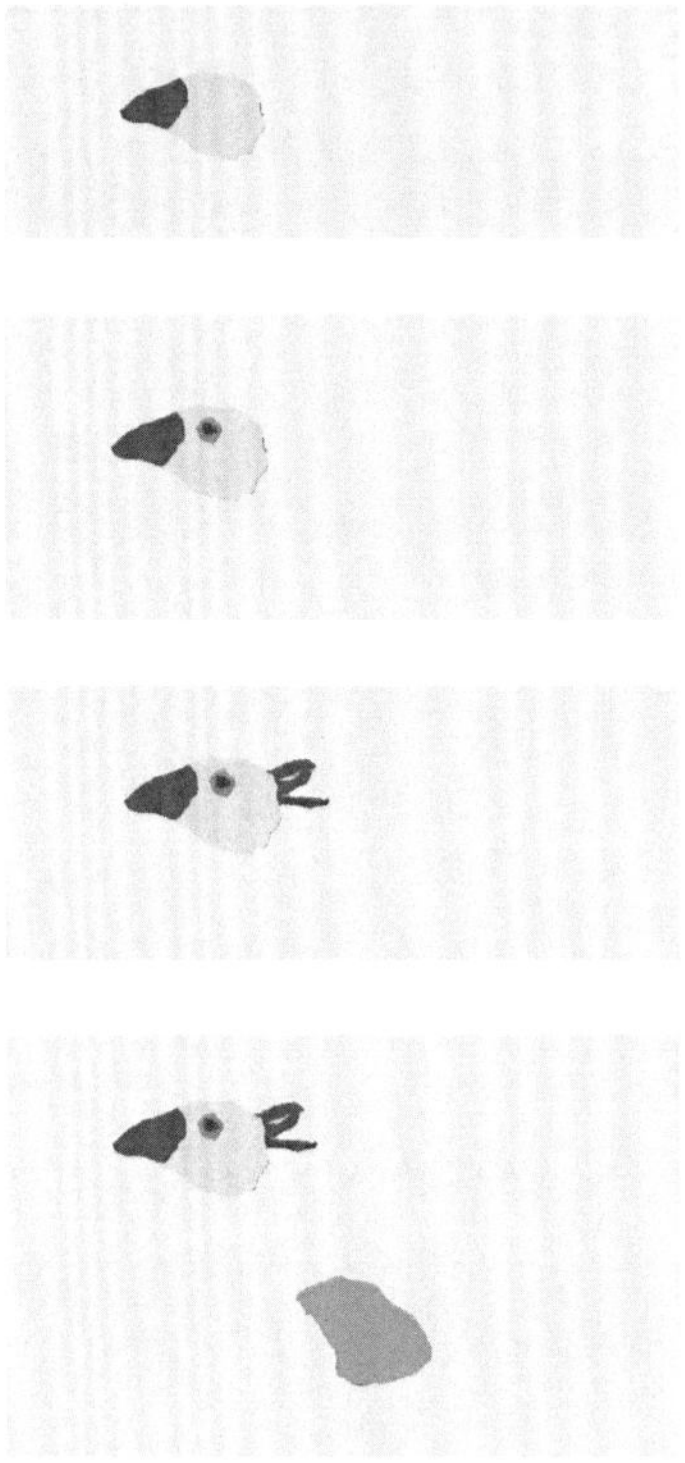

のかを考えるのです。
この繰り返しによって，つくろうとするものの形を明確にしていきます。

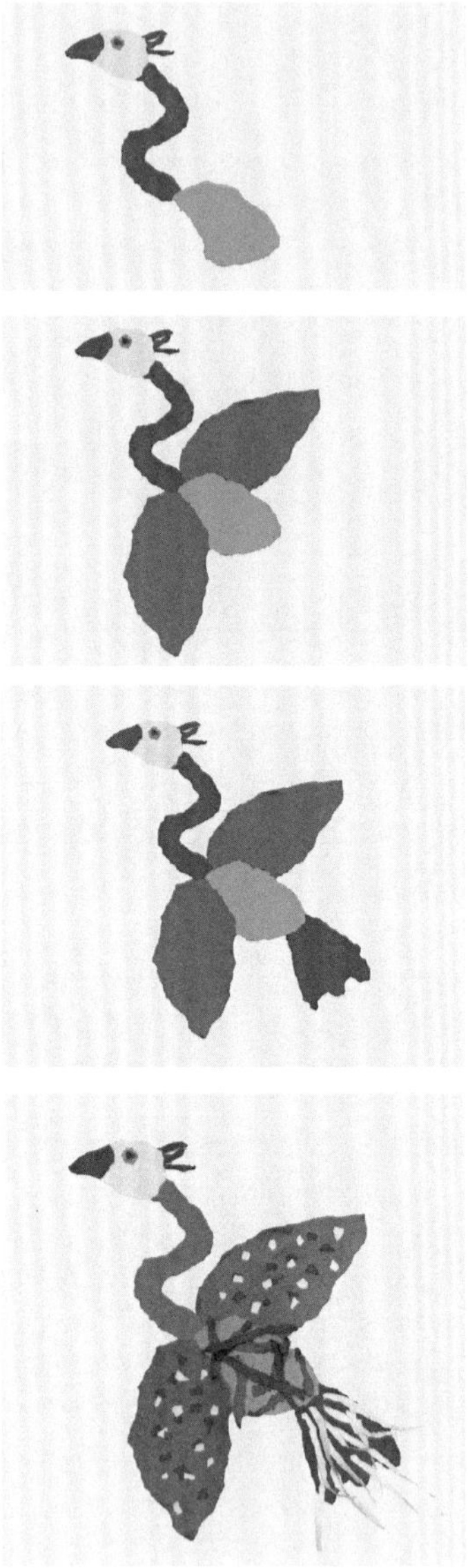

6

図２　教材「新種の鳥が大空へ――すてきな壁飾り――」

授業過程の構造図
⑧首をつくる
⑨羽をつくる
①小さな紙による試作
②色画用紙を選ぶ
⑩尾羽をつくる
③顔の土台をつくる
④口をつくる
⑪その他に必要なものがあれば，つけ加える
⑤目をつくる
⑥その他に必要なものがあれば，つけ加える
⑦胴をつくる
基本形からの発展
創作のプロセス
作品／鈴木啓太

7

図３　教材「新種の鳥が大空へ――すてきな壁飾り――」

発展形

8

図４　教材「新種の鳥が大空へ—すてきな壁飾り—」

発展形

作品／北海道教育大学学生，東京福祉大学学習センター学生，苫小牧市造形教育研究会参加の皆さん

9

図4　教材「新種の鳥が大空へ――すてきな壁飾り――」

○じっと見ます。口や目の他に、必要なものがあれば、つけ加えます。ここでは飾りをつけ加えました。じっと見ます。次は胴です。またじっと見ます。次は首です。次ははねです。つくろうとするはねのイメージがある場合にはそれをつくり、イメージがない場合には、「とりあえず」という気持ちで、はねをつくって置いてみます。
○次は尾ばねです。さらに必要なものがあれば、つけ加えます。たとえば、足や飾りなどというものです。それぞれの部品は、動かしながら、一番よいと思うところへ配置します。この段階では、おおよその鳥の形ができればよしとします。
○それでは色画用紙で本格的につくっていきましょう。まず、頭をつくるための色画用紙を選びます。色は自由です。A４用紙と同じように、ちぎる、またははさみで切るなどという方法でつくっていきます。
○ここからは、先ほどの試作をもとに色画用紙でつくっていきます。思い浮かんだときにはそれをつくり、思い浮かばないときには「とりあえず（思い切って）」という気持ちで一つの形をつくって置いてみます。そして、その形を見て次はどうすればいいのかを考えるのです。
○この繰り返しによって、つくろうとするものの形を明確にしていきます。

四．本教材における多様な発想

本教材での発想の事例を図４に掲載した。作品は、北海道教育大学学生、東京福祉大学札幌学習センター学生、苫小牧市造形教育研究会参加の方々が制作したものである[3)]。新種の鳥の向きは「横から」だけではない。「正面から」「上から」「斜めから」もある。形や色などの違いも含めれば、多様な発想を引き出す教材としての可能性は大きい。

第三節　教材「竜の舞――空中を飛びまわる竜をつくろう――」

一．材料・用具

○トイレットペーパー…シングル、ダブル（二枚重ねのもの）、どちらでもよい。ダブルであれば、一度に一つつくることができる。

○扇子（一〇〇円ショップで購入できる）

○Ａ４用紙三枚　　○セロハンテープ　　○ホッチキス　　○はさみ

二．創造モデルに基づく授業過程

㈠　参考作品を見てねらいを把握する。

㈡　Ａ４用紙三枚で横長の紙をつくる。

㈢　条件を確認する（竜に見えるために）。

㈣　おおよその位置と大きさがわかる程度の頭と尻尾を描く。

㈤　目（基本形／一つ目基本形、二つ目基本形など）、顔の輪郭、つの、髭、尻尾などを描く。

㈥　頭と尻尾をつなぐ。

㈦　足を描く。

㈧　他に必要な部品がある場合にはつけ加える。

㈨　折り重ねた紙（Ａ４用紙三枚をつないだもの）の間にトイレットペーパーをはさむ。

㈩　ずれないようにホッチキスでとめる。

(十一)　目の部分を半分に折る。

(十二) 折り目からはさみを入れて目の部分を切り取る。

(十三) 体全体を切り取る。

三．授業過程に関する指導者の言葉

薄紙でつくった「蝶」を扇子であおぐと、まるで本物の「蝶」が空中を舞っているかのように見える伝統芸がある。「竜の舞」では、その面白さを活かしながら次の二つを教材化への新たな観点とした。一つは、「蝶」を「竜」にかえて動きの変化を大きくしたこと。もう一つは、材料に身近なトイレットペーパーを選び、はさみでカットしやすくするためにコピー用紙などにはさんでから切り取るようにしたこと。

【指導者の言葉】

○A４用紙を三枚準備します。セロハンテープで横長に貼り合わせてください。そして、セロハンテープの部分を内側にして半分に折ります。

○竜に見えるための条件を確認します。共通につくる部品は次のとおりです（子どもの発言を整理しながら板書することもできる）。

○「頭・尻尾・細長い体・足」以外の部品は自由です。たとえば、口、たてがみ、背中の毛など。

●頭（目、つの、髭）

●尻尾（二つ目の頭を描いてもよい…双頭の竜）

●細長い体（幅は約２～３㎝。これより太くなると飛びにくくなる）

●足

○先ほど、半分に折った紙に、おおよその位置と大きさがわかる程度の頭と尻尾を鉛筆で薄く描きます。一つ目、二つ目など、目を描きます（基本形）。この段階からは、鉛筆で濃く描くようにします。顔の輪郭を描きます。つのを描きます。そして、髭を描きます。その他に必要な部品があるときには付け加えます。尻尾を描きます。頭と尻尾をつなぎます。足を描きます。その他に必要な部品があるときには付け加えます。

○折り重ねた紙の間にトイレットペーパーをはさみます。ずれないようにホッチキスでとめます。

○目の部分を半分に折ります。折り目からはさみを入れて目の部分を切り取ります。体全体を切り取ります。

●制作のポイントは四つある。①頭と尻尾は鉛筆で薄く描く（位置と大きさを決める段階で）。②多様な発想を生み出すための出発点（基本形）は、一つ目基本形、二つ目基本形など。③目を描く段階以降は鉛筆で濃く描く。④小さなステップを積み重ねる。

●遊び方…トイレットペーパーでつくった竜を手にのせ、ほぼ真下から扇子であおぐ。からみあったときには強くあおいでほぐす。滞空時間、扇子であおぎながら移動した距離・リレーによる速さを競って遊ぶこともできる。

●トイレットペーパーでつくったものは遊び用として、A４用紙（三枚つないだもの）のものは展示用として使用。なお、二枚重ねのトイレットペーパーでつくった場合は、一枚と一枚に分けてから遊ぶようにする。

四．本教材における多様な発想

図7での授業過程の構造図には、これまで述べてきた制作手順に基づいての作品を掲載した。空中で飛びやすくするためには、幅が約２cmの細長い体にしなければならないという制約があるにもかかわらず、様々な形の顔や尻尾をもつ竜が生み出された。たとえば、横から見た顔、上から見た顔、とがった尻尾、さらには下に伸びた髭、上に伸びた髭などというものである。

そのような多様性を引き出すもとになったポイントはいくつかあるが、多様な発想を生み出すもとになったものは先に提示した一つ目基本形や二つ目基本形などの目にかかわる基本形である。**図7**には、そうした基本形からどのように発展していったのかを「顔」に焦点をあてて示した。

では、なぜ「目」を基本形としたのか。理由は三つある。第一は、本格的に描き出す際の出発点を目としたからである。目のまわりにある細い線は、おおよその顔の位置と大きさがわかるように目を描く前に鉛筆で描いたものである。

第二は、竜に見えるための最低限の条件として、目を共通に描く部品の一つにしたからである。最低限の条件とは、「目、顔の輪郭、つの、髭、尻尾、細長い体（幅は2〜3㎝）、足は共通に描く」という内容を指している。ただし、形は自由。また、口やたてがみなど、その他の部品も自由とした。

第三は、目を一つにするか、二つにするかというように、目の数によって、その後の顔の向きや体全体の様子が変わってくるからである。顔とともに竜の体全体も、こうした基本形と関係づけて見ることができるように竜全体にかかわる発想の事例を**図7**に提示した。

本教材の発展としては、竜に限らず、空中を飛びまわる動きから何ができるかを考えて制作することもできる。

なお、「創造モデル」の具体化にあたっては、これまでの教材開発に関する継続研究の成果を活かし、次の八つのポイントを踏まえた。

第一は「参考例の取り外し」。いつまでも参考例を提示しておくと、それにしばられて発想が固定されがちになる。

第二は「部品の制作と配置」。基本形から部品を配置し、その形から次に必要な部品を連想する。この連続によってつくろうとするものの形を明確にしていく。

第三は「基本的技術の指導」。「切る」、「貼る」、「折る」、「曲げる」などの技術指導をしっかり行う。

第四は「制作条件の確認」。「オニに見えるための条件は何か」、「凧として空に揚がるための条件は何か」というように成功するための条件を事前に示す。

第五は「小さなステップの積み重ね」。「集中しやすい」、「小さなねらいの達成が制作全体の成就感に結びつく」、「制作への不安をやわらげる」などの利点がある。

第六は「視点の変化」。「逆さまにする」、「裏返しにする」というように見方を変えてみる。

第七は「小さな紙による試作」。短時間で様々な形ができる。それらの中からいいものを選び本格的につくっていく。

第八は「教師の実演」。子どもの制作に対する不安を和らげるとともにつくろうとする意欲を高める。また、創作のプロセスや基本的な技術が伝わりやすくなる。


以上、本章では「創造モデル」に基づく二つの工作教材を提起した。「創造モデル」の設定にあたっては次の三つの条件を踏まえている。第一は「多様な発想を生み出す」。第二は「様々な教材に活用できる」。第三は「シンプル（誰でも活用できるように）」。そしてその構造としては二つの軸を基本とした。一つは「基本形から発展形へ」という縦軸。もう一つは「発想から形へ、そして形から発想へ（双方向共存）」という横軸。つくろうとするものが思い浮かんだときにはそれをつくり（発想から形へ）、思い浮かばないときには、とりあえず（思い切って）、一つの形をつくり、それを見て次を考える（形から発想へ）というものである。

こうした「創造モデル」に基づいて授業過程を検討する際には次の八つのポイントに基づいて検討した。「①参考例の取り外し」、「②部品の制作と配置」、「③基本的技術の指導」、「④制作条件の確認」、「⑤小さなステップの積み重ね」、「⑥視点の変化」、「⑦小さな紙による試作（ためしづくり）」、「⑧教師の実演」。

竜の舞

—空中を飛びまわる竜をつくろう—

材料・用具

○トイレットペーパー　○扇子（100円ショップで購入できる）　○A4用紙3枚　○セロハンテープ　○ホッチキス　○はさみ

授業過程

薄紙でつくった「蝶」を扇子であおぐと，まるで本物の「蝶」が空中を舞っているかのように見える伝統芸があります。「竜の舞」では，その面白さを活かしながら次の二つを教材化への新たな観点としました。

一つは，「蝶」を「竜」にかえて動きの変化を大きくしたこと。もう一つは，材料に身近なトイレットペーパーを選び，はさみでカットしやすくするためにコピー用紙などにはさんでから切り取るようにしたこと。

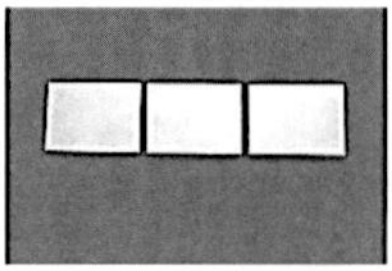

A4用紙を3枚準備します。

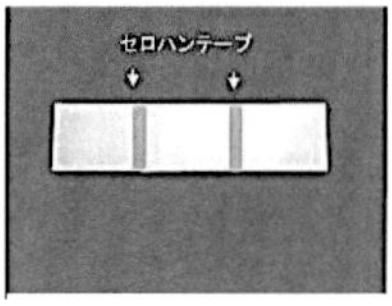

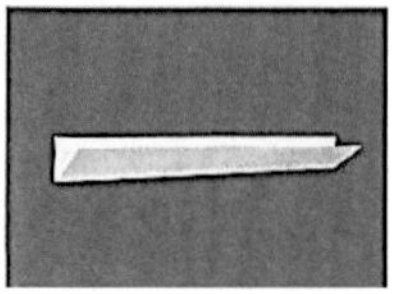

セロハンテープで横長に貼り合わせてください。そして，セロハンテープの部分を内側にして半分に折ります。

【条件】
■頭（目，つの，髭）
■尻尾（二つ目の頭を描いてもよい…双頭の竜）
■細長い体（幅は約2〜3㎝。これより太くなると飛びにくくなる）
■足

竜に見えるための条件を確認します。

上記以外の部品は自由です。たとえば，口，たてがみ，背中の毛など。

おおよその位置と大きさがわかる程度の頭と尻尾を鉛筆で薄く描きます。

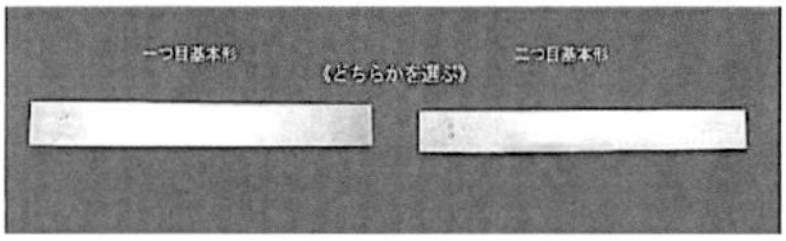

一つ目，二つ目など，目を描きます（基本形）。この段階からは，鉛筆で濃く描くようにします。

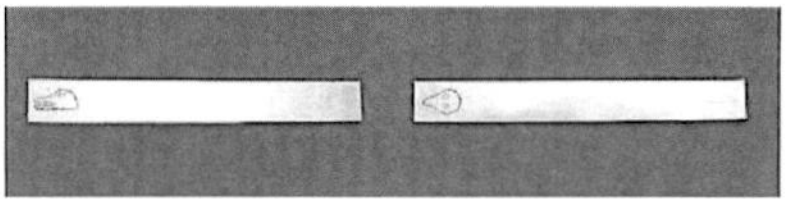

頭の輪郭を描きます。

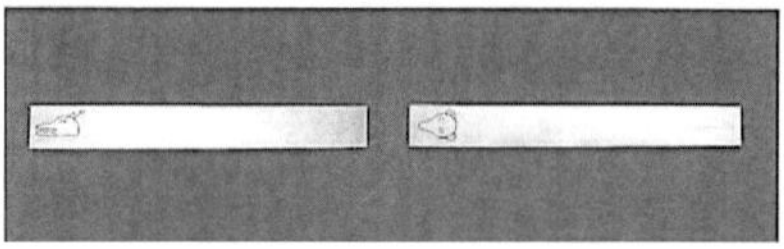

つのを描きます。

髭を描きます。その他に必要な部品があるときには付け加えます。

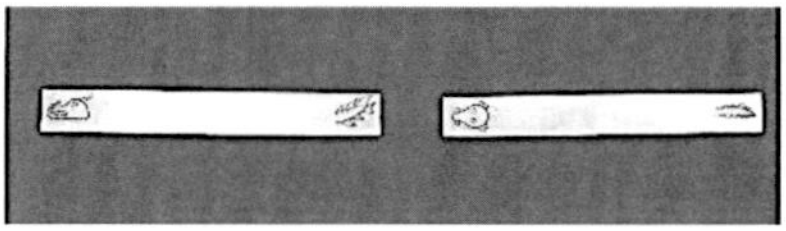

尻尾を描きます。

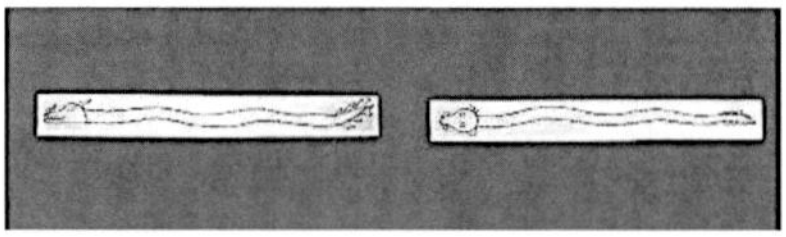

頭と尻尾をつなぎます。

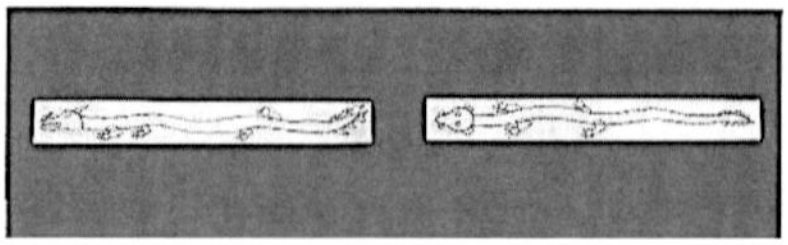

足を描きます。

図5　教材「竜の舞―空中を飛びまわる竜をつくろう―」その1

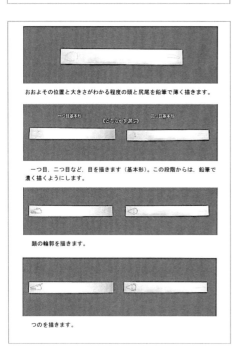

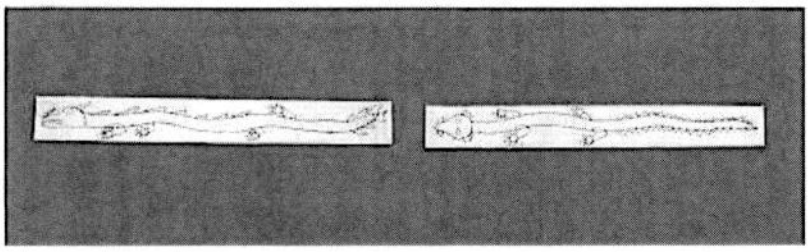

その他に必要な部品がある場合にはつけ加えます。

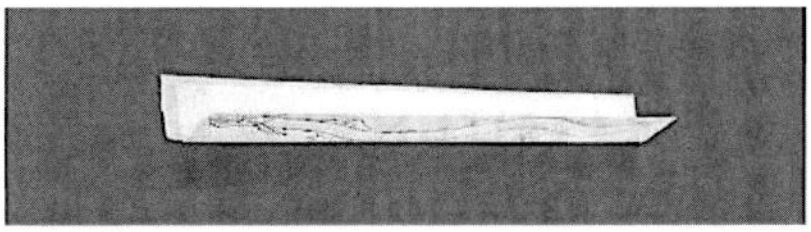

折り重ねた紙の間にトイレットペーパーをはさみます。

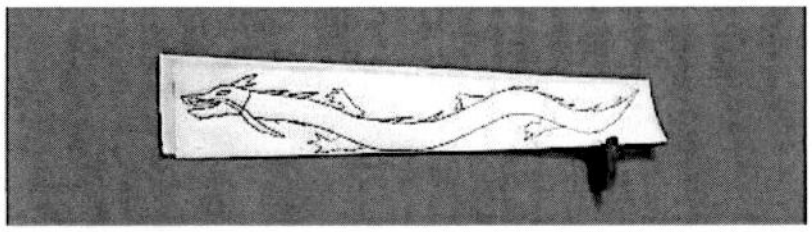

ずれないようにホッチキスでとめます。

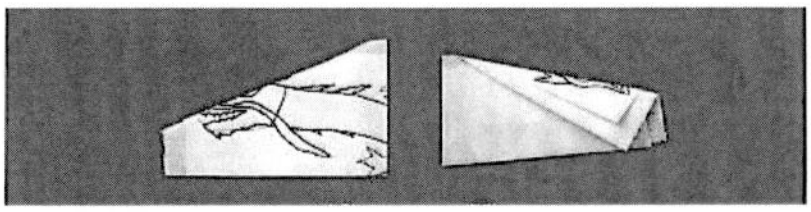

目の部分を半分に折ります。

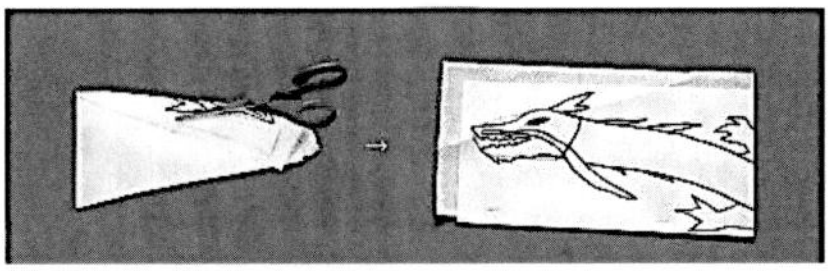

折り目からはさみを入れて目の部分を切り取ります。

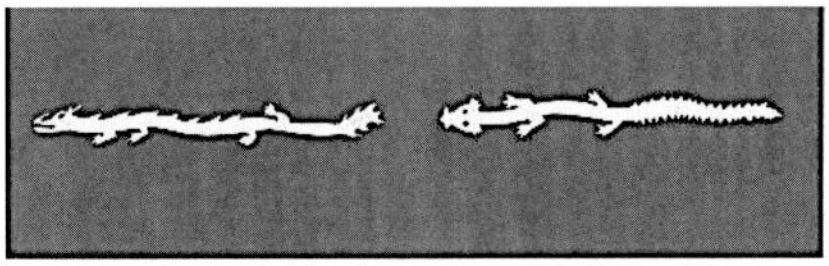

体全体を切り取ります。

※　制作のポイントは以下の四つ。
①頭と尻尾は鉛筆で薄く描く（位置と大きさを決める段階で）。
②多様な発想を生み出すための出発点（基本形）は，一つ目基本形，二つ目基本形など。
③目を描く段階以降は鉛筆で濃く描く。
④小さなステップを積み重ねる。

遊び方

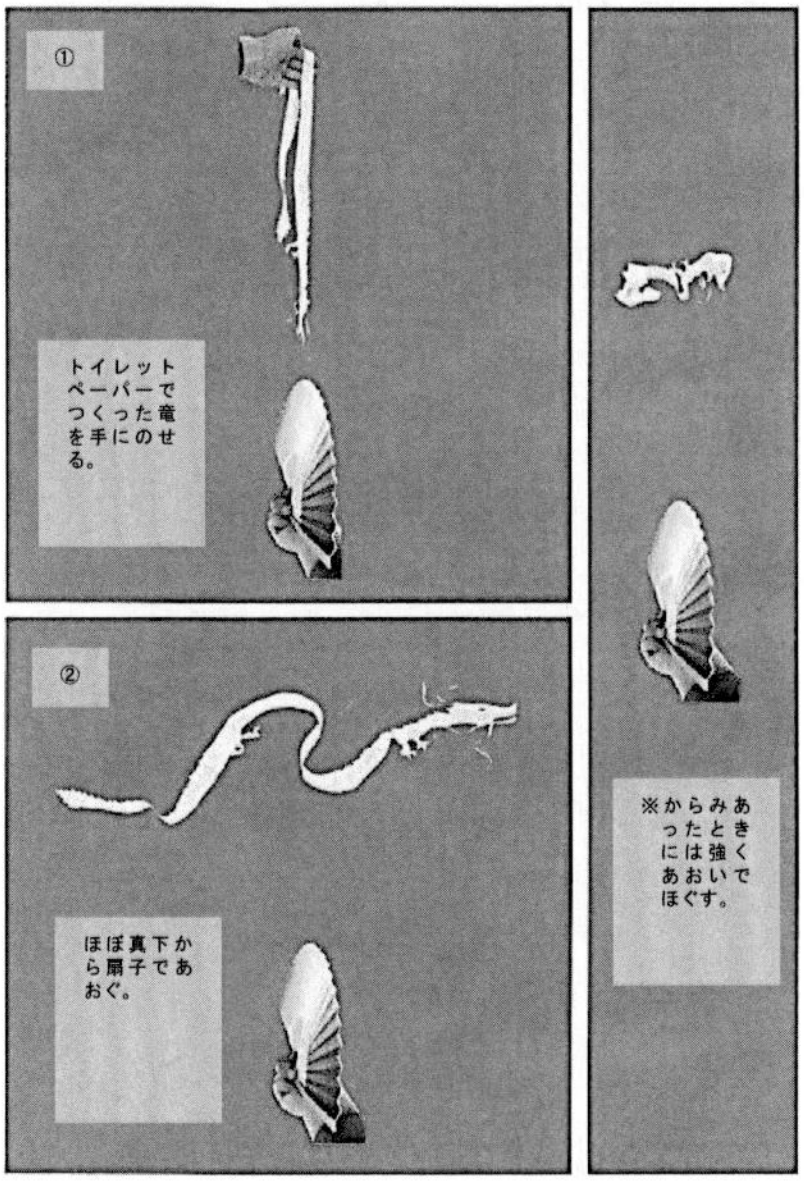
①
トイレットペーパーでつくった竜を手にのせる。
②
ほぼ真下から扇子であおぐ。
※からみあったときには強くあおいでほぐす。

■遊び方
①トイレットペーパーでつくった竜を手にのせる。
②ほぼ真下から扇子であおぐ。
※からみあったときには強くあおいでほぐす。
※滞空時間，扇子であおぎながら移動した距離・リレーによる速さを競って遊ぶこともできる。

○トイレットペーパーでつくったものは遊び用として，A4 用紙（3 枚つないだもの）のものは展示用として使用。なお，2 枚重ねのトイレットペーパーでつくった場合は，1 枚と 1 枚に分けてから遊ぶようにする。

授業過程の構造図には，これまで述べてきた制作手順に基づいての作品を掲載した。空中で飛びやすくするためには，幅が約 2 ㎝の細長い体にしなければならないという制約があるにもかかわらず，様々な形の顔や尻尾をもつ竜が生み出された。たとえば，横から見た顔，上から見た顔，とがった尻尾，さらには下に伸びた髭，上に伸びた髭などというものである。

そのような多様性を引き出すもとになったポイントはいくつかあるが，多様な発想を生み出すもとになったものは先に提示した一つ目基本形や二つ目基本形などの目にかかわる基本形である。

なぜ「目」を基本形としたのか。理由は三つある。

第一は，本格的に描き出す際の出発点を目としたからである。目のまわりにある細い線は，おおよその顔の位置と大きさがわかるように目を描く前に鉛筆で描いたものである。

第二は，竜に見えるための最低限の条件として，目を共通に描く部品の一つにしたからである。最低限の条件とは，「目，顔の輪郭，つの，髭，尻尾，細長い体（幅は 2～3 ㎝），足は共通に描く」という内容を指している。ただし，形は自由。また，口やたてがみなど，その他の部品も自由とした。

第三は，目を一つにするか，二つにするかというように，目の数によって，その後の顔の向きや体全体の様子が変わってくるからである。

発　展

竜に限らず，空中を飛びまわる動きから何ができるかを考えて制作することもできる。

図６　教材「竜の舞──空中を飛びまわる竜をつくろう──」その２

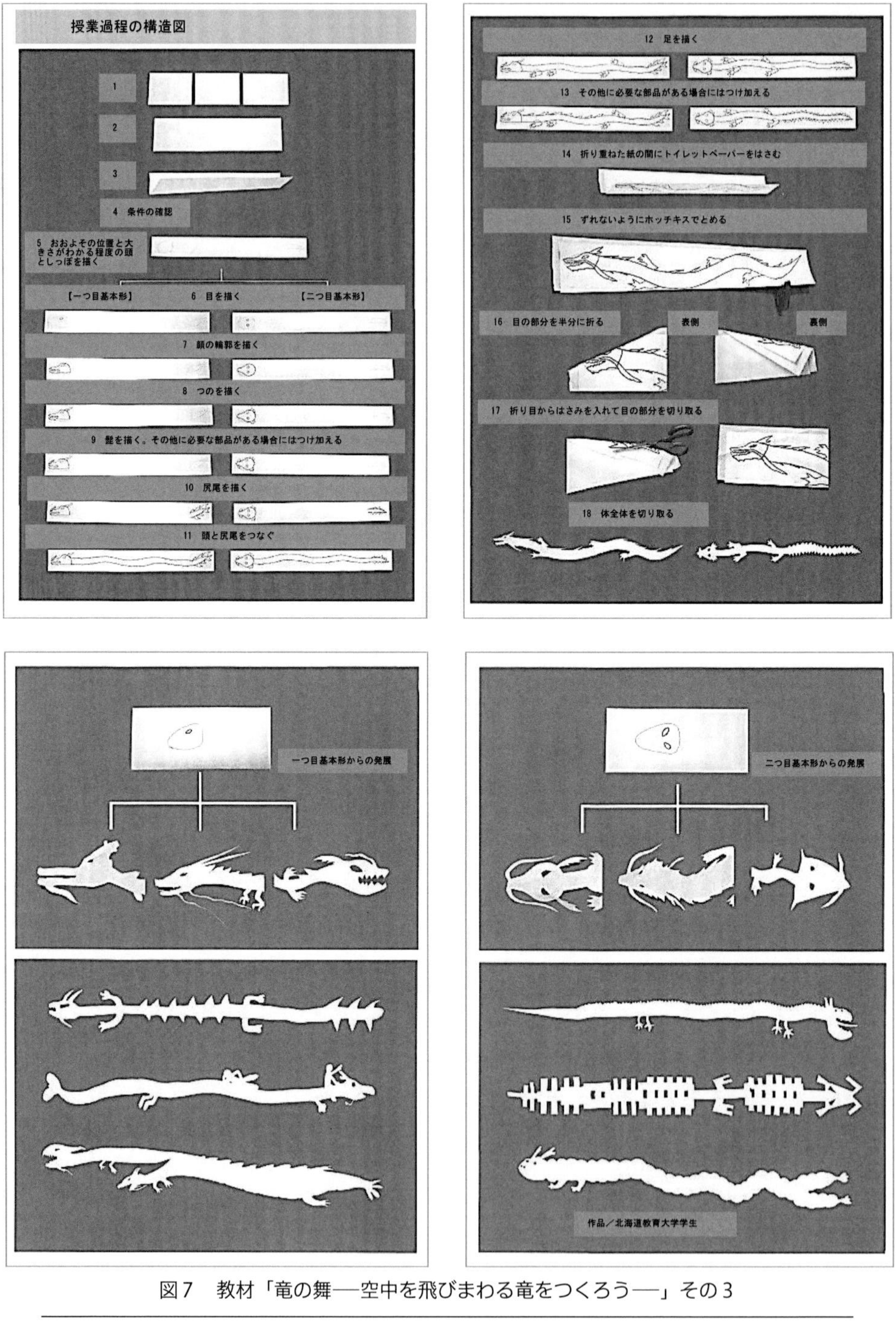

図7　教材「竜の舞──空中を飛びまわる竜をつくろう──」その3

本章で提起した工作教材は二つである。一つは「新種の鳥が大空へ――すてきな壁飾り――」。翼を広げて飛んでいるところ、または、飛び立とうとしているところをつくろうとするものである。新種であるから、いろいろな鳥を発想することができる。

もう一つは「竜の舞――空中を飛びまわる竜をつくろう――」。「蝶」を扇子であおぐと本物の「蝶」が舞っているように見える日本の伝統芸を生かして設定した教材である。主な材料はトイレットペーパー。そのままではさみで様々な形をつくりにくいが、Ａ４用紙等にはさんで切ることによって多様な形（細かい部分も含めて）をつくりだせるようにした。つくって遊ぶことができる教材である。

第三部の第二章から第六章まで、授業過程の構造図や教材開発に関する事例を示してきた。これらは、第一章で提起した「創造モデル」の背景にある教育実践として掲載したものである。

第一章の「創造モデル」では、学校だけではなく、子どもの「生活」全体という視点も提起した。教材「見たこともないような顔」（第四章、材料はＡ４用紙）や教材「竜の舞」（第六章、材料はトイレットペーパー）での材料は、日常生活に身近なものであり、家庭での「創造モデル」の活用を可能にする教材でもある。

〈第三部・第六章　註〉

1　平成二三年度（二〇一一年度）挑戦的萌芽研究／研究計画書における「研究の斬新性・チャレンジ性」に関しては次のように記した。「少ない材料で多様な発想を引き出すことができる工作教材の開発は『日本発のものづくり教育論の構築』へ向かうものである。そのために次の三点に着目した。第一は『少ない材料』。前述したように少ない材料への着目は『限りある資源の有効活用』という世界的な課題の解決へ向けた取り組みの一つになるからである。そしてさらに少ない材料（必要最小限の材料）への着目は日本の伝統文化をモデルとすることができるからでもある。たとえば、一枚の紙から鶴や兜など様々な形を生み出してきた日本の伝統的な造形である『折り紙』はその象徴ともいえる。また、各地の張り子や和紙などの伝統的なものづくりの背景には自然の恵みに感謝し自然を壊さないように必要最小限の材料を採取しその特性を最大限に生かすという心と技が受け継がれてきている。第二は『創作のプロセス』。少ない材料から多様な発想を引き出すためにはどうすればいいのか、その手立ての提起である。このことに関する先行研究には大橋皓也氏（上越教育大学名誉教授）の『創作おりがみ』（美術出版社、一九七七）がある。そのなかで大橋氏は一枚の紙から多様な発想を引き出すための手立てとして、発想のおおもとになる『基本形』と基本形からの発展プロセスとしての『オリガミツリー』を提起している。本研究ではそうした考え方に学びながら、折り紙以外の工作教材でも活用できる創作プロセスを提案するものである。〈中略〉第三は『他への応用』。一枚の紙から多様な発想を引き出す『創作おりがみ』の考え方と手立てが、本研究における工作教材での発想方法へ発展したように、今回の工作教材における創作プロセスは『絵に表わす活動』や『粘土で表す活動』などへも応用が可能であるということを示したい。」

2　「教材の試作」「構造の検討」「言葉の吟味」に関する詳細は、佐藤昌彦「四章：授業の前にすべきことは何か」「五章：子どもたちが〈自らの表現〉を生み出す授業づくり」『子どもの心に語りかける表現教育』（鈴木幹雄・長谷川哲哉編著、あいり出版、二〇一二）に記載した。

3　北海道教育大学学生は「授業研究の基礎」で制作。東京福祉大学札幌学習センター学生は「図画工作Ⅰ」での作品である。苫小牧市造形教育研究会は、毎年、苫小牧市内の小学校を会場に開催されている。

※　「第六章」は、佐藤昌彦「創造モデルに基づく工作教材の開発と試行――少ない材料で多様な発想を生み出すために――」『北海道教育大学紀要教育科学』（第六三巻・第一号、北海道教育大学、二〇一二）に基づいた。掲載にあたっては加筆・修正を行っている。

終章

本論文は、これまでものづくり教育を担当してきた者の一人として、そして二〇一一（平成二三）年三月、福島での原発事故を体験した一人として、さらにはものにかかわる悲惨な事故を二度と繰り返すことのないように今後のものづくり教育に「責任」をもつ一人として、端的に言えば、自らの「責任」として、次世代ものづくり教育の「指針」、「規範」、「創造モデル」について考察したものである。その成果と課題を以下に記した。

第一節　成果

一．次世代ものづくり教育の「指針」

創造面や技術面とともに「責任」という倫理面をも一層重視するために、ものづくりの根底に「責任」を位置付けた（**図1**）。この「責任」は、第一部・第一章で述べたように、「未来に対する責任」と「過去に対する責任」を踏まえたものである。「責任」を考える際のキーワードとしては次の三つを取り上げた。

第一は「生命」。つくろうとするものは生命にどのような影響を与えるのか。生命は人間の生命だけではなく、植物や動物など、すべての生命を指す。第二は「自然」。福島原発周辺の自然環境は、大量の放射性物質によって汚染され、帰還困難区域・居住制限区域・避難指示解除準備区域に再編された。生きる場を失ったのである。人間は自然の一部。自然に支えられてこそ生きることができる。地震や津波という人間の力の及ばない自然への畏怖、そして人間が生き

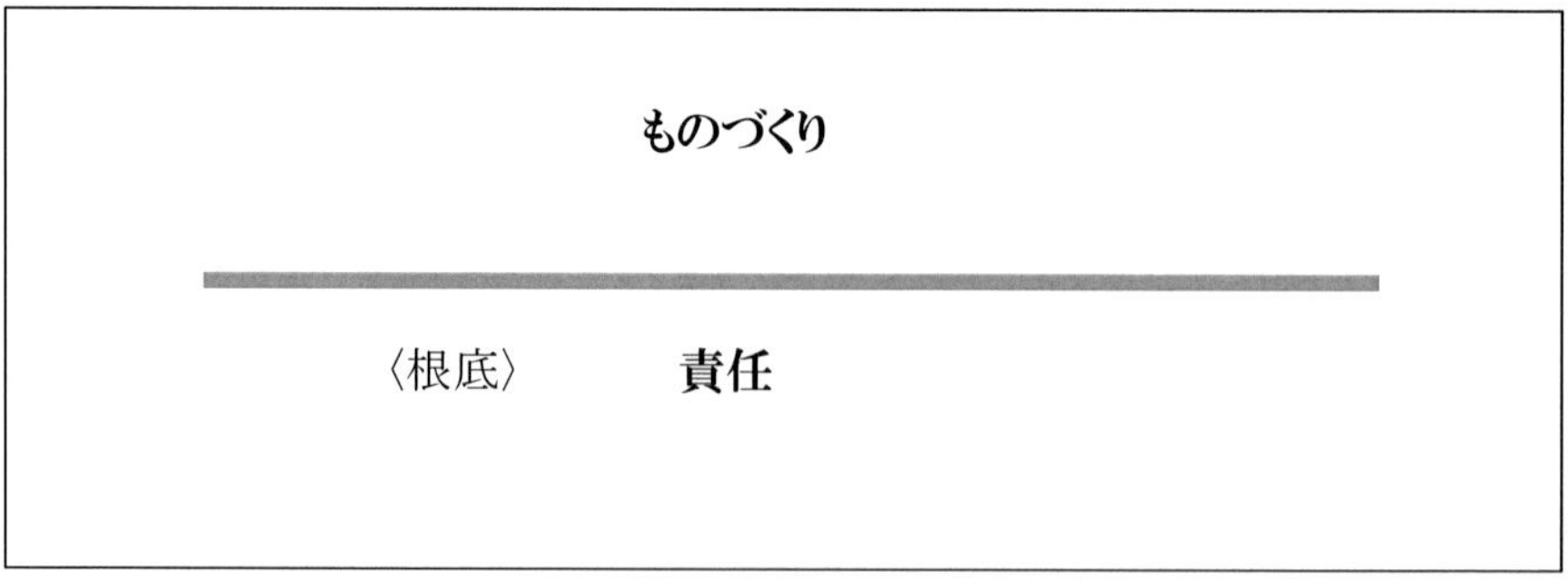

図1　次世代ものづくり教育の「指針」

る上で必要な自然の恵みへの感謝。そうした自然への畏敬は、ものづくりの教育を考える上で欠かすことのできない視点である。第三は「身体」。自然に逆らっていないか、自然に無理をかけていないか、自然の理にかなっているか。これらを自らの手や身体で実感として学ぶことを重視したい。

二．次世代ものづくり教育の「規範」

材料を通して自然に対する認識を深め得るものづくり教育の「規範」となる一例として、本論文ではアイヌの人々の伝統的なものづくりを取り上げた。人間は自然の一部であるとともに、たくさんの自然の恵みによって生かされている存在であるという考え方がアイヌの人々の伝統的なものづくりの背景にある（図2）。

たとえば、ヤㇻスという樹皮の鍋をつくる際には、材料を採取する際に「ヤㇻスをつくるために材料を少しいただきます」と感謝の言葉を述べ、木が枯れてしまうことのないように、全体の三分の一以下だけの樹皮を採取する。製作過程においては、丈夫な鍋ができるように樹皮の皮目と平行に折り曲げながら容器の形をつくっていく[1]。自然への感謝は、ものや人間に対する感謝へもつながっている。「自然に感謝、ものに感謝、人に感謝」という言葉は、アイヌの人々の伝統的なものづくりの背景にある心を象徴したものである。

「規範」に関する根拠には、アイヌの人々の伝統的なものづくりである

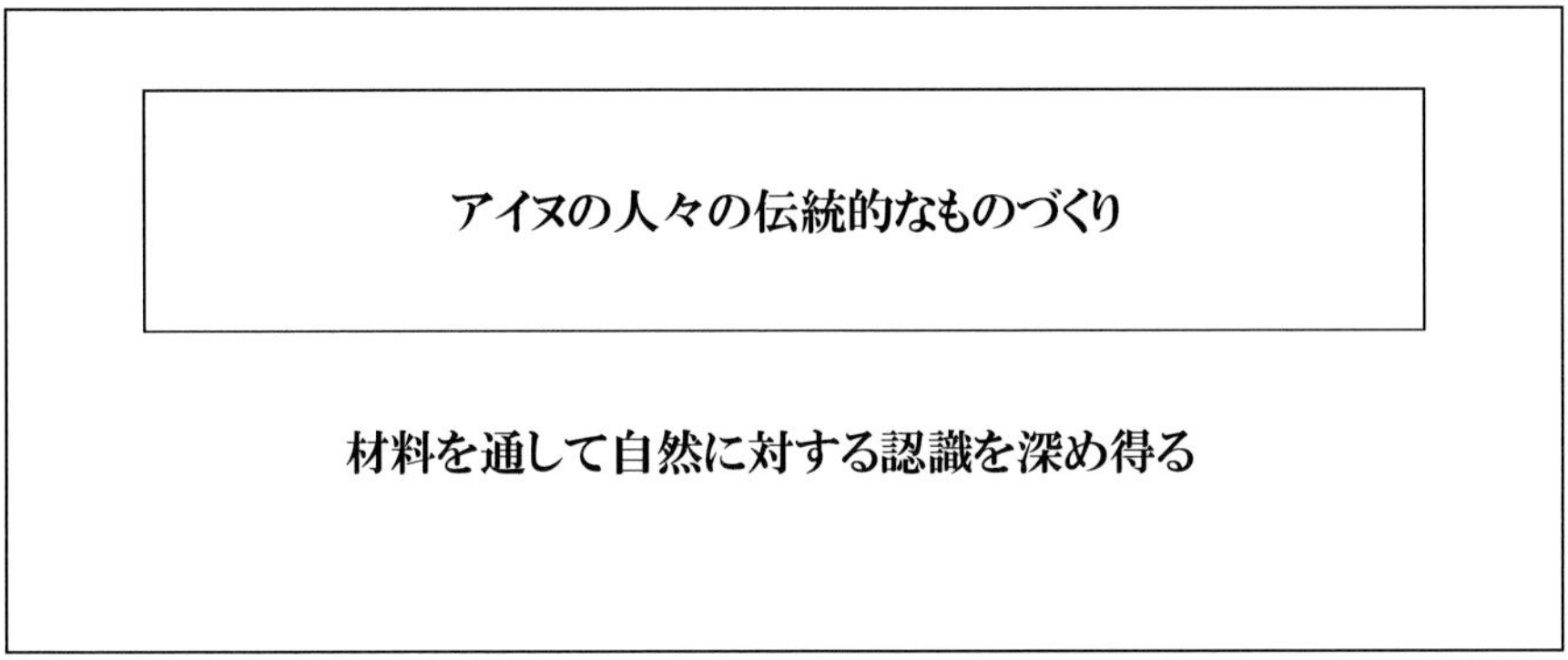
アイヌの人々の伝統的なものづくり
材料を通して自然に対する認識を深め得る

図2　次世代ものづくり教育の「規範」

「ムックリ（口琴）」、「ヤラス（樹皮の鍋）」、「ドウムシコッパスイ（木鈴つきの箸）」を取り上げた。これらについては筆者自身がアイヌの方々に直接指導を受けた。ヤラス（樹皮の鍋）については杉村 満氏（旭川市在住）と一緒に山に入り樹皮の採取の仕方から完成まで指導を受けた。ムックリ（口琴：アイヌの人々の伝統的な楽器）の製作プロセスは、製作・演奏の第一人者である鈴木紀美代氏（釧路市在住）に指導を受けた。ドウムシコッパスイ（木鈴つきの箸）については、杉村 満氏と佐々木恵美子氏（旭川市在住）に指導を受けた。

三．次世代ものづくり教育の「創造モデル」

自然との関係を重視しながら、無限の可能性を生み出すための「創造モデル」のポイントを四つ示した。第一は「基本形から発展形へ」。多様な発想を生み出すためのおおもとになる形を基本形とした。形は、色、質、動き、音などという言葉と置き換えることもできる。発展形は基本形から生み出された様々な形を意味する。第二は「発想から形へ、そして形から発想へ」（双方向共存のプロセス）。つくろうとするものが思い浮かんだ時には、「発想から形へ」という方向で。思い浮かばない場合は「形から発想へ」という逆の方向で。頭の中で考えても思い浮かんでこない場合は、とりあえず、一つの形を目の前につくって置いてみて、その形から次に必要な部品を考える。第三は「価値観の形成」。表現と鑑賞、価値観の形成がその中心軸になる。そうした教科の構造を創造モデルでも踏まえた。複数の発想が思い浮かんだ際の最終的な判断は自らの価値観が拠り所になるからである。第四は「責任」。創造モデルの基盤に据えた。材料は自然の恵み。自然に負担をかけないように、有り余るほどの材料ではなく、少ない材料で（必要とする分だけの材料で）無限の可能性を生み出すという体験を大切にした（**図3**）。また、「生活」という言葉もキーワードとした。ものづくりに「責任」をもつ人間として成熟していくためには、子どもの頃から学校・家庭・社会という「生活」全体の中で一つ一つの実践に活用できるような汎用性の高い「創造モデル」を提示する必要があると考えたからである。

「創造モデル」に関する根拠には、筆者がこれまでに行ってきた四つの視点にかかわる教育実践を示した。第一は、授業過程の構造図と基本的作成プロセスの開発（第二章）。第二は、授業過程の構造図と基本的作成プロセスに関する試行（第三章）、第三は、教材開発に関する基本的プロセスの開発（第四章）、第四は、教材開発の基本的プロセスに関する試行（第五章）、第五は、「創造モデル」に基づく教材開発（第六章）。第一章で示した「創造

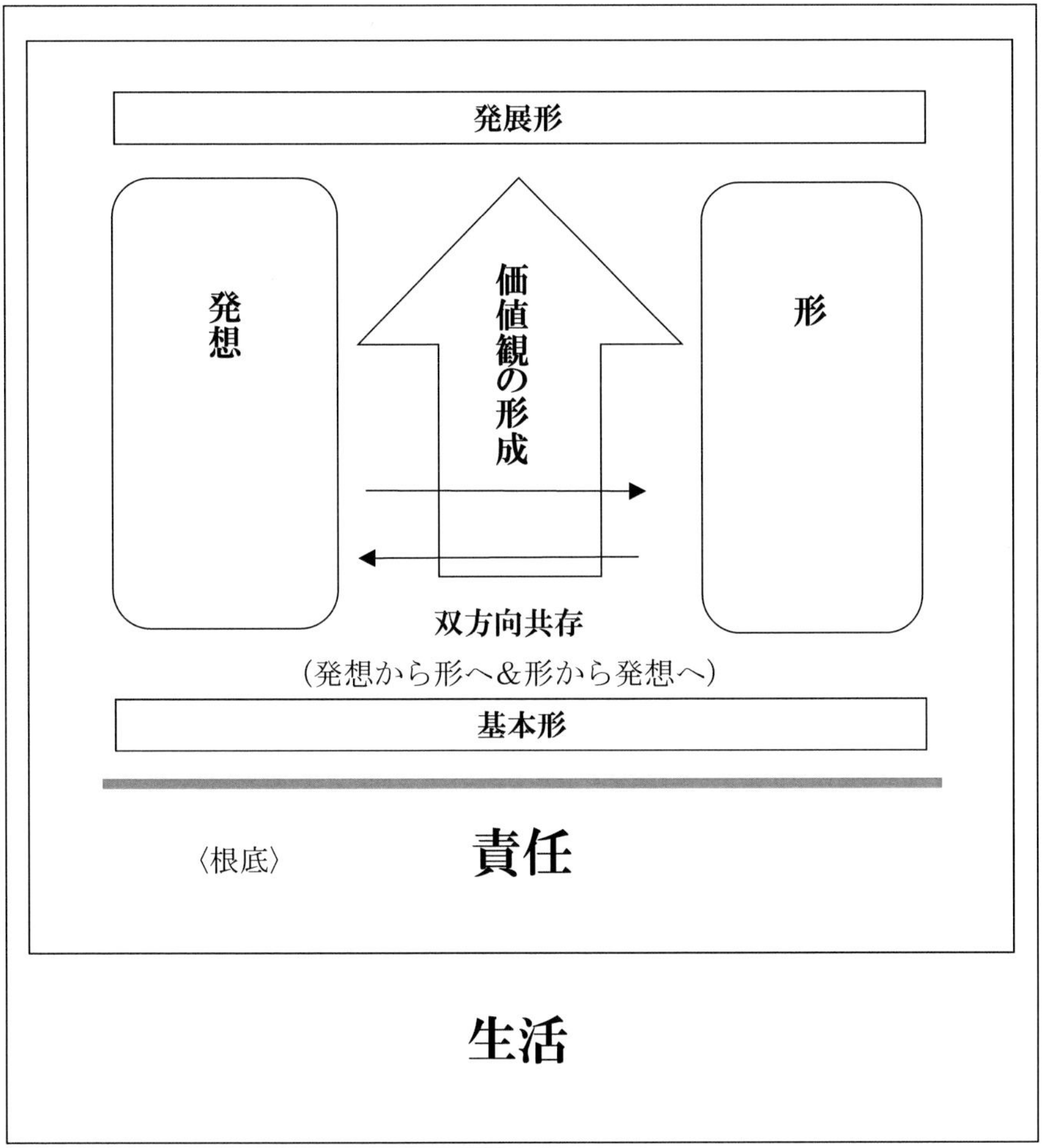

図3　次世代ものづくり教育の「創造モデル」—双方向共存—

モデル」へつながる考え方とその考え方に基づいて試行した教材開発の事例について述べた。

なお、「特殊こそ普遍」（特殊な問題こそ普遍的な問題である）は、「序章」の冒頭でも述べたように、研究の要となるキーワードである。東京電力福島第一原子力発電所事故という特殊な問題がものづくり教育における普遍的な問題としての「責任の問題」へつながった。

このことにかかわって、第五四回大学美術教育学会横浜大会（期日：2015.9.20 ～ 9.21，場所：横浜国立大学）での『大会案内・研究発表概要集』で宮脇 理氏は次のように述べている。

非円形ロクロ作品への願望と期待は望まれたものの、木材：自然材との切削関係は難渋であった。木材の性格が自然を象徴する如く複雑であり、非円形作品の制作と顛末には、デザインにおけるアフォーダンス論に繋がるのも頷ける。自然素材加工の実態と顛末には未解決の場が無数にあり、それを契機として（宮脇）はエルンスト・レットガー著『木による造形〝造形的手段による遊び〟二』の翻訳に臨んだ[2)]

非円形ロクロという「特殊」で取り扱いの難しい旋盤を使用することによって、自然の理にかなったものづくり（普遍）としてのエルンスト・レットガー著『木による造形〝造形的手段による遊び〟二』の翻訳へ進んだ状況が記されている。非円形ロクロ（五角形・六角形などをつくる）使用による難しい状況に直面したからこそ、自然の理にかなったものづくりという普遍的な問題へつながったのである。

第二節　課題

残された課題は二つある。第一は、「成熟」の問題である。本論文では、二〇一一年三月の東京電力福島第一原子力発電所事故を踏まえ、創造面や技術面とともに、「ものづくりには責任が伴う」という「責任」の問題（倫理面）を重視し、次世代ものづくり教育の「指針」、「規範」、「創造モデル」に関する考察を行ってきた。この「責任」は、自分だけではなく他者をも考えるという視点がなければ感じ取ることはできない。自分と他者、両者への眼差しは、人間としての「成熟」と密接にかかわる。「成熟」の方向へ向かうためには、自立だけではなく、自立と協調との組み合わせが重要になるからである。自分だけの自立では独善的になりやすい。他者を無視せず、協調して自立できるかどうかが鍵である。では、学校教育において「成熟」を志向するためには、どうすればいいのか。それを第一の課題としたい。

第二は、本論文で提起した次世代ものづくり教育に関する検証である。「責任」を重視したものづくり教育、アイヌの人々の伝統的なものづくり、「創造モデル」に関する意味を今後も理論と実践の往還を通して継続的に検討していきたい。

最後に、先に述べた「成熟」にかかわる事例を一つ記して本論文の締めくくりとする。筆者は四年間、北海道教育大学附属小・中学校特別支援学級（ふじのめ学級）を担当した（大学と兼務）。二年目となる年の卒業をお祝いする式で、卒業生代表（小学六年生）が、一語、一語、ゆっくりと話し始めた。「わ・た・し・は・た・く・さ・ん・が・ん・ば・り・ま・し・た」、「六・年・生・で・は・し・ら・ゆ・き・ひ・め・に・な・り・ま・し・た」、「さ・ん・す・う、こ・く・ご・も・が・ん・ば・り・ま・し・た」、「た・く・さ・ん・の・思・い・出・が・で・き・ま・し・た」、そしてさらに、「お・い・し・い・ご・は・ん・あ・り・が・と・う」、「勉・強・お・し・え・て・く・れ・て・あ・り・が・と・う」、「と・も・だ・ち・み・ん・な・あ・り・が・と・う」ということばが続いた。会場は物音が一つも聞こえないほど静かになった。たどたどしいことばでありながらも、いろいろな課題に挑戦し一生懸命に頑張ってきた様子や多くの方々への溢れるような感謝の思いが強く伝わってきたからである。自分のことだけではなく他者のことをも考えるという自立と協調が一体化した姿でもあった。こうした自他双方への眼差しや様々なつながりの中で自立する姿、そして子ども自身が「生活」の中で自らの価値観を形成する姿は、ものづくりにおける「責任」の問題を考える際の重要な基盤となっていくであろう。

〔終章　註〕

1　佐藤昌彦「工芸の表現性――何を学び、何を未来へ伝えていくのか――」、宮脇 理監修『ベーシック造形技法』建帛社、二〇〇六、pp.32-33.

2　佐藤昌彦、宮脇 理「あらゆる『モノ』がインターネットにつながる『IoT (Internet of Things)』のイマ、再度、ものづくり教育を考える」(共同発表)、第五四回大学美術教育学会横浜大会『大会案内・研究発表概要集』、二〇一五、p.53.

本稿は、学会誌や研究紀要等に掲載されたこれまでの筆者の論文等(一九九八年〜二〇一五年)の中から「次世代ものづくり教育」に関連する論文等を選び、それらに基づいて執筆したものである。本稿への収録にあたってはそれぞれの論文について加筆・修正を行った。

■第一部

1．佐藤昌彦「第九回世界ファブラボ会議国際シンポジウムと次世代ものづくり教育」『美術科教育学会通信』No.85、美術科教育学会、二〇一四、pp.11-13.

＊本報告はJSPS科研費26590227の助成を受けたものである。

2．佐藤昌彦「次世代ものづくり教育カリキュラム構想における全国工芸教育協議会（一九七三年設立）の意義」『基礎造形〇二三』日本基礎造形学会論文集二〇一五、二〇一五、pp.25-32.

＊本研究はJSPS科研費23243078の助成を受けたものである。

3．佐藤昌彦「戦後（一九四五年以降）ものづくり教育の系譜――ハンド101――ものづくり教育協議会（一九八七年設立）の成立と展開――」『北海道教育大学研究紀要（教育科学）』第六五巻第一号、北海道教育大学、二〇一四、pp.101-113.

4．佐藤昌彦「次世代『ものづくり教育のカリキュラム構想』への助走――中国・義烏塘李小学校における「剪紙（せんし／切紙）」授業に関する考察から――」美術科教育学会誌『美術教育学』第三六号、美術科教育学会、二〇一五、pp.193-205.

＊本研究はJSPS科研費22300278での研究成果を生かしたものである。

5．佐藤昌彦「関西ものづくりワールドでの3Dプリンターに関する講演と次世代ものづくり教育の構造」『美術科教育学会通信』No.88, 美術科教育学会、二〇一五、pp.14-15.

＊本報告はJSPS科研費課題番号26590227の助成を受けたものである。

■第二部

1．佐藤昌彦「ムックリ（口琴）の教材化考（一）――アイヌ民族の伝統的造形の教育的意義と造形教材としての可能性を探る――」『美術教育学』第一九号、美術科教育学会、一九九八、pp.157-168.

2．佐藤昌彦「ムックリ（口琴）の教材化考（二）――小学校におけるアイヌ民族の伝統的造形に関する実践と考察――」『美術教育学』第二〇号、美術科教育学会、一九九九、pp.171-182.

3．佐藤昌彦「アイヌ文化振興・研究推進機構出版助成図書『父からの伝言』の教育的意義に関する考察」『日本美術教育研究論集四八』第四八号、日本美術教育連合、二〇一五、pp.23-33.

＊本研究はJSPS科研費23243078の助成を受けたものである。

4．佐藤昌彦「ヤラス（樹皮の鍋）の教材化考（一）――アイヌ民族の伝統的造形の教育的意義と造形教材としての可能性を探る――」『美術

教育学』第二一号、美術科教育学会、二〇〇〇、pp.135-147.
5. 佐藤昌彦「ヤㇻス（樹皮の鍋）の教材化考（二）──親子アイヌ民具工作教室におけるヤㇻス製作とその考察──」『美術教育学』第二四号、美術科教育学会、二〇〇三、pp.119-129.
6. 佐藤昌彦「トウムシコツパスイ（木鈴つきの箸）の教材化考（一）──アイヌ民族の伝統的造形の教育的意義と造形教材としての可能性を探る──」『美術教育学』第二三号、美術科教育学会、二〇〇二、pp.85-96.

■第三部

1. 佐藤昌彦「五章：子どもが〈自らの表現〉を生み出すための『創造モデル』」、鈴木幹雄・佐藤昌彦編著『表現教育にはそんなこともできるのか──教師たちのフレキシブルなアプローチに学ぶ──』あいり出版、二〇一五、pp.36-54.
2. 佐藤昌彦「四章：授業の前にすべきことは何か」「五章：子どもたちが《自らの表現》を生み出すための授業づくり」、鈴木幹雄・長谷川哲哉：編著『子どもの心に語りかける表現教育──多様なアプローチと発想を探る──』あいり出版、二〇一二、pp.33-61.
3. 佐藤昌彦「Ａ４用紙一枚でつくる『授業過程の構造図』」『教室ツーウエイ』No.450、明治図書、二〇一三、p.45.
4. 佐藤昌彦「造形教材を対象とした授業過程と基本的作成プロセスの開発」『北海道教育大学紀要・教育科学編』第五七巻・第二号、北海道教育大学、二〇〇七、pp.187-196.
5. 佐藤昌彦「授業過程の構造図における基本作成プロセスの有効性」…『北海道教育大学教育実践総合センター紀要』第八号、北海道教育大学、二〇〇七、pp.31-39.
6. 佐藤昌彦「授業過程の構造図を活用した教材開発に関する研究」『北海道教育大学紀要教育科学』第五九巻・第二号、北海道教育大学、二〇〇九、pp.71-80.
7. 佐藤昌彦「教材開発プロセスに基づく造形教材の提案」『北海道教育大学紀要教育科学』第六〇巻・第一号、北海道教育大学、二〇〇九、pp.141-151.
8. 佐藤昌彦「創造モデルに基づく工作教材の開発と試行──少ない材料で多様な発想を生み出すために──」『北海道教育大学紀要教育科学』第六三巻・第一号、北海道教育大学、二〇一二、pp.151-160.

＊本研究はJSPS科研費課題番号23653280の助成を受けたものである。

引用・参考文献

青山昌文編著（一九九五）『比較思想・東西の自然観』放送大学教育振興会

新井秀一郎、宮脇 理（一九八二）『実践造形教育大系一　造形教育の構造』開隆堂

旭川竜谷高等学校郷土部（顧問・日本私学教育研究所研究員福岡イト子）（一九九〇）『上川アイヌの研究―伝承者と生徒たちとの交流記録―』（日本私学教育研究所調査資料第一五二号）、日本私学教育研究所、224-231

朝日新聞アイヌ民族取材班（一九九四）『コタンに生きる』岩波書店、28-33

Claude Levi-Strauss. (1962) *LA PENSEE SAUVAGE*, Librairie Plon.〔大橋保夫訳『野生の思考』みすず書房、二〇〇八〕

ELLen H.Richards. (1910) *EUTHENICS THE SCENCE OF CONTROLLABLE ENVIRONMENT A PLEA FOR BETTER LIVING CONDITIONS AS A FERST STEP TOWARD HIGHER HUMAN EFFICIENCY*, Whitcomb & Barrows.〔住田和子・住田良仁訳『ユーセニクス―制御可能な環境の科学―』スペクトラム出版社、二〇〇五〕

Ellen Lupton, Cara McCarty,Matilda McQuaid, Cynthia Smith. (2010) WHY DESIGN NOW, Cooper-Hewitt National Design Museum.〔北村陽子訳（二〇一二）『なぜデザインが必要なのか』英治出版、二〇一二〕

Erust Rotger in Zusammenarbeit mit Dieter Klante und Alfred Sagner. (1965) *Das Spiel mit den bildnerische Mitteln Band II Werkstoff Holz,* Ott Maier Verlag Ravensburg.〔宮脇 理・武藤重典訳『木による造形―造形的手段による遊び二―』造形社、一九七三〕

Esther M.Douty. (1961) *AMERICA'S FIRST WOMAN CHEMIST ELLen Richards*, Julian Messner.〔住田和子・鈴木哲也訳『レイク・プラシッドに輝く星 アメリカ最初の女性化学者エレン・リチャーズ』ドメス出版、二〇一四〕

Ethlie Ann Vare. (1992) *Adventurous Spirit A Story about Ellen Swallow Richards*, Carolrhoda Books.〔住田和子・住田良仁訳『環境教育の母　エレン・

スワロウ・リチャーズ物語』東京書籍、二〇〇四]
Fabu Labの本制作委員会（二〇一三）『実践Fabプロジェクトノート　3Dプリンターやレーザー加工機を使ったデジタル・ファブリケーションのアイデア四〇』グラフィック社
芸術学会編（一九四九）『スクールアート』（第一巻第一号）芸術科学社
芸術学会編（一九四九）『スクールアート』（第一巻第二号）芸術科学社
芸術学会編（一九四九）『スクールアート』（第一巻第三号）芸術科学社
芸術学会編（一九四九）『スクールアート』（第一巻第四号）芸術科学社
芸術学会編（一九四九）『スクールアート』（第一巻第五号）芸術科学社
芸術学会編（一九四九）『スクールアート』（第一巻第六号）芸術科学社
芸術学会編（一九四九）『スクールアート』（第一巻第七号）芸術科学社
芸術学会編（一九四九）『スクールアート』（第一巻第八号）芸術科学社
芸術学会編（一九四九）『スクールアート』（第一巻第九号）芸術科学社
芸術学会編（一九四九）『スクールアート』（第一巻第一〇号）芸術科学社
芸術学会編（一九四九）『スクールアート』（第一巻第一一号）芸術科学社
芸術学会編（一九五〇）『スクールアート』（第二巻第一号）芸術科学社
芸術学会編（一九五〇）『スクールアート』（第二巻第二号）芸術科学社
芸術学会編（一九五〇）『スクールアート』（第二巻第三号）芸術科学社
芸術学会編（一九五〇）『スクールアート』（第二巻第四号）芸術科学社
芸術学会編（一九五〇）『スクールアート』（第二巻第五号）芸術科学社
芸術学会編（一九五〇）『スクールアート』（第二巻第六号）芸術科学社

芸術学会編（一九五〇）『スクールアート』（第二巻第七号）芸術科学社
芸術学会編（一九五〇）『スクールアート』（第二巻第八号）芸術科学社
芸術学会編（一九五〇）『スクールアート』（第二巻第九号）芸術科学社
芸術学会編（一九五〇）『スクールアート』（第二巻第一〇号）芸術科学社
芸術学会編（一九五〇）『スクールアート』（第二巻第一一号）芸術科学社
芸術学会編（一九五〇）『スクールアート』（第二巻第一二号）芸術科学社
芸術学会編（一九五一）『スクールアート』（第三巻第一号）芸術科学社
芸術学会編（一九五一）『スクールアート』（第三巻第二号）芸術科学社
芸術学会編（一九五一）『スクールアート』（第三巻第三号）芸術科学社
芸術学会編（一九五一）『スクールアート』（第三巻第四号）芸術科学社
芸術学会編（一九五一）『スクールアート』（第三巻第五号）芸術科学社
芸術学会編（一九五一）『スクールアート』（第三巻第六号）芸術科学社
芸術学会編（一九五一）『スクールアート』（第三巻第七号）芸術科学社
芸術学会編（一九五一）『スクールアート』（第三巻第九号）芸術科学社
芸術学会編（一九五一）『スクールアート』（第三巻第一〇号）芸術科学社
芸術学会編（一九五一）『スクールアート』（第三巻第一一号）芸術科学社
芸術学会編（一九五一）『スクールアート』（第三巻第一二号）芸術科学社
芸術学会編（一九五二）『スクールアート』（第四巻第一号）芸術科学社
芸術学会編（一九五二）『スクールアート』（第四巻第二号）芸術科学社
芸術学会編（一九五二）『スクールアート』（第四巻第三号）芸術科学社

芸術学会編（一九五二）『スクールアート』（第四巻第四号）芸術科学社
芸術学会編（一九五二）『スクールアート』（第四巻第五号）芸術科学社
芸術学会編（一九五二）『スクールアート』（第四巻第六号）芸術科学社
芸術学会編（一九五二）『スクールアート』（第四巻第七号）芸術科学社
芸術学会編（一九五二）『スクールアート』（第四巻第八号）芸術科学社
芸術学会編（一九五二）『スクールアート』（第四巻第九号）芸術科学社
芸術学会編（一九五二）『スクールアート』（第四巻第一〇号）芸術科学社
芸術学会編（一九五二）『スクールアート』（第四巻第一一号）芸術科学社
芸術学会編（一九五二）『スクールアート』（第四巻第一二号）芸術科学社
芸術学会編（一九五三）『スクールアート』（第五巻第一号）芸術科学社
芸術学会編（一九五三）『スクールアート』（第五巻第二号）芸術科学社
芸術学会編（一九五三）『スクールアート』（第五巻第三号）芸術科学社
芸術学会編（一九五三）『スクールアート』（第五巻第四号）芸術科学社
芸術学会編（一九五三）『スクールアート』（第五巻第五号）芸術科学社
芸術学会編（一九五三）『スクールアート』（第五巻第六号）芸術科学社
芸術学会編（一九五三）『スクールアート』（第五巻第七号）芸術科学社
芸術学会編（一九五三）『スクールアート』（第五巻第八号）芸術科学社
芸術学会編（一九五三）『スクールアート』（第五巻第九号）芸術科学社
芸術学会編（一九五三）『スクールアート』（第五巻第一〇号）芸術科学社
芸術学会編（一九五三）『スクールアート』（第五巻第一一号）芸術科学社

芸術学会編（一九五三）『スクールアート』（第五巻第一二号）芸術科学社
現代経営学研究所・神戸大学大学院経営学研究科共同編集（二〇一三）『THE JOURNAL FOR DEEPER INSIGHTS INTO BUSINESS 季刊ビジネス・インサイト Business Insight グローバルリーダー育成への挑戦』NO.80、神戸大学大学院経営学研究科
Herbert Read. (1956) *EDUCATION THROUGH ART*, David Higham Associates Ltd. [宮脇 理・岩崎 清・直江俊雄訳『芸術による教育』（『Education Thorough Art』）, フィルムアート社、二〇〇一]
林 弥栄（一九九八）『CD-ROMスーパー・ニッポニカ日本大百科全書』（Windows版）小学館
平塚益徳（一九八七）『改訂日本教育の進路』広池学園出版部
福島民報社編集局（二〇一三）『福島と原発――誘致から大震災への五〇年』早稲田大学出版部
北海道教育大学教科教育学研究会編（二〇〇四）『教科教育研究の今日的視座』北海道教育大学
北海道教育大学教科教育学研究図書編集委員会《一九九七》『子どもの学びとつまずき――「わからない・できない」を活かす教科教育――』東京書籍
北海道教育大学公開講座委員会編（一九九八）『美術は呼吸する』北海道教育大学
北海道教育大学函館校ファカルティ・ディベロップメント推進委員会編（二〇〇〇）『函館校におけるＦＤの実践』北海道教育大学函館校
細谷俊夫、奥田真丈、河野重男編（一九七九）『教育学大事典』（第一巻、五版）第一法規出版
細谷俊夫、奥田真丈、河野重男編（一九七九）『教育学大事典』（第二巻、五版）第一法規出版
細谷俊夫、奥田真丈、河野重男編（一九七九）『教育学大事典』（第三巻、五版）第一法規出版
細谷俊夫、奥田真丈、河野重男編（一九七九）『教育学大事典』（第四巻、五版）第一法規出版
細谷俊夫、奥田真丈、河野重男編（一九七九）『教育学大事典』（第五巻、五版）第一法規出版
福井凱將、小平征男、佐々木宰編（一九九七）『小学校　図画工作科教育の基礎　図工指導のエッセンス』三晃書房
池辺国彦、福沢周亮、宮脇 理（一九七五）「てい談　あそびと教育」、『教育美術』六月号、第三六巻第六号、教育美術振興会

磯田道史（二〇一四）『天災から日本史を読みなおす』中央公論
市川 浩（一九七五）『精神としての身体』勁草書房
石原英雄・橋本泰幸編著（一九八七）『一〇〇年の歴史から二一世紀へ工作・工芸教育の新展開』ぎょうせい
加藤秀俊、国領経郎、宮脇 理（一九八二）「てい談 日・本・人・の・手」、『教育美術』三月号、第四三巻第四号、教育美術振興会
河村浩章、藤沢典明、中村 亨、宮脇 理、村内哲二（一九七七）「座談会 研修会のまとめと今後の課題」、『教育美術』一一月号、第三八巻第一一号、教育美術振興会
賀川昭夫（二〇〇九）『改訂版現代経済学』（放送大学教材）放送大学教育振興会
萱野 茂（一九七八）『アイヌの民具』すずさわ書店
萱野 茂（一九七八）『アイヌの民具』株式会社すずさわ書店
萱野 茂（一九八七）『二風谷に生きて』北海道新聞社、140-141.
萱野 茂〈文〉、飯島俊一〈絵〉（一九八九）『アイヌ ネノアン アイヌ』福音館
萱野 茂（一九九六）『アイヌ語辞典』三省堂
萱野 茂〈文〉、石倉欣二〈絵〉（二〇〇一）『アイヌとキツネ』小峰書店
春日明夫（二〇〇七）『玩具制作の研究──造形教育の歴史と理論を探る──』日本文教出版
勝見 勝監修（一九八六）『現代デザイン理論のエッセンス 歴史的展望と今日の課題』ぺりかん社
川村義之、仲瀬律久、黒川健一、宮脇 理、内田義夫、花篤 実（一九七九）「座談会『八〇年代を目指す造形・美術教育』─総括と展望（二）─」、『教育美術』一二月号、第四〇巻第一二号、教育美術振興会
唐沢富太郎（一九五三）『日本教育史』誠文堂、28-29
岸田劉生『岸田劉生全集 第三巻（図画教育論──我子への図畫教育──）』岩波書店
木下洋次（一九七三）「金属による工芸の実践」、『教育美術』一月号、第三四巻第一号、教育美術振興会

木村敏（一九七八）『自覚の精神病理』紀伊國屋書店、17-18
工作・工芸教育百周年の会（会長：長谷喜久一）（一九八六）『工作・工芸教育百周年記念誌』彩信社
小助川勝義監修（一九九四）『安東ウメ子・ムックリの世界アイヌ民族の心の響き』（C5）、北海道幕別町教育委員会制作
小池岩太郎、三井安蘇夫、宮脇理（一九七三）「座談会　工芸と教育」、『教育美術』一月号、第三四巻第一号、教育美術振興会
教科教育百年史編集委員会編（一九八五）『原典対訳米国教育使節団報告書』建帛社
真鍋一男・宮脇理（一九九一）『造形教育事典』建帛社
増田金吾・村上陽通（一九八三）『美術教育史ノート――源流と未来――』開隆堂
松原郁二（一九五三）『図画工作科教育法』誠文堂新光社
松原郁二（一九六九）『美術教育法』誠文堂新光社
松原郁二（一九七〇）「工芸が指導要領にはいった趣旨」『造形ニュース』一〇六号、開隆堂
松原郁二（一九七四）「変化す社会と美術教育のまとめ――パネルディスカッションの内容も含めて――」『教育美術』一二月号、第三五巻第一三号、教育美術振興会
松原郁二（一九七七）『造形美術教育』誠文堂新光社
松原郁二、宮脇理（一九七七）「対談　高次の情操へのアプローチ――一月号・三月号のてい談の問題点を深める――」、『教育美術』三月号、第三八巻第四号、教育美術振興会
松浦武四郎（一八五八）『近世蝦夷人物誌』市立函館図書館（収蔵）
松浦武四郎（一八五九）『蝦夷漫画』市立函館図書館（収蔵）
宮本憲一（二〇一四）『戦後日本公害詩論』岩波書店
宮脇理（一九六二）「技術の教育における創造の問題（Ⅰ）」『福島大学学芸学部論集（教育・心理）』、福島大学学芸学部
宮脇理（一九六三）「技術の教育における創造の問題（Ⅱ）」『福島大学学芸学部論集（教育・心理）』、福島大学学芸学部

宮脇理（一九七〇）「工芸教育論」『福島大学学芸学部論集（教育・心理）』、福島大学教育学部
宮脇理（一九七二）「教育としての工芸」『教育美術』九月号、第三三巻第一〇号、教育美術振興会
宮脇理、竹内博（一九七六）「リレー対談：教科構造を考える（最終回）　歴史的視点から考える」、『教育美術』一月号、第三七巻第一号、教育美術振興会
宮脇理（一九七六）「教員養成大学と美術教育の現実二――なんとかせねばというこの華麗な日常――」、『教育美術』七月号、第三七巻第八号、教育美術振興会
宮脇理（一九七六）「デザイン教育再考」『岡山大学教育学部研究集録』第四五号、岡山大学教育学部
宮脇理（一九七七）「絵画による教育――教育システムとしての諸問題――」『岡山大学教育学部研究集録』第四六号、岡山大学教育学部
宮脇理（一九七七）「工芸の規範とその教育」『岡山大学教育学部研究集録』第四七号、岡山大学教育学部
宮脇理（一九七八）「鑑賞教育の動向」『岡山大学教育学部研究集録』第四八号、岡山大学教育学部
宮脇理（一九七八）「『八〇年代を目指す造形・美術教育』シリーズについて」、『教育美術』五月号、第三九巻第一三号、教育美術振興会
宮脇理（一九七八）「業績の紹介――主なる著作物から／昭和二〇年～昭和五二年（一九四五～一九七七）――」、『教育美術』五月号、第三九巻第六号、教育美術振興会
宮脇理、花篤実（一九八一）「対談 教育の荒廃は美術教育によって救えるか」、『教育美術』一〇月号、第四二巻第一一号、教育美術振興会
宮脇理（一九八二）『実践造形教育大系二　現代子ども像と造形教育』開隆堂
宮脇理（一九八三）「テレビ三〇歳時代の図工・美術教育」、『教育美術』四月号、第四四号第五号、教育美術振興会
宮脇理（一九八八）『感性による教育――学校教育の再生』国土社
宮脇理、山口喜雄、山木朝彦（一九九三）『〈感性による教育〉の潮流――教育パラダイムの転換』国土社
宮脇理編（一九九三）『デザイン教育ダイナミズム』建帛社
宮脇理（一九九三）『工藝による教育の研究――感性的教育媒体の可能性――』建帛社

宮脇理（二〇〇〇）『小学校図画工作科指導の研究』建帛社
宮脇理、白沢菊夫、伊藤彌四夫編（二〇〇五）『新版造形の基礎技法』建帛社
文部省調査普及局（一九五〇）『日本における教育改革の進展』帝国地方行政学会
文部省大学学術局教職員養成課（一九五三）『教育指導者講習小史』学芸図書
文部省（一九七二）『中学校美術指導資料　第一集　彫塑の指導』日本文教出版
文部省（一九七四）『中学校美術指導資料 第二集 工芸の指導』日本文教出版
文部省（一九七五）『カリキュラム開発の課題（カリキュラム開発に関する国際セミナー報告書）』大蔵省印刷局
文部省（一九七六）『小学校図画工作指導資料　構想段階の指導』日本文教出版
文部省（一九八〇）『小学校図画工作指導資料　指導計画の作成と学習指導』開隆堂
文部省（一九八六）『小学校図画工作指導資料　材料・用具の扱い方とその指導』ぎょうせい
文部省（一九九九）『中学校学習指導要領解説美術編』開隆堂出版株式会社
文部科学省（二〇一三）『デザイン史』東京電機大学モシリ（アイヌ詩曲舞踊団）（一九九一）「チクニエタプカラ」（樹木とともに舞う）、『第三集 Kamuy mintar』、モシリ企画
モシリ（アイヌ詩曲舞踊団）（一九九三）「カントコロカムイＪ（天の神々）、『第六集 KANTO KOR KAMUY』、モシリ企画
モシリ（アイヌ詩曲舞踊団）（一九九三）「シリコロカムイＪ（大地の神々）、『第七集 SHIR KOR KAMUY』、モシリ企画
森戸辰男、松原郁二、宮脇理（一九七七）「てい談　学校教育における造形教育はどうあるべきか①――歴史的過程から情操の問題を探る――」、『教育美術』一月号、第三八巻第一号、教育美術振興会
森戸辰男、松原郁二、宮脇理（一九七七）「てい談「学校教育における造形教育はどうあるべきか②――これからの情操教育の展望――」、『教育美術』三月号、第三八巻第四号、教育美術振興会
直川礼緒（一九九二）「楽器の美 口琴から聞こえる世界の広がり」、別冊『MUSIC MAGAZINE NOISE』、ミュージック・マガジン、124-130

村井実（二〇〇五）『アメリカ教育使節団報告書』講談社
村田昇、神保信一、金井肇監修（一九九二）「べんきょうのてびき・いただきます」、文部省新学習指導要領準拠『みんなのどうとく二ねん』、株式会社学習研究社、36
長谷喜久一（一九八六）『工作・工芸教育百周年記念誌』工作・工芸教育百周年の会（事務局：筑波大学造形芸術教育研究会内）
中根滋（二〇一五）『アップルを超えるイノベーションを起こすＩｏＴ時代の「ものづくり」経営戦略』幻冬舎
中村桂子（二〇一三）『科学者が人間であること』岩波書店
中野孝次（一九九六）『光るカンナ屑――職人かたぎ譚』小学館
中村雄二郎（一九七九）『共通感覚論』岩波書店
中本ムツ子（一九九九）『アイヌの知恵・ウパシクマ』新日本教育図書株式会社、143-144
日本折紙協会（一九九一）『秘傳千羽鶴折形〈復刻と解説〉』日本折紙協会
西村俊夫（一九九六）「ものづくり教育の意義に関する一考察」『美と育』第二号、上越教育大学芸術系教育講座、30-39
西村俊夫（一九九八）「デザイン・プロセス理論に基づくものづくり教育の構築（一）――日本のデザイン教育の検証とデザイン・プロセス理論――」『上越教育大学研究紀要』第一八巻第一号、上越教育大学、365-376
奥田真丈監修、生江義男・伊藤信隆・佐藤照雄・瀬戸仁・宮脇理編集（一九八五）『教科教育百年史』建帛社
奥田真丈監修、生江義男、伊藤信隆、佐藤照雄、瀬戸仁、宮脇理編集（一九五五）『教科教育百年史』及び『教科教育百年史資料編』建帛社
大泉義一編（二〇一五）『造形教育センター六〇年史』造形教育センター
太田昭雄、大橋晧也、小関武明、新川昭一、竹内博、橋本光明、宮脇理、村内哲二編（一九八三）『造形美術教育大系一　幼児教育編』美術出版社
太田昭雄、大橋晧也、小関武明、新川昭一、竹内博、橋本光明、宮脇理、村内哲二編（一九八三）『造形美術教育大系二　小学校　低学年編』美術出版社

太田昭雄、大橋晧也、小関武明、新川昭一、竹内博、橋本光明、宮脇理、村内哲二編（一九八三）『造形美術教育大系三　小学校　中学年編』美術出版社
太田昭雄、大橋晧也、小関武明、新川昭一、竹内博、橋本光明、宮脇理、村内哲二編（一九八三）『造形美術教育大系四　小学校　高学年編』美術出版社
太田昭雄、大橋晧也、小関武明、新川昭一、竹内博、橋本光明、宮脇理、村内哲二編（一九八三）『造形美術教育大系五　中学校　絵画・彫塑編』美術出版社
太田昭雄、大橋晧也、小関武明、新川昭一、竹内博、橋本光明、宮脇理、村内哲二編（一九八三）『造形美術教育大系六　中学校 デザイン・工芸編』美術出版社
太田昭雄、大橋晧也、小関武明、新川昭一、竹内博、橋本光明、宮脇理、村内哲二編（一九八三）『造形美術教育大系七　高等学校・教員養成編』美術出版社
大橋晧也・宮脇理（一九八二）『美術教育論ノート』開隆堂、21-22
大橋晧也（一九七七）『創作おりがみ——おりがみ創作の原理とその過程を詳解——』美術出版社
大橋晧也（一九八二）『実践造形教育大系四　子どもの発達と造形表現』開隆堂
大橋晧也（一九八四）「見えることと実感すること」『教育美術』四月号、財団法人教育美術振興会、32
大橋晧也（一九八七）『見て折る本』星の環会
大橋晧也（一九八七）『見て創る本』星の環会
大橋晧也（一九八九）「美術教育学の確立のために」『アートエデュケーション』Vol.1, No.1, 建帛社
大橋晧也（一九九一）「折紙を生んだ日本の文化的特質」『秘傳千羽鶴折形解説——復刻と解説——』日本折紙協会
大橋晧也（一九九四）「美術教育の課題を探る」『子どもと美術』あゆみ出版
大橋晧也（二〇〇三）「アイヌ文化に学ぶ」、宮脇理企画、岩崎清編『地域から今後の美術教育を考える』、第四回美術科教育学会「東地区」

研究発表会in函館での配布資料、10-11
岡本夏木（一九八九）『子どもとことば』岩波書店
岡本夏木（一九九〇）『ことばと発達』岩波書店
尾澤 勇（二〇〇四）「教育先進国であるフィンランドの文化芸術教育の視察研究」『広島大学附属中・高等学校中等教育研究紀要』広島大学
Pierpaolo Mittica.（二〇〇七）*CHERNOBYL:THE HIDDENLEGACY*, Trolly Ltd.［児島 修訳（二〇一一）『原発事故二〇年――チェルノブイリの現在』柏書房、二〇一一］
Robert Clarke. (1973) *Ellen Swallow- The Woman Who Founded Ecology*, Follett Publishing Company.［工藤秀明訳『エコロジーの誕生　エレン・スワローの生涯』新評論、一九九四］
Ronald A. Finke ,Thomas B. Ward and Steven M .Smith. (1992) *CREATIVE COGNITION*, MIT Press.［小橋泰章訳『創造的認知――実験で探るクリエイティブな発想のメカニズム――』森北出版、一九九九］
斎藤 稔編（一九九五）『芸術文化のエコロジー』勁草書房
佐賀大学教育学部美術・工芸科（一九九五）『造形芸術の継承と発展　宮脇 理先生退官記念』佐賀大学教育学部美術・工芸科
佐々木宰、新井義史、福田隆眞編（二〇〇二）『小学校図画工作科教育の基礎　図画工作のエッセンス』三晃書房
佐々木正人（二〇一〇）『アフォーダンス――新しい認知の理論』岩波書店
佐藤慶幸・那須壽編著（一九九三）『危機と再生の社会理論』マルジュ社
シノッチャキ房恵（一九九七）「MOSHIRIライブin丸木舟」モシリ企画
鈴木幹雄（二〇〇二）『その時リズムが生まれた　いま新たな芸術とは』瑞浪芸術館
鈴木幹雄・長谷川哲哉編著（二〇一三）『子どもの心に語りかける表現教育　多様なアプローチと発想を探る』あいり出版
住田和子編集・解説（二〇〇七）『復刻集成　エレン・スワロウ・リチャーズ著作集 Collected Works of Ellen H.Swallow Richards 別冊解説』エディション・シナプス

住田和子編著（二〇〇八）『改訂　生活と教育をつなぐ人間学――思想と実践――』開隆堂
菅江真澄（一七九一）『蝦夷適天布利』北海道大学北方資料室
鈴木紀美代（二〇〇七）『父からの伝言』藤田印刷株式会社
庄井良信、中嶋 博（二〇〇九）『フィンランドに学ぶ教育と学力』明石書店
高木仁三郎（二〇一一）『原発事故はなぜくりかえすのか』岩波書店
谷 元旦（一七九九）『蝦夷紀行附図下』市立函館図書館
谷川健一（一九九九）『日本の神々』岩波新書
谷本一之（一九六〇）「アイヌの口琴」、『北海道大学ゴヒ方文化研究報告』第一五集、北海道大学、72
弟子シギ子（一九九一）「ムックリについて」、『口琴ジャーナル』第三号、日本口琴協会
知里真志保（一九七六）『知里真志保著作集別巻Ⅰ』、平凡社、238
知里真志保（一九七六）『知里真志保著作集別巻Ⅰ』平凡社、181-184
東京電力福島原子力発電所事故調査委員会（二〇一二）『国会事故調 報告書』徳間書店
鶴見俊輔（一九八二）『限界芸術論』勁草書房
都築邦春（一九八二）「教育行政と教員養成・造形教育――図工科分離論を考える――」、『教育美術』七月号、第四三巻第八号、教育美術振興会
長男光男（一九八三）「教育行政と教員養成・造形教育――指導要領をどう見るか（まとめ）――」、『教育美術』六月号、第四四巻第七号、教育美術振興会
内田義男、木下洋次、小池岩太郎、佐々木孝、田中陽子、宮脇 理（一九七三）「座談会　工芸教育の展開――展開上の諸問題と事例研究――」、『教育美術』一二月号第三四巻第一三号、教育美術振興会
内田義夫、竹内 博、長男光男、松田金哉、山田尊一、宮脇 理（一九七四）「座談会　美術教育と教育機器――学習指導における方法上の

課題――」、『教育美術』三月号、第三五巻第四号、教育美術振興会
内田樹（二〇一五）『困難な成熟』夜間飛行
山形寛（一九八八）『日本美術教育史』（復刊第二版）黎明書房
山口高品（一七八六）『蝦夷拾遺』北海道立文書館（収蔵）
安次嶺金正、佐久本嗣貞、島袋文雄、高良松一、当銘睦三、内田義夫、宮脇理（一九七五）「座談会　風土と美術教育――沖縄を訪ねて――」、『教育美術』一月号、第三六巻第一号、教育美術振興会
吉川良三編著（二〇一五）『日本型第四次ものづくり産業革命』日刊工業新聞社
湯浅浩史（一九九八）「カバノキ」、『CD-ROMスーパー・ニッポニカ日本大百科全書』（Windows版）小学館
財団法人アイヌ無形文化伝承保存会編集（一九九二）『アイヌ文化伝承記録映画ビデオ大全集――シリーズ（五）アイヌ文化を伝承する人々第五巻～キナタ・テケカラペ・トウイタハ～』財団法人アイヌ無形文化伝承保存会
財団法人アイヌ無形文化伝承保存会編集（一九九四）『アイヌ文化を学ぶ』（ビデオ解説書）、財団法人アイヌ無形文化伝承保存会

謝辞

博士論文『次世代ものづくり教育研究―日本人は責任の問題をどう解決するのか―』（二〇一六年）を著書として上梓することができましたのは、研究と教育にかかわる多くの先生方、アイヌ文化を伝承されている皆様、関係者の皆様、さらには出版社の皆様に温かいご指導やご支援をいただいたおかげです。そして冒頭に記しましたように本研究に関する文部科学省の科研費（①研究成果公開促進費・課題番号19HP5214，②第一部「指針」・課題番号26590227，③第二部「規範」・課題番号23243078，④第三部「創造モデル」・課題番号23653280）の助成をいただいたおかげです。お世話になった皆様にあらためて心より感謝申し上げます。

西村俊夫先生（元・上越教育大学理事兼副学長）、松本健義先生（上越教育大学教授）には、博士論文の提出にかかわるプロセス全体において様々な観点から継続的なご指導をいただきました。宮脇 理先生（Independent Scholar／元・筑波大学大学院教授）には、次世代ものづくり教育の要となる責任の問題についてご指導いただきました。また、鈴木紀美代氏（釧路）、杉村 満氏・杉村フサ氏（旭川）、佐々木恵美子氏（旭川）、差間秀夫氏（層雲峡）には、アイヌの人々の伝統的なものづくりについてお教えいただきました。

さらに、筑波大学・上越教育大学・埼玉大学・聖徳大学・兵庫教育大学・鳴門教育大学・神戸大学・北海道教育大学・北海道教育委員会・札幌市教育委員会・札幌市校長会・北海道教育大学附属札幌中学校・地域の小学校および中学校の先生方や関係者の皆様、全国工芸教育協議会・ハンド101―ものづくり教育協議会・美育文化協会の皆様、フィンランドや中国でお世話になった皆様に貴重なご教示やご協力をいただきました。表紙絵は、川邉耕一氏にお世話になりました。

出版に関しましては、学術研究出版／ブックウェイ（小野高速印刷株式会社）の湯川祥史郎氏、福原 明氏、瀬川幹人氏に多大なご配慮をいただきました。これまでにも学術研究出版／ブックウェイの皆様には、『アートエデュケーション思考』（二〇一六年）、『ものづくり教育再考』（二〇一八年）、『中国100均の里（100円ショップ）・義烏と古都・洛陽を訪ねて』（二〇一九年）の出版でたいへんお世話になりました。いつも変わらぬお心遣いに深く感謝申し上げます。

本書は、終章でも述べましたように、ものづくり教育を担当してきた者の一人として、そして二〇一一（平成二十三）年三月、福島での原発事故を体験した一人として、さらにはものにかかわる悲惨な事故を二度と繰り返すことのないように今後のものづくり教育に「責任」をもつ一人として、端的に言えば、自らの「責任」として、次世代ものづくり教育の「指針」、「規範」、「創造モデル」を提起したものです。そうした本書の出版が、ふるさと福島と日本の再起に少しでも寄与できますことを心から願うとともに、斯界・斯学のさらなる充実・発展に貢献できますことを祈念してお世話になった多くの皆様への謝辞といたします。そして本書を手に取ってくださった皆様に厚く御礼を申し上げます。ありがとうございます。

二〇一九年九月吉日

佐藤 昌彦

【著 者】
佐藤　昌彦（さとう まさひこ）
1955（昭和 30）年 福島県生まれ
北海道教育大学教授
博士（学校教育学）〈兵庫教育大学大学院連合学校教育学研究科、2016 年〉
○主な著書・訳書
- 佐藤昌彦『次世代ものづくり教育研究 ―日本人は責任の問題をどう解決するのか―』学術研究出版、2019
- 宮脇 理・佐藤昌彦・徐 英杰・若林矢寿子著『中国 100 均（100 円ショップ）の里・義烏と古都・洛陽を訪ねて』学術研究出版、2019
- 佐藤昌彦著・抄訳、宮脇 理解説『ものづくり教育再考―戦後（1945 年以降）ものづくり教育の点描とチャールズ・A・ベネット著作の抄訳―』学術研究出版、2018
- 山口喜雄・佐藤昌彦・奥村高明編著『小学校図画工作科教育法』建帛社、2018
- 宮脇 理監修、佐藤昌彦・山木朝彦・伊藤文彦・直江俊雄編著『アートエデュケーション思考 ―Dr. 宮脇 理 88 歳と併走する論考・エッセイ集―』学術研究出版、2016

○併任
- 北海道教育大学附属札幌中学校・校長（2012 年 4 月－2016 年 3 月）

【表紙絵】
川邉　耕一（かわべ こういち）
1963（昭和 38）年 和歌山県生まれ
1986 九州産業大学芸術学部美術学科油絵専攻卒業【ブロンズ賞、卒業制作買い上げ賞、学長賞】
1988 筑波大学大学院修士課程芸術研究科美術専攻修了
1989 国立カールスルーエ美術大学（ドイツ）留学
1997－98 ホルベインスカラシップ奨学生
2002－03 文化庁派遣芸術家在外研修員（U.S.A. ペンシルベニア大学大学院）
2008 平成 19 年度和歌山県【きのくに芸術新人賞】
2010 平成 22 年度大桑文化奨励賞／公益財団法人大桑教育文化振興財団・和歌山
○個展
2016 掛川市二の丸美術館／掛川
2018 清須市はるひ美術館〈公益財団法人野村財団芸術文化助成事業〉／愛知

次世代ものづくり教育研究
―日本人は責任の問題をどう解決するのか―

2019年10月20日　初版第一刷発行
2020年12月15日　新装版第一刷発行

著　者　佐藤　昌彦
発行所　学術研究出版／ブックウェイ
〒670-0933　姫路市平野町62
TEL.079（222）5372　FAX.079（244）1482
https://arpub.jp
編　集　瀬川　幹人
印刷所　小野高速印刷株式会社

ISBN978-4-910415-23-9

乱丁本・落丁本は送料小社負担でお取り換えいたします。